新编国际金融

（第三版）

黄燕君　何嗣江　编著

ZHEJIANG UNIVERSITY PRESS
浙江大学出版社

图书在版编目（CIP）数据

新编国际金融 / 黄燕君，何嗣江编著. —3 版.
—杭州：浙江大学出版社，2013.3（2019.9 重印）
ISBN 978-7-308-11271-0

Ⅰ.①新… Ⅱ.①黄… ②何… Ⅲ.①国际金融－高
等学校－教材 Ⅳ.①F831

中国版本图书馆 CIP 数据核字（2013）第 045025 号

新编国际金融（第三版）

黄燕君　何嗣江　编著

责任编辑	冯社宁
封面设计	刘依群
出版发行	浙江大学出版社
	（杭州市天目山路 148 号　邮政编码 310007）
	（网址：http://www.zjupress.com）
排　　版	杭州中大图文设计有限公司
印　　刷	嘉兴华源印刷厂
开　　本	787mm×1092mm　1/16
印　　张	19
字　　数	480 千
版印次	2013 年 5 月第 3 版　2019 年 9 月第 21 次印刷
书　　号	ISBN 978-7-308-11271-0
定　　价	39.80 元

第三版前言

本书,1997 年第一版、2005 年第二版,已连续印刷 14 次,被国内多所高等院校选作金融、经济、商贸类专业的必修课教材和其他专业的选修课教材,得到了较为广泛的认同,收到了良好的效果。然而,2005 年以来,尤其是 2007 年美国次贷危机以来,国际金融领域发生了深刻的变化。随着经济金融全球一体化趋势的进一步增强,一方面国际金融交易对国际贸易和国际投资发展的促进作用不断增强;另一方面各国通过货币关系和国际金融活动的竞争和利益制衡更加明显而激烈,国际金融危机的传播也更为迅速而广泛。由此引发了国际金融理论与政策的发展与创新,也使国际金融活动变得更加活跃而复杂。为了及时反映国际金融理论和实务的变化,加深对国际金融理论和实务的理解,我们在本书第二版的基础上进行了修改再版。

本书第三版的修改重点有以下四方面:一是增加和增强了对重要国际金融理论的介绍与分析。如:对汇率决定理论专辟一章(第四章)进行重点分析;增加了汇率制度与汇率政策选择的理论依据方面内容;增加了国际收支乘数理论;介绍与分析了金融危机理论的三代模型等。二是增加了反映国际金融领域新发展、新变化方面的内容。如:概括与分析了国际金融发展新趋势;分析了美国次贷危机引发的国际金融危机的成因、特点及影响;分析了国际资本流动规模、结构和方向的变化;分析了区域货币一体化的发展等。三是增加了对中国元素的分析。对中国的国际收支和外汇储备、汇率制度与汇率政策、人民币自由兑换与国际化、利用外资和对外投资等作了专门的介绍与分析。四是进一步完善了教材体系。重新整合了各章节内容,将之归纳为四篇,以使本书结构更加明晰而紧凑;在各章开头增加了"主要内容与学习要求"的提示,以利把握重点内容;增加了一些图表分析等。

本书由黄燕君(浙江大学)拟定修改提纲并统撰定稿。本书第一、四、五、八章由黄燕君编著;第二、七、九、十、十二章由何嗣江(浙江大学)编著;第三、六、十一章由姚遥(杭州师范大学)编著。由于国际金融理论与活动的发展几乎日新月异,加之我们学术水平有限,本书难免存在不足之处,恳请学界同仁与广大读者批评指正。

作 者

2012 年 12 月

目 录

第四篇　国际货币体系与国际金融危机

第一篇
国际收支与国际储备

第一章　国际收支

【主要内容与学习要求】掌握国际收支及其相关的基本概念；了解国际收支平衡表的账户设置、记账原则、主要内容和分析方法；了解国际收支不平衡的调节机制及政策；理解主要的国际收支理论，学会用基本理论分析金融领域实际问题。

国际金融学是一门研究国际间货币关系和金融活动的学科，而国际间的货币金融关系是各国经济关系的重要表现。本章第一节所介绍的国际收支和国际收支平衡表是各国经济联系的账面表现，从中我们可以看到一国全部对外经济交往的内容，有助于我们从一国的角度来了解国际货币金融活动的来龙去脉，因此作为我们研究国际金融学的起点。而本章第二、第三节所介绍的国际收支调节手段和国际收支调节理论，是要我们了解一国为什么和如何求得开放经济条件下的对外经济均衡。

第一节　国际收支平衡表

国际收支平衡表由各国按照国际货币基金组织的要求而编制，系统记录了一国一定时期（如一年、一个季度）内的全部对外经济交易。本节的重点是要在了解国际收支与国际收支平衡表概念的基础上，掌握国际收支平衡表的基本内容及其分析。

一、国际收支及国际收支平衡表的概念

（一）国际收支的概念

国际收支的概念最早由 17 世纪的重商主义者提出，以后伴随着世界经济的发展及国际经济交往的不断扩大而逐步发展。重商主义者生活的年代，国际经济交往内容十分简单，主要是对外贸易，因此国际收支被简单的定义为一国一定时期内的对外贸易差额（Balance of Trade）。随着资本主义由自由竞争向垄断发展，资本输出在国际经济交往中占有了重要地位，尤其是第一次世界大战后，出现了大规模的国际短期资本流动和大量战争赔款的转移，国际收支的概念被扩展为一国一定时期内的外汇收支。第二次世界大战后，国际经济交往得到了更广泛的发展，不仅规模大为扩展，交易内容也大大增加，出现了易货贸易、补偿贸易、政府援助、私人赠与等非货币性贸易或非对等交易，侨汇、旅游、运输、保险等非贸易收支也越来越重要。于是国际收支的概念也有了进一步的发展，被定义为一国一定时期内的全部国际经济交易。

由上可知,国际收支概念的发展基本上经历了 3 个阶段:一是 17 世纪至 19 世纪末,国际收支概念以对外贸易为基础,可以说是古典的国际收支;二是 19 世纪末至第二次世界大战前,国际收支概念以支付或外汇收支为基础,被称作狭义的国际收支;三是二次大战以来,国际收支概念以国际经济交易为基础,被称作广义的国际收支。目前,以国际经济交易为基础的广义的国际收支概念,已被权威性的国际金融机构及各国普遍接受和运用。如:国际货币基金组织(International Monetary Fund,IMF)在其编写的《国际收支手册》中将国际收支概念表述为:"国际收支是一种一定时期的统计表述。它表明:(a)一个国家同世界其他国家或地区之间的商品,劳务和收益的交易;(b)该国所持有的货币黄金、特别提款权以及对世界其他国家或地区债权、债务所有权变化和其他变化;(c)无偿转移及为平衡不能相互抵消的上述交易和变化所必需的对应项目。"

根据国际货币基金组织的定义,国际收支可以简单概述为:国际收支是一定时期内一国居民与非居民进行的全部经济交易(或称国际经济交易)的货币价值。为了更好地理解国际收支这一概念,有必要强调以下几点:

1. 国际收支是一流量概念

说到一个国家的国际收支时,必须说明是哪一段时期的,是某年还是某季度或某个月,各国一般以一年为报告期。从统计学意义上说,国际收支是一时期数而不是时点数。

2. 国际收支反映的是一国居民与非居民之间进行的经济交易

经济交易的内容虽然极为广泛且错综复杂,但概括地说无非有五种类型:商品和劳务的买卖;物物交换(易货贸易、补偿贸易等);金融资产之间的交换;商品和劳务的单方面转移;金融资产的单方面转移。这五种类型的交易在国际收支中均要进行记录,要在内容和金额上得到全面反映。

国际收支记载的国际经济交易在内容上与国内经济交易几乎没有区别,均包括上述五种类型交易。两者的主要区别在于交易主体的不同,国内经济交易的交易主体双方均是本国居民,即经济交易在本国居民之间进行。国际经济交易的交易主体双方必有一方是本国居民而另一方是非居民,即经济交易在本国居民与非居民之间进行。

一国居民与非居民的划分以居住地为依据。凡是在某国(或地区)居住期限达一年以上者为该国居民,否则为该国非居民。居民与非居民都包括个人、企业、政府和非盈利性团体四类。个人居民是指长期居住在一国的自然人,即使是持有外国护照的外国公民,只要在该国居住期限超过一年,也属于该国的居民。企业属于从事经济活动所在国(以注册所在地为依据)的居民。各级政府、非盈利性团体也属于所住地的居民。国际货币基金组织规定:移民属于其工作所在国家的居民,逗留时期在一年以上的旅游者、留学生也属所在国居民。但官方外交使节、驻外军事人员一律算是所在国的非居民。国际性机构如联合国、国际货币基金组织、世界银行等是任何国家的非居民。按照上述原则,若在 B 国居住满一年以上的 A 国公民在给 A 国的亲属汇款(如赡养母亲)时属国际经济交易,要在 A、B 两国的国际收支中得到反映(B 国表现为支出,A 国表现为收入)。同时,若 C 国的某一母公司在与其在 D 国注册的子公司发生经济交易时,也属居民与非居民之间的国际经济交易,在 C、D 两国的国际收支中也要得到反映。任何国家在与国际性机构发生经济交往时均属国际经济交易等等。

3.国际收支反映的是国际经济交易的货币价值

国际收支记载的国际经济交易多数涉及货币收付,但也有一些并不涉及货币收付,如物物交换、一国给另一国的物资援助、一国企业对另一国进行的实物资产投资等等。无论是有货币收付的国际经济交易,还是非货币性国际经济交易,在国际收支中均以货币形式记录。也就是说,非货币性交易要折合成货币加以记录。而且各国一般都以美元作为记录国际经济交易的货币单位。

4.国际收支实质上是一个事后概念

国际收支是对一国已经发生的国际经济交易进行记录,而并没有反映正在发生的或即将发生的国际经济交易。因此它具有事后追记的性质,而不具有事前安排或预测的性质。

(二)国际收支平衡表的概念

国际收支平衡表(Balance of Payments Statement)是把一国一定时期内的国际经济交易按特定账户分类和复式记账原则编制的会计报表。它的账户设置和分类具有两个明显特点:一是依据经济交易的性质与经济分析的需要而设立;二是各国在具体账户设置和分类上虽有细微差别,但基本保持一致。这是因为国际货币基金组织为了便于会员国编制与比较国际收支平衡表,专门制订出版了《国际收支手册》,并根据实际情况的变化进行了多次修订。《国际收支手册》较为明确地规定了各国编制国际收支平衡表的准则、惯例、项目分类方法以及构成标准等,成为各国编制国际收支平衡表的指南。

(三)国际收支平衡表的记账原则

国际收支平衡表按照"有借必有贷,借贷必相等"的复式记账原则编制。一切收入项目或负债增加、资产减少的项目都列为贷方(Credit),或称正号项目(Plus Items);一切支出项目或资产增加、负债减少的项目都列为借方(Debit)或称负号项目(Minus Items)。每笔经济交易要同时进行借方和贷方记录,金额相等。例如:A国某企业向外国出口100万美元的商品,销货款存入其在外国银行的账户上。这在国际收支平衡表上的记录是:贷:出口100万美元;借:对外国银行的短期债权100万美元。因为出口是有收入的项目或使资金来源增加的项目,故要"贷"记;而在外国银行存款的增加实则是对外资产的增加,故要"借"记。再如:外国旅游者在A国花费20万美元,A国旅游企业将之存入外国银行。则有记录:贷:旅游收入20万美元;借:对外国银行的短期债权20万美元。这样,每笔交易都有借方记录和贷方记录,因此国际收支平衡表全部项目的借方总额与贷方总额总是相等的,这也是称其为平衡表的原因所在。

二、国际收支平衡表的基本账户及其主要内容

按照国际货币基金组织的要求,各会员国每年均要编制并向国际货币基金组织递交国际收支平衡表。为了统一成员国编制国际收支平衡表口径,国际货币基金组织专门编制出版了《国际收支手册》,并根据实际情况变化,进行了多次修订。因此,目前各国的国际收支平衡表的基本项目和主要内容大致相同,主要如下:

(一)经常账户(Current Account)

经常账户是记录实际资源在国际间流动的账户,包括货物、服务、收入和经常转移4个二级账户,在国际收支中占有重要份额,是国际收支平衡表中最主要的项目。

1. 货物(Goods)

货物包括一般商品、用于加工的货物、货物修理、各种运输工具在港口购买的货物和非货币性黄金。即通常所讲的商品进出口贸易,它通常是经常账户乃至整个国际收支中最重要、所占比例最大的一个项目。一般而言,商品出口有收入,商品进口有支出。按国际货币基金组织规定,进出口商品价格在国际收支平衡表中均按离岸价格(FOB)计算,而将到岸价格(CIF)与离岸价格之间的差价(运费、保险费等)计入服务项目。这与国际贸易惯例(出口商品按 FOB 计价,进口商品按 CIF 计价)是不同的。

2. 服务(Services)

服务是指劳务的输出输入,包括的内容相当广泛,涉及的三级项目账户也比较多,主要包括运输、旅游、保险、金融、通讯、建筑及其他各种服务。

(1)运输。凡本国的轮船、飞机、火车、汽车等运输工具运送了外国商品和乘客时,有运输费用收入。反之,则有运输费用支出。此外,港口费用、船只租赁费用等也包括在此项目中。

(2)旅游。包括国际旅游者的食宿、交通、观光、娱乐等服务性收支。

(3)金融与保险业务。包括银行、保险公司及其他金融机构从外国得到的收入和对外国的支出。如银行的利息和手续费、服务费收支;本国保险公司向非居民投保人收取的保险收入,或本国投保人向外国保险公司缴纳的保险费支出;本国保险公司向非居民投保人支付的保险赔偿金,或本国投保人从外国保险公司获取的保险赔偿金,等等。

(4)政府往来。各国互派的使领馆、代表团等官方机构收支,外交人员消费收支等。

(5)其他劳务。如邮电通讯收支、手续费、广告宣传费收支和文化娱乐服务收支等。

3. 收益(Income)

收益是指生产要素在国际间的流动而引起的要素报酬收支,包括雇员报酬和投资收益2 个三级账户。各国传统上并不把收益单独作为 1 个二级账户,而将其列入服务项目下。国际货币基金组织在第五版《国际收支手册》中建议将雇员报酬和投资收益单独列出,以便国际收支平衡表与国民收入账户能更好地配合使用。

(1)雇员报酬。主要是指在国外工作期限在一年以下的季节工人、边境工人等人员的工资及其他劳务报酬。本国季节工人和边境工人受雇于国外有工资等收入,本国雇用非居民季节工人和边境工人有工资等支出。

(2)投资收益。主要是指投资项目下有关对外金融资产和负债的收支,包括对外投资的利润、股息、利息等收支。本国居民对外国直接投资或间接投资有利润、股息、利息收入,非居民对本国的投资则有利润、股息、利息方面支出。

4. 经常转移(Current Transfer)

经常转移又称无偿转移或单向转移,是指发生在居民与非居民之间等值交换物的实际资源或金融项目所有权的变更。它是除以下几项所有权转移外的所有转移项目:①固定资产所有权的资产转移;②同固定资产收买或放弃相联系的或以其为条件的资产转移;③债权人不索取任何回报而取消的债务。

经常转移按交易主体分为政府转移和私人转移,前者主要是政府间的军事或经济援助、政府间的赠与、捐款、税款等,后者主要包括侨民汇款、财产继承、养老金、奖金、奖学金、私人或社会团体捐赠款项或物资等。

（二）资本和金融账户（Capital and Financial Account）

资本和金融账户主要是记录金融资产所有权在国际间流动的账户，包括资本账户和金融账户 2 个二级账户。

1. 资本账户（Capital Account）

资本账户包括资本转移和非生产、非金融资产的收买或放弃。资本转移已在经常转移中加以说明；非生产、非金融资产的收买或放弃是指各种无形资产的交易，如专利、版权、商标、经营权以及租赁和其他转让合同的交易。

2. 金融账户（Financial Account）

（1）直接投资。国际间直接投资的主要特征是投资者对非居民企业具有有效的经营管理权。其最主要的形式是在国外设立分支企业，如在国外的独资企业，合资、合作企业等。另一种形式则是通过购买国外企业一定比例的股票，从而获取对国外企业经营管理活动的发言权。投资者在国外获得的收益再投资于企业也包括在直接投资内。直接投资包括外国在本国的直接投资和本国在外国的直接投资两项，前者说明资本流入，后者说明资本流出。

（2）证券投资。主要是通过购买债券、股票、基金受益权证等形式进行投资。包括本国居民购买外国债券、股票等和外国居民购买本国债券股票等，前者说明资本流出，后者说明资本流入。若是收回投资（卖掉证券）情况正好相反。

购买股票有时是直接投资，有时又是证券投资，两者的区别在于购买股票额在股本总额中所占比例的大小。如果购买并持有的股票额所占比例较小，未能有效地参加企业管理，属证券投资；如果购买并持有的股票额所占比例较大，足以在股份公司中取得有效发言权，则属直接投资。那么，作为两者分水岭的比例数是多少呢？各国规定不尽相同，但一般规定比例范围为 10％～25％。

（3）其他投资。是指未包括在直接投资、证券投资和储备资产账户中的金融交易，如贸易信贷、商业贷款、延期付款差额、货币和存款及其他可收支项目。

（三）储备资产账户（Reserve Assets Account）

储备资产是一国货币当局掌握的并可以随时动用的在国际间被普遍接受的资产，包括外汇、货币性黄金、特别提款权和普通提款权等。当一国经常项目与资本和金融账户出现不平衡时，最终要通过官方储备资产的增减来平衡。这一项目就是记载货币当局动用储备平衡国际收支的项目。具体表现为：若经常项目和资本项目的总和数字为逆差，就动用官方储备加以弥补，从而使官方储备减少；反之会使官方储备增加。

值得特别注意的是，与经常账户及资本和金融账户不同的是，储备资产的增加用负号表示，储备资产的减少用正号表示。

（四）误差与遗漏账户（Errors and Omissions Account）

既然国际收支平衡表采用复式记账原则编制，那么以上经常账户与资本和金融账户的借贷双方总额最后应该是平衡的。但是事实上它们常常是不平衡的，究其原因主要有以下两点：

（1）资料来源多头。国际收支平衡表中所列各个项目的数据，涉及范围相当广泛，由多个部门提供，主要数据来源是海关统计，但也有来源于银行报表，各行政部门、企业等的报告，官方部门的统计报表等。这样难免会出现统计口径不一致，或出现重复与错漏。

（2）统计资料不完全。虽然各国建立了较为完备的国际收支统计制度，但由于存在着商品走私、资金非法外逃、携现钞出入境、黑市外汇交易、有意隐瞒实情等现象,致使有关当局难以获得全面而准确的资料。尤其是短期资本在国际间流动形式多样、隐蔽,要掌握准确的资料更为困难。

一般而言,当经常项目账户和资本项目账户出现差额时,由储备资产的增减来平衡。但由于错误与遗漏的存在,使官方储备的实际增减数与差额数不同,为了平衡账目,便人为设立了这一项目。当国际收支平衡中其他各项贷方总额大于借方总额时,在错误与遗漏项目中借记其差额;当借方总额大于贷方总额时,则在错误与遗漏项目中贷记其差额。这样借贷双方数额就完全相等了。

三、国际收支平衡表的分析

(一)国际收支不平衡的概念

由于国际收支平衡表采用复式记账原则编制,故从账面上看国际收支总是平衡的。但在实际中我们又常常用到国际收支不平衡的概念。那么,到底什么叫国际收支不平衡呢?

理论上一般把国际经济交易分为性质不同的两种类型:一类是自主性交易,即经济主体为了追逐利润、履行义务或出于其他考虑而主动进行的交易。如商品和劳务的买卖、收益的转移、无偿转让,各种形式的对外直接投资、证券投资等都属于这类交易。它是由经济主体积极主动进行的,并不以收支平衡为目的或出发点,因此所产生的货币收支不能恰好相等,这就要设法加以弥补。另一类是调节性交易,即那些并非出于自身需要,仅是为了平衡自主性交易出现的缺口或差额而进行的交易。如官方短期借贷、官方储备资产增减等便属于这类交易。它是有关货币当局在自主性交易出现差额后被动地进行的,所以又称为补偿性交易或事后交易。

只有自主性交易达到了平衡(借贷双方差额为零)才是国际收支平衡,否则就是不平衡。如果自主性交易的收入大于支出,称为国际收支顺差(或盈余);如果自主性交易支出大于收入,称为国际收支逆差(或赤字)。因此,国际收支不平衡是一经济概念而非会计概念。从会计意义上说一国的国际收支总是平衡的,而从经济意义上说,一国的国际收支常常是不平衡的。以下我们均从经济意义上来分析国际收支不平衡。

(二)国际收支的差额分析

虽然从总体上看,国际收支不平衡只存在于经济分析和经济意义上,在会计意义上不存在。但从结构上看,一国国际收支的局部不平衡或项目不平衡不仅存在于经济意义上,而且也存在于会计意义上,在国际收支平衡表中常有直接记录,表现为各个项目的差额,其中主要的也是被运用最多的差额有:贸易差额、经常账户差额、资本和金融账户差额、官方结算差额。这些差额成为分析一国国际收支乃至整个宏观经济的重要指标。

1. 贸易差额

贸易差额即国际收支平衡表中的货物收支差额,是指一国在一定时期内出口商品总值与进口商品总值之差额。差额为正数说明出口总值大于进口总值,称作贸易顺差,反之为贸易逆差。贸易差额状况在一国国民经济中具有重要意义。

(1)贸易收支是国际收支中最主要的项目(对发展中国尤其如此),其差额对国际收支总差额的影响举足轻重。

(2)贸易差额状况对国内生产、投资、消费乃至资源配置、产业结构调整等产生一定的影响。

（3）贸易差额综合反映了一国的产品结构和劳动生产率状况。

（4）国际收支逆差从长期看最终往往要靠贸易顺差来弥补。

因此认真分析与研究贸易差额、尽力消除或减少贸易差额具有重要的意义。如今像美国这样资本项目所占比重相当大的国家，也十分重视贸易差额。

2.经常账户差额

这是指经常账户下的货物、服务、收益和经常转移4个项目的差额相抵后的净差额。如果净差额为正数，说明经常项目为顺差，反之为逆差。由于货物项目是经常项目中最主要部分，因此经常账户差额与货物差额在方向上常是一致的。但经常项目还包括了服务的输出输入等项目，能综合地反映一国实际资源的移动情况，因而被各国广为使用，成为各国制定国际收支政策和产业政策的重要参考依据。同时，国际货币基金组织也特别重视各国经常账户的收支状况。

3.资本和金融账户差额

这是金融资产流进与流出的差额，如果差额为正数，说明金融资产流进大于流出，其主要原因或是引进非居民直接投资和证券投资大于居民对外投资，或是对外借款大于对外贷款，或是大批量收回对外投资等。与经常账户不同的是，金融资产往往有一个反向流动，如现在借入外债有资产流入，而将来偿还外债就有资产流出。因此，在分析资本和金融账户差额时要同时考虑反向流动因素，并非资本和金融账户顺差就一定是好事。

4.官方结算差额

这是官方国际储备资产变动的净额，它主要受经常账户及资本和金融账户差额的影响，即后者为逆差，官方储备就会减少，否则便会增加。但有时官方储备的增减却是由政府短期借款变动引进。

以上4种国际收支的局部差额的内容及相互关系可用下述公式来表示：

贸易差额＝商品出口－商品进口

经常账户差额＝货物收支差额＋服务收支差额＋收益收支差额＋经常转移收支差额

资本与金融差额＝资本收支差额＋金融收支差额

官方结算差额＝官方储备变动净额＋官方短期借贷净差额

（三）国际收支平衡表的分析方法

国际收支平衡表的分析，对编表国家和其他国家都具有积极的作用。对编表国家而言，分析本国的国际收支平衡表，能够及时、全面、准确地了解本国的国际收支状况，找出造成顺差或逆差的原因以便采取正确的调节措施。此外还可了解本国的国际经济地位，以利制定出适当的对外经济政策，促进本国对外经济的发展。对其他国家而言，分析编表国家的国际收支平衡表，有利于他们了解编表国家的国际收支状况，了解编表国家的贸易差额、资本流动方向，以便本国发展同其关系，这一点对主要贸易伙伴国和主要资本输出输入国之间尤其重要。此外，通过对各个国家国际收支平衡表的分析、比较，可以预测世界经济与国际贸易的发展趋势，可为本国制定对外经济政策提供参考，使本国在对外经济交往中处于主动地位。因此，国际收支平衡表目前已成为各国重要的经济分析工具。

各国在对本国或其他国家的国际收支平衡表的分析中主要采用以下3种方法：

1.静态分析法

它是指分析某国在某一时期的国际收支平衡表。主要是计算和分析表中各个项目及其差额(主要分析前面叙述过的 4 个差额),找出其原因,进而采取有效对策。

　　2.动态分析法

　　它是指分析某国若干连续时期的国际收支平衡表,找出其变化规律及发展趋势。它以静态分析为基础,即首先分析各个时期的国际收支差额状况,然后再将各个时期连续起来分析。

　　3.比较分析法

　　它包括两种情况:一是把一国若干连续时期的国际收支平衡表加以对比分析(这与上述动态分析法相似);二是将不同国家在相同时期的国际收支平衡表加以对比分析,找出各自的特点和相互的关系。

表 1-1　2011 年中国国际收支平衡表　　　　　　　　(单位:亿美元)

项　目	行次	差额	贷方	借方
一、经常项目	1	2017	22868	20851
A.货物和服务	2	1883	20867	18983
a.货物	3	2435	19038	16603
b.服务	4	−552	1828	2381
1.运输	5	−449	356	804
2.旅游	6	−241	485	726
3.通讯服务	7	5	17	12
4.建筑服务	8	110	147	37
5.保险服务	9	−167	30	197
6.金融服务	10	1	8	7
7.计算机和信息服务	11	83	122	38
8.专有权利使用费和特许费	12	−140	7	147
9.咨询	13	98	284	186
10.广告、宣传	14	12	40	28
11.电影、音像	15	−3	1	4
12.其他商业服务	16	140	323	183
13.别处未提及的政府服务	17	−3	8	11
B.收益	18	−119	1446	1565
1.职工报酬	19	150	166	16
2.投资收益	20	−268	1280	1549
C.经常转移	21	253	556	303
1.各级政府	22	−26	0	26
2.其他部门	23	278	556	277
二、资本和金融项目	24	2211	13982	11772
A.资本项目	25	54	56	2
B.金融项目	26	2156	13926	11770
1. 直接投资	27	1704	2717	1012
1.1 我国在外直接投资	28	−497	174	671
1.2 外国在华直接投资	29	2201	2543	341
2. 资产	30	196	519	323

续表

项　　目	行次	差额	贷方	借方
2.1 资产	31	62	255	192
2.1.1 股本证券	32	11	112	101
2.1.2 债务证券	33	51	143	91
2.1.2.1（中）长期债券	34	50	137	88
2.1.2.2 货币市场工具	35	2	5	4
2.2 负债	36	134	265	131
2.2.1 股本证券	37	53	152	99
2.2.2 债务证券	38	81	113	32
2.2.2.1（中）长期债券	39	30	61	32
2.2.2.2 货币市场工具	40	51	51	0
3. 其他投资	41	255	10690	10435
3.1 资产	42	−1668	1088	2756
3.1.1 贸易信贷	43	−710	0	710
长期	44	−14	0	14
短期	45	−695	0	695
3.1.2 贷款	46	−453	61	513
长期	47	−433	8	441
短期	48	−20	53	73
3.1.3 货币和存款	49	−987	501	1489
3.1.4 其他资产	50	482	526	44
长期	51	0	0	0
短期	52	482	526	44
3.2 负债	53	1923	9602	7679
3.2.1 贸易信贷	54	380	454	74
长期	55	6	8	1
短期	56	374	447	73
3.2.2 贷款	57	1051	7343	6292
长期	58	130	538	408
短期	59	920	6805	5884
3.2.3 货币和存款	60	483	1719	1237
3.2.4 其他负债	61	10	86	76
长期	62	−15	24	39
短期	63	24	61	37
三、储备资产	64	−3878	10	3888
3.1 货币黄金	65	0	0	0
3.2 特别提款权	66	5	5	0
3.3 在基金组织的储备头寸	67	−3.4	6	40
3.4 外汇	68	3848	0	3848
3.5 其他债权	69	0	0	0
四、净误差与遗漏	70	−350	0	350

资料来源：国家外汇管理局 2012 年 3 月网上公布数据。

表 1-2　2011 年中国国际收支平衡表简表　　　　　　　　(单位:亿美元)

项目	差额	贷方	借方
一、经常项目	2017	22868	20851
A. 货物	2435	19038	16603
B. 服务	−552	1828	2381
C. 收益	−119	1446	1565
D. 经常转移	253	556	303
二、资本与金融项目	2211	13982	11772
A. 资本项目	54	56	2
B. 金融项目	2156	13926	11770
1. 直接投资	1704	2717	1012
2. 证券投资	196	519	323
3. 其他投资	255	10690	10435
三、储备资产	−3878	10	3888
四、净误差与遗漏	−350	0	350

资料来源:根据国家外汇管理局 2012 年 3 月网上公布数据整理。

表 1-3　2004—2011 年中国国际收支平衡表简表　　　　　　　(单位:亿美元)

项　目	2004	2005	2006	2007	2008	2009	2010	2011
一、经常项目	686.6	1608.2	2498.6	3718.3	4261.1	2971	3054	2017
A. 货物	589.8	1341.9	2177.5	3153.8	3606.8	2495	2542	2435
B. 服务	−97.0	−93.9	−88.3	−79	−118.1	−294	−221	−552
C. 收益	−35.2	106.4	117.5	256.8	314.4	433	304	−119
D. 经常转移	229.0	253.9	292.0	386.7	458.0	337	429	253
二、资本与金融项目	1106.6	629.6	100.3	735.1	189.6	1448	2260	2211
A. 资本项目	−0.7	41.0	40.2	30.9	30.5	40	46	54
B. 金融项目	1107.6	588.6	60.2	704.1	159.1	1409	2214	2156
1. 直接投资	531.6	678.2	602.7	1214.2	943.2	343	1249	1704
2. 证券投资	196.9	−49.3	−675.6	186.7	426.6	387	240	196
3. 其他投资	379.1	−40.3	133.1	−696.8	−1210.6	679	724	255
三、储备资产	−2063.6	−2070.2	−2470.3	−4617.4	−4189.8	−3984	−4717	−3878
四、净误差与遗漏	270.5	−167.7	−128.7	164	−260.9	−435	−597	−350

资料来源:根据国家外汇管理局 2004—2012 年网上公布数据整理。

第二节 国际收支调节机制

如果一国出现持续的或数额较大的国际收支不平衡,会对该国经济产生不利影响,因此要加以调节。由于目前各国在高失业率的困扰下,普遍较为重视国际收支逆差,所以本节主要讨论调节国际收支逆差的机制、手段和政策,调节国际收支顺差与其反面。

一、国际收支不平衡对经济的影响

实际上,各国的国际收支恰好相抵的情况是很少见的,多数情况下出现的是国际收支不平衡,或顺差,或逆差。若一国国际收支差额不大且持续时间不长,一般不会对该国经济产生较大的影响。但若一国出现持续的较大的国际收支差额,无论是逆差还是顺差都会对一国经济产生不利的影响。

一国如果出现长期的国际收支逆差会导致:

(1)黄金外汇储备大量流失,削弱了该国对外金融实力,并使该国在国际上的信誉降低,而且还会使国内货币供应量减少,影响本国生产和就业。

(2)对外负债会加强,甚至会产生发生债务危机的风险。

(3)由本币对外贬值引起对内贬值,增加了通货膨胀的压力。

(4)会出现资本外逃,影响国内投资建设与金融市场的稳定。

(5)政府为改变逆差状况而采取的政策措施也会对国内经济产生不利的影响。

一国如果出现长期的大量的国际收支顺差会导致:

(1)使国家外汇储备过多地增加,造成资源的浪费和储备成本的上升。

(2)会迫使本币升值,从而使本国出口商品相对价格上升,削弱了本国出口商品在国际市场上的竞争能力,影响本国对外贸易的发展,使贸易品生产规模萎缩。

(3)如果国际收支顺差主要是由于出口过多造成的,那么会造成本国实际资源的减少,影响本国的经济发展速度。

此外,一国的过多国际收支顺差或逆差往往意味着主要贸易伙伴国或资本输出(输入)国的逆差或顺差,由此会引起世界国际收支不平衡的发展,影响世界经济金融的稳定。因此一旦一国出现较大数额或较长时间的国际收支不平衡,就必须对其进行调节,使之逐步达到平衡。

二、国际收支不平衡的原因

引起国际收支不平衡的原因有很多,而且不同的国家会有所不同,同一国家在不同的时期也会有所不同。引起国际收支不平衡的一般性原因主要有以下几方面:

(一)偶发性因素

一些由非确定因素引发的突发性事件会引起国际收支的不平衡。如:大面积自然灾害引起粮食大幅度减产,使得进口粮食的外汇支出大大增加;政治动乱等因素引起的国内生产量下降,造成出口减少,进口需求增加;由于政治方面原因,主要贸易伙伴国突然撕毁进口合同,等等。这些都会导致一国国际收支逆差。但是这些因素对国际收支的冲击一般是短暂的,一旦这些因素消失,国际收支便可恢复正常。

(二)周期性因素

发达国家的经济具有明显的周期性,繁荣和衰退交替出现。一般而言,在经济繁荣时期,投资和生产会增加,国民收入也会增加,从而进口原材料会增加,对进口商品和劳务的需求会扩大,捐赠、旅游等服务支出也会增加,由此造成国际收支逆差;在经济衰退时期,国民收入下降,进口原材料和消费品均会减少,服务支出也会减少。此外,国内物价会下降,有利扩大商品出口。从而促使国际收支达到平衡甚至出现顺差。由于生产和资本国际化的发展,发达国家因经济周期更替而出现的国际收支不平衡会传递到发展中国家。如:当发达国家经济衰退进口原材料需求减少时,会造成以出口原材料为主要外汇收入来源的发展中国家的外汇收入减少,从而导致其国际收支逆差。

(三)货币性因素

一国的生产成本、物价水平、汇率、利率水平等货币因素的变化会造成该国国际收支的不平衡。如:当一国生产成本上升与物价水平提高时,本国出口商品的国际竞争能力会下降,从而使商品出口减少;当一国货币发行量过多时,会导致货币贬值,从而使本国货币汇率和实际利率下降。一方面会造成该国产品成本和价格上升,不利出口而有利进口;另一方面实际利率的低下,会引起资本外流。这样从经常项目和资本项目双方面形成了国际收支逆差的压力。

(四)结构性因素

一国的经济结构(包括产业结构、产品供需结构、生产要素结构等),若不能适应国际市场的变化,会导致国际收支的不平衡。

从产业结构方面看。若一国产业结构单一,主要出口某种或某类产品,那么哪怕这类产品再完美,也难于始终占领国际市场,一旦出现更新更好的产品,该类产品就会被取代。如石油输出国依靠石油出口赚取外汇,出现了国际收支顺差。但一旦有新的燃料或石油替代品出现,石油输出国的国际收支顺差的地位就会被打破。

从产品供需结构方面看。国际市场上的产品供需结构是经常发生变化的,若一国的出口产品不能适应这种变化就会导致国际收支不平衡。假如某国以出口汽车为获取外汇的主渠道,且原来该国生产的汽车在国际市场上具有明显的竞争优势。但由于后来国际市场上出现了其他国家生产的性能更好、款式更新或价格更为便宜的汽车,该国汽车在国际市场上的销售就会受到冲击,会出现汽车出口收入迅速减少引发国际收支逆差的局面。

从生产要素结构方面看。由于各国国情的不同,在生产要素上的优势就会不同,若一国生产要素优势遭到削弱也会引起国际收支不平衡。例如某国劳动力丰富,劳动力价格相对便宜,劳动密集型产业具有明显优势,出口产品主要集中在这类产业上。但如果该国工资上涨率超过了劳动生产率的增长率,劳动力价格就会过快上升,使原来劳动力价格相对便宜的优势丧失,劳动密集型产业的出口优势也就丧失。再如某国原来具有较高的劳动生产率,使得出口商品价格相对便宜,但当别国采用了更先进的技术和管理方法,而该国却仍固步自封,那么该国贸易收支就会恶化。

(五)短期资本流动的因素

国际金融市场上存在着巨额的以追求投机利润为目的的游资(Hot money),它们为了进行套汇、套利等投机活动在各国之间频繁流动,造成短期资本项目的不稳定性,或使短期资本大量增加,或使短期资本大量减少,从而形成一国国际收支的剧烈波动。此外,因逃税或逃避某种管制而出现的本国资金外逃也会造成该国国际收支的逆差。

（六）国际债务因素

如果一国超过自身负担能力而过多的借入外债,或外债的期限安排过于集中,那么在该国进入偿债高峰期时,必然会出现国际收支的不平衡,甚至会出现债务危机。20 世纪 80 年代初爆发的发展中国家债务危机便是一例。

三、国际收支的自动调节机制

国际收支的顺差或逆差会通过内外经济的联系,引起某些经济指标的变化,这些变化又会反作用于国际收支,促使国际收支不平衡状况得到一定的缓和,有时甚至可以使国际收支自行恢复平衡。由于不同货币制度与汇率制度下内外经济联系的传导机制不同,因此国际收支自动调节机制也会不同。下面我们来分别介绍不同的货币制度和汇率制度下的国际收支自动调节机制。

（一）金本位制度下的国际收支自动调节机制

金本位制度下,一国经济内外联系的传导机制是黄金。若一国国际收支出现逆差时(顺差情况正好相反),表现为本国黄金的净输出,引起国内黄金存量下降,货币供应量减少,从而导致国内一般价格水平下降,使贸易收支得到改善,国际收支逆差状况会得到改善。这一过程可用图 1-1 表示。

图 1-1　金本位制下国际收支自动调节机制

（二）纸币流通条件下国际收支的自动调节机制

由于纸币流通条件下,国际收支逆差不是直接用黄金进行支付,国内货币供应量也不与黄金挂钩,因此国际收支自动调节机制没有金本位制下那么明显,那么直接,调节过程表现得相对复杂。

1. 固定汇率制下国际收支自动调节机制

固定汇率制度下,一国经济内外联系的传导机制是外汇储备和货币供应量。当一国国际收支出现逆差时,外汇支出增加,供应减少,有可能出现外汇汇率上升,为了维持固定汇率制,该国货币当局会抛售外汇储备,使外汇储备减少,市场货币供应量也随之减少。这一方面会促使利率提高,导致资本流入增加流出减少,使资本收支得到改善;另一方面公众支出会减少,导致进口需求下降,旅游、捐款等非贸易支出也会减少,使经常项目收支得到改善。（见图 1-2）

2. 浮动汇率制下国际收支自动调节机制

浮动汇率制度下,一国经济内外联系的传导机制是汇率。当一国国际收支出现逆差时,外汇市场上会出现外汇需求大于供给的情况,外汇汇率会上升。但浮动汇率制与固定汇率制不同,政府没有义务维持汇率固定不变,汇率由外汇市场的供求调节,自发涨落。而外汇汇率的上升即本币贬值,会造成本国出口商品相对价格的下降,使出口数量增加,进口数量

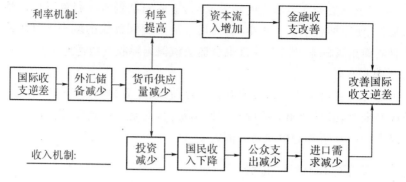

图 1-2　固定汇率制下国际收支自动调节机制

减少,从而改善国际收支逆差状况。(见图 1-3)

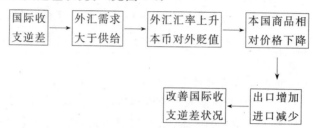

图 1-3　浮动汇率制下国际收支自动调节机制

四、国际收支的政策调节机制

上述国际收支自动调节机制只有在高度发达并充分自由的市场经济中才能发挥作用,而且作用的程度和效果具有不确定性,所需过程也较长。因此当一国国际收支出现不平衡时(尤其是在目前纸币流通的条件下),政府不会坐等国际收支自动调节机制发挥作用,常常会采取一定的干预措施,促使国际收支恢复平衡。

(一)动用官方储备和借入短期资金

当一国出现国际收支逆差时,最简便有益的方法就是动用官方储备或借入短期资金来弥补。它们既可很快见效,又可避免对内对外经济波动。但是一国的官方储备是有限的,而对外举债则要付出较高的成本,有时还会因国际金融市场资金紧张难以筹措得到,且最终必须连本带利归还。因此,这两种方法只能作为应急措施,用来调节短期性的金额不大的国际收支逆差。

(二)经济调节政策

1. 需求调节政策

(1)支出增减型政策

这是政府通过财政政策和货币政策,来调节社会总需求或总支出水平,改变本国对外国商品、劳务和金融资产的需求量,从而达到调节国际收支的目的。

①财政政策。财政政策主要是通过财政收支和公债的增减来影响社会总需求或总支出,进而调节国际收支。一般而言,在国际收支出现逆差时,政府紧缩财政开支,减少财政赤字,减少公共投资,增大公债发行,以控制总体需求和物价上涨,从而有利于贸易收支的改善。在国际收支顺差时,政府则采用扩张性的财政政策,结果恰好相反。

②货币政策。货币政策对国际收支的调节,主要是通过货币量的增减来实现的。包括:贴现政策、调整存款准备率政策和公开市场政策等。一般在国际收支出现逆差的情况下,采取紧缩性的货币政策,如通过提高贴现率、提高存款准备率、抛售公债券等方式紧缩银根,减少市场货币流通总量。这样一方面可以造成本国居民商品、劳务支出的下降,从而对进口商品需求的减少;另一方面可以吸引更多外资流入本国,增加了外汇供应,从而可改变国际收支逆差状况。在国际收支顺差的情况下,则采取扩张性的货币政策,结果恰好相反。

（2）支出转换政策

这是在不改变社会总需求和总支出的情况下,通过改变需求和支出的结构或方向,来调节国际收支。即将本国对外国商品与劳务的需求与支出转移到对国内的商品与劳务需求上来。

①税收政策。政府通过税率的高低和税收的增减来影响商品的进出口及资本的流动,进而改善国际收支。如:通过提高进口关税减少商品的进口,通过出口退税鼓励商品出口;通过减免税等优惠税收政策吸引外商来本国直接投资;通过设立利息平衡税来限制资本外流,等等。

②出口补贴。政府给出口企业适当的价格补贴,以降低出口商品的价格,增强出口商品的竞争能力,增加出口数量和出口收入。

③汇率政策。即通过调节汇率水平来调节国际收支。例如:人为地使本币对外币贬值,促使本国出口商品相对价格下降,增加商品出口数量,改善国际收支逆差;通过制定双重或多重汇率来调节货币和劳务收支等。再如:建立外汇平准基金,即由政府拨出一笔基金(包括外汇和本币),专门用于货币当局在外汇市场上买卖外汇,通过调节外汇供求关系的变化来影响汇率进而调节国际收支。由于外汇平准基金数量有限,一般只适合于对偶发性或季节性国际收支失衡的调节。

2. 供给调节政策

这是通过提高劳动生产率来增加社会产品和劳务的供给,改善国际收支状况的政策。与需求政策相比,供给政策具有长期性,需要在一段时间后才能见效。但这一政策能从根本上提高一国的经济实力和在国际市场上的竞争力,能为保持国际收支平衡创造条件。

（1）科技政策

这主要是通过促进科学技术进步和提高管理水平等措施,来提高劳动生产率,降低企业生产经营成本,增强出口商品竞争力。

（2）产业政策

一是进行产生结构调整,优化产业结构与出口商品结构,提高具有高科技含量和高附加值的商品出口的比率;二是根据国际市场供求变化,随时调整本国出口商品种类结构和地区结构,以在国际市场竞争中掌握主动权。

（3）制度创新政策

从宏观上说,主要是建立新的经济管理体制、建立规范化的金融市场和完善的融资体系、提供良好的企业运作环境等。从微观上说,主要是进行企业产权制度和人事制度改革、完善企业治理结构和内部监督机制、建立有效的企业经理人激励与监督机制等。

（三）实行直接管制

经济政策调节国际收支的作用是间接的,一般需要较长的时间,有时由于多种因素发挥作用,效果不够理想。因此,一些发展中国家还常采用直接管制办法来调节国际收支。

1.外汇管制

外汇管制是政府颁布法令法规条例等,直接限制外汇的收支、买卖、汇入汇出、兑换方式等,以此来间接管制商品和劳务的进出口及资本的流出流入量,实现国际收支平衡。

2.外贸管制

外贸管制是指政府通过限制商品进出口的方式来平衡国际收支。如进出口商品的配额制、许可证等均属此列。

通过直接管制调节国际收支,虽然效果比较快也比较明显,但也会给国内经济造成一些不利影响,如破坏资源配置比例,出现收入分配不公,造成生产和经营效率低下,难以与国际经济接轨等。因此,目前世界总体趋势是各国正逐步放松外汇外贸管制,更多地采用经济政策来调节国际收支。

五、内外经济均衡与经济政策搭配

开放经济条件下,对内对外经济均衡往往存在矛盾,总需求政策往往顾此失彼,通过经济政策的搭配使用,可以在短期内有效解决此矛盾,达到内外经济的均衡。

(一)米德冲突

最早提出固定汇率制度下存在内外经济均衡矛盾的是英国经济学家詹姆斯·米德(J. Meade)。1951年,詹姆斯·米德发表了《国际收支》一书,在此书中他指出,在固定汇率制情况下,政府只能主要运用影响社会总需求的政策来调节内外均衡,这样在开放经济的特定运行区间便会出现内外均衡难以兼得的情形。

表 1-4　固定汇率制下内外经济均衡的搭配与矛盾

	内部经济状况	外部经济状况
1	经济衰退/失业增加	国际收支逆差
2	经济衰退/失业增加	国际收支顺差
3	高通货膨胀	国际收支逆差
4	高通货膨胀	国际收支顺差

表 1-4 中只有第 2 种、第 3 种情况内外均衡是一致的,而第 1 种、第 4 种情况内外均衡便是矛盾的。例如在第 4 种情况下,如果采取紧缩性的总需求政策,可以抑制通货膨胀,但国际收支顺差状况会更加严重。如果采取扩张性总需求政策,国际收支顺差状况有望得到改善,但通货膨胀却会加剧。

(二)丁伯根原则

为了解决内外经济均衡的矛盾,荷兰经济学家丁伯根(J. Tinbergen)最先提出了将政策目标与政策工具相联系的理论模型。他指出,要实现若干个独立的政策目标,至少需要若干个有效的相互独立的政策工具(这被称之为丁伯根原则)。

丁伯根原则的政策含义是:只运用支出增减政策调节支出总量的方法,要同时实现内外均衡两个目标是不够的,必须寻找新的政策工具,并进行合理配合使用。

（三）蒙代尔指派法则

丁伯根原则没有说明每种政策工具在调节内外均衡中，是否需要侧重于某一目标。罗伯特·蒙代尔（R. Mundell）于 20 世纪 60 年代提出了所谓政策指派生法则，弥补了这一缺陷。蒙代尔认为，如果每一工具被合理地指派给一个政策目标，并且在该目标偏离其最佳水平时按规则进行调控，那么在分散决策的情况下仍有可能实现最佳调控目标。蒙代尔还进一步分析了财政政策和货币政策的搭配，认为可以通过让财政政策主要解决对内经济失衡，让货币政策主要解决对外经济失衡的方式，可以从短期上解决内外经济均衡的矛盾。如表 1-5 中的第 4 种情况，一方面可以通过紧缩性的财政政策解决通货膨胀，另一方面可以通过扩张性货币政策避免国际收支顺差增加过快。

表 1-5　财政政策与货币政策的搭配

	经济状况	财政政策	货币政策
1	失业、衰退/国际收支逆差	扩张	紧缩
2	失业、衰退/国际收支顺差	扩张	扩张
3	通货膨胀/国际收支逆差	紧缩	紧缩
4	通货膨胀/国际收支顺差	紧缩	扩张

图 1-4 说明了如何通过财政政策和货币政策的搭配运用，促使内外经济从不平衡走向平衡。起初经济处于 A 点，说明同时存在经济增长不足、高失业率（图中 Y_f 代表充分就业条件下的国民收入）和国际收支逆差（在 FE 曲线下方）。为了改变这种状况，一方面采取扩张性的财政政策，以刺激经济增长，扩大商品供给，解决经济增长不足、失业率高企问题，另一方面采取紧缩性货币政策，以提高利率，吸引外资流入，解决国际收支逆差问题，最终促使内外经济在 G 点上达到均衡。

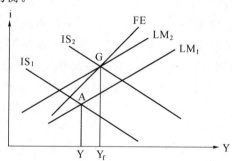

图 1-4　扩张性财政政策与紧缩性货币政策搭配

综上所述，上述各种政策措施可以在一定程度上和一定范围内调节国际收支，促进国际收支从不平衡走向平衡。但是这些政策措施也均有一定的局限性，不能从根本上解决一国国际收支的不平衡问题。实际上，一国国际收支的逆差最终要通过经常项目的顺差来平衡。因此当一国出现较长时期或较大数额逆差时，最根本的调节方法是调整本国产业结构，提高劳动生产率和商品或服务的质量，以此增强本国商品和服务在国际市场上的竞争能力，并提高本国的国际地位。

第三节　国际收支理论

　　国际收支理论是国际金融理论中产生较早影响较大的部分,在国际金融学中具有重要地位。最早的国际收支理论可以追溯到 18 世纪下半叶大卫·休谟(D. Home)提出的"价格－铸币流动机制"的所谓古典理论。到了 20 世纪,在微观经济学和宏观经济学基础上,出现了众多的现代国际收支调节理论。这里主要介绍几种对国际收支调节政策影响较大且运用较广的几种理论。

一、弹性论

(一)弹性论产生的历史背景

　　弹性论(The Theory of Elasticity Approach),又称弹性分析法,是国际金本位制崩溃和 20 世纪 30 年代大危机的产物。在国际金本位制下,一国出现国际收支差额时,可以通过黄金的自由输出输入加以调节,自动达到平衡。各国货币汇率和物价受黄金输送点的制约,也能够有效地进行调节。因此,这时较少出现国际收支的较大波动,政府也较少对之加以干预和调节。20 世纪 30 年代初爆发的世界性经济大危机,使国际金本位制彻底崩溃,一方面国际金融进入混乱和动荡时期,各国汇率和国际收支频繁波动。另一方面国际收支状况对国际贸易和世界经济的影响显得日益重要。这时产生了凯恩斯的有效需求理论,主张通过国家干预来达到资本主义经济的平衡。

　　凯恩斯的理论对国际收支调节理论具有重要影响。国际收支的弹性理论在这种背景下产生并影响力日益扩大。

　　弹性论主要由英国经济学家琼·罗宾逊于 1937 年在英国经济学家马歇尔微观经济学和局部均衡分析的基础上发展起来,后又经美国经济学家勒纳等进一步发展。这一理论认为,国际收支调节不是自动调节过程,而是政府政策起作用的过程,政府可以通过货币贬值来改善贸易收支和贸易条件。因为货币贬值会通过进出口商品相对价格的变化影响本国进出口商品的数量,在一定的进出商品需求弹性下,可以改善贸易收支和贸易条件,进而起到调节国际收支的作用。

　　由于这一理论紧紧围绕着进出口商品的需求弹性来论述国际收支调节问题,因此而得名。

(二)马歇尔－勒纳条件

　　马歇尔－勒纳条件是弹性论的核心内容,它在以下几种假设下讨论了一国利用货币贬值改善贸易收支的条件:

　　第一,只考虑汇率变化对进出口商品值的影响。假设包括收入、商品价格在内的其他条件不变。

　　第二,假设所有进出口商品的供给弹性无穷大,从而按本币表示的出口商品的价格不随需求增加而上升,与本国出口商品相竞争的外国商品价格也不因需求减少而下降。当进口需求减少时,以外币计算的进口商品价格不下降,当进口替代品需求增加时,与进口商品相竞争的进口替代品价格也不上升。

第三，贸易收支最初是平衡的，汇率变化很小。

在上述假设条件下，一国贸易收支的变化主要就取决于本币对外贬值后的进出口商品需求弹性的大小。因为贸易收支的变化主要取决贸易值的增减，贸易值包括出口值与进口值，出口值＝出口商品价格×出口商品数量，进口值＝进口商品价格×进口商品数量。出口值的增加或进口值的减少，会引起贸易值的增加，反之就会引起贸易值的减少。在进出口商品供给弹性无穷大的情况下，出口值的增加，只发生在出口商品数量的增长率大于出口商品相对价格下降的速度时，即国外对本国出口商品的需求弹性＞1时。同样，进口值的减少，只发生在进口商品相对价格下降时，本国对进口商品的需求会减少的情况下，亦即进口需求有弹性且大于零时。但实际情况是，进出口商品的需求弹性是不确定的，拿出口商品需求弹性（以 E_x 表示）为例，当本币对外贬值引起出口商品相对价格下降时，出口商品数量的变动可能会出现以下三种情况：

第一，出口商品需求量的增长率低于出口商品价格的下降率，即 $E_x < 1$。这时出口商品需求量虽然会因出口商品价格下降而增加，但是由于出口商品需求弹性较小，使出口数量增加所引起的收入的增长不足以抵补因出口商品价格下降而减少的收入，结果出口值不但没有增加反而会减少，贸易差额因此而扩大。

第二，出口商品需求量的增长率与出口商品价格的下降率相一致，即 $E_x = 1$。这时出口数量增加所引起的收入的增长额恰好抵补因出口商品价格下降而引起的收入的减少额。结果出口值会保持不变，贸易差额也就不变。

第三，出口商品需求量的增长率高于出口商品价格的下降率，即 $E_x > 1$。这时由于出口商品需求弹性较大，使出口数量增加导致的收入增加额高于因出口商品价格下降而减少的收入额，使实际出口值增加，贸易差额缩小。

下面我们来进一步举例说明上述情况。在这个例子中我们假定英国为本国，美国为外国。

表 1-6　不同需求弹性下英镑贬值对出口收入（美元）的影响

	出口商品英镑单价	汇率	出口商品美元单价	出口商品数量	价格变动率	出口数量变动率	出口外币（美元）收入
0	£1	£1 = $2	$2	10000	—	—	$20000
1	£1	£1 = $1.8	$1.8	10500	10%	5%	$18900
2	£1	£1 = $1.8	$1.8	12000	10%	20%	$21600

从表 1-6 可见，在第 1 种情况下，当英镑对美元贬值，汇率从 £1 = $2 变为 £1 = $1.8时，虽然出口商品用本币（英镑）表示的单价没变，但用外币（美元）表示的单价却下降了10%，从 2 美元下降到 1.8 美元。由于价格的下降，出口数量增加了 5%，从 10000 增加到10500，但是出口商品的美元收入却从 20000 美元下降到了 18900 美元。这是因为出口商品需求弹性较小（小于 1），由出口数量增加而增长的美元收入（900 美元）不足以抵补因价格下降而减少的美元损失（2000 美元），反而使美元收入减少了 1100 美元。第 2 种情况与第 1种情况相比，英镑贬值幅度没变，其他条件也没有变，只是出口数量从 10000 增加到 12000，增长了 20%，结果美元收入净增加了 1600 美元。这是因为"出口商品需求弹性＞1"所致。

　　上面仅仅讨论了在不同的出口商品需求弹性条件下,本币对外贬值对本国贸易值的影响。如果将进口商品需求弹性(以 E_i 表示)也同时考虑,即将进出口商品需求弹性进行组合,那么本质上不会发生变化。

　　马歇尔—勒纳条件是指:本币对外贬值后,只有出口商品需求弹性与进口商品需求弹性之和大于1时,贸易收支才能得到改善。或者说货币贬值改善贸易收支的必要条件是:

$$E_x + E_i > 1$$

　　(三)J 曲线效应

　　J 曲线效应(J Curve Effect)是对马歇尔—勒纳条件的进一步补充与发展。它强调的是:当汇率变化时,进出口额的实际变动情况还要取决于进出口商品的供给对价格的反应程度。即使在马歇尔—勒纳条件成立的情况下,货币贬值也不会立即改善贸易收支,而要有一段"时滞"过程。在货币贬值后初期,贸易收支的逆差不仅不会缩小反而会有所扩大。这种货币贬值对贸易收支影响的"时滞"效应若在坐标图上表示出来呈"J"字形,故此而称为 J 曲线效应。

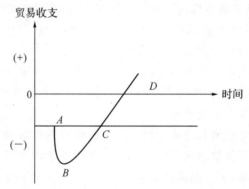

图 1-5　J 曲线效应

　　从图 1-5 可见,货币贬值后,首先出现的是贸易收支恶化,逆差扩大(从 A 点到 B 点),然后才慢慢开始改善(从 B 点到 C 点再到 D 点)。一般认为货币贬值改善贸易收支的时滞需要半年至一年时间。

　　为什么会出现 J 曲线效应呢?主要原因有:

　　(1)在货币贬值前已签订的贸易合同仍然按原来的价格和数量实行,因此贬值对这部分贸易收支产生的影响不大。

　　(2)货币贬值后,从人们认识贬值到调整进出口贸易再到增加出口品和进口替代品的生产,得有一个过程,出口的增加和进口的减少不会与贬值同时发生。

　　(3)如果进口商对本币价值失去信心,认为现在贬值是以后进一步贬值的前兆,那么不仅不会减少进口,反而会增加与国外订货。

　　(四)货币贬值对贸易条件的影响

　　弹性论认为,货币贬值不仅会影响贸易收支而且还会影响贸易条件。所谓贸易条件又称交换比价,是指出口商品单位价格指数与进口商品单位价格指数之间的比例,即:

$$T = P_x / P_m$$

　　式中,T 表示贸易条件;P_x 表示出口商品价格指数;P_m 表示进口商品价格指数。

如果某国 P_x 比 P_m 以更快的速度上升,或 P_m 比 P_x 以更快的速度下降,T 都会增大,说明该国出口相同数量的商品可以换回较多数量的进口商品,称贸易条件改善;反之,如果某国 P_m 比 P_x 以更快的速度上升,或 P_x 比 P_m 以更快的速度下降,T 则会下降,说明该国出口相同数量的商品却换回较少数量的进口商品,称贸易条件恶化。可见,贸易条件实际上是指一国国际经济交易中价格的变动对实际资源转移的影响。

货币贬值对贸易条件的影响也与进出口商品的供给弹性与需求弹性有关。弹性论得出的结论是:

$S_x S_m > E_x E_i$,贸易条件恶化;

$S_x S_m < E_x E_i$,贸易条件改善;

$S_x S_m = E_x E_i$,贸易条件不变;

上式中 S_x 表示出口商品供给弹性,S_m 表示进口商品供给弹性。

上述结论与以下几点假设情况有关:①在供给弹性趋于无穷大时,以本币表示的进口价格上涨,出口价格不变,贸易条件将恶化;②在供给弹性无穷小(等于零)时,进口价格不变,出口价格上升,贸易条件可以得到改善;③当需求弹性趋于无穷大时,出口价格上升,进口价格不变,贸易条件改善;④当需求弹性无穷小时,出口价格不变,进口价格上升,贸易条件恶化。

当然这些只是理论推导,有待更充分的理论检验。实际上第二种情况是较少见的,这是因为利用货币贬值改善贸易收支的做法实质上是一种薄利多销的做法,它在增加贸易收入的同时,有更多的商品转移到了国外,而在减少进口支付的同时减少了同样数量的进口商品。因此,贬值引起的多数是贸易条件的恶化,至多是贸易条件的不变。货币贬值作为调节贸易收支进而调节国际收支的手段只能被短期使用,如果长期使用或者说货币持续贬值,对一国对内对外经济都会产生不良影响。

(五)对弹性论的评价

在金本位制崩溃之后,弹性论不仅提出可以通过货币贬值来调节国际收支,而且揭示了货币贬值调节国际收支的前提条件——进出口商品需求弹性之和大于1和传导机制——通过改变进出口商品相对价格来改变进出口商品需求,进而影响贸易收支和国际收支。这是很有实际意义的,也可以说这是弹性论的贡献所在。

但是弹性论也存在着一些缺陷:

(1)弹性论建立在局部均衡分析法的基础上,只考察了汇率变化对进出口收支的影响,忽视了汇率变化对社会总支出和总收入的影响。

(2)马歇尔—勒纳条件的假设存在着矛盾,它一方面假设收入不变,同时又假设进出口商品的供给弹性无穷大。而前者往往以经济保持充分就业为前提,后者则往往以非充分就业为前提。这从逻辑上说是矛盾的,从实际上看也是不可能的。

(3)弹性论作为一种国际收支的调节理论,只考察汇率贬值对贸易收支的影响,没有涉及对资本流动的分析。实际上汇率贬值后会通过人们不同的心理预期,引起资本不同方向的流动,从而有可能抵消其对贸易收支的影响,结果对国际收支的调节作用就很小。

(4)弹性论是用外币来衡量货币贬值引起贸易收支变化的,如果用本币来衡量结果可能会相反。

二、乘数论

(一)乘数论产生的历史背景

乘数论(The Theory of Multiplier Approach),又称收入论或收入分析法,20 世纪 30 和 40 年代,以哈罗德(R. F. Harrod)、劳埃德·梅茨勒(Laoyd Metzler)等为代表的经济学家运用凯恩斯的乘数理论而提出。弹性论假定货币贬值不会引进收入的变化,从而收入对国际收支没有影响,乘数论则认为收入变化会引起进口增加,从而影响国际收支状况。

(二)乘数论的基本理论

1. 收入变动影响国际收支的假设条件

(1)存在非充分就业,供给具有完全弹性,从而进出口和收入的变动不会改变价格水平。

(2)不考虑国际资本流动,从而贸易差额就是国际收支差额。

(3)假定汇率、价格利率等经济变量均保持不变,只考虑国际收支的收入调节机制。

在以上假设下,进口支出是国民收入的函数,当一国支出增加(投资支出增加,或消费支出增加,或两者均增加),可通过乘数作用促进国民收入增加,而国民收入的增加会引起该国进口的增加,从而造成其国际收支状况相对恶化。

2. 开放经济条件下的收入决定

在开放经济体系中,国民收入恒等式可表示为:

$$Y = C + I + G + X - M \tag{1}$$

假设消费函数为:

$$C = C_0 + cY \qquad \left(c = \frac{\Delta C}{\Delta Y}\right) \tag{2}$$

同样进口函数为:

$$M = M_0 + mY \qquad \left(m = \frac{\Delta M}{\Delta Y}\right) \tag{3}$$

将(2)式和(3)式代入(1)式后得:

$$Y = \frac{1}{1 - c + m}(C_0 + I + G + X - M_0) \tag{4}$$

假设在短期内自主消费和自主进口保持不变,则(4)式的增量方程为:

$$\Delta Y = \frac{1}{1 - c + m}(\Delta I + \Delta G + \Delta X) \tag{5}$$

3. 国际收支乘数分析理论

在不考虑资本项目的情况下,国际收支差额的变动可表示为:

$$\Delta B = \Delta X - \Delta M = \Delta X - m\Delta Y \tag{6}$$

将(5)式代入(6)式得:

$$\Delta B = \frac{1 - c}{1 - c + m}\Delta X - \frac{m}{1 - c + m}(\Delta I + \Delta G) \tag{7}$$

(7)式即为乘数论的数量表达式,它说明收入各个不同部分对国际收支的影响。

(1)—(7)式中 Y 表示国民收入,C 表示消费支出,I 表示投资支出,G 表示政府支出,X 表示出口,M 表示进口,C_0 表示自主性消费,M_0 表示自主性进口,c 表示边际消费倾向,m 表示边际进口倾向,ΔC 表示消费增量,ΔY 表示收入增量,ΔM 表示进口增量,ΔI 表示投资增量,ΔX 表示出口增量,ΔG 表示政府支出增量,ΔB 表示国际收支。

乘数论认为,一国可以通过需求管理政策来调整国际收支,例如,当出现国际收支逆差时,可以通过紧缩性的货币政策或财政政策来影响人们收入,使之相对减少进口支出,从而改善国际收支状况。

(三)哈伯格条件

在国际收支弹性论中,只要满足马歇尔—勒纳条件($E_x+E_i>1$)本币贬值就可以改善一国国际收支状况。但弹性论只分析了货币贬值的直接效果,而乘数论进一步分析了货币贬值的间接效果。即因贬值引进的进口的变动除了直接带来国际收支的变动外,还会通过国民收入的变化,间接导致进口的变动,从而进一步影响一国国际收支状况。基于此,以美国经济学家哈伯格(A. C. Harberger)为代表的一些学者,将弹性论所说明的价格效应与收入效应结合进来,修正了马歇尔—勒纳条件,即哈伯格条件:$E_x+E_i>1+m$,它说明一国货币对外贬值后,只有进出口商品需求弹性之和大于 1 加边际进口倾向时,才能改善该国国际收支状况。

(四)对乘数论的评价

1. 乘数论建立在凯恩斯宏观经济学分析框架之上,从开放经济条件下国民收入恒等式出发,着重从收入角度分析了贸易收支的问题,揭示了国际收支的收入调节机制,这是对国际收支理论的贡献。

2. 乘数论的局限性主要是:①其分析方法仍然属于局部均衡的分析方法,假定充分就业、汇率、物价等保持不变。而实际上,如果国内已处于充分就业,出口增加就意味着过度需求,将会出现需求拉上的通货膨胀。而且出口引进的过度需求不同于投资引起的过度需求,不会形成新的生产力。②它没有考虑国际资本流动,实际上一国收入上升意味着该国经济繁荣,会吸引外国资本的流入,使一国资本与金融账户得到改善,从而可以部分抵消收入增加对贸易收支的不利影响。因而它关于国民收入对国际收支影响的分析是不全面的。

三、吸收论

(一)吸收论产生的历史背景

吸收论(The Theory of Absorption Approach),又称吸收分析法,由美国经济学家西德尼·亚历山大于 1952 年在《贬值对贸易收支效应》一文中首先提出。前面我们指出,弹性论是在 30 年代经济大危机及随之出现的大萧条条件下产生的,当时西方国家存在着设备闲置、开工不足、大批失业等现象,有条件满足货币贬值后对追加出口品与进口替代品的需要。但是二次大战后,西方国家经济恢复和发展迅速,失业率大大降低,国际收支不平衡加深,于是有人对弹性论提出了质疑,继而在西方经济学界展开了关于弹性论的激烈争论。亚历山大主张舍弃弹性论,转而通过收入水平和支出行为来分析贬值对国际收支的影响。吸收论产生的另一个历史背景是二战后,凯恩斯理论成为西方经济学的主流学派,凯恩斯的经济政策主张也被西方各国普遍运用。吸收论实际上是凯恩斯主义理论在国际收支上的具体运用。

(二)吸收论的基本理论

吸收论根据凯恩斯的宏观经济理论,认为国际收支不仅仅与进出口商品相对价格相联系,而且与整个国民经济相联系,因此它着重研究了总收入和总支出在国际收支调节中的作用。

吸收论以凯恩斯的国民收入方程式为基础展开论述。凯恩斯的国民收入方程式为：

$$y=A=C+I$$

上式中，y、A、C、I 分别表示国民收入、国民支出、消费与投资。凯恩斯认为一国的国民收入最终将变为消费与投资，即国民支出。

但是凯恩斯的国民收入方程式仅反映了封闭经济条件下的情况。若从开放经济(将进出口贸易也考虑进去)分析，则有：

$$y=C+I+X-M$$

上式中，X 表示出口；M 表示进口；将上式移项后得：

$$X-M=y-(C+I)$$

上式中，$X-M$ 为贸易收支差额，亚历山大用 B 表示，$(C+I)$ 为国民收入中被国内吸收的部分，即国内总支出，亚历山大称之为"总吸收"，并用 A 表示。于是上式可以简化为：

$$B=y-A$$

亚历山大把贸易收支视为国际收支，认为总收入与总吸收的不平衡导致了国际收支的不平衡，他得出的结论是：

国民收入＞总吸收时，国际收支为顺差；

国民收入＜总吸收时，国际收支为逆差；

国民收入＝总吸收时，国际收支平衡。

(三)吸收论的政策主张

既然吸收论认为国际收入不平衡是由于总收入与总支出的不平衡所形成的，于是它主张通过调节总收入和总支出来调节国际收支。从吸收论的基本公式 $B=y-A$ 可见，当一国国际收支出现逆差时，调节的政策无非有两种：一是增加总收入(y)，一是减少总吸收(A)。

运用增加总收入的政策来改变国际收支逆差状况，可以采用货币贬值与贸易控制(包括关税、补贴及数量限制)方法。货币贬值的目的是调节总收入和总吸收的相对关系，一方面扩大商品出口增加收入，另一方面把国内外支出转向购买国内产品。贸易控制的目的主要是减少进口，把国内支出从进口外国商品转向购买国内产品，同时也是为了刺激出口，把外国支出转向购买本国产品。

吸收论认为，利用货币贬值与贸易控制改善国际收支逆差的效果如何与国内经济状况密切相关。如果国内经济处于非充分就业状况，存在着闲置设备和失业工人，那么就有条件增加生产，满足货币贬值与贸易控制所导致的对出口品及进口替代品的额外需求，从而改变国际收支逆差状况。如果国内经济已达到充分就业，生产无法再扩大，对出口品及进口替代品的额外需求不能得到满足，国际收支逆差状况也就难以改变。因此，在充分就业条件下，运用增加总收入的政策来改善国际收支逆差，或是难以奏效，或是会引起国内的通货膨胀。

吸收论认为，在充分就业条件下，改善国际收支逆差状况的更好办法是减少总吸收。这可以通过紧缩性的财政政策和货币政策来进行，因为紧缩性的财政政策可以直接减少政府支出，而紧缩性的货币政策可以减少总体需求，包括对进口品的需求。如果一国在出现国际收支逆差的同时存在着通货膨胀，那么减少总吸收政策的效果会更佳，它会同时促进一国经济对内对外的平衡。

(四)吸收论与弹性论的比较

吸收论与弹性论作为调节国际收支的两种重要理论有其共同之处,即两者都认为国际收支的不平衡需要政府出面调节,而通过货币贬值有可能改善国际收支逆差状况。但是两者也存在着许多差别,主要表现在以下几个方面:

1.分析的方法不同

弹性论建立在马歇尔微观经济学基础之上,采用的是局部均衡分析方法。所以它只是从进出口商品相对价格和需求的变化来探讨国际收支调节政策与方法;吸收论则是建立在凯恩斯宏观经济学基础之上,采用的是一般均衡分析方法。所以它从国民收入和总吸收(即总支出)的相互关系来考察国际收支失衡的原因及调节国际收支的政策措施。

2.政策主张不同

由于弹性论认为贸易收支与贸易值有关,而贸易值与进出口商品的需求弹性有关,因此它主张通过货币贬值政策来影响贸易收支及贸易条件,调节国际收支;而吸收论认为造成国际收支不平衡的原因是总收入与总吸收的不平衡,因此主张通过增减总收入和总吸收的政策来调节国际收支。并认为在国际收支逆差时,应采用紧缩性的财政货币政策以减少总吸收。在国际收支顺差时,应采用扩张性的政策在增加总收入的同时扩大总吸收。

3.对货币贬值效果的分析不同

虽然弹性论和吸收论都认为通过货币贬值有可能改善国际收支,但弹性论认为货币贬值改善国际收支的效果主要取决于进出口商品的需求弹性,若进出口商品需求弹性之和大于1,就能改善国际收支逆差状况。而吸收论则认为货币贬值的效果与国内经济是否处于充分就业状态有关,若国内经济已达到充分就业,无论进出口商品需求弹性有多大,由于生产无法扩大,增大的出口需求与进口替代品需求无法得到满足,贬值的效果就体现不出来。只有在非充分就业的条件下,货币贬值才能改善国际收支逆差。弹性论与吸收论的这种差别与两者产生的不同历史背景有关,弹性论产生在 30 年代经济萧条时期,故它假设进出口商品的供给弹性无限大。而吸收论产生在二战后经济快速发展,失业率较低的年代,它就不能不考虑进出口商品的供给问题。

(五)对吸收论的评价

1.吸收论的主要贡献

从上述吸收论与弹性论的比较可见,吸收论吸纳了弹性论的某些合理内容,但更指出了弹性论的缺点,且以与弹性论不同的方法及角度论述了国际收支的调节问题。因此吸收论在国际收支调节理论中具有重要的地位与影响,它的主要贡献在于:

(1)它把国际收支当作宏观变量,把一国国际收支的决定和变动与整个宏观经济状况结合起来分析,从而为通过调整国内经济来调节国际收支的做法奠定了理论基础。

(2)它指出了在充分就业条件下,如果货币贬值政策要获得成功,必须伴之以支出减少政策,否则就会出现通货膨胀的结果。

(3)它注意到了国际收支失衡的货币方面,可以说是国际收支调节的货币论的先驱。

2.吸收论的主要缺陷

(1)它把货币贬值视作增加出口的唯一因素,并认为其能促进生产要素的顺利转移,这是不符合实际的。

(2)它把国际收支抽象为贸易收支,完全没有考虑资本流动的因素,实际上二次大战后资本流动因素对各国国际收支的影响是日益加强的。

(3)它认为在充分就业的条件下,生产不能扩大,收入也不能增加,这就忽略了资源运用效率。实际上除了通过资源增加扩大生产外,还可以通过资源的合理配置、劳动生产率的提高等来增加生产和实际收入。

四、货币论

(一)货币论产生的历史背景

货币论(The Theory of Monetary Approach),又称货币分析法,是随着现代货币主义的兴起而产生的,其代表人物是美国经济学家哈里·约翰逊和他的学生雅各布·弗兰克尔。货币论产生于 20 世纪 60—70 年代,但是它具有悠久的历史渊源,可以追溯到 18 世纪英国经济学家大卫·休谟的"价格—铸币流动机制"。这一机制认为,一国国际收支不平衡会引起黄金的输出与输入,从而引起货币供求的失衡,而货币量的变化会通过商品相对价格及贸易收支的变化调节国际收支,使之达到平衡。货币论也认为货币供求量的变化对国际收支有着重要影响,国际收支本质上是货币现象,并由此展开了分析。约翰逊说过,国际收支调节的货币理论是大卫·休谟的"价格—铸币流动机制的重新组合"。所不同的是:大卫·休谟强调的是,货币量变化引起的商品相对价格变化会促使国际收支自动达到平衡;货币论则强调过多的货币供给与需求会对国际收支产生直接的影响。

货币论在 20 世纪 60—70 年代出现不是偶然的,这一时期西方各国经济面临的突出问题不是经济萧条,也不是经济高速发展所需的劳动力、原材料缺乏,而是通货膨胀。于是在西方经济理论中出现了货币数量论的复兴,主张通过控制货币量的办法来抑制通货膨胀,达到内部经济平衡。国际收支调节货币论实质上是强调通过调节货币供应量来达到对外经济的平衡。

(二)货币论的基本理论

货币论的理论分析以下列几点假设为前提:

(1)在充分就业条件下,一国的实际货币需求是收入和利率的稳定函数。从长期看,货币需求是稳定的。

(2)货币供给变动不影响实际产量。

(3)从长期看,一国的价格水平和利率水平接近世界市场水平。

(4)货币供给与外汇储备水平同方向变化。

在上述各项假设下,货币论认为:一国的货币需求(M_d)与该国的物价水平(P)、国民收入(y)、利率水平(i)有关,即:

$$M_d = Pf(y \cdot i),(式中 f 表示函数关系)$$

一国的货币供给(M_s)主要有两个来源:一是中央银行的国内信贷(D),一是由国际收支顺差所形成的国外资金流入(R),即 $M_s = D + R$;从长期看,一国的货币供给与货币需求是相等的,即:

$$M_s = D + R = M_d$$

于是便有:$R = M_d - D$。

$R = M_d - D$ 这一公式概括了货币论的主要观点,它告诉我们国际收支不平衡是由货币供需不平衡引起的。当货币需求大于国内货币供给($M_d > D$)时,社会公众就会从国外寻找货币来源,如扩大出口,变卖外国资产等,以满足货币需求。这样会引起国外资金的流入,表现为 R 的增加,亦即国际收支顺差;反之,当货币需求小于国内货币供给($M_d < D$)时,由于货币供给不影响实物产量,多余的货币就要从国外寻找出路,如扩大商品进口和对外投资,以促使货币供求平衡。这又会引起国内资金的外流,表现为 R 的减少,亦即国际收支逆差;只有当国内的货币供求均衡时国际收支才是平衡的。

对货币贬值调节国际收支的效应,货币论也作了与弹性论、吸收论不同的解释。弹性论认为货币贬值的效应取决于进出口商品需求弹性;吸收论认为货币贬值的效应取决于国内经济是否处于充分就业状态;货币论则认为货币贬值效应取决于在贬值的同时国内货币供应量是否增加。在货币论看来货币贬值的作用是紧缩国内的信用,促使国内物价上涨,从而使得货币需求增加[因为 $Md = Pf(y \cdot i)$],以吸纳过多的货币供应,从而促使货币供求均衡,改变国际收支逆差状况。但货币贬值调节国际收支逆差的这种效应要以在贬值时,货币供应量不增加为前提,如果国内货币供应量与贬值刺激的货币需求同时增加,则货币贬值的效应就不能发挥。

(三)货币论的政策主张

既然货币论认为国际收支不平衡是由货币供求不平衡引起的,因此它主张利用货币政策来调节国际收支。在货币论看来,所有国际收支不平衡本质上都是货币因素引起的,因此都可以由国内货币政策来调节。所谓货币政策就是调节货币供应量的政策,紧缩性的货币政策可以促使国内信贷紧缩,货币供应量减少或名义货币需求量增加,从而可以减少国际收支逆差。而扩张性的货币政策可以促使货币供求量增加,从而可以减少国际收支顺差。而其他的诸如货币贬值、贸易控制、关税等政策说到底还是要通过货币需求的增加或货币供应的减少来改变国际收支的逆差状况。

(四)对货币论的评价

1. 货币论的主要贡献

(1)它强调了货币因素在引起与调节国际收支不平衡的重要作用,从而为各国利用货币政策调节国际收支提供了理论依据。实际上货币论的政策主张目前已经被许多国家所采用。

(2)它克服了弹性论和吸收论仅从贸易收支来分析国际收支的缺陷,充分考虑了国际资本流动的因素,并将国际收支的差额与官方储备的增减联系起来。因此它研究的是国际收支的总体平衡不是项目平衡或局部平衡。

2. 货币论的主要缺陷

(1)货币论的假设条件不尽合理。货币论假设实际货币需求是收入和利率的稳定函数,从而认为货币需求是稳定的,但实际上货币需求受许多因素的影响,包括货币供应的变化也会导致货币需求的变化。因此至少在短期内,货币需求是不稳定的。如果货币需求不稳定,国际收支就不能仅仅从货币供给的变化中预测出来,利用增减货币供应量的货币政策调节国际收支的效果也就会受影响。货币论还假设货币供给变动不影响实际产量,这也与实际情况不符。因为货币量变化后,人们在改变对国外商品和投资支出的同时也会改变对国内商品和投资的支出,从而影响到国内的生产量。

(2)货币论把货币因素视作决定国际收支的主要因素,并仅仅从货币市场来分析国际收支,忽略了一些实际因素的影响,这就难免使货币论的分析具有一定的片面性。

(3)货币论强调利用紧缩性的货币政策来调节国际收支逆差,但紧缩性的货币政策会给国内经济发展带来不利影响,这也就是说国际收支逆差的改变要以牺牲国内经济平衡或发展为代价。

上述几种国际收支调节理论目前仍被多数国家所重视,其政策主张也被许多国家所采用。如各国在调节国际收支逆差时常采用的汇率贬值政策、紧缩性的财政货币政策、贸易控制政策等无不与这些理论与政策主张相联系。国际货币基金组织在向出现国际收支逆差的成员国贷款时,往往向其提出削减财政赤字、紧缩国内信贷和进行货币贬值等要求,可以说这些要求也是以上述理论为基础。但是如前所述,上述理论和政策主张还存在着一些缺陷,它们没有也不可能对国际收支的失衡与调节做出完美的解答。加之各国国情的不同,对国际收支的调节不能采取单一的模式。目前越来越多的经济学家主张,当一国出现国际收支不平衡时,应同时采用多种政策加以调节,以利扬长避短,收到更好的效果。

本章小结

1. 国际收支是一定时期内一国居民与非居民进行的全部经济交易(或称国际经济交易)的货币价值。

2. 国际收支平衡表是将国际收支按特定账户分类和复式记账原则编制的会计报表。目前,世界各国一般按国际货币基金组织编制的《国际收支手册》规定账户分类及构成标准编制国际收支平衡表,主要设有经常账户、资本和金融账户、储备资产账户和错误和遗漏账户四个一级账户。每个一级账户下又设有若干个二、三级账户。

3. 由于国际收支平衡表按复式记账原则编制,从会计意义上说一国的国际收支总是平衡的。而从经济意义上说,只有经济主体为了追逐利润、履行义务或出于其他考虑而进行的自主性国际经济交易达到平衡,才为国际收支平衡。故从经济意义上说,一国的国际收支常常是不平衡的。国际收支不平衡,无论是持续的顺差还是持续的逆差,均会给一国经济造成不利影响,因此要加以调节。

4. 国际收支的顺差或逆差会通过内外经济的联系,引起某些经济指标的变化,这些变化又会反作用于国际收支,促使国际收支不平衡状况得到一定的缓和,有时甚至可以使国际收支自行恢复平衡,即是说存在着所谓的国际收支自动调节机制。由于不同货币制度与汇率制度下内外经济联系的传导机制不同,因此不同货币制度与汇率制度下国际收支自动调节机制也就不同。

5. 国际收支自动调节机制只有在高度发达并充分自由的市场经济中才能发挥作用,而且作用的程度和效果具有不确定性,所需要的过程也较长。因此,更多情况下是通过政府的干预措施来促使国际收支恢复平衡。政府主要利用调节需求与供给总量和结构的经济政策来促进国际收支平衡,有时也会运用直接干预政策。

6. 开放经济条件下,一国会面临内部均衡和外部均衡的矛盾,米德最先分析了这种矛盾,而所谓丁伯根原则、蒙代尔指派法则是经济学家提出的不同的解决内外均衡矛盾的原则、方法。

7. 国际收支理论是国际金融理论中产生较早影响较大的部分,在国际金融学中具有重要地位。弹性论、乘数论、吸收论和货币论等理论是具有代表性的国际收支调节理论。弹性论运用局部均衡分析方法,分析了货币贬值改善国际收支的条件;乘数论和吸收论则从宏观经济角度分析了国际收支不平衡的原因及其调节方法。乘数论着重分析了国民收入变动对国际收支的影响,主张通过需求管理政策来调节国际收支;吸收论着重分析了总收入与总支出的不平衡对国际收支的影响,主张通过增减总收入与总支出的方法来调节国际收支;货币论认为,国际收支不平衡是货币供求不平衡的表现,通过调节货币供求关系可以促进国际收支平衡。

本章复习思考题

1. 掌握本章重要概念:

国际收支　国际收支平衡表　经常账户　资本与金融账户　错误与遗漏账户　支出增减型政策　支出转换政策　米德冲突　丁伯根原则　蒙代尔指派法则　马歇尔—勒纳条件　J曲线效应　贸易条件　哈伯格条件　乘数论　吸收论　货币论

2. 国际收支平衡表记录的国际经济交易与国内经济交易的主要区别是什么?

3. 国际收支平衡表的记账原则是什么?

4. 简述国际收支平衡表的基本账户及其主要内容。

5. 如果一国国际收支平衡表中误差与遗漏项目出现较大数额的赤字(净额为负数),那么其原因可能有哪些?

6. 国际收支不平衡的衡量标准和口径是什么?

7. 试用动态分析法分析某国(如中国或美国)近五年来的国际收支走势与特点。

8. 试用比较分析法比较不同国家近年来的国际收支情况及特点。

9. 简述固定汇率制度和浮动汇率制度下国际收支自动调节机制的主要区别。

10. 比较支出增减型政策和支出转换型政策调节国际收支不平衡异同及效果。

11. 为什么说财政政策与货币政策搭配使用可以从短期上解决内外经济均衡的矛盾。

12. 什么是J曲线效应?产生J曲线效应的原因是什么?

13. 什么是贸易条件?为什么说货币贬值会在改善一国贸易收支同时一般会恶化该国贸易条件?

14. 简述国际收支弹性论、乘数论、吸收论和货币论的基本观点及政策主张。

15. 试比较乘数论和吸收论的异同。

第二章　国际储备

【主要内容和学习要求】掌握国际储备的基本概念；理解国际储备资产的构成和国际储备的作用；理解国际储备的供给、需求及国际储备的管理；了解我国国际储备的构成、特点及其管理。

国际储备是国际金融中核心问题之一，它不仅关系到各个国家调节国际收支和稳定货币汇率的能力，而且会影响世界物价水平和国际贸易的发展。同时国际储备自身管理也越来越引起各国政府官员、学者的高度关注。本章在较全面介绍国际储备基本理论的基础上，重点论证一国国际储备的管理原则及主要方法。

第一节　国际储备概述

把握国际储备，首先应从国际储备的概念、构成、作用等方面着手。本节在阐述国际储备概念的基础上，重点介绍国际储备的构成及其演变规律。

一、国际储备的概念

（一）国际储备的含义及特点

国际储备（International Reserve）是一国货币当局持有的，用于国际支付，平衡国际收支和维持其货币汇率的国际间可以接受的一切资产。国际储备的概念有广义和狭义之分。广义的国际储备（有时又称之为国际清偿能力）可以划分为自有储备和借入储备，通常所说的国际储备是指狭义的国际储备，即自有储备。

作为国际储备的资产必须具备这样 3 个特点：其一，官方持有性。它必须为一国货币当局所持有，而不是为其他机构或经济实体持有，因此，国际储备又被称为官方储备；其二，充分流动性。作为国际储备的资产必须能随时动用或变为现金；其三，普遍接受性，或者说具备自由兑换性。作为国际储备的资产，必须是在外汇市场上或在政府间清算国际收支差额时被普遍接受的资产。

（二）国际储备与国际清偿能力

国际清偿能力（International Liquidity）是各国中央银行或金融当局持有的被国际间普遍接受的，能支付国际收支逆差或偿付外债的能力。

决定国际清偿能力大小的主要因素是：第一，现有国际储备的多少。现有国际储备越多,则清偿能力越大;现有国际储备越少,则清偿能力越小。第二,从国际金融市场和国际金融机构借款能力的大小。借款能力越大,国际清偿能力越大;反之则越小。第三,商业银行持有的外汇资产、金融当局从私人部门可迅速获得的短期外汇资产。这些资产越多,潜在的清偿能力越大,反之则越小。第四,一国发生国际收支逆差时,外国人持有逆差国货币的意愿。"意愿"越强,清偿能力越强;反之则越弱。第五,利率提高或利率期限结构的变化,在未发生不利的国内影响的条件下,对于鼓励资金内流的程度。"程度"越高,清偿能力越高;反之则越低。

分析一国的国际清偿能力的指标主要有:第一,可兑换的流动储备额。一般要有三四个月的进口额,包括在国外的银行存款。第二,还债率。当年中长期贷款还本付息支出总额和有形与无形贸易的外汇收入的比率。第三,国家对外债务余额和出口外汇收入的比率。第四,外汇储备量和进口额的比率。第五,净债务和国民生产总值的比率。第六,人均债务或人均国民收入等。

由此可知,国际储备与国际清偿能力既相联系又相区别。相联系之处是,国际清偿能力的概念涵盖了国际储备,国际储备是国际清偿能力的核心部分。二者相区别之处是,国际储备仅是一国具有的、现实的对外清偿能力,而国际清偿能力还包括潜在的对外清偿能力;国际储备只包括无条件的清偿能力,而国际清偿能力还包括有条件的对外清偿能力,如各种贷款。

二、国际储备资产的构成

根据国际货币基金组织(IMF)的统计口径,一国的国际储备由以下 4 个部分构成。

(一)黄金

作为国际储备的黄金是指一国政府所持有的货币性黄金(Monetary Gold),但非货币用途的黄金不在此列,因而并不是一国政府所持有全部黄金都是国际储备。黄金作为国际储备由来已久。在金本位制和金汇兑本位制下,黄金在国际储备中一直占主导地位。但二次大战后黄金的储备地位不断下降,20 世纪 70 年代黄金储备已成为次要的国际储备;20 世纪80 年代黄金储备在国际储备中的比重已降至为 10% 以下,目前还不足 6%。可见,黄金作为世界货币的职能无疑大大缩小了。黄金储备地位每况愈下,主要原因有三:其一,布雷顿森林体系的崩溃切断了黄金和货币的直接联系,黄金由直接弥补国际收支逆差变为备用的二线储备(即通过将黄金兑换为外汇来弥补国际收支逆差);其二,1978 年 4 月 1 日国际货币基金组织规定黄金"非货币化"(Demonetization of Gold)削弱了黄金的储备作用;其三,近年来,黄金价格随市场供求动荡不定,而且持有黄金储备既不能生息,又需支付保管费,这使得众多国家不愿持有太多的黄金储备;其四,由于外汇储备快速增长,使得黄金储备地位相对下降。全球外汇储备、黄金储备的数量及分布和主要国家官方黄金储备变化情况见表2-1。

表 2-1　世界各国外汇储备与黄金储备

国家和地区	Country or Area	外汇储备 (亿美元) Foreign Exchange (100 million USD)			黄金储备 (万盎司) Gold Reserves (10000 fine troy ounces)		
		2000	2008	2009	2000	2008	2009
世　界	World		73898.0	84621.0	106291.0	96035.8	97092.3
发达国家	Developed Countries		25010.0	29809.0	81277.9	70370.7	70018.4
发展中国家	Developing Economies		48887.0	54812.0	14028.4	14920.2	16915.2
中　国	China	1655.7	19460.3	23991.5	1270.0	1929.0	3389.0
中国香港	Hong Kong,China	1075.4	1824.7	2557.7	6.7	6.7	6.7
中国澳门	Macao,China	33.2	159.3	183.5			
孟加拉国	Bangladesh	14.9	56.9	95.0	10.9	11.3	11.3
文　莱	Brunei Darussalam	3.6	7.1	10.0			
柬埔寨	Cambodia	5.0	22.9	27.4	40.0	40.0	40.0
印　度	India	372.6	2466.0	2585.8	1150.2	1150.2	1793.2
印度尼西亚	Indonesia	282.8	493.4	605.7	310.1	235.0	235.0
以色列	Israel	231.6	423.2	590.9			
日　本	Japan	3472.1	10036.7	9969.6	2454.7	2460.2	2460.2
哈萨克斯坦	Kazakhstan	16.0	178.7	201.8	184.0	231.3	226.5
韩　国	Korea,Rep.	958.6	2004.8	2652.0	43.9	46.0	46.4
老　挝	Laos	1.4	6.1	6.2	1.7	28.3	28.3
马来西亚	Malaysia	274.3	906.1	928.7	117.0	117.0	117.0
蒙　古	Mongolia	1.8	5.6	12.2	8.5	10.9	3.0
巴基斯坦	Pakistan	15.0	70.1	99.4	209.1	210.4	210.4
菲律宾	Philippines	129.8	330.5	375.1	722.8	494.9	498.7
新加坡	Singapore	797.2	1736.5	1860.1			
斯里兰卡	Sri Lanka	9.8	23.9	45.2	33.6	17.0	17.0
泰　国	Thailand	319.3	1083.2	1336.0	236.7	270.0	270.0
越　南	Viet Nam	34.2	238.8	160.3			
埃　及	Egypt	129.1	321.1	309.5	243.2	243.1	243.1
尼日利亚	Nigeria	99.1	530.0	423.8	68.7	68.7	68.7
南　非	South Africa	57.9	302.4	324.3	590.0	400.9	401.4
加拿大	Canada	290.2	415.4	426.0	118.4	10.9	10.9
墨西哥	Mexico	351.4	940.0	941.0	24.9	20.0	27.6
美　国	United States	312.4	495.8	505.2	26161.1	26149.9	26149.9
阿根廷	Argentina	244.2	443.6	429.2	1.9	176.0	176.0
巴　西	Brazil	324.3	1928.4	2318.9	211.8	108.0	108.0
委内瑞拉	Venezuela	126.3	325.8	176.9	1024.0	1146.0	1160.0
捷　克	Czech Rep.	130.2	364.7	396.7	44.6	42.2	41.5
法　国	France	321.2	303.8	277.3	9724.5	8012.5	7830.1
德　国	Germany	496.7	385.6	369.3	11151.9	10971.8	10953.1
意大利	Italy	224.2	353.1	345.2	7882.9	7882.9	7882.9
荷　兰	Netherlands	70.0	93.7	86.1	2931.5	1969.1	1969.1
波　兰	Poland	263.2	589.3	733.9	330.6	330.9	330.9
俄罗斯联邦	Russian Fed.	242.6	4107.0	4058.3	1235.9	1670.5	2086.7
西班牙	Spain	295.2	115.4	127.9	1682.9	905.4	905.4
土耳其	Turkey	223.1	702.3	691.8	373.9	373.3	373.3
乌克兰	Ukraine	11.0	307.9	254.9	45.4	85.4	86.8
英　国	United Kingdom	341.6	415.5	380.3	1567.4	997.5	997.5
澳大利亚	Australia	167.8	298.7	330.0	256.3	256.7	256.7
新西兰	New Zealand	36.2	108.6	139.8			

资料来源:国际货币基金组织 IFS 数据库(IMF IFS Database)

但作为一种价值实体和财富的象征,黄金仍是国际储备中的重要组成部分。尤其是在目前国际储备多元化的情况下,黄金储备的多寡仍不失为评价一国对外支付能力大小的重要标志之一。这是因为,以黄金作为国际储备具有其独特的优点:第一,黄金是最可靠的结算手段,是国际间通用的支付商品货币,较少受政治、经济和金融局势动荡的影响。第二,黄金储备完全属于国家主权范围,可以自动控制,不受任何超国家权力的限制和干预。第三,黄金是最可靠的保值手段,其他储备货币须受到承诺国家或金融机构的信用和偿付能力的影响,债权国往往处于被动地位,没有黄金可靠。

黄金储备的多少当然取决于黄金的供给和需求的大小,但世界各国在制定自己的黄金储备政策时,主要是依据它们在世界储备中所处的地位及本国货币在国际货币体系和支付中的作用,并结合今后黄金与货币的关系日益分离的总趋势加以综合考虑的。二次大战后尤其是 70 年代以来的情况是:西方主要工业国家基本采取维持黄金储备的实物量不变的政策;南非采取统一出售黄金的政策;前苏联则采用伺机出售黄金的政策。目前,在黄金储备总量中,发达国家约占 84%,发展中国家仅占约 16%,而在发达国家的黄金储备中,美国、德国、法国、瑞士等国所拥有的黄金又占绝大部分(见表 2-1)。

(二)外汇储备

外汇储备(Foreign Exchange Reserves)是指一国政府所持有的外国可兑换货币及其短期金融资产,它是当前国际储备中最重要、最活跃的部分。各国普遍接受的可自由兑换的通货称为储备货币(Reserve Currency)。充当外汇储备的储备货币必须具备三个条件:①在国际货币体系中占有重要地位;②能自由兑换为其他储备资产;③中央银行和商人对其购买力的稳定性具有信心。

外汇储备是当今国际储备的主体,这体现在两个方面:一是外汇储备在国际储备中所占的比重远远超过其他储备形式,以 2003 年为例,外汇储备在 IMF 会员国国际储备总额中的比重为 94.5%,近年来上升到 96% 左右;二是外汇在实际中使用的频率最高,增幅最快。

在第一次世界大战前,英镑是最主要的储备货币。第二次世界大战后,美元由于是惟一可兑换为黄金的货币,处于"等同"黄金的地位,因而成为各国外汇储备中最主要的储备货币。自 20 世纪 70 年代起,由于美国的经济实力相对削弱,而德国和日本的经济实力相对增强;加之美国严重的国际收支逆差,而德国和日本的国际收支的巨额顺差,使得美元的信誉下降,马克和日元的信誉上升;同时美元又不断地贬值。导致美元作为储备货币的地位逐步下降,马克和日元的地位不断上升,从而形成了储备货币多元化的趋势。20 世纪 70 年代末,"一揽子货币"——欧洲货币单位(ECU)成为储备货币,1999 年 1 月 1 日起,欧元(EURO)取代欧洲货币单位成为一种新的储备货币。值得一提的是,尽管储备货币币种结构发生了巨大的变化,但是迄今为止美元仍是最为主要的储备货币,目前占比仍高达 60% 左右。

(三)储备头寸

IMF 规定,当一个国家加入 IMF 时,需缴纳一笔资金,有时称之为份额。各国认缴份额中的 25% 必须以可兑换货币缴纳,其余 75% 用本国货币缴纳。当会员国发生国际收支困难时,有权以本国货币抵押的形式向 IMF 申请提用可兑换货币。

在基金组织的储备头寸(Reserve Position)又称普通提款权(General Drawing Rights),它表示基金组织的会员国按规定从基金组织提取一定数额款项的权利,具体包括会员国向国际货币基金组织缴纳份额中的外汇部分,基金组织用去会员国的货币份额部分以及基金组织向会员国的借款。由于普通提款权是国际货币基金组织最基本的一种贷款,用于解决会员国一般国际收支逆差的短期资金需要,因此,普通提款权可以作为会员国的国际储备。提用的数额分为五档,每档占其认缴份额的 25%。

(四)特别提款权

特别提款权(SDR)是国际货币基金组织对会员国根据其份额分配的,可用以归还基金组织贷款和会员国政府之间偿付国际收支赤字的一种账面资产。同普通提款权一样,特别提款权是由基金组织分配给会员国的一种使用资金的权利,因而也是国际储备的一个构成部分,且是重要的储备资产。由于它既不是货币,也不能兑换黄金,但可同黄金和外汇一样作为会员国的国际储备,故又称为"纸黄金"(Paper Gold)。

由于 SDR 具有充当在会员国间的偿债等功能,各国拥有量也常发生变化,但工业化国家仍占有绝对数量,2000 年底工业化国家、发展中国家、中国、基金组织各自拥有量分别为144、41、6.1、24 亿特别提款权。2012 年 IMF 秋季年会讨论了 IMF 份额改革方案,按照这一改革方案,IMF 的总份额将从 2384 亿 SDR 增加至 4768 亿 SDR(约合 7200 亿美元),新兴经济体和发展中国家将赢得更大的话语权,原属于发达国家的 6% 的份额被转移至这些国家,中国的份额也由 3.994% 上升至 6.390%。

在创始之初,国际货币基金组织规定:一特别提款权等于一美元,即 35 特别提款权等于一盎司黄金。随着 70 年代初黄金与国际货币制度的脱钩以及美元币值动荡不定,基金组织采用了一种加权平均的方法来确定特别提款权的价值。实行浮动汇率制后,国际货币基金组织决定自 1974 年 1 月 1 日起,特别提款权定值与黄金脱钩,改用一揽子 16 种货币作为定值标准。但由于这种定值方法在技术上比较复杂。从 1980 年 9 月 18 日起,改用选择了世界贸易中的 5 个主要国家(美国、德国、日本、英国、法国,其中 1991 年以前为西德马克),以5 国各自对外贸易在五国总贸易中的百分比作为权数,分别乘以五国货币计算日当日(或前一天)在外汇市场上对美元的比价来求得特别提款权的当天的美元价值。然后再通过市场汇率,套算出特别提款权同其他货币的比价。并且规定每五年进行一次权数的调整。到目前为止,基金组织已对几种货币在特别提款权中所占的权数进行了 4 次调整(见表 2-2)。2011 年 11 月 18 日的比价是 1 美元折合 0.63726SDR,换算为 1 人民币折合 0.10028SDR。

表 2-2　特别提款权中各种货币的权重

货币名称	1980年权数	第一次调整后权数(1986年1月1日)	第二次调整后权数(1991年1月1日)	第三次调整后权数(1996年1月1日)	第四次调整后权数(2001年1月1日)	第五次调整后权数(2005年1月1日)	第六次调整后权数(2010年1月1日)
美元	42%	42%	40%	39%	45%	44%	41.9%
德国马克	19%	19%	21%	21%	—	—	—
日元	13%	15%	17%	18%	15%	11%	9.4%
法国法郎	13%	12%	11%	11%			
英镑	13%	12%	11%	11%	11%	11%	11.3%
欧元	—	—	—		29%	34%	37.4%

资料来源:国际货币基金组织 IFS 数据库(IMF IFS Database)

从特别提款权价值的上述计算方法中可知,它的价值相对来讲是比较稳定的。因为任何一种货币汇率的波动,经过权数化后传导给特别提款权的影响大大缩小了。此外,这5种(现为4种)货币是当前世界上的主要货币,一种货币汇率下浮必有其他一种(或几种)货币汇率上浮,不同货币汇率的不同方向游动,可以彼此抵消对特别提款权的影响,从而使特别提款权的价值相对稳定。因此,价值稳定是特别提款权的一大特征。

值得指出的是,特别提款权与其他储备资产不同,有其自身的特点:第一,它是作为国际结算的信用资产,只是一种记账单位,不像黄金那样具有内在价值;它是集体创造的,只能由中央银行持有,不像储备货币那样以一国的政治、经济实力作后盾。因而特别提款权是一种"有名无实"的储备资产。第二,它也不同于基金组织的普通提款权,无须预先缴纳共同基金;会员国无条件享有其分配额,无须偿还,但用途严格限制于国际支付目的,不能作为国际流通手段和支付手段。第三。它是一种人为资产,不是通过贸易盈余、投资和贷款收入得来的,而是由基金组织按份额比例分配给成员国的。第四,根据指定原则,处于国际收支和储备地位相对强的国家应外国政府的要求须将其货币换成特别提款权。

三、国际储备构成体系的变化

国际储备体系是关于充当国际储备的各种资产的组成以及各种资产在国际储备中的地位和作用的安排,它与国际货币金融体系密切相关,并随着各国经济、国际贸易间的发展、变化而变化。国际储备体系经历了以下四个发展阶段:

(一)黄金—英镑储备体系

在国际贸易产生和发展的初期,黄金是主要的流通手段,因而黄金是国际储备的最初式。但是,随着国际贸易的不断增长,黄金的生产已不能满足国际贸易发展的需要,这时,能够充当国际贸易的货币开始成国际储备。由于英国是当时世界工业、世界贸易、国际信贷的中心,英镑和以英镑表示的票据成为国际间的流通手段和支付手段。这样便形成了黄金—英镑储备体系。这一体系存在于19世纪中期到第一次世界大战前夕。

(二)英镑—美元—黄金储备体系

第一次世界大战后,由于英、美两国经济实力的变化,在国际结算中,美元占比不断提高,逐渐成为仅次为英镑的另一种国际流通手段和支付手段;加之黄金的稀缺性,从而形成了英镑—美元—黄金储备体系。其中,英镑和美元的地位呈现出此消彼长的趋势。这一体系持续到第二次世界大战前。

(三)美元—黄金储备体系

第二次世界大战结束后,由于战争,英国的经济实力锐减,相反美国一跃成为世界经济强国,美元的国际地位大大提高。布雷顿森林体系的建立更确立了美元的独一无二的地位。于是便形成了美元—黄金储备体系。这一体系一直维持至上世纪70年代初期。

(四)多元化货币储备体系

1973年,布雷顿森林体系的崩溃和浮动汇率制度的实行,美元汇率波动日益频繁,增加了持有美元储备的风险。同时,随着德、日经济的迅速发展,德国马克和日元的国际地位不断提升。为防范风险,一些国家调整了外汇储备的货币构成,更多地持有德国马克、日元等货币,减少了美元储备。IMF在1976年实行"黄金非货币",并决定将SDR作为储备资产。由此导致了现行多元化货币储备体系。在国际储备总额中,黄金储备比重保持在5%~

10％之间；外汇储备的比重保持在80％～95％之间；GDR与SDR之和的比重在7％～13％之间。另外值得关注的是，在国际储备中：黄金储备工业化国家占比有上升之势，发展中国家占比则有下降趋势(见表6-1)；外汇储备占比情况则相反(见表2-3)。

表2-3　全球外汇储备分布表

（单位：亿SDRs）

年份	1992	1994	1996	1997	1998	1999	2000	2007	2008
所有国家	6733	8078	10767	11813	11615	12870	13459	64000	67020
工业化国家	3568	3939	5017	5208	4830	5204	5280	5724	24650
发展中国家	3165	4139	5750	6605	6785	7666	8179	49000	42380

资料来源：国际货币基金组织IFS数据库(IMF IFS Database)

四、国际储备的作用

国际储备的持有是以牺牲储备资产的生产性运用为代价的。国际储备持有量的增加，意味着储备资产生产性运用的减少，国际储备的机会成本提高。在那些外汇、黄金短缺的发展中国家，情形更是如此。然而，一国持有国际储备，并非是一种非理性的行为，而是对持有储备资产的成本和收益进行科学比较后的结果。持有储备资产的成本是机会成本，而其收益是通过国际储备的作用来体现的。国际储备的作用主要表现在以下几个方面：

（一）稳定货币供给

在金本位货币制度时期，一种流行的观点认为，储备资产的目的是为了国内货币供给作后盾，以防止货币发行过量，从而树立人们对货币单位的信心。储备供应增加时，国内货币供给增加，反之则反是。国际储备这种用途的优点在于，它能确保国际收支的调整，并排除了爆发国际收支危机的可能。因为国际收支逆差会导致货币供应量下降，进口需求减少，国际收支状况因而得到改善。

（二）保持国际支付能力，稳定国内经济

绝大多数学者认为，国际储备的主要作用在于缓冲存库，也就是说，当外汇收入大于支出时，中央银行就积累储备，而在国际收支出现逆差时，则动用这些储备，从而努力稳定国内经济。这样，通过国际储备的数量变化来抵消国际收支的变动对国内经济的消极影响。国际储备的这种作用在两种情况下体现得淋漓尽致。第一种情况是，一国的国际收支虽然处于长期均衡状态，然而，由于国内经济受到一系列短暂震荡的威胁，如主要出口产品价格下跌，从而引起国际收支的暂时失衡。在这种情况下，中央银行可以动用持有的国际储备，弥补国际收支差额，避免由此引起的震动给经济造成的混乱。待震动因素消失后，经济又恢复正常状态，国际收支自动得到平衡。第二种情况是，假定一国的商品出口值下降，并且由于出现替代材料等原因而回升无望，因而该国国际收支长期均衡状态被打破，必须进行国际收支调整，如果该国没有储备或其他方法(例如，对外借款)来弥补这一逆差，它就不得不实行紧缩政策，因而不得不紧缩生产，使进口需求人为地与出口相等。这种政策的直接后果是国内生产和就业的急剧下降。在这种情况下，如果政府动用国际储备弥补这一国际收支差额，可以避免国内生产和就业的急剧下降，为国内经济实行阶段性的结构调整赢得时间，促使经济在更高层次上实现均衡。

（三）维持本国货币汇率稳定

布雷顿森林体系崩溃之后，世界主要国家货币汇率开始了全面浮动时期。在外汇市场上，货币汇率单纯由货币的供给力量和需求力量决定。外汇市场汇价经常处于变动之中。汇率的频繁波动，不仅不利于国内经济的稳定，而且还不利于国际贸易和国际投资的开展。汇率的过度贬值还会危及投资者对该种货币的信心。各国中央银行通常运用国际储备，通过在外汇市场上外汇买卖的运作，直接影响货币的供给和需求，稳定本国货币的价格。因此，各国中央银行持有的外汇储备可以表明一国干预外汇市场和维持汇价的能力。基于国际储备的这种作用，国际储备有时也被定义为，当一国国际收支发生逆差时，该国金融当局能直接地或有保证地通过同其他资产的兑换，以维持其货币汇率的所有资产。然而，国际储备作为干预资产效能的发挥，要以充分发达的外汇市场和本国货币的完全自由兑换为其前提条件。而且，外汇干预只能改变汇率在短期内的波动幅度，无法改变其长期变动趋势。

（四）信用保证

国际储备还是维护一国货币信用的基础。持有足量的国际储备无论从客观上还是从心理上都能提高本国货币在国际间的信誉。一国的国际储备状况是国际金融市场中评估国家风险的一个重要指标。如果一国长期国际收支逆差而且国际储备呈下降趋势，该国在国际金融市场上筹资的规模和成本就要受到不利因素的影响。这又会进一步使国际收支恶化，形成一个恶性循环，严重阻碍经济发展过程。

（五）赢得竞争利益

持有国际储备最后一个主要作用是，政府可以根据经济形势，灵活自如地通过增减外汇储备而达到变动本国汇率目的，使其高估或低估，取得竞争优势。如果该国是储备中心国家，那么这对于支持其关键货币的国际地位至关重要。

第二节　国际储备的需求与供给分析

如上所述，国际储备具有重要的意义，但获得国际储备，持有国际储备都是有成本的，过多的储备还会影响本国经济的发展。为确定适度的国际储备，就需要对国际储备需求的动因及影响国际储备需求的因素作一分析。同时国际储备的供给，则是偏重从世界的角度来研究国际储备的来源。

一、国际储备的需求分析

（一）国际储备需求的概念

国际储备需求是指一国在一定时期内，在特定条件下，愿意而且能够获得（并持有）国际储备资产的量。国际储备需求应具备两个条件：一是有持有意愿，二是有获得并持有的能力、两者缺一不可。

与国际储备需求相关的概念有：适度的国际储备量；最低限国际储备量；最高限国际储备量；保险国际储备量；经常国际储备量；国际储备需求目标区。

关于适度的国际储备量。要明确什么是适度的国际储备量，首先要明确国际储备收益与国际储备成本。国际储备代表着一国对外国实际资源的一定购买力,持有国际储备就意味着放弃当前对这部分国外资源的使用、亦即放弃了使用这部分外国资源来增加投资,加速经济增长的机会。因此,所谓国际储备成本,就是指由于获得和持有国际储备,使一部分资源不能在经济增长中发挥实际作用而带来的损失。但另一方面,还是由于存在这部分国际储备,才使得它能够配合国内各项经济政策来解决国际收支不平衡以及稳定汇率,避免国内经济增长遭受严重的损失,这便是国际储备收益(收益中还应包括部分利息收益)。由此,我们定义适度的国际储备量就是储备成本与收益相等时的国际储备量。

关于最低限国际储备量。这是指完全采用国内经济调整政策和国外融资政策来解决国际收支逆差时,国际储备的持有额。显然,这时的国际储备持有额可为零。

关于经常国际储备量。这是指保证正常经济增长所必需的进口不会因储备不足而受影响的储备量。显然,这时的国际储备无法发挥其他的作用。

关于保险国际储备量。这是指既满足国际收支逆差的对外支付,又能保证国内经济增长所需要的实际资源投入的储备额。

关于最高限国际储备量。从理论上说,国际收支逆差的弥补、汇率的稳定,可以有 3 种解决办法:一是完全依赖于国内经济调整政策和国外融资政策;二是国内经济调整政策与国际储备变动同时并举;三是完全依靠变动国际储备来解决。最高限国际储备是指放弃国内经济调整政策和国外融资政策,依靠第三种办法来解决国际收支和维持汇率稳定所需要的储备额。

关于国际储备需求目标区。上述最低限国际储备量与最高限国际储备量在实践中存在的可能性很小。而适度的国际储备量在实际中难以操作,实现的概率也极小,因而确定"储备额"的理论值就不如确定储备额变化的区域有意义。所谓国际储备需求目标区,就是以适度的国际储备为中心,以保险国际储量为上限,以经常国际储备量为下限的国际储备波动的目标区域。只要国际储备需求量在该区域内变化,就可以认为此时的国际储备是合理的。

(二)影响国际储备需求的因素

从实践上看,国际储备需求经常在变化(这种变化包括"中心"、"上限"和"下限"的变化)。制约国际储备需求变化的因素有以下几方面。

1.进口规模

一般情况下,一国的进口规模越大,则占用的外汇资金则越多,因而需要有较多的国际储备作其后盾。

2.进出口贸易(或国际收支)差额的波动幅度

从进口规模这方面来分析它与国际储备间关系,应结合考察本指标。因为进口仅仅表示资金的一种单向流动(即支出),而进出口或国际收支差额,则反映了资金的双向运动及对储备的实际需求。对一个国家来说,每年的差额是不一样的,有时大,有时小;有时顺差,有时逆差;即有一个波动幅度问题。幅度越大,对储备的需求就越大;反之,波动幅度越小,对储备的需求就越少。一般可用经济统计或数理统计的方法来求得或预测一段时间中的平均波动幅度,以此作为确定储备需求的参考。

3.汇率制度

储备需求同汇率制度有密切的关系。国际储备的一大作用就是干预汇率。如果一国采取的是固定汇率制,并且政府不愿意经常性地改变汇率水平,那么,相应地讲,它就需要持有较多的储备,以应付国际收支可能产生的突发性巨额逆差或外汇市场上突然的大规模投机。反之,一个实行浮动汇率制的国家,其储备的保有量就可相对较低。与这个概念有关的是关于外汇管制情况。实行严厉外汇管制的国家,储备保有量可相对较低,反之,则较多。

4.国际收支自动调节机制和调节政策的效率

一国发生国际收支逆差时,该国的自动调节机制和政府调节政策的效率,也影响储备需求。调节政策一般包括财政政策、货币政策、汇率政策和管制政策。这些政策调节国际收支差额的效率越高,储备需求就越小;反之,这些政策的效率越低,储备需求就越高。

5.持有储备的机会成本

一国政府的储备,往往以存款的形式存放在外国银行,将获取的储备存放在国外,会导致一定的成本。举例来说,若动用储备进口物资所带来的国民经济增长和投资收益率,高于国外存款的利息收益率,其差额就构成持有储备的机会成本。再如,持有储备而导致国内货币供应量增加,物价上升,也构成持有储备的一种成本。因此,持有储备的相对(机会)成本越高,则储备的保有量就应越低。

6.金融市场的发育程度

发达的金融市场能提供较多的诱导性储备,并且,对利率、汇率等调节政策反应比较灵敏,因此,金融市场越发达,政府保有的国际储备便可相应越少。反之,金融市场越落后,调节国际收支对政府储备的依赖就越大。

7.国际货币合作状况

如果一国政府同外国货币当局和国际货币金融机构有良好的合作关系,签订有较多的互惠信贷备用信贷协议,或当国际收支发生逆差时,其他货币当局能协同干预外汇市场,则该国政府对自有储备的需求就少。反之,该国政策对自有储备的需求就越大。

8.最后,一国承受国际收支政策调节的能力以及与之相关的政府采用政策调节的意愿、核心领导人的偏好也会影响储备的需求量。

如前所述,国际收支逆差的政策调节,往往会改变货币供应量、收入水平、就业水平等等,带来调节负担。猛烈的调节还可能导致经济萎缩、失业猛增。因此,承受调节负担的能力,有时会严重影响一国对储备需求的判断。

二、国际储备的供给分析

国际储备供给即其来源,从一个国家讲,主要通过其国际收支顺差、货币金融当局的国外借款、外汇市场干预(出售本币、购入外币)、基金组织分配的特别提款权、货币金融当局收购的黄金这5个渠道获得。从世界的角度讲,国际储备主要来源于:①黄金的产量减非货币用金量;②基金组织创设的特别提款权;③储备货币发行国的货币输出。长期以来,黄金的产量一直跟不上世界经济的增长,因此,黄金已经不再是当今国际储备的主要来源。以绝对数量计,基金组织成员国的黄金储备,在 1970 年是 10.6 亿盎司,到 1992 年 11 月底下降到 9.3 亿盎司。22 年期间,基金组织成员国数量增加了,但黄金储备反而减少了 1.3 亿盎司。据世界黄金委员会(WGC)2010 年 9 月统计的数据,全球合计黄金储备量为 30535.60 吨,占外汇储备 2%。这一方面反映了世界黄金产量增长缓慢,另一方面反映了世界非货币用金量的增长快于黄金产量的增长,导致官方黄金储备总量的下降。至于特别提款权,虽说基金组织迄今为止已分配了三期,1981 年发行两次累计总额达 214 亿特别提款权单位(按 1992

年年底汇率计算,约合 297 亿美元);2009 年 8 月 13 日,国际货币基金组织宣布,成员国已经批准了一项 2500 亿美元的特别提款权增发计划,其中 1000 亿美元给新兴市场和发展中国家,本次分配完成后,特别提款权的总规模将达到 2040 单位,总额约 3160 亿美元,其中低收入国家将获得 180 亿美元。这是 1981 年以来第一次发行,也是规模最大的一次,中国获得 62.8 亿的份额,相当于 93 亿美元,而美国达到 427 亿美元,但是其在国际储备中所占份额仍非常之低,而且因外汇储备快速增长其在国际储备中占比呈明显下降趋势。

综观战后国际货币关系的发展可见,世界储备的主要来源是储备货币发行国通过国际收支逆差输出的货币。输出的货币一部分进入各国官方手中成为它们的外汇储备;另一部分进入国外银行业,成为它们对储备货币发行国的债权。如果各国官方和银行机构未将储备货币发行国输出的货币直接存入发行国的银行,而是将它们存入国际金融市场,则通过国际银行业的辗转存贷和信用扩张,又可创造出部分派生储备。以美元为例,美国国际收支逆差与世界美元储备的关系可用图 2-4 表示。

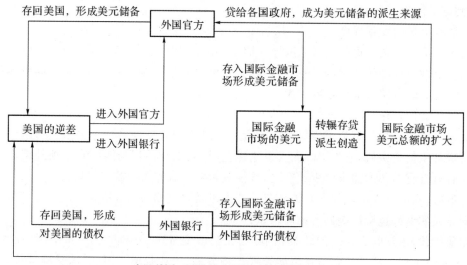

图 2-4   国际金融市场对美元储备的派生创造

储备货币发行国特别是美国为什么持续不断地保持其国际收支逆差和输出货币呢?一种理论认为:美国的国际收支逆差,是因为别国希望增加储备,追求国际收支顺差所造成。另一种理论认为:美国国际收支逆差是因为美国国内信贷膨胀、国际经济地位相对下降造成的。这两种说法均有一定道理。从更深层次看,主要有以下原因:

第一,从世界货币史看,货币史的发展就是一个纸币不断代替金币的过程。在当今世界上,既然没有一个统一的世界性中央银行,没有统一的世界货币,则美国及其他储备货币发行国的纸币凭其发行国的实力,自然而然地发挥世界货币的作用,以满足世界经济发展的需要。

第二,储备货币发行国与非发行国都从储备货币发行国的国际收支逆差中获得巨大利益。对于发行国来讲,由于其货币发挥着世界货币的作用,其在国际货币金融领域中就居于支配地位。此外通过输出纸币,发行国还可以获得巨大的铸币税(Seigniorage)。所谓铸币税,是指货币发行者凭借其发行特权获得的货币面值与发行成本之间的差额。如 100 美元的纸币,其印刷和发行成本与其代表的价值相比几乎为零,但通过输出这 100 美元,美国便可获得相当于 100 美元的实际财富。战后以来,美国通过其国际收支逆差来维持其在全世界的政治、经济和军事开支,攫取实际利益,就是铸币税运用的一个例子;另一方面,作为其他国家来说,储备货币的输入,使它们获得了世界货币,促进了对外经贸及国内经济的发展。

储备货币发行国通过国际收支逆差输出货币,取得在世界货币金融领域中的支配地位和铸币税。但与此同时,它们也须承担一定的义务,或付出一定的代价。储备货币发行国的货币政策,常常受到外界的干扰,其货币政策的自主性和独立性常常受到世界各国对储备货币要求波动的影响,也受到外汇市场上投机性因素的影响。以美国为例,如果美国货币当局因国内通货膨胀而抽紧银根,提高利率,那么,很可能因美元资产收益率的提高而导致大量资金流入美国(即在外汇市场上,人们购买美元,抛出其他货币,美国货币当局被迫增加美元供应),从而达不到预计的政策目标。从非储备货币发行国来讲,它们通过获取储备货币而便利和扩大了本国的国际经济交往,但同时也须为之承担义务。当它们与储备货币发行国之间的国际收支发生不平衡时,它们必须首先承担起调节的任务,并承受较多的调节成本,有时它们甚至不得不采取引起社会震荡和经济萎缩的措施来纠正国际收支逆差。

第三节　国际储备的管理

国际储备管理,是指一国政府或货币当局根据一定时期内本国的国际收支状况和经济发展的要求,对国际储备的规模、结构及储备资产的运用等进行计划、调整、控制,以实现储备资产规模适度化、结构最优化、使用高效化的整个过程。

一、国际储备管理的原则

流动性与收益性的恰当结合是国际储备管理应该遵循的原则。因而一国在选择国际储备与确定国际储备水平时,既要考虑风险—收益比率,又要考虑储备的流动性,储备的购买力和储备与进口支付和干预市场需要的一致性,做到安全性、流动性和收益性的最佳组合。一般而言,世界各国在营运安排其国际储备、特别是外汇储备资产时,应遵循下述管理原则:

(一)储备资产的安全性,即储备资产存放可靠,这就要求各国在选择储备资产的存放国家及银行、币种、信用工具时,预先做好充分的风险评估工作,如充分了解西方主要国家外汇管理、银行资信、币种和信用工具的种类等情况,确保储备资产的安全性。

(二)储备资产的流动性,即储备资产要能随时兑现,灵活调拨。各国在安排外汇资产时,应根据本年度外汇支付的时间、金融、币种的结算,将外汇储备作短、中、长不同期限的投资,做到既能使储备资产增值,又不致影响储备资产的调拨使用,使流动性和收益性恰当结合。当然,现实生活中,收益性与流动性往往是互相排斥的,因而要综合权衡,二者兼顾。

(三)储备资产的稳定性,即储备资产能稳定地供给使用。一方面,各国应根据其对外贸易的商品结构、地区流向以及国际间贸易金融和其他经营活动对支付储备货币的要求作出正确抉择;另一方面,应参照在国际市场(主要是外汇市场)上为支持本国货币汇率而实行干预时所需要的储备货币程度和规范的大小,选择合理的储备货币结构。

（四）储备资产的保值性，即储备资产要能保持其原有的价值。由于浮动汇率制下，西方主要货币汇率波动很大，利率水平和通货膨胀的程度也各异，因此，各国应做好储备货币发行国的政治、经济、金融等情况的调查，以对其货币的汇率作出长期预测，并根据短期内国际金融市场的利率、汇率以及其他重大政治、经济突发事件的影响等，来及时调整各种储备货币的结构，尽量使储备货币多样化。

（五）储备资产的盈利性，即储备资产在安全、稳定和保值的基础上要尽可能有较高的收益。当今国际金融市场上，金融创新浪潮迭起，新的金融工具层出不穷，而各种金融工具的收益率是参差不齐的，且利率水平高的金融工具可能汇率风险也较大，所以在选择投资的金融工具时，既要考虑到利率水平，又要重视汇率风险。要竭力在确保储备资产安全性和流动性的前提下，争取较高的收益。

二、国际储备的管理

国际储备管理包括储备总量的控制以及储备资产的选择两方面。也就是通常所说的国际储备的总量管理及其结构管理。其目的是在总量上既要保持足够的储备以应付干预外汇市场和应付国际收支支付的需要，又要避免储备量过多，造成不必要的浪费。在结构方面要选择最优的储备资产构成，不仅要能够满足日常交易的需要，还要减少资产价值损失的风险并尽可能获得收益。现在我们首先来讨论一下国际储备的总量管理。

（一）国际储备的总量管理

上节分析了国际储备需求目标区（最优水平），但实际上影响国际储备最优水平的因素很多且很复杂，所以很难将其定量比。基金组织评估一国最优储备水平往往根据以下几个指标：过去实际储备的趋势；过去储备对进口的比率；过去储备对国际收支总额趋势的比率。从理论和实际情形来看，这些事后指标尽管有一些问题，但过去的经验的确是判断最优储备水平的重要依据。目前，根据经验来判断最优储备水平主要有以下分析方法：

（1）储备/进口比例方法。这种方法是由美国著名经济学家罗伯特·特里芬在1960年出版的《黄金和美元危机》一书中提出。他总结了第一次世界大战和第二次世界大战之间以及二战后初期（1950—1957年）世界上30到40个国家的储备状况，并结合考察了外汇管制情况，得出结论说，一国国际储备的合理数量，约为该国年进口总额的20％～50％。实施外汇管制的国家，因政府能较有效地控制进口，故储备可少一点，但底线在20％；不实施外汇管制的国家，储备应多一点，但一般不超过50％。目前一般认为，一国的国际储备应该能满足该国3个月的进口需要。这个数额按全年储备对进口的比率计算，约为25％左右。这种指标简便易行，因此，在1960年后，成为一种标准方法，得到普遍运用。

（2）储备/国内生产总值（GDP）比例方法。在开放体制下，各国之间的相互联系更加密切。一般来说，一国经济规模越大，发展速度越快，对外依赖程度也就越大。因此需要更多的储备以满足其发展需要。

（3）储备/外债总额比例方法。该理论产生于20世纪80年代中期。这是一个反映一国对外清偿能力和资信程度的指标，直接影响到举借外债和引进外资的顺利开展。所以广大发展中国家不能忽略它对本国经济发展的意义和作用。以上指标分别从各个侧面测定国际储备的最优水平，因此，各国在估测其国际储备最优水平时，应该首先根据其经济发展的实际情况，经济的政策目标及经验决定最优的储备水平，从而将理论分析、规范研究和经济经验三者结合起来,进行论证,得出一个比较切合实际的判断。

(4)定性分析法。1976 年,经济学家卡包尔(R.J.Carbaugh)等人提出该理论,从影响一国外汇储备需求的因素角度定性地论证了外汇储备的规模问题。上节已作介绍,此处从略。

(5)标志分析法。其基本思路是:外汇储备短缺或过剩将对某些关键性经济变量产生影响,这种影响通过国内货币供应量或通过鼓励特定政策而发生作用。所以人们只需观察所执行的政策或某些关键性经济变量,便可得知外汇储备是否合理。通常认为:实施紧缩性需求政策或进口限制、出口补贴是外汇储备不充分的标志;反之则反是。

(二)国际储备的结构管理

1.国际储备结构管理的含义

国际储备结构管理,就是指如何最佳地安排其国际储备资产的构成,使黄金储备、外汇储备、储备头寸和特别提款权 4 种形式的国际储备资产的持有量之间保持合适的比例关系,从而使各种储备资产符合安全性、灵活性和盈利性的原则。由于一国所持有的在国际货币基金组织的储备头寸和特别提款权数额是由该国向基金组织缴纳份额的多寡决定的,份额不变,其持有的数量也不会变化。因此,国际储备的结构管理,实质上是指在黄金储备和外汇储备之间、外汇储备中各种储备货币之间,将外汇储备存放于外国银行部分同投资于外国证券部分之间,如何保持最佳的比例关系以达到安全、灵活和盈利的目标;而且由于黄金变化数量不大,因而国际储备的结构管理,主要是对外汇储备的管理。

2.国际储备结构管理的目标

二次大战后尤其是 20 世纪 70 年代以后,国际货币体系发生了重大变革,固定汇率制为浮动汇率制所取代,多种货币储备体系取代了以美元为中心的单一的国际储备体系。这势必要求各国政府或中央银行相应改变其对国际储备的管理方式,更多地利用多元化的国际性投资证券等形式调整其国际储备的构成,加强对国际储备资产尤其是外汇储备资产的管理。具体说来,国际储备结构管理的目标在于:

(1)货币保值。在 70 年代普遍实行浮动汇率制后,美元的币值一度持续下跌,而西方各主要货币间的汇率波动频繁,时起时落。汇率风险的存在要求各国政府和中央银行不同程度地采取国际储备资产分散化、多元化的长期性战略,以保持外汇储备的价值。目前各国政府力求以美元、欧元、日元等为储备货币的多种货币储备体系的形成正是缘由于此。

(2)增加储备资产的收益。由于西方主要国家的利率政策和利率水平不尽相同,同一储备货币国家在不同的经济发展阶段,其利率政策和利率水平也时有变化,因而不同货币的储备资产收益也不一样。近年来西方主要国家的利率经常变动,各国货币金融当局若对其储备货币放任不管,不仅不可能获取较好的货币收益,甚至会因某些储备货币国家的通货膨胀而使储备资产丧失原有的价值。因此,对各储备货币国利率和通货膨胀的变动趋势进行科学预测,及时采取各种可行的管理措施,调整储备货币的结构,是确保国际储备资产安全和盈利的至关重要的因素。

(3)实现储备资产投向的最佳组合。随着国际金融市场的发展,借贷方式和投资对象日趋多样化,金融创新使新的金融工具不断涌现,因而储备资产的投向更加丰富,它既为国际储备资产的运用和选择提供了更多的机会,同时也极大地增加了储备资产的管理难度和复杂性。这就要求统筹管理,精心安排,使外汇储备存放于国外银行部分同投资于国外证券部分之间保持适当的比例,实现储备资产的最佳组合,从而获得最佳效益。另外,黄金储备政策也是国际储备结构管理的重要组成部分。虽然黄金的数量相对稳定,它在国际储备中所占比重有日益下降的趋势,但由于金价波动对黄金储备价值影响颇甚,因而也存在着黄金同储备货币的转换问题,加强对黄金储备的管理也是甚为迫切的。

(4)国际交往的便利性。便利性是指储备货币币种的搭配上,要考虑对外经贸、债务等方面往来的地区结构和经常使用清算货币的币种。换言之就是所拥有的币种与所使用的币种尽量做到相一致。

3.国际储备结构管理的方法

目前国际储备结构管理的方法主要有以下几种:

(1)储备资产的选择上实行多元化。即根据各储备货币收益率情况,选择多种货币作为储备资产,这样可通过各组成部分货币价值升贬的相互抵消来达到保值的目的。

(2)储备资产投资上实行分散化。即把储备资产分散投放在多种金融资产上(有时也称为"投资组合选择法")。资产可以以现金、活期存款形式持有,特点是流动性强,但盈利性就较差。也可以以有价证券形式持有,特点是收益较高,但风险也相对较大,且流动性较差。这两种投资形式的收益和风险各不一样。因此,当把资产按一定比例分散在各种资产上,在收益和风险发生变化时,当一些资产遭受风险而受损,另一些资产也许都却得到了意外的收获。两者相抵补,预期收益不变或变动不大。显然这种配合资产投资风险要小于单一资产投资风险。因此,将一种货币储备以不同比例投放在风险和收益不同的多种资产上,是降低储备资产的风险,兼顾其流动性和盈利的良好途径。另外,谨慎地在国际金融市场上从事各种证券的投资也为许多国家所采用。一般而言,这类证券投资都放在风险较低、评价等级高的证券上,例如美国政府债券。证券期限也大多为短期,但也适当可根据国家的经济发展状况、储备实力作些中长期投资,作为二级储备部分。因为证券市场变幻无常,因此各国要随时注意行情变动形势,及时调整储备资产的各类证券的投资比例,确保其安全性。总之,储备资产的管理运用,在当今动荡的国际金融环境中,一直是比较重要和比较困难的问题,也因此日益为各国政府和金融当局所重视。

第四节　中国的国际储备

中国(指大陆,下同)在1979年以前,由于对外经济交往规模有限,而且外汇资金实行统收统支,国际储备的问题一直不为人们所注意。1979年后,随着改革开放政策的深入,对外经济交往在中国经济中的地位和作用不断提高,国际储备尤其是外汇储备管理问题日显重要。

一、中国国际储备的构成与特点

1980年国际货币基金组织和世界银行恢复了中国的合法席位。从此,我国国际储备的构成同世界绝大多数国家一样,由黄金、外汇、在国际货币基金组织的储备头寸以及特别提款权4部分构成。表2-5是我国近年来国际储备情况。

表 2-5 1995－2011 年我国的国际储备 （单位:亿美元）

年份	1995	1996	1997	1998	1999	2000	2001	2002	2003
外汇储备	736	1050	1399	1450	1547	1656	2122	2864	4033
储备头寸	12.2	14.0	22.7	35.5	23.1	19.1	25.9	30.5	30.5
SDR 余额	5.8	6.1	6.0	6.8	7.4	8.0	8.5	9.4	9.4
黄金储备 （百万盎司）	12.67	12.67	12.67	12.67	12.67	12.67	16.1	19.29	19.29
年份	2004	2005	2006	2007	2008	2009	2010	2011	
外汇储备	2066.81	8189	10663	15282	19460	23992	28473	31811	
储备头寸	33	14	11	8	20	44	64	98	
SDR 余额	12	12	11	12	12	125	123	119	
黄金储备 （百万盎司）	19.29	19.29	19.29	19.29	19.29	33.89	33.89	37.18	

资料来源:据中国外汇管理局网站整理

我国的国际储备有下列特点:

(1)黄金储备的数量稳中有升。2000 年以前,我国的黄金储备一直稳定维持在 12.67 万盎司的水平上,到 2001 年稍有增加,稳定在 19.29 万盎司,2011 年黄金储备上升至 37.18 万盎司的水平。

(2)在 IMF 的储备头寸和特别提款权在我国的国际储备中比重很小。由于我国经济实力还不是很强大,向 IMF 缴纳的份额也不多,从而决定了我国在 IMF 的储备头寸与分配的特别提款权数量不多。从 2011 年的数据看,二者只占非黄金储备的 0.6%,也就是说我国国际储备中外汇储备占有绝对有地位。2001 年 2 月 5 日,IMF 理事会投票通过了关于中国特别增资的决议,将中国在 IMF 的份额由原来的 46.87 亿 SDR(约合 61 亿美元)提高到 63.69 亿 SDR(约合 83 亿美元),2012 年 IMF 秋季年会讨论了 IMF 份额改革方案,按照这一改革方案,中国的份额将由 3.994% 上升至 6.390%,中国在 2011 年 IMF 的份额位次上升到第 3 位。我国在 IMF 份额的提高说明了中国在 IMF 及世界经济中的地位得以提高。

(3)外汇储备的统计口径曾发生变化。从 1983 年起,我国对外公布的国家外汇储备包括两部分,即国家外汇库存和中国银行外汇结存。前者指我国对外贸易和非贸易收支的历年差额总和,后者是中国银行的外汇自有资金加上本国银行在国内外吸收的外币存款以及向国际金融市场筹集到外汇资金,减去中国银行在国内外的外汇贷款和投资。从 1992 年起我国公布的外汇储备仅指国家外汇库存,不包括中国银行的外汇结存。

(4)外汇储备增长迅速。1993 年底我国外汇储备为 212 亿美元,2006 年中国内地的外汇储备规模超过日本,成为世界上第一大外汇储备国。截至 2012 年 6 月底,我国外汇储备达到 3.24 万亿美元。

二、对我国外汇储备快速增长的认识

1993 年底我国外汇储备为 212 亿美元,2006 年中国内地的外汇储备规模超过日本,成为世界上第一大外汇储备国。截至 2012 年 6 月底,我国外汇储备达到 3.24 万亿美元。

外汇储备如此快速增长引起国内外学者广泛关注。其焦点主要集中在外汇储备规模和外汇储备收益两个方面。

(一)对我国外汇储备规模与收益的评价

就外汇储备规模而言:一般人认为中国的外汇储备过多。格林斯潘(2003)认为目前中国外汇储备偏多且外汇储备的长期积累,将给中国带来长期通货膨胀压力。黄有光(2004)通过计算外汇储备与 GDP 占比这一指标得出,中国超过 30%,日本为 12%,从而认为中国现在完全不是外汇不足,而是持有太多低息美元债券,并蒙受美元币值下跌的损失。汤敏(2004)也认为拿传统的观点来看,目前我国的外汇储备是高了一些。但也有不少的专家学者认为中国外汇储备并非过多。黄泽民(2004)从我国外汇储备需求所具有的动态性及其多种因素、我国在世界政治格局中所处地位等角度出发,认为现在难以得出我国外汇储备过剩的结论。郭树清(2004)则认为各个国家的实际情况不同,外汇储备水平差异很大,持有多少外汇储备才算合适,理论上和实践中都没有统一标准。赵国芳(2009)认为,我国拥有高额的外汇储备,在维护汇率稳定、国际信誉和防范金融风险等方面发挥了积极作用,但是高额的外汇储备也会带来一些不利的影响。马良首、吕德宏(2011)利用改进的 Agarwal 模型研究了近 10 年我国外汇储备规模的适度性,发现我国外汇储备远远超出适度规模,且超额部分增长趋势加快,应改善现有外汇储备状况,保持适度规模。

就外汇储备收益而言争论更为激烈,意见分歧更为严重。黄有光(2003)认为中国外汇储备中持有太多低息美元债券,蒙受美元币值下跌的损失。陈东琪(2003)进一步指出 2003年在美元对其他货币加权平均汇率下降 20% 的情况下,中国外汇储备中美元及美元国债部分净损失约在 100 亿美元左右。宋建军、曹峰建(2004)在分析中国外汇储备的绝对成本与机会成本后指出:2003 年我国外汇储备的绝对成本和收益相等,没赔也没赚;而持有巨额外汇储备的机会成本超过国民收入的 2%。并由此得出结论,认为我国巨额的外汇储备是不可取的。李扬(2003)则指出在中国各类资产中,外汇储备中投资于国外低风险资产(即外国债券)的收益率达 5% 左右,国内是很难寻觅到如此高息的优良投资品种的。余永定(2003)也认为中国外汇管理局把集中起来的外汇储备用于购买美国国库券和增加美元存款,可能是目前可以选择的最好方法,同时指出外汇管理问题由于缺乏有关具体材料和专业知识,局外人不应说三道四。王永中(2011)认为要改变中国外汇储备资产的低收益和高风险的状况,当务之急是调整储备资产结构,逐步放开国内企业和居民持有外汇资产的限制,放宽资本流出的管制,鼓励企业开展对外直接投资和证券资产投资。张彬、张良强和徐敏(2012)通过计算发现随着我国外汇储备总量的增加,2002—2009 年的净收益率整体呈下降趋势,且基本上处于较低水平,可见我国外汇储备并没有得到合理的利用,因此需要优化外汇储备的投资模式,在控制外汇储备规模、保证外汇储备安全的同时提高储备收益率。

另外就综合效应而言争论也较为激烈。一部分人认为现阶段我国外汇储备持续增加,对中国具有众多积极影响。具体表现在以下面:第一、有利于抵御国际风险;第二、有利于增强国内外对中国经济和人民币的信心;第三、有利于增强对外清偿能力;有利于稳健货币政策的执行;第四、为进一步扩大改革开放奠定了物质基础。另一部分人则认为外汇储备并非多益善,近年来中国外汇储备规模的急剧扩大对经济发展产生了一系列负面影响。如:过多的储备实质上是资源的浪费,从而损害经济增长的潜力;支付高额的成本(主要指管理运作成本、风险成本);过多外汇储备导致外汇占款过多,从而影响金融调控能力等。

从以上文献可以看出,由于观察问题角度及分析问题方法不同,得出的结论差异很大。我们认为:考虑一国外汇储备规模应从一国外汇储备供给与需求的特点、外汇储备的综合收益等角度出发,我国目前外汇储备规模并非过大,稳定繁荣时期理应增加,但其来源及其总体结构确有值得改善的地方;我国外汇储备综合收益为正。

(二)我国外汇储备供给与需求特点分析

1994外汇管理体制改革以来,我国外汇储备增加迅速,从1993年底的212亿美元,增加到2012年6月底的3.24万亿美元,11年间年均增长率高达30%以上,位于世界前列。学术界对此看法虽不统一,但笔者认为中国外汇储备的供给与需求有其特殊性,绝不能简单与他国进行比较或套用国际上某些理论得出中国外汇储过多的结论。

(1)稳定的政治经济环境、持续的经济高增长是外汇储备高速增长的前提条件。邓小平南方谈话以来我国的政治经济环境稳定并卓有成效地坚持了社会主义市场经济体制改革方向,经济持续高速增长,经济结构、投资环境均取得较大改善;另一方面由于9.11事件及世界经济的不景气又进一步提升了我国经济的国际竞争力和对外资吸引力,使得中国国际收支长期维持双顺差,从而奠定了我国外汇储备快速增长的基础。经济周期性波动在所难免,稳定繁荣时期多积存点外汇储备当属正常,反之某些年份外汇储备的减少也在所难免。如:2008年开始爆发美国金融危机以来,外部需求降低,导致我国出口额的锐减,影响了我国外汇储备的增长。2009年我国外汇储备23992亿美元,比2008年增加4532亿美元,增速为23.3%,尽管数量上还是增加,但是增速下降,是2002年以来最低水平,2012年第二季度中国外汇储备余额为3.24万亿美元,较一季度末的3.305万亿美元也有所下降。

(2)"强买弱卖"的结售汇制是我国外汇储备高速增长的主要原因。1994年我国建立了以市场供求为基础的、单一的、有管理的浮动汇率制,在资本项目实行严格管制的同时,对经常项目下外汇收入实行强制的结汇,经常项目下企业用汇需凭借有效的商业凭证、居民用汇则有地域和数量的限制。与此同时对外汇银行实行额度管理,超过额度的部分必须在外汇银行间市场上抛出,央行外汇操作室出于稳定人民币汇率的需要而全力接盘,由此便形成国家的外汇储备。1994年以来结售汇制度虽有多次改动,如经常项目下企业开立外汇账户的标准有所降低、留汇额度有所扩大;居民用汇指标及外汇银行额度也有较大的提高。但其"强买弱卖"的非愿意结售汇制并未发生根本性改变。因此我国外汇储备的高速增长很大程度系强制性的结汇(强买)和有条件的售汇(弱卖)这一制度安排造成,值得一提的是:"强买"之规定2008年以来有根本性改变,但"弱卖"仍较明显。必须注意到:随着我国金融市场的进一步对外开放,微观主体本外币资产的转换渠道及便利性势必大大增加,同时我国居民的财富结构呈哑铃形结构,有专家曾估算富有的一端人数大约占总人口的20%,但却拥有储蓄存款的80%,很明显这部分人在国内的消费、投资倾向几乎为零,外汇需求、资产转换的愿望较为强烈,愿望一旦有机会实现,外汇储备势必将迅速减少。由此看来目前我国外汇储备实不为多。

表 2-6　中国国际收支与外汇储备(1993—2011)　　　　　单位:亿美元

年份	经常项目	资本/金融项目	错误与遗漏	外汇储备
1993	−119	235	−98	212
1994	77	326	−98	516
1995	16	387	−178	736
1996	72	400	−156	1050
1997	297	230	−170	1399
1998	293	−63	−166	1450
1999	157	76	−148	1547
2000	205	19	−119	1656
2001	174	348	−49	2122
2002	354	323	78	2864
2003	459	527	183	4033
2004	689	1082	130	6099
2005	1324	953	229	8189
2006	2318	493	36	10663
2007	3532	942	133	15282
2008	4206	401	188	19460
2009	2433	1985	−414	23992
2010	2378	2869	−529	28473
2011	2017	2211	−350	31811

资料来源:www.safe.gov.cn

(3)中国的外汇储备承担着维护国家金融安全、保护企业国际竞争优势的任务。有不少学者经常把中国与发达国家进行对比进而得出中国外汇储备规模偏多的结论。这里有两个问题必须值得高度重视:其一,发达国家如美国和欧洲持有较少外汇储备是因为他们的货币在国际经济交往中具有世界货币之职能(其中欧元在本区域又是 100%的区域性世界货币),这些国家的政府不必经常干预汇率,无需考虑本国进出口企业所面临的外汇风险(至少较大程度上是这样)。与此形成鲜明对照的是,同样是发达国家的日本则持有世界上最多的外汇储备,这与日本政府频繁地干预日元汇率之目的——保护本国企业免受过大的外汇风险并非不无关联。众所周知,日元虽也是世界货币之一,但其地位远不及美元、欧元。其二,作为发展中国家来说,外汇储备的主要功能主要是稳定本国货币币值、防御外汇风险、防范金融风险和保持正常的外贸等。从美国金融危机来看,其迅速从发达国家蔓延到众多新兴国家和地区,并产生剧烈冲击。相比较于欧美国家,中国受金融危机的影响要小得多,其中一个很重要的原因就是中国拥有世界上最庞大的外汇储备。充足的外汇储备力使得人民币汇率基本保持平稳,保证了我国政治、经济的稳定。

（4）从供给结构来看，我国外汇储备具有内在不稳定因素。我国外汇储备的增长来源于两个部分，一是债权性储备，来源于外贸出口、劳务出口或其他间接出口创汇，它表明一国经济运行正常，对外总体经济实力上升；另外一部分是债务性储备，它来自于国外借款，利用外资或国际游资，其特点是需要日后的还本付息，并且具有不稳定性。以 2011 年为例，资本和金融项目顺差仍比经常项目顺差大，债务性储备仍占主导。此外如上文所论及"强买弱卖"的结售汇制依然是我国外汇管理制度的核心，据此又说明了我国官方外汇储备中包含了本该由企业、居民持有的外汇资产。由此看来我国外汇储备有虚拟的成份，一旦国内经济出现波动、收益率下降或世界其他地方投资回报率更高，储备减少在所难免。

（三）我国外汇储备综合收益分析

理论上，一国外汇储备是指一国政府为了满足调节国际收支差额、维持汇率稳定和应付紧急支付需要而持有的外汇资产。由此可以看出一国外汇储备宗旨不应是过多地追求经济收益，而是更多地考虑发挥其维护金融体系整体稳定功能。简单地通过计算我国外汇储备收益率来论证储备规模的多与少不仅毫无现实意义，有时还可能起误导作用。倘若据此作为标准刻意为增加或减少外汇储备来采取什么措施，反而可能会对国内经济运行造成伤害。在 IMF 对外汇储备功能的新表述中，"增强对本币的信心"被放在核心地位上。试想"信心"的变化所引起的影响能量化吗？但是"对本币信心增强或降低"对一国经济影响是不言而喻的，任何国家的政府绝不会小视其影响。因此在论证外汇储备收益时一定得坚持全面的观点，相对而言更应侧重考虑充足的外汇储备所能带来的潜在机会收益。简言之就是要考虑我国外汇储备的综合收益。如充足的外汇储备在 1998 年中国成功应对亚洲金融危机、香港成功狙击投机者的冲击中的作用以及香港维持其联系汇率制的国际地位；充足的外汇储备有助于巩固并提升中国在国际经济金融市场上的资信度、有利于稳定并提升国际资金对中国的市场信心、有利于推进人民币完全自由兑换进而使其成为世界货币之一。很明显这些潜在的机会收益对中国的迅速崛起所产生的作用和意义非凡。可以设想，我国只有在人民币成为完全自由兑换货币、进而成为主要国际货币之一后，才有可能把外汇储备人为地维持在理论水平上。在此之前确定持有外汇储备的多少不能简单地以某些指标或西方理论为标准，而应更多地考虑其综合收益，以增强人们对人民币的信心、有效地维护我国金融体系的安全与稳定。

综上所述，一定时期内外汇储备的增减与政治、经济环境及经济繁荣状况相关，不可简单地套用某些理论或机械地计算外汇储备投资收益率来论证我国外汇储备多与少，而是要特别关注我国外汇储备的供求特点及其总体综合收益。

毋庸讳言，我国的外汇储备管理中确实也存在一些亟待改善的地方。首先就债务性储备而言：我国外资引进的主体是地方政府，而在现行制度安排下，地方政府行为常常是扭曲的，行为扭曲的地方政府导致扭曲的外资利用模式，其结果便是地方政府拼力挤占银行信贷资金和外资本币化现象的出现。外资本币化现象若不能禁止，其负面影响是显而易见的。其一，由此形成的外汇储备稳定性差且易引起繁荣错觉；其二，助长投机行为；其三，对国内货币正常流通秩序存在莫大的挑战。其次就债权性储备而言：我国企业出口创汇的竞争力急待提高，尽快改变劳动力密集型、附加值低、来料加工型产品出口创汇占主导的状况。再者改变外汇储备中美元资产占主导地位的状况也日益显得必要。近年来，特别是 9.11 事件及美国次贷次债危机进而引发金融危机后，世界反美情绪高涨，美元购买力波动压力增大；

同时经济金融一体化也预示着中国与世界的交往也必将多元化。因此从储备资产安全性以及借、用、还币种对应的原则出发,也应适当调整目前外汇储备结构较为单一的状况。还有在储备资产增长较快的年份且黄金价格适宜时适度减少外汇储备,增加黄金储备也不失为明智之举。因为无论从总量还是从黄金储备与外汇储备占比指标来看,我国黄金储备总量与大国身份及人民币走向世界的要求都是极不相称的。

本章小结

1.国际储备是一国货币当局持有的,用于国际支付,平衡国际收支和维持其货币汇率的国际间可以接受的一切资产。国际储备的概念有广义和狭义之分。广义的国际储备(有时又称之为国际清偿能力)可以划分为自有储备和借入储备,通常所说的国际储备是指狭义的国际储备,即自有储备。国际储备由黄金、特别提款权、普通提款权以及外汇构成,其中外汇储备是国际储备中最为活跃的部分,目前美元仍占主导地位。

2.国际储备需求应具备两个条件:一是有持有意愿,二是有获得并持有的能力、两者缺一不可。影响国际储备的需求因素较为复杂,一般而言主要有进口规模、进出口贸易差额波动幅度、汇率制度、国际收支自动调节机制和调节政策的效率、持有储备的机会成本、金融市场的发充程度、国际货币合作状况等;国际储备的供给中最为主要的部分则是储备货币发行国,如美国。储备货币发行国在享受巨额的铸币税同时,也承担了一定的代价。

3.国际储备管理,是指一国政府或货币当局根据一定时期内本国的国际收支状况和经济发展的要求,对国际储备的规模、结构及储备资产的运用等进行计划、调整、控制,以实现储备资产规模适度化、结构最优化、使用高效化的整个过程。国际储备管理主要涉及数量管理和结构管理。国际储备的数量管理即一国应保持多少数量的储备才算合理,主要涉及一国国际储备的需求及获得国际储备的成本(包括持有国际储备的机会成本),国际储备总量管理的某些定量指标有时也有一定的参考意义;国际储备的结构管理主要指的是其中的外汇储备中的币种管理,即一国就如何搭配不同种类的储备货币才能实现风险最小或收益最大。一国国际储备结构管理的目标主要有货币保值、增加储备资产的收益、实现储备资产投向的最佳组合以及国际交往的便利性。

4.中国的国际储备与国际上其他国家一样,外汇储备占主导地位,近几年增速很快,2012年6底更是增至3.24万亿美元。作为迅速崛起中的发展中国家,外汇储备规模顺其经济周期的变化而变化当属正常,外汇储备的多少绝不可简单地套用某些理论或依投资收益率高低而定,在综合考虑其供给与需求特点的同时,还需更多地考虑其以潜在机会收益为主要内容的综合收益。但是值得注意的是我国的外汇储备管理中确实也存在一些亟待改善的地方。首先就债务性储备而言:我国外资引进的主体是地方政府,而在现行制度安排下,地方政府行为常常是扭曲的,行为扭曲的地方政府导致扭曲的外资利用模式,其结果便是地方政府拼力挤占银行信贷资金和外资本币化现象的出现。其次就债权性储备而言:我国企业出口创汇的竞争力急待提高,尽快改变劳动力密集型、附加值低、来料加工型产品出口创汇占主导的状况。再者改变外汇储备中美元资产占主导地位的状况也日益显得必要。

本章复习思考题

1.本章重要概念:国际储备 国际清偿能力 黄金储备 SDR GDR 铸币税 债务性储备 债权性储备

2.简述国际储备与国际清偿能力两个概念的差别。

3.国际储备哪几个部分构成? 其主体是什么? 为什么?

4.国际储备体系经历了哪几个发展阶段?

5.确定适度国际储备规模应考虑哪些因素?

6.国际储备的结构管理目标及方法有哪些?

7.外汇储备多元化发展的原因是什么?

8.美国为什么能够且愿意源源不断地输出美元成为其他国家的外汇储备?

9.结合国际金融形势,联系中国的实际,分析中国的外汇储备规模是否适度。

第二篇
外汇与汇率

第三章 外汇与汇率基础

【主要内容与学习要求】掌握外汇和汇率的含义、外汇标价法、汇率分类等基础知识;理解纸币流通条件下决定各国汇率水平的客观依据;理解开放经济条件下影响汇率变动的主要因素,学会分析汇率水平走势;理解并学会分析汇率变动对经济的影响及其传导机制。

在世界各国的经济金融交往中,汇率是一个重要的联结器,汇率水平的变动直接影响到国际间的资源配置与利益分配。因此,外汇与汇率是国际金融学中相当重要的一部分内容,国际市场上主要货币汇率水平的变动及其走势也备受世界各国关注。那么汇率的实质是什么,汇率水平高低受哪些因素影响,汇率变动又会对经济产生哪些影响,其传导途径是什么等,这些是本章要分析讨论的重点。

第一节 外汇与汇率的基础知识

在讨论汇率水平受哪些因素影响,汇率水平变动又是如何影响经济这些重要问题以前,我们首先得了解与掌握一些有关外汇与汇率的基本概念与基本知识,这些基础知识不仅是我们掌握本章重点内容所必备的,而且对我们理解、掌握后面章节的内容也是很有帮助的。

一、外汇和汇率的含义

(一)外汇的含义

外汇(Foreign Exchange)的含义可以从动态和静态两方面去理解。

动态意义上的外汇是国际汇兑的简称,是指经济主体将一种货币兑换成另一种货币,以清偿国际间债权债务关系的经济行为。

静态意义上的外汇是指以外币表示的、可以用于国际结算和支付的金融资产,它又有广义和狭义之分。

广义的外汇包括一切以外国货币表示的金融资产,国际货币基金组织和我国均采用的是广义外汇的概念。

国际货币基金组织给外汇下的定义是:外汇是货币行政当局(中央银行、货币机构、外汇平准基金组织和财政部)以银行存款、财政部库存、长短期政府证券等形式保有的国际收支逆差时可以使用的债权。

我国 2008 年 8 月 5 日颁布施行的新的《外汇管理条例》对外汇的定义是:下列以外币表

示的可以用作国际清偿的支付手段和资产:(1)外国货币,包括纸币、铸币;(2)外币支付凭证或者支付工具,包括票据、银行存款凭证、银行卡等;(3)外币有价证券,包括债券、票等;(4)特别提款权;(5)其他外汇资产。

狭义的外汇是指外币和以外币表示的可以用作国际支付和清偿国际债务的金融资产,其主要形式是外币存款凭证、外币票据等。与广义外汇概念的主要区别是其不包括外币有价证券(公债券、公司债券、股票等),理由是这些外币有价证券不能直接用于国际支付。

(二)外汇的特征

并不是所有的外国货币都能成为外汇。一种外币成为外汇必须具备两个前提条件:

一是可以自由兑换,即以该种货币表示的各种支付凭证,能够在国际金融市场上自由地流通、转让,并能自由地兑换成其他国家货币,而且该种货币发行国有义务换回他国因经常项目支付所积累的该种货币。

二是被普遍接受,即该种货币在国际经济交易中被各国普遍地接受和使用,可以直接对第三国进行支付。满足了这两个条件通常称为自由外汇,目前世界上有50多种。

表 3-1　主要自由兑换货币(人民币除外)符号

货币名称	世界标准化组织制定的货币符号	货币英文名称缩写
人民币	CNY	RMB
美元	USD	US $
欧元	EUR	Euro
日元	JPY	J¥
英镑	GBP	£
瑞士法郎	CHF	SF
加拿大元	CAD	Can $
港元	HKD	HK $

(三)汇率的含义

世界上各个主权国家都独立发行本国货币,但各国货币包括自由外汇并不能直接地在他国流通。因此在国际经济交易中,对外负有债务的经济主体(如进口商)往往需要购买外汇对外进行支付,对外拥有债权的经济主体(如出口商)往往要将所得外汇卖出换得本币后投入流通,这样便形成了外汇买卖,也使得外汇在买卖中与其他任何商品一样有了价格,称之为汇价。由于外汇价格是通过两种货币兑换比率表现出来,通常又称为汇率。

简单而言,汇率(Foreign Exchange Rate)是一国货币用另一国货币表示的价格,或者说是两国货币的兑换比率。例如,USD1=JPY108,GBP1=EUR1.4197等。

二、汇率标价法

要确定两种货币的兑换比率,首先要确定以哪种货币为标准,是以外币还是以本币为标准,这就形成了汇率的不同标价方法。

(一)直接标价法

直接标价法(Direct Quotation),是指以一定整数单位(如 1 或 100、1000)的外国货币为标准,折合成若干单位的本国货币来表示两国货币的汇率。即一定整数单位的外币不变,汇率的变化通过本币数额的增减来表示。如果一定单位的外汇兑换的本币额增加,说明外汇升值本币贬值,反之则说明外币贬值本币升值。

目前世界上绝大多数国家都采用直接标价法,我国也一直采用直接标价法。表 3-2 是中国外汇交易中心公布的人民币汇率中间价,采取的就是直接标价法,以每 1 单位(日元是 100 单位)外币等于多少人民币来标价。

表 3-2　人民币汇率中间价

日期	USD/CNY	HKD/CNY	100JPY/CNY	EUR/CNY	GBP/CNY	AUD/CNY	CAD/CNY
2012—10—19	6.3052	0.81352	7.9316	8.2400	10.1268	6.5420	6.4019
2012—10—18	6.3021	0.81300	7.9534	8.2598	10.1647	6.5387	6.4383
2012—10—17	6.3028	0.81315	7.9879	8.2545	10.1639	6.4969	6.3897
2012—10—16	6.3106	0.81414	7.9914	8.1845	10.1462	6.4775	6.4273
2012—10—15	6.3112	0.81415	8.0434	8.1418	10.1213	6.4434	6.4338
2012—10—12	6.3264	0.81606	8.0627	8.1860	10.1504	6.4975	6.4677
2012—10—11	6.3391	0.81766	8.1170	8.1423	10.1394	6.5068	6.4510
2012—10—10	6.3449	0.81843	8.1034	8.1630	10.1480	6.4708	6.4800

资料来源:中国外汇交易中心网站。

(二)间接标价法

间接标价法(Indirect Quotation),是指以一定整数单位(如 1 或 100、1000)的本国货币为标准,折合成若干单位的外国货币来表示两国货币的汇率。即一定整数单位的本币不变,汇率的变化通过外币的增减来表示。如果一定单位的本币兑换的外币额增加,说明外汇贬值本币升值。反之,则说明外汇升值本币贬值。

采用间接标价法的国家不多,目前主要是英国和美国。英国长期以来一直采用间接标价法,因为英国伦敦一直是重要的国际外汇市场,英国采用间接标价法,其他国家采用直接标价法,便于各国对英镑的标价一致。美国在 1978 年 9 月 1 日以前采用直接标价法,以后则采用间接标价法,这样可以使美国对美元汇率的标价与国际外汇市场上对美元的标价相一致。

直接标价法和间接标价法表示的汇率实则互为倒数,两者的乘积必等于 1。掌握了其中一种标价法下的汇率,便可推算出另一种标价法下的汇率。

表 3-3　直接标价法和间接标价法比较

标价法	直接标价法		间接标价法		间接标价法	
外汇市场	中国银行 (每 100 外币合人民币数)		伦敦外汇市场 (每 1 英镑合外币数)		纽约外汇市场 (每 1 美元合外币数)	
汇率 (2012 年 2 月 27 日)	USD	629.85	USD	1.3447	EUR	0.7437
	GBP	999.98	EUR	1.1795	GBP	0.6305
	EUR	847.68	JPY	109.12	CHF	0.8958
	JPY	7.7534	CHF	1.2046	HKD	7.7551
	CHF	1385.04	HKD	10.4283	CAD	1.0011
	HKD	81.22	CAD	1.3462	JPY	81.14
	AUD	672.11	AUD	1.2800	AUD	0.9355

注:纽约外汇市场采用的主要是间接标价法,但对英镑和欧元的标价保留了直接标价法。表 3-3 中美元对英镑和欧元汇率也以间接标价法标价,是为了更清楚看出间接标价法。

（三）美元标价法

美元标价法是以其他各国货币来表示美元的价格的一种新的标价方法。即以 1 单位美元为标准,以其他各国货币来表示美元的价格。汇率的变化,通过美元兑换到的其他国家货币量的变化来表现。国际市场上各大银行的外汇标价多采用美元标价法,这样便于银行间的汇率比较,尤其便于与美国外汇市场的汇率进行比较,以利迅速、准确地进行外汇交易。

例如,瑞士某银行挂出的外汇汇率为

USD1＝CHF0.8815；　USD1＝HKD 7.7520

USD1＝CAD1.1030；　USD1＝JPY81.18

这便为美元标价法。如果这家银行采用直接标价法应为:USD1(或 CAD1,JPY1)＝CHF×××,采用间接标价法应为:CHF1＝USD×××(或 CAD×××,JPY×××)。

三、汇率的种类

汇率的种类相当多,按照不同的标准来划分,有不同的分类。下面介绍几种最主要的汇率类型。

（一）基本汇率与套算汇率

基本汇率(Basic Rate)是一国货币同关键货币的汇率。所谓关键货币是指一国对外经济交往中使用最多、外汇储备中所占比重最大且在国际上被普遍接受的自由外汇。世界上货币种类繁多,一个国家不便于对世界上每个国家的货币分别制定其与本国货币的汇率,一般的做法只是制定本国货币与关键货币的汇率,其他货币则通过套算获得。由于美元在国际支付和国际储备中使用最多,各国一般都把美元与本国货币的汇率作为基本汇率。

套算汇率(Cross Rate)是根据基本汇率换算出来的汇率。由于各国基本汇率一般都是本币与美元的汇率,而外汇市场上各大银行所报汇率也主要是各国货币与美元的汇率。因此,套算汇率一般是从两种非美元货币分别与美元的汇率中计算得出。

（二）买入汇率、卖出汇率与中间汇率

买入汇率（Buying Rate）是银行买进外汇时使用的汇率，又称买价。卖出汇率（Selling Rate）是银行卖出外汇时使用的汇率，又称卖价。买入汇率与卖出汇率之间有个差价，这差价便是银行买卖外汇的手续费收入。买卖差价幅度一般在 1‰～5‰，各国不尽相同，我国约为 5‰。银行同业间的外汇买卖差价比银行对客户（如进出口商等）的外汇买卖差价要稍小一些。

在外汇市场上，银行报价通常都采用双向报价（Two-way Price），即同时报出买入汇率与卖出汇率。而且一般在所报出的两个汇率中，前一数值较小，后一数值较大。在直接标价法下，前一数值（较小数值）表示买入汇率，后一数值（较大数值）表示卖出汇率。在间接标价法下，情况正好相反。

例如：瑞士某银行挂牌：USD1＝CHF0.8915－0.8935

伦敦某银行挂牌：GBP1＝USD1.6818－1.6828

瑞士采用直接标价法，在所报出的两个汇率值中前一数值为买价后一数值为卖价，即瑞士该银行声称，我买入 1 美元支付 0.8915 瑞士法郎，卖出 1 美元收进 0.8935 瑞士法郎。英国采用间接标价法，在所报出的两个汇率值中前一数值为卖价后一数值为买价，即伦敦该银行声称，我卖出 1.6818 美元收进 1 英镑，买进 1.6828 美元支付 1 英镑。这样无论采用什么标价法，银行买卖外汇总有一个差价收入。

中间汇率（Middle Rate）是买入汇率与卖出汇率的平均数。西方报刊通常采用中间汇率来报道汇率消息。如果我们见到报纸电讯的外汇汇率报价中只报一个价，就可以理解为中间汇率。中间汇率的计算公式是：中间汇率＝（买入汇率＋卖出汇率）/2。中国外汇交易中心公布的也是中间汇率。

需要强调的是，买入汇率与卖出汇率是从银行角度说的，若企业等经济主体欲买卖外汇，则应反过来看，即企业、个人等买入外汇时应用卖出汇率，企业、个人等卖出外汇时应用买入汇率。

（三）现钞汇率和现汇汇率

外汇银行在对外挂牌公布汇率时一般均还注明现钞汇率和现汇汇率。现钞汇率（Cash Rate）是银行买卖外币现钞时所采用的汇率，现汇汇率（Spot Rate）是银行买卖现汇（外币表示的支付凭证或其他资产）时所采用的汇率。一般而言，银行的现钞买入汇率比现汇买入汇率要低一些，但现钞和现汇的卖出汇率是一致的（如表 3-4）。这是因为外币现钞由货币发行国印制发行，需要从外国运入本国，而且外国货币在本国不能直接流通使用，需要把它们运送到货币发行国才能充当流通手段或支付手段。因此，银行买卖外币现钞需要有运输、保管、保险等费用，这笔费用需要客户来出。而现汇买卖实际上是外币支付凭证的划转，不会产生这些费用。现钞买入价和现汇买入价的差额大约等于外币现钞的运输费、保险费及按邮程和一定利率计算的利息额之和。

表 3-4　中国银行挂牌汇率(2012.10.21)

货币名称	现汇买入价	现钞买入价	现汇卖出价	现钞卖出价
英镑	997.33	966.54	1005.34	1005.34
港币	80.55	79.9	80.85	80.85
美元	624.25	619.25	626.75	626.75
瑞士法郎	671.01	650.29	676.4	676.4
新加坡元	510.15	494.4	514.25	514.25
瑞典克朗	94.71	91.79	95.47	95.47
丹麦克朗	108.77	105.41	109.65	109.65
挪威克朗	110.03	106.63	110.92	110.92
日元	7.8607	7.6181	7.9159	7.9159
加拿大元	626.95	607.59	631.98	631.98
澳大利亚元	643.49	623.63	648.66	648.66
欧元	811.3	786.25	817.82	817.82
澳门元	78.24	75.61	78.54	81.06
菲律宾比索	15.08	14.62	15.21	15.67
泰国铢	20.26	19.63	20.42	21.05

数据来源:中国银行网站。

(四)电汇汇率、信汇汇率与票汇汇率

这是按外汇交易的凭证划拨方式来划分的。由于外汇的主要形式是外币支付凭证(最主要是存款凭证),因此买卖外汇主要表现为买卖双方在外国银行的外汇存款划转与增减。例如,中国银行某国内分支机构向某客户卖出一定数额的美元,其按一定汇率收进人民币后,便要通知中国银行国外分支机构或代理行将美元如数转入该客户指定的外币存款账户上,或按该客户的要求支付给受款人。那么采用什么方式通知国外分支机构呢?于是便出现了汇率的这种分类。

电汇汇率(Telegraphic Transfer Rate,T/T Rate)是外汇买卖中银行以拍电报方式通知国外分支行或代理行付汇时所采用的汇率。

信汇汇率(Mail Transfer Rate,M/T Rate)是外汇买卖中银行以信函方式通知国外分支行或代理行付汇时所采用的汇率。

票汇汇率(Draft Transfer Rate)是银行以汇票为支付工具买卖外汇时所采用的汇率。通常做法是:银行卖出外汇时,开立一张指定国外分支行或代理行为付款人的汇票交给买汇者,由买汇者自行携带或邮寄国外受款人前去银行兑取外汇。

上述 3 种汇率中,电汇汇率是外汇市场上的主要汇率,一般外汇市场上所公布的汇率,多为电汇汇率。信汇汇率主要用于香港和东南亚地区,其他地区很少采用。一般而言,信汇汇率及票汇汇率比电汇汇率略低,这不仅因为信汇及票汇成本比电汇略低,更主要的是在信汇和票汇中,银行从收入资金到实际支付外汇有一段时间,在这段时间内银行可以无偿地占用外汇资金。但是目前随着电子技术的推广及各大银行间的电子联网,银行解付买卖外汇的速度大大加快,电汇汇率与信汇汇率之间的差别正在消失。

(五)即期汇率与远期汇率

这是根据外汇买卖的交割期限来划分的。

即期汇率(Spot Rate)又称现汇汇率,是外汇买卖成交后,在两个营业日内办理实际交割时所采用的汇率。外汇市场挂牌的汇率没有注明远期或明确期限的,都是即期汇率。

远期汇率(Forward Rate)又称期汇汇率,是外汇买卖成交后,买卖双方签订远期外汇合约,规定在未来的一定时间再进行实际交割时所采用的汇率。远期汇率可以由银行挂牌,也可以由买卖双方商定。

即期汇率与远期汇率常常不一致,变动的幅度也有差别。远期汇率与即期汇率的差价有三种情况:

(1)升水(Premium,),表示远期汇率高于即期汇率。

(2)贴水(Discount),表示远期汇率低于即期汇率。

(3)平价(At Par),表示远期汇率与即期汇率相同。

(六)单一汇率与多种汇率

这是根据一个国家或地区的汇率水平的制度安排来划分的汇率分类,划分依据是同一国家或地区在同一时期同种货币汇率水平有无差别来划分的。

单一汇率(Single Rate)是一国货币对外国货币只有一种汇率,这种汇率通用于该国所有的国际经济交易。

多种汇率(Multiple Rate)是一国货币对外国货币有两种或两种以上的汇率,分别用于不同的国际经济交易或分别由不同的机制形成,如贸易汇率和金融汇率,官方汇率和市场汇率等。

一般而言,市场经济发达,外汇管制较松的国家多采用单一汇率。外汇管制较严的发展中国家则常采用多种汇率。最常见的多种汇率是贸易汇率与金融汇率并存,或官方汇率与市场汇率并存。如我国在1981—1984年曾实行对外挂牌正式汇率与外贸内部结算汇率并存,后者比前者高出许多,目的是鼓励出口多创外汇。1986—1993年我国曾实行官方汇率与外汇调剂市场汇率并存,后者也比前者高出许多。

多种汇率是外汇管制的产物,一国实行单一汇率还是多种汇率常被视作外汇管制松紧的一个标志,国际货币基金组织明确地把实行单一汇率作为一国货币成为可兑换货币的条件之一。因此目前越来越多的国家取消了多种汇率实行单一汇率,我国也于1994年1月1日实行了官方汇率与外汇调剂市场汇率的并轨,从那时起,人民币汇率已成为单一的由市场供求为基础的汇率。

(七)名义汇率、实际汇率和有效汇率

名义汇率(Nominal Rate)是对外挂牌或公布的汇率。我们前面说的汇率都是指的名义汇率。

实际汇率(Actual Rate)是名义汇率剔除两国通货膨胀因素后的汇率。用公式表示为:

$$R_r = \frac{e}{p/p^*}$$

上式中,R_r 表示实际汇率,e 表示名义汇率,P 表示本国物价,P^* 表示外国物价。$P/$

P^*表示国际相对价格水平。实际汇率反映了一个国家在国际市场上的价格竞争力。在其他条件不变的前提下,实际汇率上升,表示该国国际竞争力提高。

实际汇率还有另一层含义,即是名义汇率剔除政府对商品进出口进行经济干预因素后的汇率。用公式表示为:实际汇率=名义汇率±财政补贴和税收减免。由于各国政府出于减少贸易逆差、增加就业等目的,常常会采取一些鼓励出口、限制进口措施。如对出口商品进行财政补贴或税收减免,对进口商品则征收较高的关税或各种类型的附加税等。因此在名义汇率相同的情况下,进出口商据此计算的实际汇率是大不相同的。

有效汇率(Effective Exchange Rate)是指以某种指标加权平均的汇率,主要是指以贸易比重为权数的加权平均汇率,反映的是一种货币对各种货币汇率的平均变动趋势。用公式表示为:

$$EER = \sum_{i=1}^{n} \frac{T_i}{T} \cdot \frac{E_i}{E_{bi}} \cdot 100$$

上式中 EER 代表本国的报告期有效汇率,T 代表报告期一揽子样本国对本国的进出口贸易总量,T_i 报告期代表 i 国对本国的贸易量,E_i、E_{bi} 分别代表报告期和基期 i 国货币对本国货币的汇率,以 1 单位本国货币合多少外国货币的间接标价法形式标出。

在实际中常会出现,一国货币在对某一种货币汇率上升同时,对另一种货币汇率却下跌。即使该国货币同时对所有其他货币汇率都上升(或下跌),其程度也会不一致。有效汇率就是观察一种货币对其他货币汇率的总体波动幅度及该种货币在国际经贸和金融领域中的总体地位。

实际汇率和有效汇率在对一国货币汇率进行分析研究及对商品进出口进行决策等方面具有相当重要的意义。如实际汇率不仅在研究汇率调整、倾销调查与反倾销措施中常被用到,而且在分析货币实际购买力,进出口商品成本核算等方面也常被用到。有效汇率则被作为衡量一国货币汇率总体波动幅度和在国际贸易中总体竞争力的一个重要指标。目前,国际货币基金组织定期公布 17 个工业发达国家的若干种有效汇率指数。

此外,汇率的分类还有官方汇率和市场汇率、固定汇率与浮动汇率、开盘汇率与收盘汇率、同业汇率与商人汇率等等,这里不再逐一介绍。

第二节　决定汇率的基础及影响汇率变动的因素

决定汇率水平的基础或者说依据在不同的货币制度下是不同的,而影响汇率变化的因素更是相当多,国际的国内的、政治的经济的、长期的短期的等方面因素均会引起汇率起伏变化。因此,国际市场上汇率时常变化并捉摸不定。本节我们主要讨论决定汇率水平的客观基础及影响汇率变动的经济因素。

一、决定汇率的基础

(一)金币本位制度下决定汇率的基础

金币本位制度是以金铸币为本位币的货币制度。在这种货币制度下,金币的价值与等量的黄金价值相同,金币可以自由铸造与熔化,纸币可以与金币自由兑换,金币和黄金可以自由输出入国境。

在金币本位制下,决定两国货币汇率的基础是铸币平价(Mint Par)。所谓铸币平价是两国货币所含纯金量之比。例如:在1925－1931年间,英国规定1英镑的含金量是123.27447格令(Grain,金衡制的一种计量单位,1克＝15.43232格令),成色为22开(Karat,24开为纯金)金,折成纯金113.0016格令。美国规定,1美元的含金量是25.8格令,成色为90%,折成纯金为23.22格令。根据两种货币所含纯金量对比计算,英镑和美元的铸币平价是:113.0016/23.22＝4.8665。这就是说1英镑的含金量是1美元含金量的4.8665倍,或者说1英镑的含金量与4.8665美元的含金量相同。因此英镑与美元的汇率为:GBP1＝USD4.8665。

铸币平价是决定汇率的基础,但是汇率并不总是等于铸币平价,而是围绕着铸币平价上下波动,不过波动幅度受到黄金输送点(Gold Points)的限制。黄金输送点是指黄金自发从一国输出输入的临界点,铸币平价加上黄金运输等费用为黄金输出点,铸币平价减去黄金运输等费用为黄金输入点。在金本位制旧,汇率最高不会超过黄金输出点,最低不会低于黄金输入点。即是说,在金币本位制度下汇率通过黄金的输出输入自动地调整,波动的幅度是金币所含黄金量的双倍运输等费用。例如,铸币平价决定的英镑与美元的汇率是GBP1＝USD4.8665,假如运送1英镑或4.8665美元的黄金的费用(包括运输、保险、包装等费用)需要0.03美元,那么黄金输出点4.8965(4.8665＋0.03)美元;黄金输入点便为4.8365(4.8665－0.03)美元。也就是说1英镑兑换到的美元,最多为4.8965美元,最少为4.8365美元。否则,会引起黄金在两国间的输出输入,最终会把汇率水平拉到黄金输出输入点内。这可用图3-1说明。

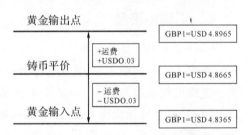

图3-1　金本位制下汇率决定与波动

在金币本位制度下,从国外进口商品既可用外汇支付也可用黄金支付,不过用黄金支付必须考虑到运输等费用。假如美国进口商从英国进口10万英镑商品,付款时两国货币的汇率为GBP1＝USD4.8665,美国进口商若用英镑支付需花486650美元,若用黄金支付则需花489650美元(486650＋3000),于是美国进口商会会选择用英镑支付。但如果美国进口商付款时,汇率为GBP1＝USD4.9500,那么用英镑支付需花495000美元,用黄金支付只需花489650美元,可以节约5350美元。在这种情况下,美国进口商会选择用黄金支付而不愿用美元兑换英镑支付货款。这时黄金就会从美国输出,流入英国。结果,一方面美国对英镑的需求减少,另一方面美国的黄金量也减少,从而引起美国货币量减少,物价下跌,出口增加,英镑收入增加。这两方面都会促使英镑在美国供大于求,进而促使英镑对美元汇率下降。相反,如果英镑对美元的汇率低入黄金输入点,黄金就会从英国输出,流入到美国,引起英镑的供应减少需求增加,进而促使英镑对美元汇率上升。

(二)金块本位制与金汇兑本位制下汇率决定的基础

与金币本位制相比,金块本位制与金汇兑本位制是残缺不全的金本位制。在这两种制度下,金币和黄金均不投入流通,流通中只有纸币和辅币。而且纸币和辅币不能自由地兑换成黄金,黄金输出入也受到很大限制。之所以称这两种货币制度为金本位制仅是因为在金块本位制的情况下,大额的纸币可以向中央银行兑换成金块,在金汇兑本位制下,纸币通过某种外汇与黄金挂钩。

在金块本位制和金汇兑本位制下,决定两国货币汇率的基础是黄金平价(Gold Parity)。所谓黄金平价是政府规定的货币含金量之比,故又称之为法定平价,汇率围绕着黄金平价上下波动。但是由于纸币不能自由地兑换成黄金,黄金不能自由地输出入,黄金输送点便不复存在,汇率波动的客观限制也随之消失。汇率波动的幅度靠政府规定和加以维护,因此,汇率的稳定程度便大大降低。例如,第二交代世界大战后建立起来的国际货币体系——布雷顿森林体系,实行的是一种国际金汇兑本位制。在这种货币制度下,美元与黄金挂钩,各国货币与美元挂钩,即各国货币按法定比例与美元建立起固定的汇率关系,各国政府有义务将汇率维持在这一固定水平(详见第十二章)。

(三)纸币本位制度下汇率决定的基础

在纸币本位制度下,纸币仅仅是一种价值符号,与黄金已经没有任何联系,因此也就不能用铸币平价或黄金平价来决定汇率。纸币本位制下,决定汇率的客观基础究竟是什么至今颇有争议。但比较一致的看法是汇率由纸币所代表的价值量之比决定,或者说纸币所代表的价值量或购买力是决定汇率的基础。

二、汇率的变动

(一)汇率的升值与贬值

在纸币本位制度下,尤其是在浮动汇率制度下,一国货币对他国货币的汇率是经常变动的。变动的情况有两种:一种是汇率升值(或称汇率上升),一种是汇率贬值(或称汇率下降)。但是在不同标价法下,汇率升值或贬值的表现形式是不同的。

在直接标价法下,汇率升值是指一定数额的外汇可以兑换到更多的本币,实指外币对本币升值,而本币对外币贬值。汇率贬值与此恰相反。例如:2009－2011 年各年年底及 2012 年 8 月底人民币与美元汇率如下:

2009 年 12 月 31 日　　　USD100＝CNY682.82

2010 年 12 月 31 日　　　USD100＝CNY662.27

2011 年 12 月 31 日　　　USD100＝CNY630.09

2012 年 8 月 31 日　　　USD100＝CNY634.49

我国采用的是直接标价法,上例中 2009－2011 年各年底与上年底相比,100 美元兑换人民币数减少,称外汇汇率贬值,亦即美元贬值,人民币升值;2012 年 8 月 31 日与 2011 年底相比,100 美元兑换人民币数增加,称外汇汇率升值,亦即美元升值,人民币贬值。

在间接标价法下,汇率升值是指一定数额的本币可以兑换到较多的外币,实指本币对外币升值,外币对本币贬值。汇率贬值与此恰好相反。例如:纽约外汇市场美元兑日元汇率报价如下:

2011 年 4 月 15 日　　　USD100＝JYP85.22

2011 年 9 月 15 日　　　USD100＝JYP77.18

2012 年 10 月 15 日　　　USD100＝JYP79.13

美国采用的是间接标价法,上例中,2011 年 9 月 15 日与同年 4 月 15 日相比,1 美元兑换到的日元数额是减少,一般称汇率贬值,即本币(美元)贬值,外币(日元)升值。2012 年 10

月 15 日与 2011 年 9 月 15 日相比,1 美元兑换到的日元数额是增加,一般称汇率升值,即本币(美元)升值,外币(日元)贬值。本书后面提到的汇率升值(或贬值)除有专门说明外,一般均是指直接标价法下情况,即外币升值(或贬值),本币贬值(或升值)。

（二）汇率的变动幅度

汇率的变动幅度一般可用下列公式计算:

$$E=\frac{e_1-e_0}{e_0}\times100\%\qquad\qquad(1)$$

或 $\qquad E=\frac{e_1-e_0}{e_1}\times100\%\qquad\qquad(2)$

上式中 E 表示汇率变动率;e_0 表示原汇率;e_1 表示变动后的新汇率。

上述公式只说明了一国货币相对于另一国货币的变动情况,如果要说明该国货币汇率总体变动情况,需要用到前面说过的有效汇率概念。

假设美元对其他货币汇率变动及其他国家对美国贸易值占美国对外贸易总值的比重如表 3-5:

表 3-5　美国与主要贸易伙伴国货币汇变动率及贸易比重

货币名称	上年平均汇率	本年平均汇率	汇率变动率	贸易比重
GBP	0.5830	0.5422	−7%	10%
EUR	0.8001	0.7356	−8.1%	40%
JPY	106.50	110.25	3.5%	20%
CAD	1.2830	1.3010	1.4%	15%
CHF	1.2405	1.2105	−2.4%	5%

那么美元汇率总体变动幅度[按汇率变动率公式(1)计算]为:

$(-7\%\times10\%)+(-8.1\times40\%)+(3.5\%\times20\%)+(1.4\%\times15\%)+(-2.4\%\times5\%)$
$=-3.15\%$

即美元汇率总体贬值 3.15%。

三、影响汇率变动的因素

在纸币流通条件下,直接影响汇率水平及其变动的主要因素是外汇供求状况,当市场上外汇供不应求时,汇率就会上升;当市场供大于求时,汇率就会下降。汇率与外汇供求之间关系如图 3-2 所示:

图 3-2 中 F_d 表示外汇需求;F_s 表示外汇供应;E 表示外汇供求均衡点

既然外汇供求直接影响汇率水平,那么可以说凡是影响外汇供求变动的因素都会引起汇率变动。下面我们来分析影响外汇供求变化的经济因素,其大致可以分为两类,一类是长期因素,它决定并影响着汇率的长期趋势。另一类是短期因素,它主要引起汇率的短期波动。

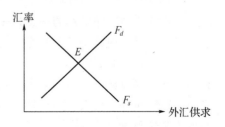

图 3-2　汇率与外汇供求之间关系

（一）长期因素

1.国际收支和外汇储备状况

一国国际收支状况会直接影响到该国外汇市场供求,进而影响到汇率变动。一般而言,当一国国际收支出现逆差,在外汇市场上会出现外汇供不应求的状况,促使外汇升值,本币贬值。当一国国际收支出现顺差,在外汇市场上则会表现为供大于求,促使外汇贬值,本币升值。但是,国际收支对汇率的影响有一个时滞,需要在较长时间内才能发挥作用。国际收支短期的小规模的逆差或顺差,一般不会对市场汇率产生明显影响。

一国如果出现长期的国际收支顺差,外汇储备便会迅速增加。过高的外汇储备形成了市场直接或间接的外汇供应,引起外汇贬值本币升值。如果一国外汇储备严重不足,则会出现相反情况。1997年东南亚金融危机中,东南亚各国货币暴跌,重要原因之一是各国政府外汇储备迅速下降,市场外汇供应严重不足。2005年以来人民币的快速升值,与中国外汇储备的迅速增长不无关系。

2.相对经济增长率

当一国经济增长率高于其他国家时,会对汇率产生多方面影响:首先,当一国经济高速发展时,对进口原材料及劳动力的需求会增加,同时由于经济增长,国民收入增加,对进口消费品的需求也会增加,这样引起外汇支出增大。如果此时外汇收入不能同时增加的话,外汇汇率就会上升。其次,经济增长速度较快的国家,往往劳动生产率也较高,这使该国产品在价格、质量等方面优于别国,产品在国际市场上竞争能力也就较强,这又会促使该国产品出口的增加。最后,当一国经济增长率较高时,利润率也会高于其他国家,这会吸引外国资本进入该国投资,从而增加该国外汇收入。总之当一国经济快速发展初期会出现外汇短缺汇率上升。当一国经济增长率较长时期均高于别国,则会使该国货币汇率稳定或外币对该国货币贬值。当然这一因素对汇率的影响,对不同国家来说常常是有差别的。对出口比例较大的开放型国家,经济高速发展会引起更快增长,从而使本币坚挺,对外币升值。而对出口比例较小的封闭型国家,经济高速发展对汇率的影响就要小得多。

3.相对通货膨胀率

在纸币流通条件下,两国货币汇率从根本上说取决于两国货币各自所代表的价值量或购买力。物价是商品价值的货币表现,通货膨胀,物价上涨意味着每一单位货币代表的价值量的下降。当一国通货膨胀率高于另一国通货膨胀率时,说明该国物价比另一国以更快的速度上升,或者说该国货币代表的价值量比另一国以更快速度下降。因此该国货币对外也应贬值,即外汇汇率上升。虽然由于各种因素的影响,一国货币对内贬值与对外贬值会出现时间差,幅度也会不同,但变动方向和变动趋势一般是一致的。如果一国通货膨胀率高于他国,该国货币就会贬值,外汇汇率会上升。否则,情况恰相反。

通货膨胀率影响汇率的渠道是多种多样的。首先,它提高了出口商品的成本和价格,削弱了出口商品在国际市场上的竞争能力,从而影响贸易外汇收入。其次,它使劳动力价格及各种服务价格上升,从而减少了对外吸引力,减少非贸易外汇收入。最后,它还使一国实际利率低下,阻碍资本流入,刺激资本流出,使资本项目恶化。但是通货膨胀只是通过上述渠道间接地影响外汇供求,进而影响汇率。因此通货膨胀对汇率的影响只有在一个较长的时期后才能表现出来。

4.其他宏观经济状况

一国宏观经济状况除了上述经济增长、通货膨胀等情况外,还包括财政收支、科技发展、国民收入、投资环境、法制建设等诸多方面。若一国宏观经济状况良好,汇率就会坚挺。反之,则会出现较大幅度的波动,甚至本币对外币持续贬值。因此,创造一个良好的宏观经济环境,是维持汇率及经济稳定的一个重要前提。

(二)短期因素

1.相对利率水平

利率是借贷资金的价格,一般而言资金总是从利率低的地方向利率高的地方流动。当一国利率水平高于他国时,他国的资金就会流入该国,否则,当该国利率水平较低时,大量资金就会流出。而资金大批量的流入流出,会直接影响到一国的外汇供求,尤其是短期外汇供求,从而引起汇率变动。

相对利率水平变动引起汇率变动的典型案例很多,例如,20世纪60年代,美国公布了限制存款利率上限的"Q项条款",使得大量资金从美国流向利率相对较高的欧洲,促进了"欧洲美元"的形成;20世纪70年代末80年代初,美国为了抑制通货膨胀,实行了高利率政策,结果同时导致了高汇率,使得美国对外贸易困难重重,贸易赤字居高不下;1999年欧元推出后,由于美国利率高于欧元区国家利率,促使欧元汇率一路走低。而2001年美国为了刺激经济,美联储连续11次降息,此后引进美元对欧元的大幅度贬值,等等。

当然,分析利率水平对汇率的影响不能仅看名义利率,更要看考虑至相对通货膨胀率后的实际利率。此外,国际资本流动除受利率因素影响外,还要受到诸如外汇管制程度、外汇市场及信用制度的发达程度等因素的影响。因此利率对汇率的影响往往是短期的。

2.政府短期干预

政府为了达到一定的经济目标,常常采取种种措施干预外汇市场及外汇汇率,有时甚至操纵汇率的波动。如政府为了维持汇率稳定,常常通过在外汇市场买卖外汇方式,平抑汇率;政府为了增加外汇储备,则在外汇市场大批量买进外汇,引起外汇需求增加,汇率上升;政府为了鼓励出口限制进口,便有意识使本币对外币贬值,促使外汇汇率上升,等等。因此,政府短期干预对汇率的影响要视政府的干预目的而定,有时,会促使汇率稳定,有时,会促使外汇升值,本币贬值。当然这仅就政府短期干预而言,从长期看,政府更希望通过调整国内产业结构,调整财政金融政策等措施来促使汇率的稳定,避免国际收支恶化,促进经济稳定增长。

3.心理预期

心理预期是多方面的,包括对利率、汇率、通货膨胀率及资本收益率等方面的预期。而对这些方面的不同预期,会直接改变人们的投资和储蓄行为,进而影响汇率。例如:当人们普遍预测本国通货膨胀率会上升并高于别国通货膨胀率时,会抛出本币购买外汇作为保值工具,结果会促使外汇市场需求量大大增加;当人们预测外汇汇率会上升时会争相购买外汇;当人们预测别国的投资收益率将高于本国时,会将资金转移至他国,等等。由于心理预期变化快,影响大,常常会引起短期汇率大幅度波动。有时心理预期甚至会成为影响汇率的最主要因素。例如,1997年中期爆发的东南亚金融危机,之所以会在短时间内得以迅速蔓延并不断加剧,主要原因就是人们由预期引起对本币信心的动摇,从而出现资本外逃、货币替代现象,促使市场外汇需求大量增加,进一步加快了本币贬值的速度和幅度。2007年美国次贷危机爆发初期,人们为了追现,纷纷抢购美元,引起美元升值。而随着美国次贷危机的深化,人们对美元失去信心,又引起美元大幅度贬值。

第三节　汇率变动对经济的影响

一国的国际收支、物价水平、经济增长等宏观经济状况会引起汇率的变动。反过来,汇率的变动又会对一国内外经济产生重要影响。尤其是在目前各国经济金融联系日益密切、浮动汇率制被越来越多国家所采用的情况下,汇率变动对经济的影响更加广泛而深刻,也更加被各国所重视。

一、汇率变动对一国国际收支的影响

(一)汇率变动与进出口收支

一般而言,当一国货币对外贬值时,可以相对降低该国出口商品的价格,提高该国出口商品在国际市场上的竞争能力,从而刺激该国扩大出口,增加外汇收入。假如某种同质量的商品在国际市场上美国卖 8 美元,英国卖 5 英镑,两国货币汇率为 GBPP1＝USD1.6,那么买美国产品和买英国产品价格上是一样的。但如果英镑对美元贬值,变为 GBPP1＝USD1.5,英国商品就比美国商品相对便宜。因为买美国产品要花 8 美元,买英国产品只需花相当于 7.5 美元(5×1.5)。于是就会有更多的人买英国商品,英国的出口收入就会增加;当一国货币对外升值时,情况恰好相反。而当一国货币对外贬值时,进口商品价格会相对提高,从而对进口产品的需求减少,外汇支出因此减少。这也就是说,一国货币对外贬值时,会通过增加出口收入减少进口支出来改善贸易收支状况。

了解了汇率变动对商品进出口的影响后,我们就比较容易理解,为什么当日元贬值时,日本并不着急,有时甚至暗自欢喜,而当大幅度升值时日本却急得坐立不安。例如,1995 年上半年日元对美元大幅度升值(4 月 18 日达到 USD1＝JPY79.95 的美元汇率最低点)时,许多中小企业为此而亏损乃至倒闭;同样我们也比较好理解,为什么在东南亚金融危机中,当周边东南亚国家货币大幅度贬值后,人民币汇率保持坚挺会造成中国出口商品困难重重;为什么面对中国商品大举占领国际市场状况,以日美欧为代表的发达国家从 2003 年开始不断施加压力,要求人民币升值,如此等等。因此,可以说汇率形式上看是两国货币的兑换比率,实质上涉及各国利益的制衡。

下面我们通过中国案例来看看汇率变动对进出口贸易的影响。表 3-6 反映了人民币汇率变动与中国进出口收支的状况,从中我们可以看到,人民币汇率变动对中国进出口收支有着明显的影响。例如,1994 年与 1993 年相比,人民币对美元贬值了 48％,促使 1994 年出口大幅度上升,贸易收支由 1993 年赤字 122 亿美元变为盈余 53.5 亿美元,此后是年年的贸易顺差。2005 年人民币形成机制改革后,人民币进入升值通道,尤其是 2008 年人民币对美元升值 7.7％,结果引进出口增长速度明显放缓,贸易差额减少。

表 3-6　人民币汇率变动与中国的进出口收支

年份	年均汇率 (100 美元合人民币数)	人民币汇率变动 (%)	出口总额 (亿美元)	进口总额 (亿美元)	贸易差额 (亿美元)
1993	576.19	−48.0	917.4	1039.6	−122.2
1994	861.87	9.58	1210.4	1156.9	53.5
1999	827.83	−0.009	1949.3	1657.0	292.3
2000	827.84	0.001	2492.0	2250.9	241.1
2004	827.68	−0.002	5933.3	5612.3	320.9
2005	807.02	2.5	7619.5	6599.0	1020.0
2006	780.87	3.2	9689.8	7914.6	1775.2
2007	752.15	3.7	12204.6	9561.2	2643.4
2008	694.44	7.7	14306.9	11325.7	2981.2
2009	683.15	1.6	12016.1	10059.2	1956.9
2010	676.95	0.9	15777.5	13962.4	1815.1
2011	645.88	4.6	18986.0	17435.0	1551.0

资料来源:根据 1993—2011 年《中国统计年鉴》和《中国金融年鉴》有关数据整理。

　　值得注意的是,汇率变动对贸易收支的影响不是绝对的。它至少还要受到进出口商品的需求弹性及出口品与进口替代品生产能力的制约。当一国货币对外贬值时,如果外国对本国出口品需求弹性较小或受国内生产能力所限,出口商品供给难以较大增长,该国商品出口的扩大就是有限的。同样,此时如果本国没有足够的进口替代产品,国内对进口品需求的减少也有限的。因此,一国若要改善贸易收支状况,必须在本国货币对外贬值的同时,优化本国产品质量与结构,以扩大国外对本国出口品及国内对进口替代品的需求量。

　　(二)汇率变动与服务收支

　　当一国货币对外贬值时,意味着一定数量的外汇可以换到更多的该国货币,则意味着该国的劳务、教育、交通、住宿、就餐等费用变得相对便宜,因此外国对该国的劳务及其他服务需求就会增加,该国的非贸易收入如旅游、运输、教育等收入就会增加。同时,外国劳务及其他服务价格相对该国提高,引起该国对外国的服务需求减少。当一国货币对外升值时,情况恰好相反。因此,一国的服务收支会随着汇率的变化而变化。

　　(三)汇率变动与国际资本流动

　　汇率变动对国际资本流动的影响与其对进出口和服务的影响不同,其方向具有不确定性,因为汇率变动会引起人们心理预期的变化,而不同的心理预期,对资本流动方向,进而对一国资本与金融收支的影响是大不相同的。当一国货币对外贬值时,如果人们对该国货币失去信心,普遍认为该国货币进一步贬值的趋势一时难以改变,那么不仅原来流入的国际资本会流出,而且国内资金也会外逃(不过这要以货币自由兑换为前提);如果人们普遍认为该国货币贬值只是暂时现象,很快会稳定甚至升值,那么大量的国际资本就会流入,因为此时一定量的外汇可以换到更多的该国货币。因此汇率变动对国际资本流动的影响,在很大程度上取决于人们对汇率变动的预期。

当然,国际资本流动还要同时受到利率、通货膨胀率乃至政治因素等方面的影响,这些因素常会削弱乃至抵消汇率变动对国际资本流动的影响。

(四)汇率变动与国际储备

汇率变动常常会改变一国国际储备的总量与结构。当一国货币对外升值、出现外汇汇率下跌时,政府往往会买进外汇,以增大外汇需求阻止外汇汇率下跌,这样官方的外汇储备就会增加;当一国货币较长时间对外贬值,出现外汇汇率持续上升时,政府往往会抛售外汇,以增大外汇供应阻止外汇汇率继续上升,这样官方的外汇储备又会减少。此外,当储备货币汇率发生波动时,政府为了避免外汇储备的汇率风险,往往会减少汇率贬值或波动较大的储备货币的持有比例,增大币值稳定、汇率趋升的储备货币的持有比例,从而引起国际储备结构的变化。

二、汇率变动对一国国内经济的影响

(一)汇率变动与国内物价水平

一国货币若持续对外贬值最终会引起对内贬值,即国内物价的上涨。虽然货币的对内对外贬值在时间上和程度上会有所不同,在结构上也会有差异,但两者的变动方向与趋势往往是一致的。

下面我们以一国货币对外贬值来分析汇率变动影响一国国内物价水平的传导机制:

(1)一国货币对外贬值有利于该国出口的增加,从而引起国内对出口商品需求的增加,如果出口商品供应量不能相应增加,出口商品的国内价格就会上涨,即便出口商品供应量能够相应增加,由于时滞原因,出口商品的国内价格在短期内也会上涨。

(2)当一国货币对外贬值,进口商品用本币表示的价格会上涨,如果进口品是原材料、机器设备等生产资料,会造成商品成本上升,物价上涨。如果进口品是消费资料,则会推动生活费用的上涨,从而导致工资收入者要求更高的货币工资,而更高的货币工资又会推动生产成本的上升,引起物价上涨。因而,一国对外货币贬值后,会通过进口商品相对价格的上升拉动国内一般物价的上涨。

(3)当一国货币对外贬值时,该国货币供应量会相应增加。这是因为:一方面在国内生产资料与工人工资上升的情况下,政府为了维持一定的投资与生产规模,必须投放更多的货币量。另一方面在本币对外贬值情况下,政府收购等量外汇却要向社会投放更多的本币量。货币量的过快增长势必会引起或加剧国内通货膨胀。

(二)汇率变动与国内生产

汇率变动对一国生产的影响,要视该国经济是否处于充分就业状态而定。如果一国经济处于非充分就业状态,存在着设备闲置,开工不足,劳动力失业等现象。那么本币对外贬值,会在扩大出口、相对减少进口的同时,促使出口商品及进口替代品生产的大幅度增长,并会通过乘数作用,引起国民收入的多倍增长。如果该经济已经处于充分就业状态,那么本币贬值只会引起物价的上升,很难有产量的扩大。目前多数国家被失业率居高不下所困扰,应该说采用汇率贬值政策对一国的生产和就业具有一定的扩张功能。当然在生产扩张的同时也会给国内经济带来一些负面影响。

(三)汇率变动与收入分配及资源配置

当一国货币对外贬值时,同样数额的外汇可以换得更多的本币,因此出口企业的收入会上升。同时由于进口品成本的上升,进口替代品的需求就会增大,从而价格也会上升,使进口替代品生产企业的收入增加。而非贸易品生产企业,尤其是不具有流动性的服务行业或职业,如修理业、公务员、教师等的收入却难以增加。因此,当一国货币对外贬值时,生产贸易品企业的利润往往比非贸易品企业高,从而吸引更多的生产资源从非贸易品企业向贸易品企业转移,引起贸易品生产的迅速扩大,在整个经济中的比例迅速上升。这样有利于资源的合理配置,有利于提高本国的对外开放程度,但也会造成收入分配的不平衡。

以上分析了一国货币对外贬值时,对该国对外对内经济的影响。当一国货币对外升值时,情况就会相反。例如,根据日本朝日银行资料显示,日元兑美元汇率从 USD1=JPY110 开始,每升值 5 日元,日本的实际国内生产总值(GDP)约将减少 0.18%,出口将减少 0.9%,进口将增加 0.6%,失业率将上升 0.3%。

三、汇率变动对世界经济的影响

不同国家汇率变动对世界经济的影响程度是大不相同的。小国货币或不可兑换货币汇率的变动一般只对其贸易伙伴国或主要债权国产生一定的影响。但世界主要自由外汇汇率的变动则会对世界经济产生多方面的影响。例如,1995 年上半年,美元对日元的大幅度贬值,几乎引起国际金融领域乃至整个世界经济的动荡,至少可以从以下几方面反映出来。

(一)引起各国外汇储备结构的变化

长期以来,美元一直是最主要的国际储备资产,各国的外汇储备中美元都占相当大的比例。美元对日元大幅度贬值,使持有美元的汇率风险加大,为了避免损失,各国纷纷调整外汇结构,抛出美元,买入日元、德国马克等硬货币。结果使日元、德国马克等货币在各国外汇储备中的比重迅速上升。如印度尼西亚 1990 年外汇储备中的美元资产比重还在 80% 以上,到 1995 年上半年日元已占其外汇储备的 40%。

(二)加重了日元债务负担

日本是世界第一大债权国,几乎世界多数国家均有日元债务,尤其是亚洲发展中国家日元债务占到其总债务的 35%,日元的大幅度升值,使得这些国家债务负担大大加重,有的甚至因此出现偿债困难。

(三)增大了许多发展中国家通货膨胀的压力

许多发展中国家汇率是钉住美元汇率并随之浮动的。当美元汇率下跌时,这些发展中国家货币汇率也会下跌。这虽然有助于其出口的扩大,但同时也有可能促使这些国家物价水平的上升,增大了这些国家通货膨胀的压力。

(四)有利于发展中国家吸引日本资金

日元汇率升值,使得日本国内的生产成本相对于国外的生产成本有所提高,为了保持原有的竞争力和利润,只能把生产线迁往国外。而劳动力价格便宜,生产成本较低的发展中国家是其首选目标。这对发展中国家来说,无疑是引进日本资金和技术的极好机会。同时,由于日元升值,日本政府几度下调利率,使得日元借款成本降低,这又无疑为发展中国家借入日元资金提供了较好的条件。

正因为世界主要自由外汇汇率的变动会给世界经济造成较大的影响,所以对美元、欧元、日元等主要货币汇率举世瞩目。当这些货币汇率发生较大波动时,不仅当事国政府会进行独立的或联合的干预,国际金融机构等国际组织也会出面进行干预。

四、汇率变动的其他经济影响

(一)汇率变动与货币替代和资本外逃

如果一国货币大幅度贬值,有可能引起货币替代和资本外逃现象。所谓货币替代是指在一国经济发展过程中,居民因对本币币值的稳定失去信心或本国货币资产收益率相对较低时发生的大规模地用本币兑换外汇,从而使外汇在价值贮藏、交易媒介、计价标准等货币职能上全面或部分地替代本币的一种现象;资本外逃是指为避免经济、政治等方面原因造成的经济损失,资金大规模地从一国逃离。从理论上说,货币替代和资本外逃是两个不同的概念,但实际上两者往往同时发生,货币替代一般会导致资本外逃。

引起货币替代的主要经济因素及其相互关系可以用简单公式表示为:

$$
\begin{array}{l}
\text{本国金融资产的名义收益率} \\
\text{－本国通货膨胀率} \\
\text{－本国货币的预期高估率(或} \\
\text{＋本国货币的预期低估率)}
\end{array}
=
\begin{array}{l}
\text{外国金融资产名义收益率} \\
\text{－外国通货膨胀率}
\end{array}
$$

当以上公式左项小于右项时,表示本国资产的预期收益率小于外国资产的预期收益率,货币替代就有可能发生,两者差额越大,货币替代从而资本外逃就越严重。当名义收益率和通货膨胀率既定时,决定货币替代及其程度的因素就是汇率。但一般而言 货币替代和资本外逃只有在一国货币自由兑换的条件下才会大规模地发生,如果本币不能自由兑换,那么货币替代和资本外逃只能通过非正规渠道甚至非法渠道进行,其规模和影响就要小得多。

货币替代和资本外逃最主要的经济后果,从短期来看,扰乱了国内金融秩序、引起金融市场进而可能是整个经济的剧烈动荡;从长期来看,削弱了政府利用货币政策调控经济的能力,外币的流出与流入扰乱了国内的货币供需机制,使货币当局利率和货币供应量的控制变得困难,从而妨碍了国内经济目标的实现。此外,货币替代和资本外逃还会使国家外汇储备迅速减少,影响一国的经济实力和在国际上的信誉。

(二)汇率变动与国际贸易条件

货币汇率的变化会引起进出口商品相对价格的变化,从而影响到贸易条件的变化。一般而言,货币贬值会引起本国出口商品外币价格的下降,由此引起贸易条件的恶化。但贸易条件恶化并不是货币贬值的必然结果,在下述情况下,贬值对贸易条件的负面影响可能十分有限:

(1)一国的进出口量在世界市场上所占份额相当小,其进出口商品的外币价格不受其进出口数量的影响。

(2)货币贬值的目的主要在于鼓励出口商品的生产,而不在于降低其出口商品的外币价格。货币贬值后,其出口商品的外币价格仍保持不变。

(3)出口商品的需求弹性较高,而出口商品的供给弹性较低,能阻止货币贬值后贸易条件恶化。

本章小结

1. 外汇是指外币和以外币表示的、能用来进行国际支付和清偿国际债务的金融资产。一种外币资产要成为外汇需要具备自由兑换和被普遍接受两个前提条件。

2. 汇率是一国货币用另一国货币表示的价格,或者说是两国货币的兑换比率。目前汇率有三种表示方法:直接标价法、间接标价法、美元标价法。

3. 在金本位制度下决定汇率水平的基础是铸币平价;在国际金汇兑本位制度(即布雷顿森林体系)下决定汇率水平的基础是黄金法定平价;在纸币流通制度下决定汇率水平的基础是一般认为是购买力平价。

4. 在纸币流通条件下,直接影响汇率水平及其变动的主要因素是外汇供求状况,当市场上外汇供不应求时,汇率就会上升;当市场供大于求时,汇率就会下降。影响外汇供求的短期因素主要有:两国相对通胀水平、政府短期干预和公众心理预期。影响外汇供求的长期因素主要有:一国国际收支和宏观经济状况、两国相对经济增长速度和相对通货膨胀率。

5. 汇率水平变动会对经济产生重要影响。一般而言,一国货币对外贬值,有利于促进该国经常账户收支的改善和国际储备的增加。如果同时该国国内市场商品供过于求,有利于促进该国经济增长。如果同时该国国内市场商品供不应求,则有可能引起或加剧该国的通货膨胀。世界主要国家的汇率变动会引起世界经济的波动。

本章复习思考题

1. 掌握本章重要概念:

外汇　汇率　直接标价法　间接标价法　套算汇率　实际汇率　有效汇率　铸币平价黄金法定平价　货币替代

2. 在网上查看外汇行情表,根据美元汇率分别套算直接标价法和间接标价法下的两种非美元货币之间的汇率。

3. 一种货币高估或低估的衡量标准或依据是什么? 你认为现行人民币汇率水平是否存在高估或低估现象。

4. 影响汇率变动的短期因素有哪些? 它们是如何影响汇率变动的?

5. 影响汇率变动的长期因素有哪些? 它们是如何影响汇率变动的?

6. 试分析货币贬值(或升值)影响一国国际收支的传导机制。

7. 试分析货币贬值(或升值)影响一国国内经济的传导机制。

8. 为什么一般情况下日本更希望日元贬值而不希望日元升值?

9. 简述货币替代的原因、前提条件及影响。

10. 试分析人民币升值对中国经济的影响。

第四章　汇率决定理论

【主要内容与学习要求】掌握购买力平价理论的基本思路、主要观点、主要缺陷及其在实际中的运用；掌握利率平价理论的分析思路和主要观点，学会用利率平价理论分析汇率与利率的关系；了解资产市场论的类型及其划分依据；了解弹性价格理论、汇率超调理论和资产组合理论的分析思路和主要观点。

汇率决定理论是国际金融理论中发展较早、影响较大、在实际中运用较广的理论，在国际金融学中占有重要地位。各种汇率决定理论从不同的角度或不同的层面，探讨了决定与影响汇率水平高低及起伏变化的宏观因素和微观变量，本节介绍几种重要的汇率决定理论。

第一节　国际收支理论

一、国际借贷理论

国际借贷论(The Theory of International Indebtedness)，也称外汇供求论，由英国经济学家戈逊 1861 年在其出版的《外汇理论》一书中提出。这一理论在第一次世界大战前较为流行，在汇率理论史上也占有较重要的地位。

（一）国际借贷论的主要观点

一国货币汇率的变化由外汇供求决定，而外汇供求取决于由国际收支所引起的国际债权债务关系。不过国际借贷分为固定借贷（尚未进入实际支付阶段的国际收支）和流动借贷（已经进入支付阶段的国际收支），只有流动借贷才会影响现实的外汇供求，进而影响汇率。当流动债权大于流动债务时，外汇供给大于外汇需求，外汇汇率会下跌；当流动债务大于流动债权时，外汇需求大于外汇供给，外汇汇率会上升。当流动债权与债务相等时，外汇供求平衡，外汇汇率不变。

（二）国际借贷论发挥作用的前提条件

一是要有发达的外汇市场，使外汇供求关系能在外汇市场上得到真实反映。二是政府不干预或较少干预外汇市场，使外汇供求关系能够调节汇率。否则，外汇供求对汇率较少有影响（如严格外汇管制情况下便是如此）。第一次世界大战前，西方国家政府较少干预经济，市场自发调节经济作用发挥明显，用国际借贷论解释汇率变动也就较有说服力。这也是第一次世界大战前这一理论较为流行的原因。

二、国际收支理论

国际收支论(The Theory of International Payment)是国际借贷论的现代形式。国际借贷理论没有说明影响汇率变动的具体因素,制约了这一理论的应用。第二次世界大战后,许一些西方经济学家应用凯恩斯模型来说明影响国际收支的主要因素,进而分析了这些因素如何通过国际收支影响外汇供求和汇率,从而形成了国际收支的理论。1981 年,美国经济学家 V. 阿尔吉(V. Argy)对国际收支汇率理论进行了系统总结和深化。

(一)国际收支的主要观点

外汇供求由国际收支决定,外汇供求平衡是国际收支均衡的一种表现,凡是影响国际收支均衡的因素都会影响汇率变动。当一国国际收支处于均衡状态时,由此决定的汇率水平也就是均衡汇率。均衡汇率用公式表示为:

$$R = f(Y, Y_t, P, P_t, i, i_t, r_e)$$

上式中,R 表示均衡汇率;y, P, i 分别表示本国的国民收入、物价水平和利率;Y_t, P_t, i_t 分别表示外国国民收入、物价水平和利率;r_e 表示人们对未来汇率的预期;f 表示函数关系。

该公式表明均衡汇率取决于国内外国民收入、价格水平、利息率及人们对未来汇率的预期等因素,这些因素的变动均会引起汇率的变动。例如:本国国民收入增长会引起进口增加,从而对外汇需求增加,外汇汇率上升;本国物价上升快于外国,会引起本国商品相对价格上升,不利于出口,从而会减少外汇供应,促使外汇汇率上升;相对利率水平的变化则会引起资本流动,影响外汇供求,进而影响汇率,等等。

(二)对国际收支理论的评价

国际收支论分析了影响汇率变动的多种因素,较为符合纸币流通条件下汇率决定与变动的情况,尤其对分析短期汇率的变动更具意义,因此,实际中被人们较为广泛的运用。但是它只是一种局部静态的分析,而且在发达的外汇市场才能发挥作用。因此,一般认为,国际收支理论不是完整的汇率理论,只是一种分析汇率的方法或工具。

第二节　购买力平价理论

购买力平价论(The Theory of Purchasing Power Parity,简称 PPP),由瑞典经济学家卡赛尔(G. Cassel)于 1922 年提出。虽然该理论不断受到各种批评,且常与实证检验不相符。但它至今仍是构成开放宏观经济学研究中的基本假设之一,是汇率决定理论中最具影响力的一种理论,至今仍被广泛地应用。

一、购买力平价论的基本思路和观点

(一)理论基础

购买力平价论的理论基础是货币数量论和一价定律。

货币数量论认为,物价高低取决于单位纸币代表的购买力的大小。在其他条件不变情况下,货币数量增加,单位纸币代表的购买力就会下降,物价就会上升。因此,纸币流通条件下,物价变动与货币数量变动成正比。

一价定律认为,如果不考虑交易成本等因素,以同一种货币衡量的不同国家的相同的可贸易商品的价格是一致的。用公式表示为:

$$P_i = e \cdot P_i^*$$

上式中,P 表示本国物价;P^* 表示外国物价;e 表示直接标价的汇率

如果同一种可贸易商品在不同国家具有不同的价格,那么商品套购活动就会发生。即在低价格国家买入该种商品,再到高价格市场卖出,从中获取商品差价收入。这样做的结果是使低价格国家的商品需求增加,从而价格上升,而高价格国家的商品供应会增加,从而价格下降,直到两国价格差异消除,商品套购无利可图,套购活动便会停止,一价定律成立。

(二)基本思路与基本观点

1. 基本思路

购买力平价论认为,纸币本身没有价值,但却代表着一定的价值,可以在货币发行国购买一定量的商品。A 国需要 B 国货币是因为用 B 国货币可以买到 B 国生产的一定量的商品和劳务。B 国需要 A 国货币是因为用 A 国货币可以买到 A 国生产的一定量的商品和劳务,但不同国家的单位货币所代表的价值是不同的,亦即不同国家的单位纸币可以买到的商品和劳务量是不同的。

2. 基本观点

在纸币流通条件下,决定两国货币汇率的基础是两国单位纸币所代表的购买力。汇率是两国的单位货币所代表的购买力之比或物价之比。汇率的变动取决于两国单位纸币代表的购买力的变动。

二、购买力平价的基本形式

(一)绝对购买力平价

绝对购买力平价在以下两点假设下来讨论问题:① 对于任何一种可贸易商品,一价定律都成立。②在两国物价指数的编制中,各种可贸易商品所占的权重相同。于是,两国由可贸易品构成的物价之间存在下列关系:

$$\sum_{i=0}^{n} \alpha_i P_i = e \cdot \sum_{i=0}^{n} \alpha_i P_i^* \tag{1}$$

(1)式中 α 表示权数,如果用 P 和 P^* 分别表示国内外可贸易品物价,则有:

$$P_i = e \cdot P_i^* \tag{2}$$

(2)式是一价定律公式,表示以不同国家的可贸易商品的物价水平以同一种货币计量是相等的。将(2)变形得到(3)式:

$$e = \frac{P}{P^*} \tag{3}$$

(3)式便是绝对购买力平价的一般形式,它从静态的角度考察了汇率的决定机制,说明某一时点上的汇率水平取决于两国货币所代表的购买力(或物价水平)之比。

商品套购的存在使购买力平价得以成立. 假如在日本花 100 日元可以买到的商品在美国需要花 1 美元,那么购买力平价便为:USD1=JPY100。如果市场汇率不是这样,国际间商品套购活动则会将之调整到这一水平。假设此时市场汇率为:USD1=JPY105,那么此时

商品套购活动就会发生,即套购者在日本用 100 日元买进这种商品,运到美国以 1 美元卖掉,再到外汇市场按 USD1＝JPY105 的汇率,将 1 美元兑换成 105 日元,这个过程可赚 5 日元。套购活动不断进行,套购者在美国外汇市场不断抛出美元买进日元,势必使美元贬值,日元升值,直到绝对购买力平价成立,套购者无利可图,套购活动才会停止。

（二）相对购买力平价

相对购买力平价从动态角度考察汇率的决定及变动,说明的是某一段时期,两国货币汇率变动取决于两国货币所代表的购买力(或物价水平)变动率之比。其公式为:

$$e_1 = \frac{P_1/P_0}{P_1^*/P_0^*} \cdot e_0 \tag{4}$$

（4）式中 e_1 表示报告期汇率; e_0 表示基期汇率; P_1、P_0 分别表示报告期和基期本国一般物价水平; P_1^*、P_0^* 分别表示报告期和基期外国的一般物价水平;

假如上例中同一种商品在美国由原来的 1 美元上升到 1.25 美元,在日本则由 100 日元上升到 150 日元,那么相对购买力平价按上式计算便为 120 日元,即汇率应由原来的 USD1＝JPY100 上升到 USD1＝JPY120,这是因为这段时期内,日元购买力下跌了 50%(或者说物价上涨到原来的 150%),美元购买力则只下跌了 25%(或者说物价上涨到原来的 125%),因此美元对日元上升了 20%。如果此段时间内,美元购买力比日元下跌得更快,情况则恰恰相反。

三、购买力平价的运用

（一）购买力平价与实际汇率

第二章中提到实际汇率是剔除通货膨胀因素后的汇率水平,即:

$$R_r = \frac{e}{p/p^*}$$

从上式可以看到,实际汇率实质上是在衡量市场汇率与购买力平价的偏离程度,亦即用以衡量一国货币对外币值是否合理。若 $R_r=1$,说明市场汇率与购买力平价一致;若 $R_r>1$,说明本国货币低估,外币高估;若 $R_r<1$,说明本国货币高估,外币低估。因此,购买力平价常被用来衡量一国市场汇率水平是否合理。

（二）购买力平价与各国 GDP 的比较

各国以本币计价的 GDP 和人均 GDP 难以进行国际比较,因此常常要折算成同一货币(如美元)进行比较。但按什么样的汇率进行折算,至今仍是一个有争议的问题。为了避免各国市场汇率的偏差,一些国际性组织,如联合国开发计划署、世界银行等一般既按市场汇率又按购买力平价来折算各国 GDP 和人均 GDP(见表 4-1)。而两种汇率折算的 GDP 和人均 GDP 水平存在较大差异。发展中国家的这种偏差尤其大。

表 4-1   各国 GDP 和人均 GDP

2007 年世界银行按 PPP 计算的各国 GDP		2007 年按市场汇率 计算的各国 GDP		
GDP(亿美元)	人均 GDP(美元)		GDP(亿美元)	人均 GDP(美元)
世界	695526				
1.美国(3)	136783	45218	1.美国(9)	139800	46280
欧盟	135394				
2.中国(74)	116942	8863	2.日本(22)	52900	41480
3.印度(120)	42822	3814	3.中国(103)	33700	2520
4.日本(16)	42149	32980	4.德国(19)	32800	39710
5.德国(17)	26987	32684	5.英国(11)	25700	42430
6.英国(15)	20045	32993	6.法国(18)	25200	41200
7.法国(19)	19882	31595	7.意大利(20)	20900	35980
8.俄罗斯(56)	18125	12798	8.西班牙(26)	14100	30820
9.意大利(22)	17910	30791	9.加拿大(14)	13600	41470
10.巴西(70)	17582	9356	10.俄罗斯(54)	11400	8030

注:表中国名后面括号内数字是人均 GDP 的国际排名。

四、对购买力平价论的分析与评价

(一)购买力平价理论的贡献

(1)在金本位制崩溃之后,它指出应从货币的基本功能(代表一定购买力)角度来分析汇率,并以国内外物价对比作为决定汇率的依据,这既符合逻辑,又易于理解。

(2)它说明了货币对内贬值必然引起对外贬值。这在纸币流通条件下,尤其是在通货膨胀较为严重的年代是很有说服力的,这是它至今仍被广泛采用的原因所在。

(3)它开辟了从货币数量角度分析汇率决定之先河,这为以后的经济学者研究汇率提供了很好的研究思路和方法。20 世纪 70 年代产生的汇率的弹性价格和黏性价格货币分析法均沿用了这一思路。

(4)虽然实践并不支撑购买力平价,但至今它仍被理论界与实务部门甚至国际性机构广泛运用。如在比较不同国家的国民收入、分析货币对外价值的高估或低估、倾销与反倾销调查等方面,常常会用到购买力平价理论。

(二)购买力平价理论的缺陷

(1)从理论上看,它以货币数量论和商品交易中的"一价定律"为基础。而货币数量论存在着一定的缺陷,"一价定律"实际上是不存在的。因为"一价定律"以国际上存在着完全的商品套购活动为前提,但由于国家主权的存在,一国通过关税、贸易、金融等方面措施,限制外国商品进出口就在所难免。此外还存在着各国开放程度差异及生产水平的差异,加之商品运输成本及运输条件的限制,国际贸易商品乃至一般商品价格水平是不可能相同的。因此,以货币数量论和商品交易中的"一价定律"为基础的购买力平价论就不无缺憾了。

(2)它所说的一般物价水平在现实中存在着计量上的困难。首先,绝对购买力平价要求不同国家在选择代表一般物价水平的商品种类上一致,否则就缺乏可比性。而实际上各国在商品种类的选择上往往存在着主观性,如以本国相对便宜的商品取代国外商品,所以用绝对购买力平价来计算汇率实际操作起来相当困难;其次,相对购买力平价用国内外物价指数对比来说明汇率变动,由于各国物价上涨率的资料较容易统计与得到,操作起来比一般物价方便。但现实中存在多种物价指数,如消费物价指数、批发物价指数、国内生产总值消胀指数等,选择的物价指数的不同,可以导致不同的购买力平价。究竟选择何种物价指数,不同国家存在着差别。经济学家也有不同的看法,至今仍有争议;再次,在计算相对购买力平价时,基期的选择至关重要,准确选择一个基本均衡的基期,是保证以后一系列计算的必要前提,而这一点一般很难做到。

(3)它将货币数量或商品价格看成是决定汇率的唯一因素,只讨论了货币因素对汇率的影响,没有把诸如生产率变动、消费偏好变动、本国对外国资产的积累以及资本在国际间的流动等实际因素考虑进去,而实际上这些因素也会对汇率产生重要影响。实际经济因素的变动会使名义汇率与购买力平价产生偏离。

在对购买力平价的实证检验中,一般只有高通货膨胀时期(如 20 世纪 20 年代)其才能较好成立。而对第二次世界大战尤其是 70 年代以来工业化国家汇率的分析,一般的结论是:第一,在短期内,高于或低于正常的购买力平价的偏差经常发生,并且偏离幅度较大。第二,从长期看,没有明显的迹象表明购买力平价成立。第三,汇率变动非常剧烈,远超过相对通胀率。这说明购买力平价论并不能得到实证检验的支持。但尽管如此,由于购买力平价具有一定的合理性,它仍被人们较为广泛地运用。

五、购买力平价的计算方法

如上所述,购买力平价的计算存在着技术和操作上的困难,因此如何计算购买力平价一直是一个探索中的问题。

(一)两国物价对比法

两国物价对比法是选出两国各自的一揽子消费品样本,然后对这些样本商品进行价格对比,由此算出购买力平价。例如:20 世纪 70 年代初期,世界银行的经济学家们,以美国和意大利四口之家的生活必需品为样本商品,然后分别在美国和在意大利采购这些商品,计算出各自的价格,再进行价格对比,据此算出美元和意大利里拉的汇率。其他货币汇率的计算也采用相同了大致相同的方法。

(二)国际比较项目法

国际比较项目法(ICP),是以国内商品价格同基准国家同种商品价格比率的加权平均值为购买力平价计算的。是近年由联合国统计局、世界银行等组织主持的一项旨在提供国际一致价格的跨国比较体系。

ICP 经历了由双边到多边,再到分区域比较(区域内多边比较,再联合成全球性比较)的发展过程,但其研究的基本思路就是通过价格调查并利用支出法计算的 GDP 作为基础,测算不同国家货币购买力之间的真实比率。

计算购买力平价的步骤:(1)对支出法 GDP 确定统一的详细分类。将全部最终商品和服务项目分为居民最终消费支出、社会最终消费支出、固定资产总形成、流动资产增加和净出口 5 个支出大类,再在每个支出大类中划分小类,共分 163 个基本分类。(2)按上述基本分类搜集基础数据。在各基本分类中确定代表商品和服务项目,并调查、搜集代表商品和服务项目全国的平均价格。在确定代表商品和服务项目时,既要遵循商品同一性、可比性和相同代表性的原则,又要考虑各国的消费习惯和结构。(3)分别计算各支出类别的指数和总体指数。

六、换汇成本论

换汇成本论(The Theory of Exchange Cost)是在购买力平价论基础上发展而来,由中国学者根据购买力平价论和中国的具体情况提出,并被中国理论界和实务界普遍采用。换汇成本论实质上是购买力平价论在中国的运用与发展。

(一)出口换汇成本

出口换汇成本是一定时期中国出口商品用人民币衡量的总价格(出口商品生产成本加上适当的利润)与出口商品用外汇(美元)表示的总价格(离岸价格)之比。说明的是中国出口企业每创收 1 美元所要支付的人民币成本。用公式表示为:

$$出口换汇成本 = \frac{EY(1+P)}{ED} \tag{5}$$

式中,EY 表示一定时期中以人民币衡量的中国出口总值;P 表示预期利润率;ED 为一定时期中以美元衡量的出口总收入。

例如,假设中国某月全部出口商品的国内采购价格是 600 亿元人民币,中国企业平均利润率为 10%,那么这批出口商品用人民币衡量的总价值便为 660 亿元人民币。假设这批商品在国际市场卖掉可收入 100 亿美元,出口换汇成本便为 6.6,即中国每创收 1 美元需要支出 6.6 元人民币。因此人民币与美元的汇率应大致为:USD1=CNY6.6。

(二)进口换汇成本

进口换汇成本是中国进口商品在国内市场的销售总收入与以美元表示的中国进口商品总价值(进口商品到岸价格加上适当利润)之比。说明的是每进口 1 美元的商品在中国市场上可以卖得多少元人民币。用公式表示为:

$$进口换汇成本 = \frac{MY}{MD(1+P)} \tag{6}$$

式中,MY 为一定时期内中国进口商品在国内市场销售的总收入;MD 为一定时期内以美元衡量的中国进口商品总价值;P 仍为预期利润率。

假如,假设某年中国进口 1000 亿美元的商品,在国内市场可卖得 7350 亿元人民币,中国企业平均利润率为 10%,进口换汇成本便为 6.68。依据进口换汇成本,人民币与美元汇率应大致为:USD1=CNY6.68。

出口换汇成本和进口换汇成本数值上常常不相等,由于我国长期实行鼓励出口的政策,因此一直把出口换汇成本作为我国人民币汇率的重要影响因素。在官方汇率占主导地位时期,出口换汇成本是央行制定人民币汇率的重要依据。在汇率市场化改革后,换汇成本仍然是影响汇率水平的一个重要因素,也是出口退税的一个重要依据。

(三)对换汇成本的评价

换汇成本论在购买力平价论的基础上发展形成,两者均以货币数量及一价定律为理论基础,均通过国内外物价对比来考察汇率。因此换汇成本也存在着与购买力平价一样的缺陷。但换汇成本对购买力平价用了一定的修正和发展:一是购买力平价用一般商品价格之比来考察汇率,而换汇成本直接用进出口商品价格之比来考察汇率。由于进出口商品价格比一般商品价格容易统计与获得(如通过海关获得),因此具有可操作性。二是换汇成本论不仅认为货币数量决定物价,而且认为劳动生产率等因素对物价也有决定作用。

第三节 利率平价理论

利率平价论(Interest Rate Parity Theory)又称远期汇率论,其基本思想可以追溯到19世纪下半叶,20世纪20年代由英国经济学家凯恩斯等人予以完整阐述,后经过西方其他的经济学家发展而形成。

一、利率平价理论的基本思路

利率平价论从金融市场的角度分析了汇率与利率之间的关系,基本思路是:在资本自由流动前提下,如果两国利率存在差异,资金会从低利率国流向高利率国牟取利差收入(称之为套利)。但是资金在两国间流动必然进行货币兑换,如果两国货币汇率稳定,套利者可以获得稳定的利差收入。如果高利率国货币汇率下跌,套利者有可能不仅不能获利甚至本金也会遭受损失。为了避免这种损失,套利者在将低利率国货币兑换成高利率国货币进行投资同时,在远期外汇市场上将高利率国货币卖掉换回低利率国货币。这样远期外汇市场上高利率国货币供应不断增加,低利率国货币需求不断增加,促使高利率国货币远期汇率下降,低利率国货币远期汇率上升,直到两国货币汇率的差异与两国利率的差异相同,套利活动无利可图,套利活动就会中止,金融市场达到均衡,利率平价便成立。

二、利率平价理论的主要形式

(一)抛补利率平价

抛补利率平价(Covered Interest-Rate Parity)讨论的是抛补套利情况下远期汇率的决定。所谓抛补套利是指套利者在将低利率国家货币兑换成高利率国家货币,以转移到高利率国家进行金融投资获取利差的同时,在远期市场进行方向相反的外汇交易,即卖出高利率国家货币买入低利率国家货币,以趋避汇率风险。

抛补利率平价的基本观点是:两国货币的远期汇率由两国利率差异决定,高利率国货币远期汇率将贴水,低利率国货币远期汇率将升水。远期汇率的升贴水率近似地等于两国间的利率差异。用公式表示为:

$$\frac{f-e}{e} \approx i - i^* \qquad (7)$$

式中:f 表示远期汇率,e 表示即期汇率,i 和 i^* 分别表示本国利率和外国利率。

下面我们来对(7)式进行简单推导。

假设:A 国(本国)一年期存款利率为 i;B 国(外国)一年期存款利率为 i^*;

那么:存款 1 单位本国货币,1 年后可得:$(1+i)$ 的 A 国货币;

存款 1 单位本国货币,1 年后可得:$(1/e+1/e \cdot i^*)=(1+i^*)/e$ 的 B 国货币,即 $[(1+i^*)/e] \cdot f$ 的 A 国货币

两国存款收益相同的情况下才不存在套利:

$$(1+i)=[(1+i^*) \cdot f]/e$$

即 $(1+i)/(1+i^*)=f/e$

上式两边同减 1 得:

$$(i-i^*)/(1+i^*)=(f-e)/e,$$

即 $[(f-e)/e]+[(f-e)/e] \times i^* = i-i^*$

由于 $[(f-e)/e] \times i^*$ 非常小,可略去不计,于是得:

$$\frac{f-e}{e} \approx i-i^*$$

即(7)式成立。

由于套利者将资金从低利率国家转移到高利率国家时,即期汇率、远期汇率和利率都是既定的,套利者可以事先精确地计算套利收益,因此,抛补套利一般可以有效降低汇率风险。当市场汇率与抛补利率平价不一致时,进行抛补套利就有利可图,抛补套利活动就会发生,直至套补利率平价成立。

(二)非抛补利率平价

非抛补利率平价(Uncovered Interest－Rate Parity)讨论的是非抛补套利情况下远期汇率的决定。所谓非抛补套利是指套利者在将低利率国家货币兑换成高利率国家货币,以转移到高利率国家进行金融投资获取利差时,并不在远期进行方向相反的外汇交易。

在不进行远期外汇交易时,投资者通过对未来汇率的预期来计算投资收益,如果投资者预期一年后的即汇率为 Eef,则在 B 国的投资收益为 $[Eef(1+i^*)]/e$。如果这一收益与投资本国收益存在差异,则会出现套利资金流动,因此,在市场处于均衡状态时,有下式成立:

$$(1+i)=[Eef(1+i*)]/e$$

对之进行与抛实套利公式(7)相同的推导得:

$$E\left(\frac{f-e}{e}\right) \approx i-i^* \tag{8}$$

(8)式为非抛补利率平价公式,其经济含义是:预期的汇率远期变动率近似地等于两国货币利率之差。在非抛补利率平价成立时,如果本国利率高于外国利率,则意味着市场预期本币将来会贬值。

三、对利率平价理论的评价

(一)利率平价论的贡献

(1)它从资本流动的角度指出了汇率与利率之间的关系,有助于理解外汇市场上汇率的形成机制。由于现实的外汇市场上资金流动非常迅速而频繁,使利率平价(主要是套补利率平价)的前提条件能够始终较好地成立,具有坚实的分析基础。

(2)它具有特别的实践价值。在实证检验中,除了外汇市场激烈动荡的时期,从宏观上说,利率平价论分析的利率与汇率的关系,为中央银行进行外汇市场调节提供了有效的途

径,即:培育一个发达有效的货币市场,在货币市场上利用利率(尤其是短期利率)的变动来对汇率进行调节;从微观上说,由于在实证检验中,除了外汇市场激烈动荡的时期,抛补利率平价都能很好地成立。因此,各国银行常常根据抛补利率平价来确定远期汇率的升贴水额。

投资者也常会参照抛补利率平价来选择将资金投向哪里。

(二)利率平价论的局限性

(1)理论界一般认为,利率平价不是一个独立的汇率决定理论,它只描述了汇率与利率之间相互作用的关系。而利率、汇率会同时受到一些基本的实际因素的作用而发生变化,利率平价只是在这一变化过程中表现出来的利率与汇率之间的联系。因此利率平价与其他汇率理论是相互补充而不是相互对立的,它常常作为一个基本关系式而被运用在其他汇率决定理论的分析中。

(2)它以资本完全自由流动为前提,因此其在许多资本不完全自由流动的发展中国家的运用就受到了限制。而且它在论述汇率与利率关系中没有考虑外汇交易成本,实际上外汇交易成本会影响套利者的收入,进而影响到汇率与利率的数量关系。

第四节 资产市场理论

资产市场论(The Theory of Asset Market Approach)是20世纪70年代中期以后发展起来的一种重要的汇率决定理论。20世纪70年代以来,国际资本流动迅速发展,不仅规模迅速扩大,方向也呈多样化,这对汇率的变动产生了重大影响,而20世纪70年代中期固定汇率制的崩溃更使资金流动对汇率的影响加大,汇率与证券等金融资产的价格变动具有了关联性,于是就有学者将汇率作为一种资产价格放在资产市场上来研究,被称为汇率决定的资产市场理论。

一、资产市场论的分析方法和主要观点

(一)资产市场论的假设条件

(1)外汇市场是有效的,即市场汇率是对所有可能得到的相关信息的反映。

(2)资本完全自由流动,抛补利率平价始终成立。

(3)分析对象是高度开放的小国(以下假定其为本国),本国不会影响国际市场利率,同时外国居民不持有本国资产,本国居民不持有外国货币。因此本国居民持有三种资产:相国货币、本国发行的金融资产(主要是本国债券)、外国发行的金融资产(主要是外国债券)这样一国的资产市场就由本国货币市场、本国债券市场、外国债券市场构成。

(二)资产市场论的分析方法

(1)将国内外资本市场与商品市场结合起来研究汇率。如前所述,购买力平价理论主要从商品市场角度分析了汇率的决定与变动,利率平价论主要从金融市场资金流动的角度分析了远期汇率的决定。而资产市场论是结合商品市场和资产市场、本币市场和外币市场,分析了影响汇率的货币因素和实际因素。

(2)从存量而不是流量的角度分析了决定影响汇率因素。商品价格由市场供求决定,市

场供求以由生产、收入等实际因素决定,当影响商品供求的实际因素发生变动后,商品价格才会因供求变化而变动,即是说,市场供求的流量因素决定了商品价格。资产市场论认为,影响资产价格的资产供求因素,常常因人们对持有的资产存量进行调整而发生变化,从而引起汇率变化。所以资产市场理论一般又称为汇率决定的存量模型。

(3)在即期汇率的分析中考虑到了预期的因素。

(三)资产市场论的主要观点与类型

资产市场论的基本观点是:资产市场的失衡会引起汇率的变动,而汇率的变动促使资产市场从不平衡达到平衡,均衡汇率是资产市场平衡时两国货币的相对价格。具体说明其观点的理论流派很多,这里我们简单介绍弹性价格货币分析法,黏性价格货币分析法和资产组合分析法三种主要理论。

二、弹性价格货币分析理论

(一)主要观点

该理论主要分析货币供求变动对汇率的影响。它认为汇率是货币相对价格的一种表现形式。一国的实际货币需求是相对稳定的,它不受货币市场存量的影响,只受一国实际经济因素(如国民收入、利率、公众的流动性偏好等)影响。当货币供应相对于货币需求过快增长时,以汇率表示的货币相对价格就会下降。

(二)基本模型

弹性价格货币分析法从货币市场均衡条件出发,得出了其基本模型。

本国货币市场均衡条件是:

$$M_s = M_d = kPY^\alpha i^\beta \tag{1}$$

取对数调整后可得本国价格水平表达式:

$$\ln P = -\ln k - \alpha \ln Y - \beta \ln i + \ln M_s \tag{2}$$

同样方法得外国价格水平表达式:

$$\ln P^* = -\ln k - \alpha \ln Y^* - \beta \ln i^* + \ln M_s^* \tag{3}$$

购买力平价提供了国内外价格水平之间的联系:

$$P = eP^* \tag{4}$$

取对数整理后可得:

$$\ln e = \ln P - \ln P^* \tag{5}$$

将本国和外国价格水平表达式代入上式得:

$$\ln e = \alpha(\ln Y^* - \ln Y) + \beta(\ln i^* - \ln i) + (\ln M_s - \ln M_s^*) \tag{6}$$

(6)式便是弹性价格分析理论的基本模型。它说明,本国与外国的实际国民收入、利率水平以及货币供应量通过影响各自的物价,最终决定了汇率水平。如果外国的收入水平或利率水平高于本国,那么外币会升值、本币会贬值;如果外国的货币供应量相对于本国增长更快,那么本币会升值、外币会贬值。

(三)理论评价

弹性价格货币分析论的主要理论贡献是:①将购买力平价理论运用到了资产市场上,对现实生活中市场汇率的频繁变动提供了一种解释。②在货币模型中引入了货币供应量、国民收入等经济变量,从而比购买力平价理论有更广泛的运用价值。

弹性价格货币分析理论的局限性在于:①它具有与购买力平价论同样的缺陷。②它假定货币需求函数是稳定的、商品价格具有完全弹性,这在理论中至今仍有争议。

三、黏性价格货币分析理论(汇率超调模型)

与弹性价格货币分析理论一样,黏性价格货币论也认为汇率变动是货币市场供求失衡的结果。不同的是,它认为商品市场价格具有黏性,短期内不会对货币供求做出灵敏反应,购买力平价在短期内不能成立(弹性价格论假设购买力平价始终成立)。

(一)基本观点和分析思路

商品市场价格具有黏性,当货币市场出现失衡时,商品价格在短期内难以做出反映,调整货币供求失衡的任务完全由资产市场来承担,引起利率和汇率水平的超调(大幅度上升或大幅度下降)。过了一段时期后,商品价格开始调整,这时利率和汇率水平的超调现象得以纠正,资产市场达到长期均衡。

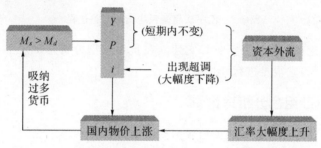

图 4-1　货币市场失衡后商品市场与资产市场的调整过程

如图 4-1 所示,假如本国货币当局为了刺激经济增长,大幅度地提高了货币供应量,使之超过了实际货币需求,这一般会引起生产从而收入的增加、物价的上涨和利率的上升,但由于生产的滞后效应和商品价格的黏性特征,使收入和生产短期内保持不变,于是过多的货币引起利率大幅度下降(超出其短期均衡水平),而利率大幅度下降会引起大量资金外流,出现外汇短缺,促使本币大幅度贬值(超出其短期均衡水平)。但本币贬值会促进出口的增加,从而拉动国内商品价格的上升,利率下降引起的投资和消费需求的增加,也会促使商品价格上升。由商品价格的上升可以吸纳市场过多的货币量,使货币市场达到均衡,利率和汇率达到一个新的长期均衡点。

图 4-2 说明了汇率从超调到均衡的动态调整过程。在 T_1 时刻经济均衡点为 E_0,假定此时货币供应量从 100 增加到 150,由于物价黏性,短期内物价保持不变仍为 100,那么过多发行的货币由资本市场吸纳,引起利率大幅度上升,外资大规模流入,促使汇率超调到 200 水平。到 T_2 时刻,商品价格开始上升到 150 水平,吸纳了部分增加的货币,汇率从 200 开始下降到 150 水平,超调得以纠正,于是经济在 E_1 点达到新的均衡。

(二)对汇率超调论的评价

汇率超调论理论的贡献在于:(1)它综合了货币主义和凯恩斯主义的理论与方法,成为开放经济条件下汇率分析的一般模型。(2)它首次涉及了汇率的动态高速过程,从而创立了汇率理论的一个重要分支——汇率动态学(Exchange Rate Dynamics),被后来的许多学者所采用。(3)它较好地说明了现实中汇率剧烈波动和超调的现象,具有鲜明的政策意义。

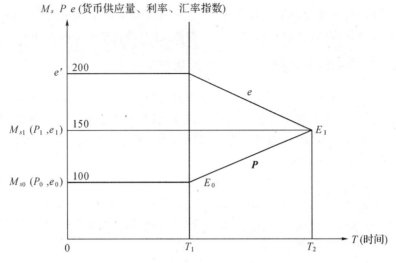

图 4-2　汇率从超调到均衡的调整过程

汇率超调论理论的局限性在于:(1)它建立在货币模型分析基础之上,具有与货币主义模型相同的缺陷。(2)它很难进行计量检验。

四、汇率的资产组合分析理论

(一)资产组合论与货币分析理论的区别

资产组合理论产生于 20 世纪 70 年代,主要代表人物是美国普林斯顿大学教授布朗森(W. Branson)。它与货币分析法的主要区别:(1)货币分析法认为本币资产与外币资产具有完全替代性,资产组合分析法则认为两者不能完全替代。(2)货币分析法认为汇率由两国相对货币供求决定,资产组合分析法则将本国资产总量直接引入了分析模型,认为本国资产总量直接制约人们对各种资产的持有总量,而经常账户的变动会对资产总量造成影响。这样,它就把流量因素与存量因素结合起来了。(3)资产组合分析法认为,由于资产具有风险收益特征,无抛补套利的利率平价不能成立。

(二)基本观点和分析思路

资产组合分析理论的主要观点是:汇率是使资产市场供求存量保持和恢复均衡的关键变量。在均衡汇率水平上,包括货币市场在内的资产市场达到均衡。这种均衡由一定水平的预期收益和风险在各种资产进行分配平衡而形成。当外部冲击使某些资产的预期收益发生变化时,原有均衡会被打破,利率、汇率等会进行调整,以达到新的均衡。以下基本模型说明了它的基本观点:

$$W = M + B + e \cdot F$$
$$M = m(i - i^*, E\triangle e)W$$
$$B = b(i - i^*, E\triangle e)W$$
$$e \cdot F = f(i - i^*, E\triangle e)W$$
$$m + b + f = 1$$

以上公式中:W 表示以本币衡量的总资产;M、B、F 分别表示本国货币、本币资产、外币资产;m、b、f 分别表示 M、B、F 在总资产中所占的比率;$E\triangle e$ 表示预期汇率变动率。它说明一国的资产总量或总财富由本国货币、本币资产(以本国债券代表)、外币资产(以外币债券代表)构成。在总财富既定的情况下,本国货币、本币资产和外币资产存在着此长彼消的关系。它们各自在总财富中所占比例,取决于本国与外国的相对利率水平和预期汇率变动率。例如,当外国利率相对本国提高时,持有外币资产的收益会上升,于是人们便会售出本币资产买入外币资产,促使总财富中的外币资产比例上升,本币资产比例下降,此时外汇会升值。当人们普遍预期外汇汇率将上升时,也会出现同样情况。如果本国利率上升时,情况恰好相反。

(三)理论评价

资产组合理论的贡献在于:(1)它既区分了本国资产与外国资产的不完全替代性,又将经常账户这一流量因素纳入了存量分析中,从而使其分析模型成为一般性的模型。(2)它具有重要的政策意义,为政府的许多政策决策提供了全新的依据。

资产组合理论的主要缺陷在于:(1)它建立在金融市场高度发达、资本完全自由流动、普遍实行浮动汇率制的前提下,这使它的运用范围受到制约。(2)它仍然带有较多的货币主义特征,在汇率理论重新重视对流量因素进行分析的新趋势中,它仅是一个过渡性的模型。

本章小结

1. 汇率决定理论是国际金融理论中最重要的部分,主要包括:汇率决定的国际收支理论、购买力平价理论、利率平价理论和资产市场理论。

2. 汇率决定的国际收支理论的基本观点是:外汇供求由国际收支决定,外汇供求平衡是国际收支均衡的一种表现。均衡汇率取决于国内外国民收入、价格水平、利息率及人们对未来汇率的预期等因素,这些因素的变动均会引起汇率的变动。

3.购买力平价理论是最早用来说明纸币流通条件下汇率决定的理论,也是汇率理论中影响最大、应用最广的一种理论。基本观点是:纸币流通条件下,决定汇率的基础是两国纸币代表的购买力(物价)之比,两国物价的相对变化会引起汇率的变动。换汇成本是购买力平价在中国的运用与发展。

4. 资产市场理论分为汇率的货币分析理论和资产组合理论,其划分依据是本外币资产是否具有完全可替代性。汇率的货币分析理论又分为弹性价格货币理论和黏性价格货币理论(汇率超调理论),其划分依据是商品价格对代币供应量的变化是否与金融资产价格一样具有弹性。

5. 汇率超调理论认为,商品价格具有黏性,短期内不会对货币供应量的变化做出敏感反应。因此,货币量的变化在短期内会引起利率、汇率的超调,造成汇率的剧烈波动。从长期看,商品价格会和利率、汇率一样做出反映,从而纠正汇率超调情况,促进资产市场达到新的均衡。

6. 资产组合理论以资产选择理论为基础,基本观点是:汇率是使资产市场供求存量保持和恢复均衡的关键变量。资产市场均衡由一定水平的预期收益和风险在各种资产进行分配而形成。当外部冲击使某些资产的预期收益发生变化时,原有均衡会被打破,利率、汇率等会进行调整,以达到新的均衡。

本章复习思考题

1. 掌握本章重要概念：

汇率的国际收支理论　绝对购买力平价　相对购买力平价　换汇成本　抛补利率平价　非抛补利率平价　弹性价格货币理论　汇率超调理论　资产组合理论。

2. 简述货币购买力平价理论的基本观点和两种形式。

3. 简述计算购买力平价的国际比较项目法的计算方法和步骤。

4. 分析购买力平价理论的合理性与局限性。

5. 从利率平价论角度分析汇率与利率之间的相互关系。

6. 分析抛补利率平价和非抛补利率平价的区别及其在套利中的风险。

7. 简述弹性价格货币论和黏性价格货币论的基本观点。

8. 简述资产组合论的基本观点。

第五章 汇率制度与汇率政策

【主要内容与学习要求】了解汇率制度的分类、各种汇率制度的特点及汇率制度选择的主要依据；掌握蒙代尔-弗莱明模型及其政策含义；了解克鲁格曼的三元悖论和汇率目标区；把握人民币汇率制度改革的脉络；了解人民币国际化的意义与进程。

汇率水平的高低及其变动会对经济产生重要影响，而不同的汇率制度与汇率政策会对汇率的形成机制、汇率稳定性及汇率政策效果产生不同的影响。因此，长期以来世界各国都十分重视汇率制度与汇率政策的选择，尤其是在全球经济金融一体化日趋深化的今天，汇率制度与汇率政策的选择问题更是成为国际金融学研究的一个热点问题。本章主要讨论汇率制度的选择及汇率政策的效果，并将对我国人民币汇率制度及汇率政策作专门的分析。

第一节 汇率制度及其选择

汇率制度(Exchange Rat System)是一国货币当局对有关汇率水平的确定机制、汇率变动方式及调整原则等所做出的一系列安排与规定。20 世纪 70 年代初以前世界各国主要实行固定汇率制，20 世纪 70 年代以来汇率制度出现了多样化。本节重点介绍汇率制度的分类、不同汇率制度的特点及其选择依据。

一、汇率制度的分类

(一)传统的分类

1. 固定汇率制

固定汇率制度是一国货币与他国货币汇率基本固定，变动幅度极小的汇率制度。

(1)金本位制下的固定汇率制

金币本位制度下，汇率由铸币平价决定，具体表现为三个特点：①受黄金输送点的限制，汇率仅在铸币平价±6‰左右(运送黄金的费用)波动，基本上是固定的。②汇率的波动幅度是自发形成而不是人为规定和维持的。③国际收支的失衡主要通过黄金的国际流动来进行调节。

(2)布雷顿森林体系下固定汇率制

布雷顿森林体系是第二次世界大战后建立起来的以美元为中心的国际金汇兑本位制。在这种制度下，美元与黄金建立起固定比率，各国货币则与美元建立起固定比率。根据国际货币基金协定规定,各国货币与美元的汇率由黄金平价决定,变动幅度为黄金平价的±1%,如果汇率波动超越了该范围,政府有义务出面干预。例如,1946 年英国政府规定的每一英镑的含金量为 3.58134 克,美国法令规定的每一美元的含金量为 0.88671 克,则英镑与美元的黄金平价为 1∶4.03,由此决定的汇率为:GBP1＝USD4.03,变动的范围为:GBP1＝USD3.9897～4.0703。如果超越这一范围英国政府必须通过买入或抛售美元来进行干预,以维持汇率的稳定。

上述两种固定汇率制的共同点是:两者都有汇率平价且市场汇率都只能在一个极其狭小的范围内波动,所以汇率是相对稳定的。但是两者又有着很大的区别:金币本位制下决定汇率的铸币平价是客观的,汇率的波动幅度是自发形成的,汇率的稳定也是自动维持的。布雷顿森林体系下决定汇率的黄金平价是人为规定的,如果需要是可以改变的,汇率的稳定是靠人为调节和维持的。因此布雷顿森林体系下的固定汇率制又被称作可调整的钉住汇率制。

2.浮动汇率制

浮动汇率制是一国货币与他国货币汇率不固定,由外汇市场的供求状况决定,自发涨落,政府不承诺也不承担将汇率维持在极小波动幅度的义务。1973 年布雷顿森林体系崩溃后,各国纷纷放弃固定汇率制实行浮动汇率制,目前已成为世界许多国家尤其是发达国家普遍实行的汇率制度。浮动汇率制又分为以下几种类型:

(1)自由浮动(Free Floating),又称清洁浮动(Clean Floating),是指一国政府对外汇市场不加任何干预,汇率完全由市场供求状况决定,并自发涨落。一般将美元、英镑、欧元、加拿大元等货币汇率归于这一种。但即便是这些国家也并非政府对外汇市场完全不加干预。

(2)管理浮动(Managed Floating),又称肮脏浮动(Dirty Floating),是指一国政府对外汇市场进行或明或暗的干预,以使汇率朝着既定的方向变化,避免出现过大的波动。这是目前大多数国家采取的汇率制度。

(3)联合浮动(Joint Floating),是指一些经济关系密切的国家组成集团,在成员国货币之间实行固定汇率制同时,对非成员国货币实行同升同降的浮动汇率。目的在于防止集团的成员国货币汇率遭受金融市场的冲击。当一国货币受到冲击时,其他成员国采取一致行动,干预外汇市场,以维持成员国货币汇率的稳定。例如,欧洲货币体系采取的就是各成员国货币保持固定汇率,对非成员国货币同升同降的联合浮动汇率制。目前的欧元区更是如此。

(二)1999 年国际货币基金组织对成员国汇率制度的分类

布雷顿森林体系崩溃后,汇率制度出现多样化趋势,加之 1999 年欧元的诞生,传统的固定与浮动的汇率制度分类方法暴露出诸多问题,于是 1999 年国际货币基金组织根据各国汇率制度的实际情况而不是官方宣布的汇率安排对成员国汇率制度重新进行了分类,主要分为八类:

1. 无独立法定货币的汇率制度

一国采用另一国货币作为唯一法定货币或经济联系密切的多个国家共同使用同一种法定货币。前者主要是美元化,巴拿马、波多黎各等国都曾在历史上实现过美元化,阿根廷在上世纪末也动议进行美元化,后因 2001 年的金融危机而搁浅。后者主要是货币联盟,如欧元区。截至 2011 年底,欧元区共有 17 个成员国:德国、法国、意大利、荷兰、比利时、卢森堡、爱尔兰、希腊、西班牙、葡萄牙、奥地利、芬兰、斯洛文尼亚、塞浦路斯、马耳他、斯洛伐克、爱沙尼亚。

2. 货币局制度

一国(或地区)货币当局通过法律承诺,按照某一固定汇率来承兑指定的某种外汇,并通过对货币发行权的限制来保证履行法定承兑义务。目前实行货币局制度的主要有:香港、阿根廷、爱沙尼亚、保加利亚等。

3. 其他传统的固定汇率制

汇率围绕着中心汇率,上下不超过 1%,一旦波动幅度超过 1%,政府就有义务进行干预。包括按固定比率钉住单一货币、钉住货币篮子或钉住特别提款权的汇率制度。

4. 钉住平行汇率带

汇率保持在官方规定的一定区域内波动,但波动幅度超过 1%。一般是通过货币当局间歇性的一系列较小的货币贬值来进行汇率调整。

5. 爬行钉住汇率制度

汇率按照事先宣布的固定比率定期作较小的调整,或对选取的定量指标的变化作定期调整。货币当局往往依据前一时期的通货膨胀率差异来定期调整货币平价,并且规定汇率波动的狭窄幅度,以期保持实际汇率不变。

6. 爬行带内浮动汇率制度

汇率围绕着中心汇率在官方规定的一定幅度内波动,同时中心汇率按照事先宣布的比率定期调整,或对所选取的确定中心汇率定量指标做定期调整。

7. 不事先宣布汇率路径的管理浮动制

货币当局根据经济形势和外汇市场状况来干预外汇市场供求,从而影响汇率水平的变动,但事先不宣布汇率变动的路径。

8. 独立浮动汇率制

汇率基本上由外汇市场供求状况决定,政府基本上不干预或偶尔以经济手段加以干预,干预的目的是避免汇率过度波动,而不是确定基准汇率水平,也不是要将汇率维持在某一水平。

以上 8 种汇率制度,第 1 种、第 2 种属于严格固定的汇率制度,第 7 种、第 8 种属于浮动汇率制度,其他 4 种属于中间汇率制度。

二、不同汇率制度的优劣分析

(一)固定汇率制的优缺点

1. 固定汇率制的优点

(1)固定汇率制避免了汇率的大幅度波动,促进了国际贸易和国际投资的发展。国际贸易和国际投资的最终依据是各国的实际比较利益,当一国出口商或投资者判断,商品销往国外或到国外投资,可以比在国内获得更高的实际收益率时,该国对外贸易及投资就会扩大。但两国实际收益率要通过汇率的计算来比较,只有汇率相对稳定,才能较为精确地计算出口商品用本外币表示的成本、价格、利润,才能稳定国际债权债务关系。如果汇率经常波动或较大幅度的波动,就会给国际贸易和投资收益带来不确定性,出口商和投资者的选择将变得十分谨慎,有时宁愿固守国内市场。

(2)固定汇率制限制了政府不负责任的宏观经济政策。在固定汇率制下,一国如果采取膨胀性货币政策,通过增加货币供应量来刺激经济发展,必定会使该国物价上涨,从而导致该国国际收支逆差。但此时由于汇率固定,政府又不能采用货币对外贬值政策来刺激进出口及服务收入的增长,只能动用国际储备弥补逆差。但一国国际储备是有限的,为避免出现国际收支逆差,政府只能放弃膨胀性的货币政策,从而有利于物价的稳定。

(3)固定汇率制有利于抑制国际货币投机。简单而言,货币投机是低价买进高价卖出某种货币,以获取差价收入的行为。在固定汇率制下,汇率的波动幅度很小,投机者既无法获取较高的汇率差价,也无须承担较大的风险。因此外汇投机活动远没有浮动汇率制下那么活跃。但是,在固定汇率制下,当汇率波动接近上下限时,投机者大多会预测汇率将向相反方向变动,据此进行外汇买卖,常常也能获得一定的投机利润。

2.固定汇率制的缺点

(1)实行固定汇率制的国家丧失了货币政策的独立性。因为在固定汇率制下,政府往往通过在外汇市场上抛出买进外汇来调节外汇供求,进而影响汇率水平,以把汇率维持在某一水平上。例如,当一国通过扩张性货币政策来刺激经济增长时,往往会引起外汇的升值。为了维持汇率稳定,政府不得不紧缩货币供应,结果使扩张性的货币政策半途而废。在布雷顿森林体系下,其他国家的货币政策常受到美国的影响。当美国实行扩张性或紧缩性的货币政策时,其国际收支会出现赤字或盈余,并使其他国家货币对美元的汇率上升或下跌。这些国家为了维持固定汇率,不管国内供需状况如何,必须购入或售出美元,由此导致其货币供给的增加或减少,有时会与国内经济要求相偏离。

(2)固定汇率制促进了通货膨胀的国际传播。当一国发生通货膨胀时,该国商品价格相对别国要高,于是进口需求就会增长,当该国大量从他国进口商品时,外汇需求增加,引起外汇升值本币贬值。这样一方面会引起外国出口的增加,另一方面会引起外国资本流入的增加,从而引起市场外汇供应增加,外汇贬值本币升值。外国政府为了维持汇率稳定,常被迫用本币收兑外汇,从而导致外国的本币投放量增大,引起或加剧外国的通货膨胀。

(3)固定汇率制容易造成汇率制度僵化。当一国经济形势发生变化时,汇率水平不能随之进行灵活调整,仍然随着钉住货币汇率的变动而变动。当本国经济走势与钉住货币国家的经济走势不一致时,就有可能出现货币危机。

(二)浮动汇率制的优缺点

1.浮动汇率制的优点

(1)国际收支均衡得以自动实现。在浮动汇率制下,汇率由外汇供求决定,自发涨落。当一国国际收支出现逆差时,外汇需求会大于供给,促使外汇汇率上升,从而改变本国进出口商品的相对价格,增加出口,减少进口,促使国际收支恢复均衡。一国国际收支出现顺差时,情况正好相反。

(2)能够实行独立的货币政策。浮动汇率制下政府没有义务将汇率维持在某一水平上,政府可以根据宏观经济调节需要,选择采取扩张性或紧缩性货币政策,直到达到预期的政策目标。

(3)可以减少国际储备量。国际储备很重要的一个作用是作为干预货币,在浮动汇率制下,政府没有干预外汇市场维持汇率稳定的义务,可让汇率随市场供求自发涨落,因而不必像固定汇率制下那样持有较多的国际储备量,可将节约的外汇资金用于进口资本品,促进本国经济的发展。

(4)促进自由贸易和资源的合理配置。浮动汇率制下,汇率能够对市场做出灵敏的反映,能够有效调节进出口商品的地区结构与种类结构,从而促进贸易范围的扩大及资源的合理配置。

2.浮动汇率制的缺点

(1)汇率波动过快过大,引起国际金融乃至整个世界经济的动荡。如果一国在市场机制不完善的情况下选择浮动汇率制,会造成很大风险甚至出现金融危机。

(2)使一国更有通货膨胀倾向。浮动汇率制度下,一国货币发行量不受维持汇率稳定的制约,政府可以较为方便地采取扩张性的货币政策来扩大货币供应量,有可能引发通货膨胀。

总之,固定汇率制和浮动汇率制各有利弊,而且在很多方面优势互补。因此国际金融领域关于固定汇率制与浮动汇率制谁优谁劣的争论多年来一直没有停止过。当前世界各国选择浮动汇率制的有之,选择固定汇率制的也有之,还有一些国家选择了介于固定汇率制与浮动汇率制之间的中间汇率制。

(三)中间汇率制的优缺点

中间汇率制度是既使汇率制度具有一定的弹性,又不至于使汇率过大波动的汇率制度。中间汇率制度包括:可调整的钉住汇率制、钉住平行汇率带制、爬行钉住汇率制和爬行带内浮动汇率制,其优点是既保持汇率的相对稳定又使汇率具有一定的调整灵活性,从而可在一定程度上克服固定汇率制和浮动汇率制的缺点。但是它们也均存在着一定的缺陷,例如,可调整的钉住汇率制波动幅度较小,近似于固定汇率;钉住平行汇率带制度下的汇率水平仍然不能灵敏反应外汇市场供求状况;爬行钉住汇率制度容易产生通货膨胀惯性,而且货币平价调整的幅度与频率有限,无法反应实际均衡汇率的变化;爬行带内浮动汇率制下,中心汇率和汇率上下限很难确定,而且当汇率接近目标区界限时,可能引起投机性货币攻击;如此等等。

三、汇率制度的选择

由于不同的汇率制度具有不同的优缺点,会从不同角度影响一国经济,因此汇率制度的选择就成为各国必须面对的重大现实问题。影响各国选择汇率制度的因素有很多,但主要的有以下几方面:

1.本国的经济结构特征

本国的经济结构特征包括经济规模、经济开放度、进出口商品结构与地区分布等。一般而言,经济开放度较高而经济规模较小的国家或地区,或进出口商品集中度高的国家或地区应采用固定汇率或钉住汇率制度;而经济开放度较高的大国,或进出口商品集中度高的国家与地区应采用浮动汇率制。

2.对外经济往来与依附情况

经济联系密切、贸易往来频繁的国家,适合在相互间采取固定汇率制;区域经济联系密切、经济联盟发展较好的区域经济集团适合采用成员国之间汇率固定、与非成员国货币汇率同升同降的联合浮动汇率;如果一国经济体较小并高度依附于其他国家,适合选择钉住汇率制。例如,发展中国家多数选择了钉住某一种货币或钉住货币篮子的汇率制度,并形成了所谓的美元区、法郎区、欧元区等等。这是因为发展中国家缺乏对国际市场的控制力,为了规避汇率易变性对进出口贸易造成的风险,往往不得不选择钉住汇率制。

3. 本国金融市场发达与开放程度

一般而言,金融市场发达且开放程度高的国家,经济容易受到外来因素冲击,因此汇率制度的选择还应充分考虑本国金融市场发展状况。如果一国金融市场发达且与国际金融市场高度一体化,适合采用灵活的汇率制度;如果一国金融市场不尽完善,与国际金融市场分割程度高,则适合钉住汇率制度。

4. 冲击本国经济的主要干扰源

选择合适汇率制度的目的是为了避免经济的波动,如果一国经济冲击主要来源于货币因素或国内因素,那么应偏向固定汇率制,这样有助于形成外部硬性约束;如果一国经济冲击主要来源于实质性因素,或主要来自外部冲击,那么应偏向浮动汇率制,这样可以隔离国内经济,降低外部冲击的影响。

第二节　汇率政策及其理论依据

开放经济条件下,汇率政策是政府调节经济的重要手段,政府往往通过对外汇市场的干预及其他有关手段来影响汇率水平及汇率政策效果,进而调节宏观经济。

一、政府外汇干预政策

无论是在固定汇率制度还是浮动汇率制度下,无论是发展中国家还是发达国家,政府对外汇市场的干预都是显而易见的,只是干预程度与干预手段不同而已。

(一)政府干预外汇市场的目的

在固定汇率制度下,政府承诺并有义务将汇率维持在某一固定水平或某一很小的波动幅度内,因此政府对外汇市场的干预是强有力的时常发生的。干预的直接目的就是要将汇率维持在既定的水平或既定的波动幅度内。

在浮动汇率制度下,政府虽然没有承诺维持汇率稳定,但由于汇率在开放经济中处于核心的地位,几乎所有国家都没有完全放弃对外汇市场的干预。其干预目的主要有:

(1)避免汇率过大波动。实行浮动汇率制的国家基本上都是允许资本在国际间自由流动的国家,当今世界国际资本流动数额巨大,常常会引起汇率在短期内的剧烈波动,尤其是投机性资本大批量流动,有时会造成外汇市场的混乱甚至引发货币危机。因此,当汇率出现大幅度波动时,政府常常会通过经济手段对外汇市场加以干预。即使像美日欧等发达国家也不例外。

(2)刺激经济增长。汇率水平变动对一国内外经济有着重要影响,有时政府为了刺激本国商品和劳务的出口,会在外汇市场购买外汇储备,以增加外汇需求,促使本币贬值。有时政府为降低失业率,也会采取同样的干预措施。

(3)进行政策搭配。政府干预外汇市场的直接目的是改变外汇供求关系,最终目的却是要进行宏观经济调节,实现宏观经济目标。因此在实际操作中,政府常常会进行政策搭配,例如,由于投资需求与消费需求的不足,中央银行通过再贷款投放的货币量相对减少,出现通货紧缩的趋势。那么中央银行可以减少通过在外汇市场买入外汇方式增加市场货币供应量。当市场货币供应量过多,有通货膨胀趋势时,央行又可以在外汇市场抛售部分外汇储备,回笼货币,减轻通胀压力。

(二)政府外汇干预的类型

按照不同的标准或不同的角度来看,政府对外汇市场的干预可以有不同的分类,主要可以分为以下几种类型。

1. 直接干预和间接干预

这是根据政府干预手段的不同进行的分类。直接干预是政府以自身的名义直接进入外汇市场买卖外汇,改变外汇供求状况来改变汇率;间接干预主要有两种:一是通过改变利率等国内金融变量,使本外币资产收益率发生变化,引起本外币金融资产的调整,从而引起汇率的变动;二是通过告示效应影响外汇市场参与者的预期,进而影响汇率。例如,政府可以通过传媒表达对汇率趋势的看法,或者发表有利于央行政策意图的经济指标,影响市场参与者对汇率趋势的预期,从而影响汇率。

2. 冲销式干预和非冲销式干预

这是按是否引起货币供应量变化进行的分类,是主要的分类方式。冲销式干预是政府进行外汇买卖同时,通过其他货币政策(如国债市场的公开操作)来抵消前者对货币供应量的影响。例如,央行在买入外汇同时在二级市场卖出公债券,前者使货币供应量增加,后者使货币供应量减少,这样可以使外汇市场干预不影响或较小影响到货币供应量,避免产生其他不利影响;非冲销式干预是指央行在进行外汇市场干预时,并不同时采取其他货币政策来抵消其对货币供应量的影响。

3. 熨平每日波动型、逆向交易型和非官方钉住型

这是按干预策略进行的分类。熨平每日波动型干预,是政府在汇率日波动幅度较大的情况下,进入外汇市场在高价位时大量卖出外汇,低价位时大量买入外汇,以使汇率波动幅度缩小;逆向交易型干预,是外汇市场因突发因素造成汇率大幅度下跌或大幅度上涨时,政府进行相反方向的外汇买卖操作,以缩小汇率变动幅度;非官方钉住型是政府单方向非公开地确定所要达到的汇率水平及变动范围,在市场汇率变动与之不符时,政府便入市干预。

4. 单边干预和联合干预

这是按参与国家的多少进行的分类。单边干预是某一国根据本国需要,独自对外汇市场进行的干预;联合干预是两国乃至多国协调行动,共同对外汇市场进行干预。后者主要是一些世界主要国家对重要的国际货币的干预,或是区域经济集团成员国对区域内货币汇率波动的干预。

(三)政府外汇干预手段

1. 直接干预手段

(1)外汇收支管理。一是出口收汇的集中,规定出口商收到外汇后必须向外汇管理机构申报,并按指定汇价将外汇全部或部分交售给指定机构或银行。这样,就能保证国家集中外汇收入,以便统一使用。二是对出口创汇的鼓励,通过对出口企业进行财政补贴、减免税收、发放优惠利率贷款等方式来鼓励出口创汇。三是进口付汇管理,主要是通过有条件购汇、征收外汇税、进口押金制等方法来增大企业购汇难度或提高企业购汇成本,以减少外汇支出、

防止外汇资金转移和减少国际收支逆差。

（2）资本流动管理。一方面通过汇兑管制,严格控制资金外流;另一方面,对不同性质的资本流入采取区别对待政策。如对直接投资采取鼓励引进措施,对证券投资的资本输入和举借外债采取较为严格的管理措施,以稳定国内货币与金融。

（3）汇率管理。主要是通过由官方制定汇率水平或汇率形成机制、政府对外汇市场进行直接干预和货币兑换的限制等措施,来确定、影响或调整汇率水平,以将汇率保持在政府既定的水平上。

2.间接干预手段

间接干预手段主要是政府以市场参与者的身份,在外汇市场大批量地卖出外汇或买进外汇以影响外汇供求,进而影响汇率水平。当政府希望本币升值、外汇贬值时,就大量抛出外汇,以增加外汇供应。当政府希望本币贬值、外汇升值时,就大量买进外汇,以增加外汇需求。此外,政府还可以通过增减本币供应量,影响本币相对价值的变化来影响汇率。

（四）政府干预外汇市场的效应

1. 告示效应

政府对外汇市场的干预,一般只能在短期内改变外汇供求,影响汇率变动。而且无论政府采取哪种干预方式,对外汇市场的直接影响都是极为有限的。目前世界主要外汇市场日均外汇交易量3万美元之多,仅伦敦外汇市场日均交易量就高达上万亿美元,而政府为达到干预目的进行的外汇买卖数额是较为有限的。政府的干预行为更主要的是通过告示效应起作用。政府的干预行为往往会改变公众对以后汇率趋势的判断,并采取相应的行动。一般而言,实行浮动汇率制的国家,汇率的小幅波动时常发生,政府基本不加干预,只有当汇率波动大幅度波动时政府支委会出面干预。如当本币大幅度贬值时,政府会在市场上抛出外汇,这时公众就会认为政府有意拉低外汇汇率,本币有可能升值,于是便会相应减少出售外汇的数量而增加本币持有量,从而使市场外汇供求状况发生逆转。这是政府可以较少的外汇买卖来影响庞大外汇市场走势的一个重要原因。

2. 资产调整效应

政府外汇市场干预还会通过资产调整效应发挥作用。从宏观上说,政府的外汇买卖(尤其是冲销式干预)会改变流通中货币量,从而改变本币与外汇的相对数量,进而影响汇率。从微观上说,政府的外汇干预会改变本外币资产的相对价格,会引进公众持有的本外币资产组合比率的变化,即引起公众对外汇供需的变化,从而也会影响到汇率。

二、蒙代尔-弗莱明模型及其政策含义

实行不同的汇率制度及对资本在国际间的流动进行不同程度的管理,会对一国宏观经济政策效果、进而对一国宏观经济产生怎样的影响呢?蒙代尔-弗莱明模型在一定程度上回答了这一问题。

（一）蒙代尔-弗莱明模型

蒙代尔-弗莱明模型是 IS－LM 模型在开放经济条件下的形式。它描述了开放经济条件下,商品市场、货币市场和外汇市场的均衡条件,分析了不同汇率制度和不同的资本流动程度条件下,宏观经济政策——货币政策和财政政策的效果问题。

蒙代尔-弗莱明模型是小国开放模型,即资本完全自己流动,国内利率与国际市场利率

水平相等,国内外利率的任何差异都会通过资本的流动拉平。

图 5-1 是基本的蒙代尔-弗莱明模型。其横轴表示国民收入(Y),纵轴表示利率水平(i)。国内商品市场均衡曲线 IS 向右下方倾斜,当利率下降时,投资需求增加,总需求也就增加,国民收入水平上升,商品市场均衡;货币市场均衡曲线 LM 向右上方倾斜,对于既定的货币供给来说,当利率提高时,对货币的投机性需求减少,为维持货币供需平衡,必须提高国民收入以增加交易性的货币需求。在资本完全流动条件下,国内利率水平与国外利率水平相等,在国外利率水平

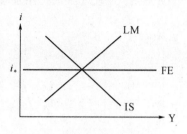

图 5-1　蒙代尔-弗莱明模型

一定的条件下,国民收入对利率弹性无穷大,资本流动会弥补任何时候经常账户的不平衡,即外汇市场曲线是水平的。

在资本不完全流动或资本完全不流动条件下的蒙代尔-弗莱明模型如图 5-2 和图 5-3 所示。

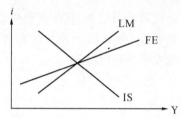

图 5-2　资本不完全流动下的蒙代尔-弗莱明模型

从图 5-2 可见,在资本不完全流动条件下,外汇市场均衡曲线 FE 向右上方倾斜,对于既定的汇率水平来说,收入增加导致经常账户逆差,需要通过提高利率吸引外资来弥补。资金流动性越大,FE 曲线越平缓。

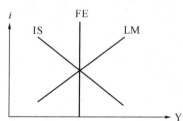

图 5-3　资本完全不流动条件下的蒙代尔-弗莱明模型

从图 5-3 可见,在资本不流动的条件下,国民收入对利率弹性无穷小,FE 曲线是垂直的,经常账户的均衡始终与一既定的收入水平相一致。IS、LM 和 FE 三条曲线的交点 E 点是商品市场、货币市场与外汇市场的均衡点,说明三个市场同时达到均衡。

(二)蒙代尔-弗莱明模型的政策含义

1.固定汇率制度下的货币政策和财政政策

在固定汇率制条件下,采取扩张性的货币政策,促使货币供应量增加,会引起利率下降,资本外流,本币面临贬值压力,为了维持固定汇率,政府抛出外汇储备收进本币,结果货币供应量回到初始状况(见图 5-4)。采取扩张性的财政政策,如增加政府投资和购买,会引起利率上升,资本流入,本币面临升值压力。为了维持固定汇率,政府会买入外汇投放本币,引起

货币扩张,财政政策的作用加强(见图5-5)。

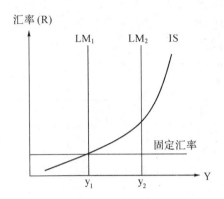

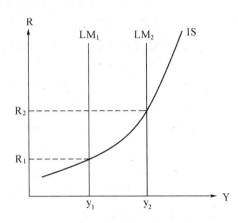

图5-4　固定汇率制下货币政策效果　　　　图5-5　固定汇率制下财政政策效果

2. 浮动汇率制度下的货币政策和财政政策

在浮动汇率制度下,采取扩张性的货币政策,促使货币供应量增加,引起利率下降,资本外流,本币贬值,出口增加,经济增长(见图5-6)。采取扩张性的财政政策,引起利率上升,资本流入,本币升值,出口减少,总支出下降(见图5-7)。

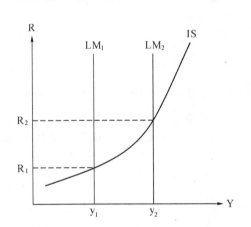

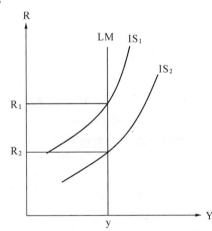

图5-6　浮动汇率制下货币政策效果　　　　图5-7　浮动汇率制下财政政策效果

3. 蒙代尔-弗莱明模型的政策含义

在资本完全流动条件下,就总需求政策与国民收入的关系而言,固定汇率制度下货币政策无效,而财政政策对收入和内部均衡的调节作用较为有效;浮动汇率制下则恰恰相反。在固定汇率制下,任何试图通过扩张性的货币政策来扩大总需求的努力都有是徒劳的,因为为了维持汇率稳定,政府往往不得不采取种种措施,回笼为刺激经济增长而增加的货币供应量。而扩张性的财政政策可以通过税收减免和增加政府购买等措施来进行,这必然引起货币供应量的增加,而增加的货币供应量可以被生产的扩大所吸纳,汇率仍然能够保持稳定。在浮动汇率制度下,扩张性的货币政策可以同时带来国民收入的增加和外汇汇率的上升,而扩张性的财政政策只会造成外汇汇率下降而国民收入却没有增长。

表 5-1　蒙代尔-弗莱明模型分析的宏观经济政策效果

汇率制度	政策	资本流动程度低	资本流动程度高
固定汇率制	货币政策	有效（短期）	基本无效
	财政政策	有效	有效
浮动汇率制	货币政策	有效	有效（短期）
	财政政策	有效	基本无效

三、克鲁格曼的三元悖论和汇率目标区

(一)三元悖论

三元悖论也称三难选择,由美国经济学家保罗·克鲁格曼在蒙代尔-弗莱明模型基础上提出。其基本内容是:在开放经济条件下,一国要同时做到汇率固定、本国货币政策独立性和资本自由流动是不可能的。

"三元悖论"的政策含义是:汇率固定、本国货币政策独立性和资本自由流动之间存在着矛盾,不能同时实现,最多只能同时满足其中两个目标,而必须放弃另一个目标。这为发展中国家开放经济条件下的政策选择提供了一份菜单,如果一国要实行固定汇率制,那么就必须以丧失货币政策独立性为前提,本国经济就会受到本国货币所钉住的货币国家经济的影响;如果一国要实现资本自由流动,那么最好实行浮动汇率制,否则不仅将完全丧失货币政策独立性,还很有可能受到国际游资的冲击,造成经济的不稳定性;如果一国要实行固定汇率制,那么就要对资本在国际间的自由流动加以限制,否则固定汇率制就会受到冲击;1997年东南亚金融危机的爆发对"三元悖论"做出了有力的诠释。

(二)汇率目标区

汇率目标区理论是中间汇率制度的理论基础,基本内容是:政府确定一个中心汇率,一般允许汇率在中心汇率上下 10% 范围内浮动,当汇率接近浮动范围上下限时,政府出面干预,将汇率水平维持在允许波动的范围内。这样既使汇率具有一定的灵活性,又不使汇率出现较大波动。

对汇率目标区理论做出重要贡献的是克鲁格曼(Krugman),1991 年克鲁格曼在《目标区和汇率动态》一文中研究了汇率在目标区内变动的特征,建立了汇率目标区理论模型。其理论模型有两点重要假设:①完全可信性,指公众完全相信汇率目标区边界的真实性,认为实际汇率一定会维持在目标区内而不会意外地超出边界范围。②单纯边界干预,指只要汇率停留在目标区内,政府就不会干预,只有汇率接近目标区边界时,政府才会运用干预手段使汇率回到目标区内。

第三节　中国的汇率制度与汇率政策

本章前两节介绍了汇率制度与汇率政策的一般性内容。中国作为经济转型的发展中国家,在汇率制度与汇率政策方面既有一般性又有特殊性,尤其是经济体制改革以来,人民币

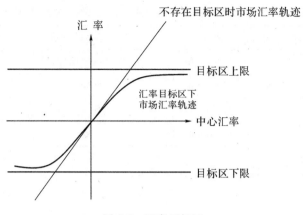

图 5-8　汇率目标区

汇率制度及外汇管理体制进行了一系列重大改革,对促进我国金融经济的稳定与发展起到了重要的作用。

一、人民币汇率制度概况

(一)人民币汇率标价方法

人民币汇率一直采用直接标价法,一般以 100(少数以 10000 或 100000)外国货币单位为标准,用人民币来表示这一定单位外币的价格。外币数额始终固定不变,汇率的变动通过人民币数额的增减表示出来。

(二)人民币汇率水平形成机制的演变

在不同的历史时期,人民币汇率的确定依据及形成机制是不同的。

1949 年至 1972 年,人民币汇率由中国人民银行依据国内外物价对比法(包括出口物资比价、侨汇购买力比价)加以计算,并按照政府政策要求具体制定。与此阶段国际固定汇率制相一致,人民币汇率基本是稳定的,人民币与美元汇率基本稳定在 1∶2.46。

1973 年起,世界各国纷纷放弃固定汇率制采用浮动汇率制,人民币汇率确定的依据及方法也作了相应的改变,采用钉住"一揽子货币"浮动的形式。即选用与我国对外贸易关系最为密切的若干种主要外币作为"货币篮子",中国人民银行依据这些货币加权平均的汇率及其变动情况,并同时考虑政府政策要求,来确定并调整人民币汇率。但一直到 1979 年的经济体制改革以前,人民币汇率只是内部结算工具,其水平高低不对经济起调节作用。

为了发挥人民币汇率对进出口贸易的调节作用,从 1981 年 1 月 1 日起,我国对进出口贸易结算实行贸易外汇内部结算价格,同时继续保留原来的人民币公开牌价,用于非贸易收支。出现了内部结算价和公开牌价并存的复汇率,直到 1985 年公开牌价调到内部结算价水平,两者并轨。1987 年起,随着外汇调剂市场的产生,我国除了官方汇率外,还出现了外汇调剂市场汇率。调剂市场汇率由外汇供求状况决定,通过买卖双方竞争形成,并自发涨落。

1994 年 1 月 1 日起,我国实行以市场供求为基础的单一的有管理的浮动汇率制,人民币汇率由外汇市场供求关系决定,具体做法是:中国人民银行根据前一日中国外汇交易中心(银行间外汇市场)形成的实际外汇交易价格,公布当天人民币与美元、日元、港币(2002 年起增加了欧元)的中间汇率作为基准汇率,各外汇银行以此基准汇率为依据,在中国人民银行规定的一定浮动幅度内决定自己的挂牌汇率,并对客户买卖外汇。但由于我国在外汇管理上存在着外贸企业部分强制结汇、对外汇银行实行净头寸管制等行政管理手段,加之外汇银行实际操作中,一般根据中国人民银行公布的基准汇率和国际外汇市场汇率,套算基准汇率币种之外的货币汇率,因此形成了实际上的钉住美元汇率制度。1998年以来,人民币与美元的汇率相当稳定,而人民币与其他货币的汇率则随美元与这些货币的汇率发生同方向同幅度的波动。

2005年7月21日,人民币汇率形成机制进行了重大改革,由实际上的钉住美元汇率制度改为参考一揽子货币、有管理的浮动汇率制度。参考货币主要根据与我国贸易的比重来确定,目前主要包括:美元、日元、欧元、韩元等。从此,人民币汇率弹性大增强,并出现了持续升值的趋势。

(三)人民币汇率公布与挂牌

1994年1月1日前,人民币汇率由中国人民银行制定、调整和公布,由中国银行统一对外挂牌。1994年1月1日以来,由中国人民银行公布人民币基准汇率,各外汇银行根据人民币基准汇率,在一定波动幅度内确定自己对客户的买卖汇率,自行对外挂牌。2005年7月21日人民币汇率形成机制改革后,中国人民银行于每个工作日闭市后公布当日银行间外汇市场美元等交易货币对人民币汇率的收盘价,作为下一个工作日该货币对人民币交易的中间价。自2006年1月4日起,中国人民银行授权中国外汇交易中心于每个工作日上午9时15分对外公布当日人民币对美元、欧元、日元和港币汇率中间价,作为当日银行间即期外汇市场(含OTC方式和撮合方式)以及银行柜台交易汇率的中间价。从2006年起,陆续增加公布人民币对英镑、林吉特、卢布、澳元和加拿大元的中间价。为了使国内外有关方面及时了解人民币汇率水平及变动情况,新华社每日用中、英、法3种文字报道人民币汇率,中央人民广播电台、中央电视台每日广播报道。经济日报、金融时报等其他媒体也都有报道。

外汇银行挂牌的人民币汇率分买价和卖价两档,买卖差价为5‰,作为银行的手续费收入。我国规定外贸公司贸易和贸易从属费用的外汇买卖用中间价(称作结算价),并按一定时期外汇买卖累计额,收取3‰手续费。人民币汇率的币种主要有:美元、欧元、日元、港元、英镑、瑞士法郎、澳大利亚元、加拿大元、新加坡元、挪威克朗、瑞典克朗、丹麦克朗、新西兰元、马来西亚林吉特、泰国铢、菲律宾比索、韩国元、卢布、澳门元等。

二、中国外汇管理体制演变及其特点

从1950年至今,我国的外汇管理体制从外汇收支管理上来看,大致可以分为以下三个主要阶段:

(一)统收统支制(1950—1978年)

这一时期我国外汇管理体制与单一的高度集中的计划经济体制相适应,实行全面严格的外汇管理,表现出以几个特点:①在外汇收支上坚持"统收统支,以收定支,基本平衡"的原则,所有外汇收支都由国家计划调配。②管理和平衡外汇主要用行政手段,实行的都是指令性计划。③人民币汇率是完全意义上的官方汇率,并不反映外汇供求状况,也不对进出口贸易起调节作用,只起内部计价结算的作用。④这一时期基本上不向国外借款,也不吸收外商直接投资。

(二)外汇分成制(1979—1993年)

1979我国开始进行经济体制改革,与此同时外汇管理体制也进行了重要改革,改革的重点是逐步放松外汇管制,逐步缩小指令性计划,扩大指导性计划,引入市场调节机制和经济管理手段。具体改革内容与措施有:①将外汇收支由统收统支改为外汇分成,以调动外汇企业的创汇积极性。②在外汇分成制基础上建立了外汇调剂市场,对外汇供求实行部分市场调节。③1979 年 3 月国务院批准成立国家外汇管理总局,1981 年 3 月又颁发了《外汇管理暂行条例》,我国外汇管理开始走上规范化管理的轨道。④打破了由中国银行独家垄断经营外汇业务的局面,建立了多元化、多层次的外汇金融体系。⑤扩大对外开放,积极引进外资企业和外资金融机构。

(三)银行结售汇制(1994 年至今)

外汇分成制较之统收统支制是一大进步,由计划体制向市场体制迈进了一大步。但是这外汇分成制在实行过程中也暴露出许多问题:①外汇分成比例不同,造成企业苦乐不均,不利企业公平竞争,严重挫伤了企业积极性。②存在着官方汇率和调剂市场汇率并存、外汇收支的计划调节和市场调节并存的所谓双轨制,体制较为混乱,并为贪污受贿等腐败行为留出了空间。③由于企业创汇后分成得到的是用汇指标而非现汇,因此造成了外汇所有权和使用权的分离,在外汇调剂市场上企业买卖的是用汇指标,市场极不规范。为了克服这些缺点,也为了给实现人民币经常项目可兑换创造条件,1994 年我国外汇管理体制进行了重大改革,将外汇分成制改为银行结售汇制,促使外汇收支更多地由市场调节。

三、1994 年的外汇管理体制改革

由于原有外汇管理体制存在诸多弊端,难以适应我国市场经济发展和进一步对外开放的需要,1994 年 1 月 1 日我国外汇管理体制进行全面和深入的改革。

(一)1994 年外汇管理体制改革的内容

1. 取消双重汇率,实行单一的以市场供求为基础的有管理的浮动汇率制

1994 年改革前实施了 10 多年之久的双重汇率制(官方汇率与调剂市场汇率并存),是我国经济体制从计划体制向市场体制转型过程中出现的过渡性产物,它曾一度促进了我国对外经济贸易的发展。但两种汇率的并存,使人民币汇率形成了两种价格和两种核算标准。随着两种汇率间的差距的不断扩大,汇率对外贸的宏观调控作用越来越难以发挥,其弊病越来越多,如:双重汇率不利于企业核算成本和转换企业经营机制;外商投资按官方汇率注册资本和按市场汇率汇出利润的做法增加了外商对华投资种种顾虑,不利于外资引进;不符合国际货币基金组织倡导的单一汇率精神,等等。取消双重汇率,实行单一汇率制,由市场供求决定人民币汇率水平,既解决了上述问题,也使外贸企业真正按照市场价格信号来组织经营活动,关心企业的经济效益,使我国的对外贸易发展从数量扩张型向经济效益型转变。

2. 取消外汇分成制,实行银行结售汇制

银行结售汇制是企业收汇后,按当天银行挂牌的外汇价格将全部外汇卖给外汇银行,企业需要用汇可以凭有效单证(如进口合同、信用证等)到外汇银行购汇,没有数额上的限制。这一改革使人民币实现了经常项目有条件可兑换,放宽了企业的用汇条件,简化了企业用汇手续,减轻了企业的负担(同时取消了企业创汇中部分无偿上缴国家的规定),也为企业间公平竞争创造了有利条件。

3. 取消外汇调剂市场,建立银行间外汇交易市场

外汇调剂市场是经济转轨时期产生的极不规范的市场,其交易对象特殊(用汇指标),交

易主体单一(外贸企业),交易市场分割(各省市均有自己的外汇调剂市场)。1994年的改革取消了外汇调剂市场,在上海建立了中国外汇交易中心,作为全国统一的银行间外汇批发市场,使中国有了真正意义上的外汇市场。汇率形成机制也因此发生了重大变化,由双重汇率的形成机制,转变为以中国外汇交易中心交易价格为基础的市场汇率形成机制。这有利于在全国范围合理配置外汇资源,提高外汇资源的利用效率。有利于形成统一的汇率和正确的市场信号来引导外贸企业的经营行为,实现企业经营机制的转变,尽早建立起现代企业制度。有利于中国外汇市场逐步与国际市场的接轨。

4. 停止发行和使用外汇兑换券,统一了我国流通货币

外汇兑换券最初由中国银行武汉分行于1980年4月首先发行以后流行于全国。目的是为了解决来华旅游的外国人、华侨、港澳台同胞购物及付费困难。当时中央银行规定1元外汇兑换券等值于1元人民币。但由于那时外汇兑换券能购买国内居民难以买到或难以低价买到的紧缺商品,所以外汇券曾一度被人们所追求,黑市交易发展迅猛,"价格"不断攀升,远远超过了其面值。在有些地方,使用外汇兑换券甚至成为公开流通的非法定通货,与人民币一并使用。应该说外汇兑换券对方便境外人士入境旅游,促进我国旅游业创汇起到过一定的积极作用。但其非等值现象和"通货"现象的出现,严重扰乱了我国的金融秩序和货币流通制度,加之我国商品的日益丰富,外汇券在我国已没有存在的必要,对之进行改革既非常必要又是水到渠成。

5. 1996年的两项重要改革

1994年外汇管理体制改革使中国的外汇管理向市场化和国际规范化方向大大迈进,使人民币实现了经常项目有条件可兑换。而1996年7月外汇管理体制的进一步改革,使人民币实现了经常项目可兑换。

(1)将外商投资企业纳入银行结售汇体系

1994年外汇管理体制改革对中资企业实行了银行结售汇制度,而对外商投资企业用汇则要求其在外汇调剂中心进行相互之间的买卖,国家外汇管理局仍然要依照一定条件对外资企业经常项目用汇进行审批。自1996年7月起,在全国将外商投资企业纳入银行结售汇体系。外资企业经常项目用汇与中资企业一样可凭有效单证直接到外汇银行购买,外管局不再对此进行审核。

(2)扩大境内居民因私兑换外汇的数额

1996年7月开始实行《境内居民因私兑换外汇办法》中,提高了居民因私出境兑换外汇的数额,扩大了供汇范围,并规定居民个人外汇存款可以汇出境外等。

经过上述两项改革,可以说经常项目下的人民币兑换限制已全部取消,人民币实现了经常项目下可兑换。

(二)1994年外汇管理体制改革的作用

1. 改变了外汇管理职能和管理手段

取消了外汇收支的指令性计划,国家对外汇市场的干预由过去的行政手段为主转变为经济手段和法律手段为主,政府外汇管理的职能逐步由指挥转变为服务。

2. 促进了出口导向经济增长方式的形成

1994年的外汇管理体制改革,改变了此前人民币币值高估现象,人民币对外价值出现了大幅度的贬值,因而在很大程度上提高了我国出口商品在国际市场上的价格竞争力,极大

地调动了企业出口积极性,扩大了我国的对外贸易,使外贸开放度超过了 50%。经济增长方式由此前的投资拉动转变为出口导向。

3.促进了我国利用外资

人民币的对外贬值后,外商投资我国的人民币价值上升,从而吸引更多外资流入。加之中国丰富的资源、广阔的市场和廉价的劳动力,吸引了大量的外商直接投资,促使我国利用外资迅速发展。

4.促使我国外汇储备迅速增加

1994 年外汇管理体制改革后,我国国际收支出现了持续的双顺差,为外汇储备的增加创造了客观基础,而 1994 年开始实行的结售汇制是一种意愿售汇、强制结汇的外汇管理体制,这使得国际收支顺差的外汇向政府集中,即外汇储备迅速增加。而外汇储备的过快增长会对我国带来一系列影响(详见第二章)。

四、2005 年的人民币汇率形成机制改革

(一)2005 年人民币汇率形成机制改革的背景

1.我国贸易和经济增长方式转变的需要

1994 年外汇管理体制改革后,我国经济增长方式由投资拉动变为出口导向,这在很大程度上促进了我国经济开放和经济增长,同时也促进了我国就业人口的增加和城市化进程的加速。但同时也带来了一些问题:一是我国外贸增长方式主要是靠价格竞争优势带来的数量型的扩张,出口商品中劳动密集和资源密集型商品占主导,而且多数产品不具有知识产权。因此,贸易附加值较低,贸易净收入的增长远落后于贸易总额的增长。二是由人民币大幅度贬值带来的贸易增长,实质上是一种薄利多销的增长方式,同样的收入意味着有更多的实际资源转移出去,而有些实际资源是不可再生的。因此,我国有必要实现经济增长方式由出口导向向消费拉动转变,贸易增长方式由价格优势向技术优势转变。这就需要进行人民币汇率制度和形成机制的进一步改革。

2.增大人民币汇率弹性的需要

如前所述,1994 年外汇管理体制改革后,我国虽然实行的是单一的、以市场供求为基础的有管理的浮动汇率制度,但 1997 年以后实质上实行的是盯住美元的固定汇率制度。这种缺乏弹性的汇率制度,不能灵敏反映人民币与主要国际货币相对价值的变化,也使我国货币政策的有效性受到了严峻挑战。例如,在我国出现较高通货膨胀的情况下,央行一般应该采取紧缩性的货币政策,以抑制通货膨胀。但同时如果外汇储备迅速增长,央行又往往不得不大量投放人民币收兑外汇,以维持人民币汇率稳定,这在客观上却加剧了通货膨胀。另一方面,我国长期的国际收支顺差也给我国经济带来了一定的负面影响。因此,需要进一步进行人民币汇率形成机制的改革。

3.缓解西方国家压力的需要

自 2003 年以来,美国、欧盟、日本等发达国家要求人民币升值的呼声不绝于耳,压力逐步升级。我国与发达国家的贸易摩擦不断,发达国家对中国的反倾销增加。究其根本原因,在于美国等发达国家维护自身利益所致,但其理论依据却是购买力平价。虽然中国一贯坚持独立自主的汇率制度与政策,不会听任发达国家摆布,更不会突破汇率底线。但是权衡各种利益与关系,增大人民币汇率制度弹性不乏是明智之举。

（二）2005 年人民币汇率形成机制改革的内容

2005 年 7 月 21 日，中国人民银行发布了《关于完善人民币汇率形成机制改革的公告》明确了我国实行以市场供求为基础、参考一揽子货币进行调节、有管理的浮动汇率制度。具体改革内容包括以下四个方面：(1)人民币汇率由盯住美元改为参考一揽子货币。(2)人民币兑美元汇率升值 2％，由 1 美元兑 8.27 元人民币变为 1 美元兑 8.11 元人民币。(3)每日银行间外汇市场美元对人民币的交易价仍在人民银行公布的美元交易中间价上下 3‰的幅度内浮动。(4)中国人民银行将根据市场发育状况和经济金融形势，适时调整汇率浮动区间。

2005 年 9 月 23 日中国人民银行发布了《关于进一步改善银行间外汇市场交易汇价和外汇指定银行挂牌汇价管理的通知》，内容包括：(1)扩大了银行间即期外汇市场非美元货币对人民币交易价的浮动幅度，从原来的上下 1.5％扩大到上下 3％。(2)调整了银行对客户美元挂牌汇价的管理方式，实行价差幅度管理，美元现汇卖出价与买入价之差不得超过交易中间价的 1％。(3)现钞卖出价与买入价之差不得超过交易中间价的 4％，银行可在规定价差幅度内自行调整当日美元挂牌价格。取消了银行对客户挂牌的非美元货币的价差幅度限制，银行可自行制定非美元对人民币价格，可与客户议定所有挂牌货币的现汇和现钞买卖价格。

（三）2005 年人民币汇率形成机制改革的作用

1. 有利于我国经济增长方式的转变

2008 年美国次贷危机引发的全球金融危机以来，我国进出口贸易增长速度明显滑坡，出口导向型经济受到了严峻的挑战，经济增长方式由出口导向向消费拉动转变已势在必行。2005 年的汇改后，人民币汇率形成机制弹性增大，人民币持续对外升值，引起了国内外相对价格体系的变化，从而促使我国外贸依存度有所下降，国内消费和投资对经济增长的贡献度明显增强。

2. 有利于经济结构调整和企业转型升级

2005 年以来的人民币持续升值，逐步降低了我国出口商品的价格竞争优势，劳动密集型商品出口的经济效益大下降。这迫使出口企业进行技术升级和产品更新换代，从而使技术密集的高新技术产品的出口比例快速上升，我国经济结构和出口商品结构逐步得到改善和优化，经济和贸易的增长正从数量型扩张向质量型发展转变。

3. 汇率弹性增大，汇率风险增强

人民币汇率形成机制的改革，在很大程度上增大了人民币汇率的弹性，汇率水平出现了较大幅度的波动。汇率水平的不确定性，使进出口企业难以准确地计算成本和利润，从而面临较大的汇率风险。此外，人民币升值有利于我国对外投资，我国企业加快了对外投资的步伐，但汇率水平的不确定性，使对外投资同样面临着较大的汇率风险。

五、人民币自由兑换和人民币国际化

（一）关于人民币自由兑换

人民币自由兑换，是指在外汇市场上可以自由地用人民币兑换成外汇，或用外汇兑换成人民币。实现人民币自由兑换是我国外汇管理体制改革的方向与目标，这一点写入了 1993 年中共中央做出的《关于建立社会主义市场经济体制若干问题决定》。根据我国的实际情况,借鉴其他国家的做法,我国计划分三步实现这一目标,并正有条不紊地按既定步骤向这一目标迈进。

1.实现人民币经常项目有条件可兑换

如前所述,1994年我国外汇管理体制进行了较大幅度的改革,如:取消了官方汇率,建立了统一的银行之间外汇市场,实行了以市场供求为基础的有管理的浮动汇率制度;取消了经常项目外汇收支指令性计划和外汇留成,对中资企业经常项目外汇,实行银行结售汇制;非贸易非经营性用汇经审批后可到外汇指定银行购汇;大部分国际经常性外汇支付和资金转移可以直接凭有效的商业票据和凭证到外汇指定银行购买外汇,没有限制。因此可以说从1994年开始,我国已实现了人民币经常项目下的有条件可兑换。

2.实现人民币经常项目可兑换

国际货币基金组织规定,一种货币凡是达到《国际货币基金组织协定》第八条款的要求,便被列为经常项目可兑换货币。第八条款的核心内容有三条:①避免限制经常性支付,任何成员国未经基金组织批准,不得对经常性国际交易的付款和资金转移施加限制。②得实行歧视性的货币措施或多种汇率措施。③兑换外国持有的本国货币,如果其他成员国提出申请,任何一个成员国均有义务购回其他成员国所持有的本国货币,只要兑换的国家能证明这种结存是由最近的经常性交易所获得的或这种兑换是为了支付经常性交易所需要的。

为了进一步为实现人民币经常项目可兑换创造条件,1996年7月在1994年外汇管理体制改革的基础上又一次进行了具有实质性意义的改革,将全国外商投资企业的外汇买卖纳入了银行结售汇体系,颁布并开始实行《境内居民因私兑换外汇办法》,提高了居民因私兑换外汇标准,扩大了供汇范围。这两项改革后,人民币满足了国际货币基金组织协定第八条款的要求,1996年底我国政府向国际货币基金组织郑重承诺,正式履行第八条款,至此,人民币成为经常项目可兑换货币。

实现人民币经常项目可兑换对我国经济产生积极的影响:①可以树立我国良好的对外开放形象,增强国内外对人民币的信心,加快我国经济与国际经济接轨的步伐。②可以为对外经济贸易发展提供良好的环境,改善外商投资和经营环境。③可以促进国内市场与国际市场的进一步融通,促进资源的有效配置,加快企业产业结构的调整,促进国内产业向现代化发展。④可以促进外汇市场和人民币汇率运行机制的进一步完善,改善中央银行的宏观调控能力,促进符合社会主义市场经济体制要求的金融体制的形成。

当然实现人民币经常项目可兑换也会给我国经济带来一定的风险,使我国经济失去了一种保护性屏障,容易受到外部的冲撞与打击。同时也使得宏观经济调控的难度加大,内外平衡的协调更加困难。正因为如此,我国对人民币的可兑换采取了积极、谨慎的态度。

3.实现人民币全面自由兑换

实现人民币全面自由兑换是指人民币不仅在经营项目下可兑换,而且在资本项目下也可兑换,即人民币兑换不受条件、地点数额等任何限制。实现人民币全面自由兑换是我国外汇体制改革的长远目标,目前和今后一段时间内我国将继续对资本项目下的人民币兑换实行一定的限制。这是因为:

(1)从国内条件来看:我国还是一个发展中国家,处在经济转轨时期,市场有待于发展和完善,宏观调控还不健全,国际竞争能力较弱,国际收支状况还不够稳定。如果允许资本项目外汇收支自由兑换,会使我国经济卷入国际货币风暴,尤其是不稳定的短期资本的自由进出，会引起我国经济的波动，激起通货膨胀或使货币贬值无法控制。1994 年墨西哥的金融危机、1997 年东南亚国家的金融危机的经验教训，都深刻地告诉我们，如果在条件不成熟的情况下急于实现货币自由兑换将是十分危险的。

（2）从国际货币基金组织的要求来看：国际货币基金协定第八条款涉及的是经常项目下货币的汇兑问题，资本项目是否有限制，对一国接受基金协定第八条款并无妨碍。基金协定第六条第三款允许成员国在不妨碍日常交易的支付和不拖延债务资金的支付的前提下，对国际资本的转移采取必要的管制。

（3）从国际经验看：根据世界各国的经验，实现资本项目货币自由兑换，需要较长的准备时间，即使在经济发达的国家，如法国、意大利、日本等国，在实现了经常项目货币可兑换的 20 多年后，才完全取消资本项目的外汇限制。

因此，我国在实现人民币经常项目可兑换后，还需要一个相当长的准备时间，积极创造条件，从试点到全面，逐步放松对人民币资本项目的外汇兑换限制直至资本项目下的可兑换，最终达到人民币全面自由兑换的目标。

（二）关于人民币国际化

1. 货币国际化的含义与作用

货币国际化是指一种货币能够跨越国界，在境外流通，成为国际上普遍认可具有计价、结算及价值储藏功能货币的过程。

一般而言，货币国际化具有以下几方面作用：

（1）享受国际铸币税。在纸币流通条件下，制造、发行纸币的成本相当低（包括纸张、印制、保管、运输等费用），但却代表着较高的价值（购买力），纸币面值减去纸币制造、发行成本的收益，被定义为铸币税。在纸币流通条件下，政府垄断了纸币的发行权，也就独享铸币税收益。当一种货币成为国际货币后，货币当局所获得的铸币税的收益不仅来自于居民的货币持有额，也包括非居民货币持有的部分。

（2）为对外经济贸易活动提供了便利。当本币成为国际货币以后，对外经济贸易活动受汇率风险的影响就将大大减少，国际资本流动也会因交易成本降低而更加顺畅和便捷，因此货币国际化也将给发行国居民和企业的对外交往创造方便条件，使得实体经济和金融经济的运作效率都不同程度地提高，外贸条件也将得到改善。IMF 的研究表明，当越来越多的外国人接受某一国际货币，每一单位的该货币能购买的商品数量也随之上升，使得国际货币发行国的贸易条件得到实质改善。

（3）拥有在国际金融体系中的话语权。拥有了国际货币发行权，可提高本国货币政策的独立性，甚至可利用发行权来影响储备国的金融经济，并提升发行国自身抵御金融冲击的能力。最重要的是，国际货币发行国在国际金融体系中具有较大的话语权。这种话语权意味着制定或修改国际事务处理规则方面巨大的经济利益和政治利益。此外，国际货币所执行的交易媒介等职能，通过发行国银行体系所提供的结算和支付服务来完成，这也为本国相关金融机构带来了佣金收入。

（4）为该国建设国际金融中心起到推动作用。无论是 19 世纪的伦敦、20 世纪 20 年代的纽约，还是 20 世纪 80 年代的东京，在其货币国际化的过程中，本国股票等金融产品市场规模迅速扩大，进而树立了该城市作为国际金融中心的地位。人民币国际化的推进，将极大推动上海建设国际金融中心的努力，也会巩固香港的国际金融中心地位。

(5)会带来一定的负面影响。一是增加了货币调控的难度,一国货币成为国际货币后,货币乘数的不确定性大大增强,金融市场开放程度大大提高,货币调控不仅受国内市场的影响,还将受到国际资本流动的影响。二是国内经济容易受到外部经济的冲击,世界主要国家宏观经济环境的变化会对本国经济产生更大的影响。

2.货币国际化的路径和条件

(1)货币国际化的路径。迄今为止,货币国际化的路径主要有四条:一是通过战争及建立殖民地的方法,将宗主国的货币强加于殖民地国家,然后再影响到世界各国,即英镑路径。二是通过将本币变为国际货币制度的中心货币,然后演变为国际货币,即美元路径。三是通过有计划、有步骤地培育区域货币,然后发展为国际货币,即欧元路径。四是通过逐步实现本币完全自由兑换,然后成为国际货币,即日元路径。

(2)货币国际化的基本条件。一国货币要成为国际货币,一是具有强大的经济实力,经济总量和经济规模名列世界前茅,经济在资源合理配置的基础上具有可持续发展的能量,并具有充足的国际清偿力。二是经济金融高度开放,对外经济与贸易发达,在国际市场上占有一定的比例,各国交易者和各种资金可以自由流动,这样才能确保该种货币在国际经济交往中充分发挥国际货币的作用。三是具有发达的金融市场,金融市场能够规范而高效地运行,金融市场交易品种繁多、规模庞大,具有信息快捷、集中、透明的公平、公正、公开的投资环境。

3.人民币国际化的进程

自2007年起人民币国际化步伐明显加快,人民币国际化由市场推进型向政府推进型转变,陆续推出了一系列措施促进人民币国际化。人民币的国际认可度和国际可接受度正在稳步提高。

(1)逐步扩大资本与金融项目下的人民币可兑换范围。2003年,我国推出了QFII(Qualified Foreign Institutional Investors)机制;2007年人民币债券登陆香港市场,此后内地多家银行先后多次在香港发行2~3年期的人民币债券;2008年国务院批准中国人民银行新设立汇率司,主要职能包括"根据人民币国际化的进程发展人民币离岸市场"。目前香港离岸人民币市场平稳较快发展,香港离岸人民币产品和市场参与主体稳步增加;2012年进一步拓宽境外人民币资金境内金融投资渠道,境外机构投资银行间债券市场稳步扩大,人民币合格境外机构投资者(RQFII)试点正式开展。

(2)稳步推进人民币跨境贸易和投资结算。2008年底,国务院决定,将对广东和长江三角洲地区与港澳地区、广西和云南与亚细安的货物贸易进行人民币结算试点。并与包括蒙古,越南,缅甸等在内的我国周边八个国家签订了自主选择双边货币结算协议;2009年7月,中央相关部门发布跨境贸易人民币结算试点管理办法,在上海市和广东省广州、深圳、珠海、东莞等5个城市开展人民币在国际贸易中的计价结算的试点。2010年6月,跨境贸易人民币结算试点地区扩大至沿海到内地20个省区市,境外结算地扩至所有国家和地区,2011年跨境贸易人民币结算范围扩大至全国;2011年6月,中国人民银行正式明确了外商直接投资人民币结算业务的试点办法,人民币跨境流动由贸易领域延伸至投资领域。

(3)双边货币合作不断深化。自2009年起中国陆续与韩国、马来西亚、印度尼西亚、白俄罗斯、阿根廷等国签订了货币互换协议。2012年顺利推出人民币对部分非主要国际储备货币的银行柜台挂牌和银行间市场区域交易。

（4）国务院批准上海在 2020 年前建成国际金融中心。2009 年 4 月，国务院颁发了《关于推进上海加快发展现代服务业和先进制造业，建设国际金融中心和国际航运中心的意见》，把上海国际金融中心建设提高到了国家战略层面，使得上海建设国际金融中心的步伐明显加快。

（5）逐步推进人民币汇率形成机制改革，增大了人民币汇率制度弹性。

本章小结

1. 汇率制度是一国政府对本国汇率水平形成机制和变动方式所做出的制度安排。最基本的汇率制度是固定汇率制和浮动汇率制，此外还有一些介于这两者之间的中间汇率制度，如爬行钉住汇率制、汇率目标区等。

2. 不同汇率制度具有不同的优缺点，会从不同角度影响一国经济。影响各国选择汇率制度的因素有很多，主要有：本国的经济结构特征、对外经济往来与依附情况、本国金融市场发达程度、冲击本国经济的主要干扰源等。

3. 蒙代尔-弗莱明模型是 IS-LM 模型在开放经济条件下的形式，它描述了开放经济条件下，商品市场、货币市场和外汇市场的均衡条件，分析了不同汇率制度和不同的资本流动程度条件下，宏观经济政策——货币政策和财政政策的效果问题；蒙代尔-弗莱明模型的政策含义是：在资本完全流动条件下，就总需求政策与国民收入的关系而言，固定汇率制度下货币政策无效，而财政政策对收入和内部均衡的调节作用较为有效。浮动汇率制下则恰恰相反。

4. 三元悖论的基本内容和政策含义是：开放经济条件下，汇率固定、本国货币政策独立性和资本自由流动之间存在着矛盾，一国要同时实现这三者是不可能的，最多只能同时实现其中两个目标，而放弃另一个目标。

5. 汇率目标区理论的基本内容和政策含义是：政府确定一个中心汇率和汇率的浮动比率，当汇率接近浮动范围上下限时，政府出面干预，将汇率水平维持在允许波动的范围内。以使汇率既具有一定的灵活性，又不至于出现过大波动。汇率目标区理论是中间汇率制度的理论基础。

6. 自 1994 年以来，中国的外汇管理体制和人民币汇率制度进行了一系列重大改革。中国外汇管理体制的改革，使人民币实现了经常项目可兑换货币，并正向人民币自由兑换迈进。人民币汇率制度改革，使人民币汇率弹性增大，汇率水平逐步向均衡汇率靠近。

7. 2007 年以来，人民币国际化由市场推进型向政府推进型转变，人民币国际化步伐明显加快。政府陆续推出了一系列促进人民币国际化的措施，使人民币的国际认可度和国际可接受度正在稳步提高。

本章复习思考题

1.掌握本章重要概念:

固定汇率制　浮动汇率制　蒙代尔-弗莱明模型　三元悖论　汇率目标区　外汇分成制　银行结售汇制　人民币经常项目可兑换　人民币自由兑换　人民币国际化

2.目前世界上汇率制度类型有哪些?它们各有何特点?

3.试比较固定汇率制与浮动汇率制之优劣。

4.中间汇率是否可以调和固定汇率制与浮动汇率制的优缺点?

5.一国应如何选择合理的汇率制度?

6.政府外汇干预政策主要有哪些?

7.冲销式和非冲销式的外汇干预各是如何影响一国宏观经济的?

8.简述蒙代尔-弗莱明模型内容及其政策含义。

9.简述克克鲁格曼的三元悖论和汇率目标区理论。

10.简述 1994 年外汇管理体制改革的内容和意义。

11.简述 2005 年人民币汇率形成机制改革的内容和意义。

12.实现人民币经常项目可兑换后,为什么还要对人民币资本项目可兑换进行一定的限制?

13.简述人民币国际化的意义与进程。

第六章　外汇交易

【主要内容与学习要求】掌握外汇市场的构成、组织形式及当今世界外汇市场的特点；了解主要国际外汇市场及其特点；掌握各种外汇交易方式的特点、作用及其发展趋势；理解不同外汇交易方式在趋避汇率风险方面的利弊，学会运用不同外汇交易方式的操作来规避汇率风险。

外汇交易是最基本的国际金融活动，随着国际间经济交往货币化程度的不断提高，外汇交易的广度与深度不断扩大，作用也日益增强。本章在介绍国际外汇市场的基础上，分别介绍目前国际市场上的几种重要的外汇交易（包括衍生交易）方式，重点是分析各种外汇交易方式的特点、作用及其发展趋势。

第一节　外汇市场

外汇市场是国际金融市场的重要组成部分，之所以放在本章而不是放在国际金融市场一章介绍，是因为外汇市场是外汇交易的网络与平台，有关外汇市场的知识是了解外汇交易不可缺少的基础。

一、外汇市场的含义及组织形式

外汇市场（Foreign Exchange Market）是进行外汇买卖并决定汇率的渠道或交易网络，是金融市场的重要组成部分。外汇市场上的外汇买卖包括两种形式：一是本币与外币之间的买卖，如英国居民用英镑购买瑞士法郎，或卖掉美元换回英镑；二是不同外汇之间的买卖，如英国居民以美元购买加拿大元，或卖掉日元换成澳元等。

外汇市场的组织形式目前主要有两种：一种是有形市场，即有固定场所集中进行外汇交易的市场，如外汇交易所。在有形市场，各外汇银行代表在每一营业日经过讨价还价来确定本币对主要货币的当日汇率，各方面的外汇交易者再根据这一汇率，执行客户先前交给他们的有关外汇买卖的委托订单。另一种是无形市场，即没有固定场所或具体的场所，而是通过电话、电报、电传、电子计算机等通讯工具所组成的网络进行外汇交易。这种网络联结着无数外汇需求者和供应者。在无形市场，外汇交易一般能在 1～2 分钟内结束讨价还价，并达成口头协议。无形市场是目前世界外汇市场的主要组织形式，有形市场只存在于欧洲大陆一些国家，如法国、德国等。

二、外汇市场的构成

(一)外汇市场的参加者

外汇市场有狭义和广义之分,狭义外汇市场仅指银行间的外汇交易市场,广义外汇市场还包括银行与工商企业、社会团体和个人等之间的外汇买卖市场。广义外汇市场的参加者有以下各类经济主体。

1.外汇银行

主要包括专营与兼营外汇业务的本国商业银行、外国商业银行在本国的分支机构,其他金融机构。它们直接对客户买卖外汇,并通过银行间外汇市场的交易来调节自己持有的外汇头寸。外汇银行是外汇市场最主要的交易者。

2.外汇经纪人

外汇经纪人是介于外汇银行之间或外汇银行与顾客之间为外汇交易牵线搭桥的中间商。他们与银行及客户有着密切的联系,并了解与掌握外汇市场的各种行情与信息,能够对瞬息万变的外汇价格,报出最新的出价与要价,能够以买卖双方都能接受的价格及其他条件促成买卖成交。他们自己并不买卖外汇,在媒介外汇交易中不垫付资金,也不承担风险,只是接受银行与客户委托,介绍外汇成交,从中收取佣金。目前外汇经纪人常是合伙的组织或公司,他们业务规模很大,利润也十分可观。

3.顾客

这里的顾客是指与外汇银行进行外汇买卖的客户,主要包括进出口企业、外国公司分支机构、国际投资者、旅游者等。他们是最终的外汇需求者与供应者。他们进行外汇买卖的目的,有的是商品交易或国际投资的需要,如进口商要买进外汇进行支付,出口商要卖出所收外汇换成本币。对外投资需要把本币换成外币等,有的则是为了进行套期保值或投机。套期保值者为了避免外汇风险,投机者为了获取汇差收入。

4.中央银行

中央银行参加外汇市场交易的目的主要是为了干预外汇市场,调节汇率。一般而言,央行在外汇市场外汇供不应求,外汇升值的情况下大量抛售外汇,在外汇市场供大于求,本币升值时大量收购外汇,从而平衡外汇供求,避免汇率过大波动。所以,中央银行不仅是外汇市场的参加者,而且是外汇市场的操纵者。

(二)外汇市场的结构

1.银行与顾客之间的外汇零售市场

外汇银行每天要与大量的顾客发生外汇买卖业务,一方面它从顾客处买进外汇,按一定的汇率付出本币或另一种外汇;另一方面它向顾客卖出外汇,按一定的汇率收进本币或另一种外汇。凡是想买外汇或卖外汇的企业、团体、个人等均可到外汇银行进行交易并得到满足。实质上银行在这里充当了顾客之间外汇交易的中介人,促使外汇交易快速高效地成交,外汇买卖差价则是银行媒介外汇交易所得报酬。由于银行与顾客买卖外汇的每笔数额较小,故常称之为外汇零售市场。

2.银行之间的外汇批发市场

银行在为顾客提供外汇买卖的中介服务中,不可避免地要出现买进与卖出外汇之间的不平衡。有些币种的买入额多于出售额,称为"多头"(Long Position);有些币种的出售额多于买入额,称为"空头"(Short Position)。为了避免汇率变动可能造成的损失,银行就需要借助同业间的外汇交易及时进行外汇头寸调整,将多余的外汇抛出,将不足的外汇补进,以轧平各币种的头寸。此外,银行有时还出于套汇、套利、投机等目的进行外汇交易。银行同业间的外汇交易每笔数额相当大,故常称之为外汇批发市场。这是外汇市场的最主要构成部分,其交易额约占全部外汇交易额的90%以上。

银行间的外汇交易主要通过经纪人间接进行。这样不仅可以促成外汇买卖快速成交,而且可以使参加交易的双方银行保持匿名状态,任何一方都不知道经纪人在代表谁进行交易,有利于达成较为公平的价格。如果一家银行想通过经纪人买卖外汇,首先应该选择合适的经纪人,其次是询价、协商,最后是经纪人在其往来客户中询问,寻找交易对象,并将交易的一方介绍给另一方,实际交易便在买卖双方中正式进行。

银行间外汇交易中心是交易室,具体交易由交易室中的交易员进行。每个交易员通常专门从事一种或几种货币的交易。每个营业日开始时,交易员通过电话询问营业刚结束或正处于营业之中的国外其他外汇市场上的汇率水平及趋势,订出本行的开盘价,此后在一天的营业时间内,根据本行在每种货币上的多头还是空头地位不断调整本行报出的汇率,并对其他银行的报价做出反应。银行间的外汇交易既可以发生在本国商业银行与商业银行之间,也可以发生在本国商业银行与外国商业银行之间。还可以发生在中央银行与商业银行之间。中央银行不与一般顾客进行外汇交易,其对外汇供求及汇率的干预均在银行间外汇市场进行,只与各商业银行进行交易,通过增减商业银行外汇持有量来调节外汇市场供求,进而调节汇率。

无论是银行与顾客间的交易,银行同业间的交易,还是中央银行与商业银行间的交易,实质上买卖的主要是外币活期存款,成交后外汇交割都采用对银行在国外往来行的活期存款账款作划拨处理的方式。买入外汇的银行或顾客在国内的本币存款账户余额减少,在国外的外币活期存款账户余额会增加。卖出外汇者情况恰相反。

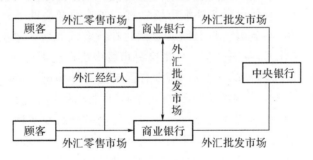

图 6-1　外汇市场结构示意图

三、世界外汇市场的特点

(一)空间上的统一性

由于现代通讯技术的高度发展及通讯设施的不断完善,世界各地的外汇市场通过电话、电报、电传、计算机网络已经联成一体,各大银行外汇交易员只要在交易室内按动电钮、键盘便可了解世界各地的外汇行情,并与各地的经纪人谈判,进行外汇交易。另一方面,由于各国纷纷放松外汇管制,资金流动更加自由,各地外汇市场经营外汇的业务范围不断扩大,相互联系更加密切。

（二）时间上的连续性

现代通讯技术的发展不仅将世界外汇市场联成一体，而且使各地区外汇市场按世界时区的差异相互衔接，出现了全球性的，星期一至星期五 24 小时不间断的外汇交易。尤其是英国将传统的格林威治时间改为欧洲标准时间后，英国与西欧各国的一小时时差消失，西欧各国形成了一个大规模的同时营业的外汇市场。目前，当远东的东京、新加坡、香港等外汇市场开始新的一天交易时，洛杉矶、纽约等北美市场刚结束或结束不久前一天交易；当洛杉矶市场开始交易时，伦敦等西欧市场刚闭市；当伦敦市场开始交易时，远东市场即将闭市。这样便形成了首市与尾市相衔接，全天连续周转的市场。其间伦敦与纽约市场同时营业的几小时，是一天外汇交易中最繁忙时期。

（三）汇率上的趋同性

空间上的统一性与时间上的连续性促使世界各地外汇市场的汇率趋于一致。处于不同世界时区的外汇市场在开始营业时，一般都首先打电话询问刚收市的前一时区市场的收盘汇率，以此来确定自己的开盘汇率。各外汇市场的行情及金融情报能够迅速相互传递，国际资金借助现代化的通讯工具可以迅速转移等都促使各外汇市场之间的汇率差异缩小。高效率的套汇也会使各外汇市场的任何汇率差异迅速消失。

四、主要国际外汇市场简介

国际外汇市场体系由分散在世界各地的众多的外汇市场构成，其中外汇交易规模较大且交易较为活跃的世界性外汇市场主要有：伦敦、纽约、东京、苏黎世、法兰克福、巴黎、香港、新加坡、卢森堡等。下面简单介绍几个最主要的外汇市场。

（一）伦敦外汇市场

伦敦外汇市场是世界上建立最早、规模最大的国际外汇市场，它拥有先进的现代化电子通讯网络，外汇交易量一直居世界各外汇市场之首。在英国交易的美元总额是在美国本土交易的美元总额的 2 倍，在英国交易的欧元总额比在所有欧元区国家交易的欧元总额的 2 倍还多。截至 2007 年 4 月，英国在全球外汇交易市场中所占比重达到了 34%。

伦敦外汇市场是一个典型的无形市场，没有固定的交易场所。目前在伦敦外汇市场从事外汇交易的主要是由英格兰银行指定的外汇银行和批准的外汇经纪人。外汇指定银行约有 300 家，包括清算和承兑银行、商业银行、外国银行伦敦分行及英国的海外银行。这些银行建立了伦敦外汇银行公会，负责制定外汇市场交易规则，维护外汇银行的利益，协调外汇交易各有关方面的关系等。外汇经纪人充当外汇交易的中介人，为交易各方提供情报，是伦敦外汇市场上相当活跃的成员。其中的 12 家外汇经纪商具有覆盖世界各地的营业网络，在市场上起着支配作用。外汇经纪人为了维护自身的利益组成了外汇经纪人协会，主要任务是进行行业自律，统一规定业务往来手续、经纪人行为规范、佣金标准等，避免同业间的不正当竞争，同时负责协调经纪人之间以及经纪人与外汇银行之间的关系。

伦敦外汇市场在不同时期受到英国政府的不同程度的干预。第二次世界大战后，英镑的世界货币地位被美元所取代，英国实行了较为严格的外汇管制，外汇交易必须严格按照官方汇率进行；1951 年底，英国开放了外汇市场，外汇银行可以在英格兰银行规定的汇率波动范围内，根据外汇市场供求状况自由定价成交；1972 年英国进一步放松了外汇管制，实行浮动汇率制,外汇交易价格完全由市场供求状况及买卖双方的竞争决定;1979 年英国取消了外汇管制,这在很大程度上促进了伦敦外汇市场的进一步发展。

(二)纽约外汇市场

纽约外汇市场是第二次世界大战后发展起来的仅将于伦敦的国际性外汇市场。由于美国没有外汇管制,纽约外汇市场的交易较为自由也相当活跃。具体表现出以下几个特点:

(1)政府不指定专门的外汇银行,对经营外汇业务的机构没有特别的限制,几乎所有的美国银行和其他金融机构都可以经营外汇业务。

(2)美国的进出口贸易大多数以美元计价结算,因资本流动而发生的对外债权债务也多以美元支付与清偿,因此纽约外汇市场的交易量远没有其他的世界主要外汇市场大。纽约外汇市场交易的币种按市场占有份额排列依次为:欧元、英镑、瑞士法郎、加拿大元、日元等。美元的交易主要集中在其他世界性外汇市场进行,美元与世界主要国家货币的汇率也主要取决于其他市场。

(3)纽约外汇市场是世界美元交易的清算中心。世界外汇市场买卖的外汇主要是外币存款,一般需通过货币发行国银行对买卖双方存款账户进行划拨清算收付和债权债务。世界各地庞大的美元交易,最终要在美国银行,主要是纽约的银行进行清算和划拨。纽约外汇市场于 1970 年建立了银行间清算系统(Clearing Hause Interbank Payment System,简称 CHIPS)。这一系统将纽约外汇市场上各家银行置于庞大而复杂的电子网络中,对世界上 90% 以上的美元收付进行结算。可以说纽约外汇市场在世界外汇市场的重要地位,不是取决于其外汇交易,而是来自于其对美元交易的清算。

(4) 纽约外汇市场上的外汇交易分为三个层次:银行与客户间的外汇交易、本国银行间的外汇交易以及本国银行和外国银行间的外汇交易。其中,绝大多数的外汇交易在后两个层次即银行之间进行,此外,纽约外汇市场上的外汇交易有相当部分与金融期货市场密切相关,其与芝加哥的国际货币期货市场联系密切。

(三)东京外汇市场

东京外汇市场是 20 世纪 50 年代以来,随着日本政府对外汇管制的逐步放松而发展起来。1952 年,曾在二战后初期被关闭的东京外汇市场重新开业,但外汇交易受到较为严格的管制。1964 年日本加入了国际货币基金组织并成为"国际货币基金协定第八条款会员国",日元成为可兑换货币,政府放松了外汇管制,外汇交易逐步放开并走向自由化。1980 年,日本修改了战后初期制订的《外贸和外汇管理法》,进一步放松了外汇管制,放宽了对经营外汇业务的限制,所有的银行都可在国内经营外汇业务。因此,20 世纪 80 年代以来东京外汇市场得到了迅速发展,目前其外汇交易量占到日本全国外汇交易量的 90% 以上,而且成为远东地区最大的外汇市场。

与其他世界性外汇市场相比,东京外汇市场具有以下几个特点:

(1)外汇交易不均衡,具有明显的季节性。日本是典型的加工出口型国家,对外贸易收入在其国民收入中占有相当大的比重。由于外贸收付款在时间上较为集中,受之影响,东京外汇市场的交易在外贸集中收付款时期,如月末和年底更为活跃。

(2)交易币种比较单一。在东京外汇市场挂牌交易的外汇种类虽然不少,但实际交易主要集中在美元与日元的交易上,据统计,日元与美元的交易额占东京外汇市场总额的 95%,其他外汇交易量很少。

（3）对外汇交易仍存在着若干限制,如只有经政府批准与外国签订通汇合同的银行才能与外国银行直接进行外汇交易;日本居民不经允许不得在国外银行开立账户等。

（4）日本银行在外汇市场上进行大量干预,每天的干预额可高达几亿甚至十几亿美元。其目的是稳定汇率,避免汇率波动给日本经济造成巨大影响。

（四）香港外汇市场

香港外汇市场是 20 世纪 70 年代以后发展起来的国际性外汇市场。20 世纪 70 年代以前,香港实行较为严格的外汇管制,实际上存在着两个外汇市场:一是由外汇指定银行组成的法定外汇市场,汇率由官方制定,波动幅度极为有限;二是由非指定银行和一些证券商组成的自由外汇市场,汇率完全由外汇供求决定。两个市场的汇率存在着较大差异。1972 年香港取消了外汇管制,结束了两个市场并存的局面,出现了香港地区统一的自由外汇市场。此后,香港外汇市场迅速发展,目前已成为重要的国际性外汇市场。

香港外汇市场由 300 多家在港注册银行、财务公司及 11 家外汇经纪商组成,其中最主要的是汇丰银行集团、美、英、日资银行及中银集团等。香港的外汇经纪人分为三类:第一类是本地经纪人,其只在香港本土设有机构经营业务,并只做港元与美元的交易;第二类是国际经纪人,其总公司设在海外,他们主要做美元兑其他货币的外汇交易;第三类是介于前两类之间的本地国际经纪人,其总公司设在香港,在海外设有分公司或代理人,他们既做港元兑美元交易,也做其他外汇交易。

香港外汇市场的交易分为两部分:一是港币兑各种外币的交易,其中主要是港币兑美元的交易,即使外汇交易者需要的是非美元货币,一般也首先用港币兑换成美元,再用美元兑换成自己所需要的其他外汇。这部分外汇交易的参加者主要是汇丰银行集团,中银集团等。二是美元兑其他外汇的交易,交易者主要是外资银行。由于港元兑其他货币常以美元为媒介,所以这两部分外汇交易是密切联系的。

第二节　即期外汇交易

即期外汇交易是外汇交易的基本方式,银行与客户的外汇买卖及银行之间的外汇买卖,大量采取的是这种方式。而其他的外汇交易方式基本上是在即期外汇交易方式基础上发展或衍生而来。

一、即期外汇交易

（一）即期外汇交易的概念

即期外汇交易(Spot Exchange Transaction),也译作现汇交易或现金交易,是买卖双方达成外汇买卖协议后,在两个营业日之内实行交割的外汇交易方式。这是外汇交易的最主要方式,其交易量在各种外汇交易中占绝大多数。对于即期外汇概念有必要强调几点:

（1）这里的所谓交割是指款项交易的实际收付,即买汇者支付现款收进外汇,卖汇者支付外汇收进现款的行为。由于外汇买卖中款项收付均是通过银行进行清算,因此交割日亦即清算日。目前,外汇买卖中各种货币的清算基本上是在货币发行国的主要外汇市场进行,例如美元在纽约、英镑在伦敦、日元在东京、欧元在法兰克福等。现以 A 银行与 B 银行的现汇交易为例。假设 A 银行卖出美元买进日元，B 银行卖出日元买进美元。A、B 双方达成买卖协议后，A 银行根据 B 银行的要求，指示其在纽约的分支行或代理行代其将应付美元付至 B 银行的账户上，同时指示其在东京的分支行或代理行收进 B 银行支付的日元。同时，B 银行的收付与 A 银行恰好相反。无论该笔外汇交易在哪个市场进行，清算过程均大致如此。

（2）外汇买卖的交易国与清算国很可能不一致。外汇买卖的交易国是进行实际外汇交易的市场所在国，清算国是买卖的两种货币的发行国。如果买卖的两种货币中有一种是市场所在国货币，那么交易国就是两个清算国之一，例如在法兰克福用欧元买美元，在香港用港元买日元等。如果买卖的两种货币均不是市场所在国货币，交易国与清算国就是不一致的。例如在伦敦市场用美元买日元，交易国是英国，清算国是美国和日本。

（3）即期外汇交易必须在两个营业日内进行交割。多数国际性外汇市场，如伦敦、纽约、法兰克福等都是在外汇买卖双方达成协议后的第二个工作日进行交割，如星期一成交，星期三进行交割。也有些外汇市场是在成交的当天或次日进行交割，如香港市场原来规定，港元兑美元的即期交易当天进行交割，港元兑换非美元的主要外汇（日元、新加坡元、澳大利亚元等）在成交后次日进行交割，1989 年起港元兑美元也改为两个工作日交割。在成交日至交割日期间内，如恰逢清算国和交易国中任何一方银行为节假日，则交割日往后顺延，直至成交后的第二个工作日。例如，星期一在法兰克福市场用欧元买英镑，交割日应为星期三，但如果星期三为德国银行或英国银行节假日，则要顺延至星期四。若这笔外汇交易发生在星期五，则要在第二国的星期二才能进行交割。一旦交割或清算完毕，买入的外汇便开始计息，所以交割日也称起息日。由于各国的利率高低各异，且不断变化，何时进行清算就直接关系到外汇买卖双方的利益。虽然在即期外汇交易中交割日至多相差一两天，但由于即期外汇交易金额很大，买卖双方利益也会受到一定影响。

银行间的即期外汇交易，买卖双方必须在同一时间进行交割，以免任何一方因交割不同时而蒙受损失。但银行与客户间的外汇交易，常会出现付款日与起息日的不一致，即客户先将本币支付给售汇银行，售汇银行要稍后才能将外汇划入客户账户。

（二）即期外汇交易的报价

1. 报价惯例

即期外汇交易常常是从询价、报价开始的。国际性外汇市场上银行报价常遵守一定的惯例。第一，在即期外汇交易中，绝大多数的交易是美元与其他货币的兑换，因此各地报价的中心货币是美元。英国及原"英联邦"国家的货币（如英镑、爱尔兰镑、澳大利亚元等）采用间接标价法报价，即一单位该种货币合多少美元。其余所有货币采用直接标价法报价，即一单位美元合多少该种货币。两种非美元货币汇率往往需要通过其各自与美元的汇率套算出来。在实际交易中，职业交易员常通过两笔交易来达到非美元货币之间买卖（先将一种货币兑换成美元，再用美元兑换成另一种所需要的货币），因为符合报价惯例的两笔交易比起一笔相应的两种非美元货币交易来，成交的时间往往更短。

第二，被询价的银行一般都采取双档报价，即同时对被询问的货币报出买价和卖价。因为在成交之前，询价者一般是不会向报价行透露其交易意图的（买进还是卖出）。即使报价者无意与某询价者成交，也只能拉开买价与卖价的差距来婉拒询价者。报价银行一旦向询价者报价,就承担了以这种价格买进或卖出一定数额该种外汇的义务,即只要询价者愿意按此报价买进或卖出,则不管这笔交易对该报价行是否合适都必须同意交易,当然,如果是明显的口误则除外。但若询价者得到报价后讨价还价或又询问其他货币的价格,则原报价无效。

第三,即期外汇交易报价的最小单位(市场称基本点,是报价货币的最小价值单位的1‰),例如美元的最小币值为美分,报价的最小单位便为1‰美分,即万分之一美元。例如,GBP1＝USD 1.6120,最小的报价单位应在小数点后四位,汇率变为 GBP1＝USD 1.6140,则称英镑上升了20个点。在国际性外汇市场上,报价银行在报价时往往并不报出全价,只报出小数点后面的最后两位数。例如,当英国某银行向德国某银行询问美元兑欧元的汇率时,若德国该银行的即期汇率为 USD1＝EUR0.9030－0.9040,该行交易员则报出"价30—40"。因为各银行都安装有显示行情的荧光屏,询价行的交易员对"30—40"前面的数字十分清楚,而且汇率变化一般在一天中不会超过最后两位小数。万一事后发现有一方搞错了,比如误把 0.9030 误听成 0.9130,那也没有关系,各大银行均有报价记录,双方无可争辩。

第四,由于外汇市场行情瞬息万变,一个价报出后几秒钟内,价格可能已经发生变化了。因此,询价方应对报价行报出的价格及时做出反应,如果询价方回答缓慢,报价行便可改变原来的报价。当然,报价行也要受到时间约束,一般而言经常交易的货币汇价的报价时间应在询价后的 10 秒钟内,有些国际性大银行则要求他们的交易员将报价时间压缩在 5 秒钟内,这样才能争取更多客户。

2.报价技巧

在即期外汇交易中,银行报价要力求合理,既要使所报汇率具有竞争力,以促使询价方与己成交,又要使所报汇率能够维护本行的利益,避免本行承担过大的风险甚至蒙受损失。这就要求银行外汇交易员在报价中掌握并运用一定的技巧。虽然在不同市场和不同时期报价技巧会有所不同,但主要表现如下:

第一,适度把握买卖差价。外汇买卖差价是银行经营外汇的收入,差价大意味着报价行收入高,但同时也意味着询价行与之成交的成本高,可能因此而难以成交。在即期外汇交易中,经常交易的货币买卖差价为五至十个基本点,一些国际大银行在向大客户报价时,买卖差价常压缩到一至三个基本点,大有"薄利多销"之意。交易员在报价前最好能较为准确地了解询价者的交易习惯,尤其是其询价的意图,如果估计询价者意欲买入,可适当提高卖价,否则,可适当降低买价。

第二,密切注意市场情绪。所谓市场情绪是指在报价行报价时,整个市场行情是处于上升还是下降趋势之中。通常将处于上升趋势中的市场称为牛市(Bull Market)而将处于下降趋势中市场称为熊市(Bear Market)。报价行在牛市中可偏高报价,以为本行争取更大的利益。在熊市中则应偏低报价,以为本行争取更多的成交机会。

第三,根据外汇头寸,随时调整报价。若询价方所询问的货币是报价行多头货币并且金额较大时,应比一般市场行情偏低报价,以利于卖出而不利于买进,达到平衡头寸之目的。若询价方所询问的货币是报价行空头货币且金额较大时,则应偏高报价,以利于报价行买进这种货币,补足头寸。一旦头寸已补足,则要及时纠正报价偏高状况。

(三)即期外汇交易的作用

1.满足进出口商等经济主体对不同币种的需求

一是满足进出口商的外汇需求。例如：进出口商在进行国际贸易时为了支付或收取货款常要与银行进行即期外汇买卖。如英国进口商从美国进口商品时，需要将英镑兑换成美元支付货款；德国某国际公司持有美元，但对外支付商务合同的货币要求是日元，于是要将美元兑换成日元；出口商则要将所收外汇兑换成本币等等。

二是满足国际投资者的外汇需求。例如：本国企业对外投资或偿还外债，需要将本币兑换成外汇；外国企业对本国投资则要把外汇兑换成本币，本国企业、居民等经济主体把海外资产调回本国时也要把外汇兑换成本币。

三是满足服务贸易的需要，例如：本国居民出境旅游、留学、就医、探亲等需要把本币兑换成外汇；外国居民进入本国旅游、留学等则要把外汇兑换成本币。

上述外汇交易与国际经济交易相联系，所以常被称为商业性即期外汇交易。

2.调整与平衡外汇头寸，避免外汇风险

银行在经营外汇买卖业务中，常会出现有的币种买入多于卖出（多头），有的币种卖出多于买入（空头）。一旦汇率发生波动，无论是多头还是空头都有可能使外汇银行蒙受损失。因此银行要进行即期外汇买卖，抛出多头部分，补足空头部分，以平衡外汇头寸。由于银行间外汇交易主要是平衡头寸和调剂余缺，所以常被称为金融性即期外汇交易。

3.进行外汇投机

有时银行或客户并没有实际的外汇买卖需求，但却会根据自己对外汇市场供求及汇率走势的判断，进行即期外汇交易。目的是希望低价位时买进，待到高价位时抛出，以获取买卖差价。这种交易被称为投机性即期外汇交易。

二、套汇

套汇（Arbitrage）是在不同外汇市场存在汇率差异的情况下，同时在两个或两个以上外汇市场进行即期外汇交易，一边买进一边卖出某种或某几种货币，赚取利润的行为。

世界主要外汇市场的汇率一般是非常接近的，但不同的外汇市场由于供求关系、交易者心理预期等因素不同，在短期内会存在着微小的汇率差别，这就为套汇活动创造了条件。尤其是高度发达的通讯网络为套汇者捕捉这种机会变为可能。但是由于不同市场的汇率差价极小且转瞬即逝，因此实际从事套汇活动的大多是一些跨国银行或大的商业银行，他们信息灵通，交易便捷，且资金雄厚，投入套汇的资金多，因此尽管不同市场汇价很小，他们的套汇活动仍可获得可观的利润。

套汇可分为直接套汇和间接套汇两种。

（一）直接套汇

直接套汇（Direct Arbitrage）亦称两地套汇或双边套汇，是利用两个外汇市场某种货币的汇率差异，同时在低价位市场买进在高价位市场卖出这种货币的套汇方法。这是最简单的套汇方法，判断与操作均较为方便。

例如：某日某时纽约市场：USD1＝JPY104.25

　　　　同日某时东京市场：USD1＝JPY105.25

在同一时间，日元在纽约价贵，在东京便宜，于是套汇者在纽约以 USD1＝JPY104.25的价格买进美元卖出日元，在东京以 USD1＝JPY105.25 价格买进日元卖出美元，这样，每1美元的交易可获利1日元（且不考虑交易费用）。假如投入套汇资金是 1000 万美元，则可获利 1000 万日元。

（二）间接套汇

间接套汇(Indirect Arbitrage)亦称三地套汇或三角套汇,是利用三个不同地点的外汇市场上的汇率差异,同时在三个市场上贱买贵卖,从中赚取利润的套汇方法。

例如:某日某时伦敦市场:GBP1＝USD1.7200

　　　　纽约市场:USD1＝CAD1.3600

　　　　多伦多市场:GBP100＝CAD230.00

套汇者可以在伦敦市场卖出英镑买进美元,同时在纽约市场卖出美元买进加拿大元,在多伦多市场卖出加拿大元买进英镑。假如某银行用 100 万英镑套汇,操作过程如下:

$$GBP100万 \xrightarrow{\text{伦敦}} USD172万$$

$$GBP172万 \xrightarrow{\text{纽约}} CAD233.92万$$

$$CAD233.92万 \xrightarrow{\text{多伦多}} GBP101.70万$$

图 6-2

套汇者在伦敦市场投入 100 万英镑,在多伦多市场收回了 101.7 万英镑,获利 1.7 万英镑。

那么如何判断世界各外汇市场汇率是否均衡,是否存在三地套汇机会呢? 可以按照这样的方法:将三个或更多个市场上的汇率用同一标价法表示,并将被表示货币的单位均统一为 1,然后将得到各汇率值相乘。如果乘积等于 1,说明各外汇市场汇率均衡,不存在套汇机会。如果乘积不等于 1,则各个不同地点外汇市场汇率存在差异,存在着套汇机会。若用公式表示,间接套汇的条件是:

$$E_{ab} \cdot E_{bc} \cdots\cdots E_{mn} \cdot E_{na} \neq 1$$

E_{ab} 表示 1 单位 A 国货币以 B 国货币表示的汇率

E_{bc} 表示 1 单位 B 国货币以 C 国货币表示的汇率

E_{mn} 表示 1 单位 M 国货币以 N 国货币表示的汇率

E_{na} 表示 1 单位 N 国货币以 A 国货币表示的汇率

例如上例判断是否存在套汇机会,可以把汇率统一为间接标价法,其余按上述要求,则有:1.72×1.36×0.4348＝101.7>1。也可以把汇率统一为直接标价法,其余按上述要求,则有:0.5814×0.7352×2.3＝0.9831<1。都说明存在着套汇机会。

一般而言,只要不同地点外汇市场上同一种货币汇率在同一时刻出现差异时,就会引起套汇行为。但套汇者在低价位市场买进高价位市场卖出的结果,是使各地外汇市场的汇率差异趋于消失,套汇活动亦告结束。因此不同市场的汇率差异即套汇机会常常是短暂的。

（三）套算汇率的计算

由于国际外汇市场一般都是双挡报价,而且交易的货币绝大多数是美元,银行报价以美元为中心,或以美元作为单位货币,或以美元作为计价货币。因此在套汇活动中常要通过两种非美元货币与美元的汇率来套算这两种非美元货币之间的汇率,称之为套汇汇率或套算汇率。套汇汇率的计算可以分为以下三种情况:

(1)如果套算的两种货币均以美元作为单位货币(即都采用直接标价法),那么套算汇率应交叉相除。

例1　已知:USD1＝CAD1.2820－1.2840

USD1＝AUD1.3440－1.3460

欲求:CAD1＝AUD? 或 AUD1＝CAD?

根据交叉相除得:

加拿大元买入价为:CAD1＝AUD1.3440/1.2840＝AUD1.0467

加拿大元买入价为:CAD1＝AUD1.3460/1.2820＝AUD1.0499

于是得:CAD1＝AUD1.0467－1.0499

同理求得:AUD1＝CAD0.9524－0.9554

(2)如果套算的两种货币均以美元作为标价货币(即都采用间接标价法),那么套算汇率也应交叉相除。

例2　已知:GBP1＝USD1.5125－1.5135

AUD1＝USD0.6120－0.6130

欲求:GBP1＝AUD? 或 AUD＝GBP?

根据交叉相除得:

英镑买入价为:GBP1＝AUD1.5125/0.6130＝AUD2.4674

英镑卖出价为:GBP1＝AUD1.5135/0.6120＝AUD2.4730

于是得:GBP1＝AUD2.4674－2.4730

同理求得:AUD1＝GBP0.4044－0.4053

(3)如果套算的两种货币,一种以美元作为单位货币(直接标价法),一种以美元作为标价货币(间接标价法),那么套算汇率为同边相乘。

例3　已知:GBP1＝USD1.5350－1.5360

USD1＝CHF1.2025－1.2035

欲求:GBP1＝CHF? 或 CHF1＝GBP?

根据同边相乘得:

英镑买入价为:GBP1＝CHF1.5350×1.2025＝CHF1.8458

英镑卖出价为:GBP1＝CHF1.5360×1.2035＝CHF1.8486

于是可得:GBP1＝CHF1.8458－1.8486

根据同边相乘得:

瑞士法郎买入价:CHF1＝GBP1/(1.5360×1.2035)＝GBP0.5409

瑞士法郎卖出价:CHF1＝GBP1/(1.5350×1.2025)＝GBP0.5418

于是可得:CHF1＝GBP0.5409－0.5418

上述三种情况下套算汇率的计算可以用表6-1来归纳。

表 6-1　套算汇率的计算方法

	第一种情况	第二种情况	第三种情况
美元汇率	美元作为单位货币	美元作为标价货币	美元作为标价货币
	USD1 =CAD1.2820~1.2840	GBP1 =CAD1.5125~1.5135	GBP1 =CAD1.5350~1.5360
	USD1 =AUD1.3440~1.3460	AUD1 =AUD0.6120~0.6130	USD1 =CHF1.2025~1.2035
	美元作为单位货币	美元作为标价货币	美元作为单位货币
方法	交叉相除	交叉相除	同边相乘
套汇汇率	CAD1 =AUD1.0467~1.0499	GBP1 =AUD2.4674~2.4730	GBP1 =CHF1.8458~1.8486

第三节　远期外汇交易

远期外汇交易在即期外汇交易基础上产生,主要作用是趋避汇率风险。它与即期外汇交易的最大区别在于交割期限的不同,即期外汇交易一般在成交后的两个营业日内完成交割,远期外汇交易的交割期一般为 1、2、3 或 6 个月,也有一个星期或长达 12 个月。

一、远期外汇交易

(一)远期外汇交易的概念

远期外汇交易(Forward Exchange Transaction),也译作期汇交易,是买卖双方达成外汇买卖协议后,并不立即办理交割,而是在未来的约定日期办理交割的外汇交易方式。即买卖双方先签订合同,规定所买卖的外汇的数量、汇率及未来交割外汇的时间、地点等内容,到了规定的交割日期,无论汇率发生什么变化,买卖双方必须按合同规定条件进行交割。

(二)远期汇率的报价

远期外汇交易使用的汇率称为远期汇率,远期汇率的报价方式主要有两种:

1. 直接报价法

直接报价法(Flat Outright Method)是一种与即期外汇交易报价一样直接报出远期外汇交易的汇率水平的方法,其特点是简单明了,一目了然。瑞士、日本等国采用这种方法。

例如,某日东京某银行报价:

即期汇率　　USD1=JPY104.20—104.25

三月期汇率　USD1=JPY105.20—105.25

六月期汇率　USD1=JPY106.80—107.10

2. 报点数法

报点数法(Point Method)是一种只报出远期汇率比即期汇率高或低的差额,亦即升水、贴水额的一种方法。一般用点数表示,每一点为万分之一。美国、英国、法国、德国等多数西方国家采用这种报价方法。

由于远期汇率是以远期差额标出，因此就有一个根据即期汇率和远期汇率差额来计算远期汇率的问题。而在不同标价法下计算方法是不同的。

在直接标价法下：

$$远期汇率＝即期汇率{+升水 \atop -贴水}$$

表 6-2　直接标价法下远期汇率行情表

	苏黎世外汇市场	多伦多外汇市场
	瑞士法郎/美元	加拿大元/美元
	买价－卖价	买价－卖价
即期汇率	1.2550－1.2560	1.3610－1.3620
1个月远期汇率	80－85	100－95
3个月远期汇率	120－128	290－285
6个月远期汇率	204－214	550－540

运用报点数法报远期汇率时，一般只报出升贴水额（点数），并不说明是升水还是贴水，因此在计算远期汇率时，首先要判断远期汇率是升水还是贴水。在直接标价法下，所报的外汇买价与卖价的点数，若小数在前大数在后说明是升水，如表 6-2 中苏黎世外汇市场；相反，若大数在前小数在后说明是贴水，如表 6-2 中多伦多外汇市场。

下面我们根据计算公式和表 6-2 数据来计算 1 个月远期汇率：

苏黎世外汇市场：

```
    即期汇率(CHF/USD)   1.2550－1.2560
   +)1 个月期升水          80－     85
   ─────────────────────────────────────
    1 个月远期汇率       1.2630－1.2645
```

多伦多外汇市场：

```
    即期汇率(CAD/USD)   1.3610－1.3620
   －)1 个月期贴水         100－     95
   ─────────────────────────────────────
    1 个月远期汇率       1.3510－1.3525
```

其他月份远期汇率的计算方法与以上相同。

在间接标价法下：

$$远期汇率＝即期汇率{-升水 \atop +贴水}$$

表 6-3　间接标价法下远期汇率行情表

	伦敦外汇市场	纽约外汇市场
	美元/英镑	瑞士法郎/美元
	卖价—买价	卖价—买价
即期汇率	1.8270—1.8280	1.2410—1.2420
1 个月远期汇率	120—125	60—52
3 个月远期汇率	210—215	120—110
6 个月远期汇率	340—350	193—173

在间接标价法下,所报卖价与买价的点数,若小数字在前大数字在后说明是贴水,如上表 6-3 中伦敦市场;若大数字在前小数字在后说明是升水,如表 6-3 中的纽约外汇市场。

根据计算公式和表 6-3 数据计算可得:

伦敦外汇市场:

　　即期汇率(USD/GBP)　1.8270—1.8280

　　＋)3 个月期贴水　　　210—　215

　　——————————————————————

　　3 个月远期汇率　　　1.8480—1.8495

纽约外汇市场:

　　即期汇率(CHF/USD)　1.2410—1.2420

　　—)3 个月期升水　　　120—　110

　　——————————————————————

3 个月远期汇率　　　1.2290—1.2310

其他月份远期汇率的计算方法与以上相同。

表 6-4　人民币外汇远期、掉期汇率(2012.3.30)

人民币外汇远掉报价	03—30 16:30			单位:BP	外汇远期月报|外汇掉期月报	
货币对	1 周	1 月	3 月	6 月	9 月	1 年
USD/CNY	10.0/10.0	50.0/50.0	100.0/100.0	130.0/140.0	140.0/140.0	155.0/160.0
HKD/CNY	2.07/2.07	6.70/6.70	15.74/15.74	22.59/22.59	26.32/26.32	29.11/29.11
100JPY/CNY	16.51/16.51	85.03/85.03	194.48/194.48	333.49/333.49	462.70/462.70	629.77/629.77
EUR/CNY	21.35/21.35	69.20/69.20	169.18/169.18	253.39/253.39	331.12/331.12	394.03/394.03
GBP/CNY	14.61/14.61	58.04/58.04	95.64/95.64	92.28/92.28	38.66/38.66	−1.56/−1.56
AUD/CNY	−35.83/−35.83	−168.09/−168.09	−543.54/−543.54	−1105.78/−1105.78	−1676.90/−1676.90	−2221.76/−2221.76
CAD/CNY	4.71/4.71	10.46/10.46	−25.46/−25.46	−120.84/−120.84	−257.65/−257.64	−382.56/−382.56

数据来源:中国外汇交易中心网站

(三)远期外汇交易的作用

1.避免国际经济交易中的汇率变动风险

首先,进出口商可以利用远期外汇交易,避免国际贸易中的汇率变动风险。在国际贸易中,自买卖合同签订到实际交货、清算货款要经过一段时间。在这段时间里,如果计价货币的汇率出现波动,进出口商就难以准确计算成本和利润,而且还有可能遭受损失。为避免损失,进出口商在签订商品买卖合同时,在外汇市场上进行远期外汇交易。常常是进口商买进远期外汇,出口商卖出远期外汇。到进出口商品实际交割时再进行远期外汇买卖清算。例如,日本某进口商从美国进口一笔价值 10 万美元、三个月后交货付款的商品。签订合同时,日元兑美元的汇率是 USD1=JPY100,该进口商需支付 1000 万日元的货款。若 3 个月后,汇率变为:USD1=JPY105,该进口商则需支付 1050 万日元,多支付 50 万日元,这就是该进口商承担的汇率风险。为了避免这种风险,该进口商可以在签订合同时在外汇市场上按 USD1=JPY100 的即期汇率买进 10 万美元,将之存入银行或进行短期美元投资,3 个月后收回这笔美元支付货款,但这需要占用资金。而利用远期外汇交易既可达到避险目的又不必占用资金。该进口商可以在外汇市场买入 3 个月期的美元,假如 3 个月期远期汇率为 USD1=JPY100.10,那么 3 个月后,无论美元与日元的汇率如何变动,该进口商只要支付 1001 万日元就可购入 10 万美元,用以支付货款。这里的成本只是比即期外汇交易多支付 1 万日元,但避免的损失却可能是非常大的。

其次,国际投资者可以利用远期外汇交易,避免国际资本流动中的汇率变动风险。例如,德国某投资者有一笔可以投资 6 个月的欧元资金,他看好纽约股市,便决定用这笔资金购买纽约某上市公司的股票,于是他按 USD1=EUR0.9010 汇率把这笔兑换成美元,再用美元购买纽约某公司的股票。但是他担心 6 个月后,当他卖掉股票换回德国马克时,美元汇率下跌,假如跌到 USD1=EUR0.8910,他会因此而遭受损失。于是,他决定在将德国马克卖掉换成美元的同时,用美元买进 6 个月期的远期德国马克,这样无论此后 6 个月汇率如何变动,他都可以在这 6 个月后按远期合约规定的汇率将收回的美元卖掉,从而避免了汇率波动的风险。

2. 平衡外汇银行远期外汇头寸,避免外汇风险

进出口商、国际投资者等经济主体为避免汇率变动风险而向银行买卖出远期外汇,实际上是把汇率变动的风险转嫁给了外汇银行。外汇银行只有平衡远期外汇头寸,才能避免或降低汇率变动可能给自己造成的损失。但外汇银行在远期外汇买卖中与即期外汇买卖中一样,会出现不同货币的超买或超卖,出现远期外汇头寸不平衡。例如,德国某银行某日的远期外汇交易中,出现了 3 个月期的美元超买 800 万,6 个月期的日元超卖 4 亿,这样一旦 3 个月后美元价格下跌或 6 个月后日元价格上涨都会给该银行造成损失,因此稳重的银行都会设法及时抛售超买的 3 个月期的 800 万美元,补进超卖的 6 个月期的 4 亿日元。

3. 进行外汇投机,获取投机利润

由于远期外汇交易在成交时只需签订合同,并不需要进行实际交割,这就给外汇投机提供了条件。利用远期外汇交易进行投机并不需要像即期外汇交易那样持有资金或外汇,投机者在手中既没有资金也没有外汇的情况下,仍然可以进行远期外汇买卖。例如,在苏黎世外汇市场,某日 3 个月期美元的远期汇率为 USD1=CHF1.2300,某投机者判断,由于美国的通货膨胀等原因,美元汇率会下跌。于是他在远期外汇市场上出售 3 个月期美元 10 万,此时他只与买入方签订买卖合约,并不要真正卖出 10 万美元(甚至他根本没有 10 万美元)。假如他预测正确,三个月后美元汇率果然下降,即期汇率为 USD1=CHF1.1910。那么他可以在外汇市场上花 119110 瑞士法郎买入 10 万美元现汇,再将这 10 万美元用以远期外汇合约的交割,收进 123000 瑞士法郎,可获利 3900 瑞士法郎。当然如果他预测失误,美元汇率不是下降而是上升,他就要遭受损失。这就说明进行外汇投机也是要承担风险的。

有时外汇银行也会进行外汇投机。如果外汇银行在远期外汇交易中,有意识地对某种或某几种货币保持超买或超卖地位,实际上就是一种投机行为。

(四)远期择期外汇交易

远期择期外汇交易(Forward Exchange Option)是远期外汇交易的一种特殊形式。与一般远期外汇交易的区别主要是,远期择期外汇交易的交割不是未来的一个明确时间,而是自交易日第二天至约定期限中的任何一天,在这一段时间内可由客户加以选择。如9月1日成交的1个月期的远期外汇交易交割日应在10月1日,但若是择期外汇交易则可以由客户在9月2日至10月1日这一个月时间内的任何一天提出交割。

择期外汇交易克服了远期外汇交易交割日期固定不变的缺点,增强了进出口商等客户买卖外汇的灵活性,因为在很多情况下进出口商等客户并不能准确地知道付汇或收汇的时间。择期外汇交易可在一段时间内由客户选择交割日,这对客户是相当有利的,但对外汇银行却是相对不利的。因此,作为一种补偿,在择期外汇交易中,常常采用对银行有利而对客户不利的汇率。一般的做法是:

当银行卖出择期外汇时,若远期汇率升水,选择最接近择期结束时的汇率,远期汇率贴水,选择最接近择期开始时的汇率,即无论远期汇率升水还是贴水,银行均选择最高汇率卖出外汇。当银行买入择期外汇时,远期汇率升水还是贴水,选择最接近择期开始时汇率,远期汇率贴水,选择最接近择期结束时汇率,即无论远期汇率升贴水,银行均选择最低汇率买入外汇。

二、掉期外汇交易

(一)掉期外汇交易的概念

掉期外汇交易(Swap Exchange Transaction)是在买进或卖出一种期限的某种货币的同时卖出或买进另一种期限的同等金额该种货币的外汇交易。即把原来持有的某种货币来一个掉期。例如:某人某日以 GBP1=USD1.7210 的即期汇率卖掉 10 万英镑买进美元,同时以 GBP1=USD1.7230 的远期汇率卖掉美元买进一个月期限的 10 万英镑。这就是一笔掉期交易,在这里改变的不是交易者手中持有的外汇币种和数额而是期限。交易者原来持有的是英镑现汇,掉期交易后持有的是 1 个月期远期英镑。

实际上掉期外汇交易由两笔不同期限的交易组成,但掉期外汇交易并不分别进行这两笔交易,而是两笔同时做,这样买卖差价只损失一次,比分别做买卖差价的损失要小些。掉期外汇交易的汇率差价称作"掉期率",一般而言,掉期率与远期汇率的升贴水率是一致的。

(二)掉期外汇交易的分类

按交易方式分,可分为纯掉期交易和制造掉期交易。

纯掉期交易(Pure Swap)是指掉期的两笔外汇买卖发生在相同的两个交易者之间。如 A 交易者卖出一笔即期欧元给 B 交易者,同时又与 B 交易者签订远期外汇交易合约,按远期汇率从 B 交易者那儿买回 3 个月期的同等金额的欧元。在这种交易中,掉期率由买卖双方直接协商,一旦双方达成协议,便按约定的金额、期限及即期汇率和远期汇率成交。纯掉期交易是掉期交易的主要形式。

制造掉期交易(Engineered Swap)是指掉期的两笔外汇买卖是彼此独立的,发生在不同的交易者之间。如 A 交易者将一笔日元按即期汇率卖给 B 银行,同时又与 C 银行达成远期外汇交易协议,买入 6 个月期与卖给 B 银行同等金额的日元。将这两笔交易分开来看,A 交易者只是分别地进行了一笔即期日元卖出和一笔远期日元买进的交易。但是从 A 交易者本身来看,这两笔交易达到了使其持有的日元调换日期之目的,这与掉期交易的性质是一致的。因此可以说是制造出一笔掉期交易。这种类型的掉期交易在实际业务中并不多见。因为其相对交易成本比纯掉期要高。

按掉期期限分,可分为即期对远期、即期对次日、远期对远期交易。即期对远期(Spot Forward)是在买进或卖出一笔即期外汇的同时,卖出或买进一笔同等金额同样币种的远期外汇。这是掉期交易最常见的形式。

即期对次日(Spot Next)是指成交后的第二个营业日作第一次交割(即期交易),第三个营业日(即期交割日的次日),作反向交割(远期交易交割)。这种掉期交易用于银行同业间的隔夜资金拆借。

远期对远期(Forward-Forward)是指买进(或卖出)某种较短(或较长)的远期外汇的同时,卖出(或买进)某种较长(或较短)的远期外汇。例如,某交易者买进一月期的英镑,又卖出三月期的英镑。这里两笔交易都是远期,但期限长短是不同的。在实际业务中,这种掉期并不多见。

(三)掉期外汇交易的作用

1.避免短期国际资本流动中的外汇风险

在短期国际资本流动过程中常需要进行多次的货币兑换,一旦汇率发生波动,债务人或债权人就有可能遭受损失,利用掉期外汇交易可以避免这种损失。例如,日本某公司有笔 1 亿日元资金可闲置 3 个月,由于美国货币市场利率高于日本,故想把该笔资金存入美国银行,3 个月后再调回日本。假如当时即期汇率为 USD1＝JPY100,可兑换到 100 万美元,但若 3 个月后美元贬值日元升值,100 万美元就难以兑换到 1 亿日元,该公司就要遭受损失。于是该公司可以在将 1 亿日元兑换成 100 万美元同时,与对方签订 3 个月期的远期外汇合约,按 3 月期汇率卖出这 100 万美元。这样便可锁定日后美元贬值的风险。

2.改变外汇期限和币种

掉期交易主要是通过改变外汇期限来锁定汇率风险。但其也可以在改变外汇期限的同时,在一定时期内改变外汇币种,满足企业等经济主体对不同货币资金的需求。例如,某企业需要借入澳元进行某项支付,但由于种种原因,市场上很难借到澳元。于是该企业可以先借入美元,然后进行掉期外汇交易,卖掉即期美元买入澳元,同时又在远期外汇市场卖掉远期澳元买入美元。这样既得到了企业所需的澳元,又避免了以后汇率波动的风险。

瑞士银行就常利用掉期交易来改变其所持外汇币种。瑞士金融业极为发达,吸引大批世界各国的大量资金。但由于瑞士国土较小,吸收的大量存款常常要转移到欧洲美元市场贷放,这就需要将瑞士法郎兑换成美元,以后又要将美元兑换成瑞士法郎,为了避免汇率风险,瑞士银行就需在外汇市场上做掉期交易。

三、套利

套利(Interest Arbitrage)又称套息,是指在两国短期存贷款利率存在差异的情况下,投资者权衡两国利差和远期汇率的升贴水状况来转移资金,赚取利润的行为。一般而言,资金总是从利率低的地方向利率高的地方转移,以获得较高的利息收入。

例如:某一时期,美国金融市场上的 3 个月期定期存款的利率为 10％,英国则为 8％。这时英国投资者就会把英镑资金兑换成美元,然后存入美国银行。如果资金总额为 100 万英镑,那么该投资者在英国存款 3 个月可得利息 2 万英镑(100 万×8％×1/4);在美国存款可得到利息 2.5 万英镑(100 万×10％×1/4)。套利的结果是该投资者多得了 5000 英镑的利息。这种只将资金从低利率国家转移到高利率国家获取利差收入,并不进行掉期外汇交易加以套期保值的套利行为,称为纯粹套利或无抛补套利,它是建立在外汇市场即期汇率在一段时期内(如此例中 3 个月内)不变的基础上的。

但是,实际上外汇市场上汇率是常发生变化的。考虑到汇率变化因素,上例至少还会出现以下两种情况:一是 3 个月后,英镑即期汇率下跌,假如从 GBP1＝USD1.7250 跌到 GBP1＝USD1.7000,那么套利结果,不仅可获得 5000 英镑的利差收入,还可获得 1.51 万英镑汇差收入。具体操作过程如下:该投资者按 GBP1＝USD1.7250 即期汇率将 100 万英镑兑换成 172.5 万美元存入美国银行,3 个月后取出本息 176.8125 万美元,将之按 GBP1＝USD1.7100 的汇率可兑换成 104.01 万英镑,不仅比在英国存款多得了 0.5 万英镑利息收入,且多得了 1.51 万英镑的汇差收入。但是这种情况很少见。第二种情况是,3 个月后英镑即期汇率上升,假如从 GBP1＝USD1.7250 上升到 GBP1＝USD1.7750,那么套利结果不仅得不到利差收入,连原来在英国存款可得到的利息收入也会受损,甚至本金也难保住。3 个月后该投资者从美国银行取出本息 176.8125 万美元,按 GBP1＝USD1.7750 的汇率只能换回 99.6127 万英镑,损失相当惨重。

按照利率平价理论,低利率国家货币的远期汇率会上升,高利率国家货币的远期汇率会下跌,上述第一种情况从理论上说是不存在的,从实际上看,大量出现的也是第二种情况。因此在套利活动中,套利者常采用掉期交易来避免高利率国货币贬值而使自己蒙受损失。如上例中,该投资者在将英镑兑换成美元存入美国银行的同时,就在远期外汇市场上将美元卖掉。这被称为抛补套利(Covered Interest Arbitrage),是套利的主要形式。

由于远期汇率与即期汇率之间存在着差价,在进行抛补套利时,必须权衡两国利率差价和远期汇率与即期汇率差价的关系。如果两者大致相同,说明利差收入会被汇价损失所抵补,抛补套利将无利可图。只有汇差小于利差时,抛补套利才是有利可图的。但抛补套利活动本身会使套利条件消失。因此套利不但是有条件的,而且套利条件只是短期内存在的。

第四节　外汇期货交易

外汇期货交易是外汇交易的一种衍生方式,虽然它以外汇汇率报价,但直接买卖的对象不是外汇,而是外汇期货合约,最终基本上进行的都是差额交割和现金交割,极少有现汇交割。

一、外汇期货交易的产生、发展及功能

(一)外汇期货交易的产生与发展

外汇期货交易(Currency Futures Contracts Transaction)又译作货币期货交易,是标准

化的外汇期货合约的交易,即买卖双方先就交易币种、金额、汇率、期限等达成协议,并交纳一定的保证金,待到期日再进行实际交割。

外汇期货交易是在商品期货交易的基础上产生与发展起来的。商品期货交易产生于19世纪中叶的美国,以芝加哥期货交易所的诞生为标志。19世纪初开始,芝加哥就是美国的最大谷物集散地。为确保谷物顺利交易,避免由于季节性等原因造成的供求矛盾尖锐化和大量浪费,1848年美国82位谷物交易商组成了芝加哥期货交易所,当时主要是先签订远期合约再到期交割。到1868年,标准的期货合约取代了远期合约,并实行了保证金制度,产生了完整意义上的期货交易。此后在其他国家也相继建立了期货交易所,进行以农产品、金属、石油等为主的商品期货交易。100多年来,期货交易不断发展与完善,目前已走向规范化和国际化。

外汇期货交易的产生比商品期货交易要晚得多,20世纪70年代才在美国首次出现。20世纪70年代初以美元为中心的国际货币体系崩溃,浮动汇率制取代了固定汇率制,汇率从相对稳定发展到频繁波动,有时在一天内汇率的波动幅度就高达5%以上,给进出口企业、外汇银行等造成了相当大的外汇风险。为了回避风险减少损失,外汇期货交易应运而生。1972年5月,美国芝加哥商业交易所(CME)开辟了国际货币市场(IMM),进行包括英镑、加拿大元、德国马克、意大利里拉、日元、瑞士法郎和墨西哥比索等货币在内的外汇期货合约交易。1982年英国开辟了伦敦国际金融期货交易所(LIFE),经营包括货币期货在内的各种金融期货交易。此后,世界上许多国家和地区都开办了外汇期货交易,其中主要有:澳大利亚悉尼期货交易所经营澳元期货期权;加拿大多伦多期货交易所经营加拿大元、瑞士法郎、德国马克、英镑期货期权;荷兰欧洲期权交易所经营荷兰盾、美元、德国马克、英镑期货期权;新西兰奥克兰期货交易所经营新西兰元期货;英国伦敦证券交易所经营英镑、美元期货期权;美国中美商品交易所经营瑞士法郎、英镑、德国马克、加元、日元期货;香港宝生银行和美国大通银行香港分行等经营美元、英镑、日元、德国马克、港元、澳大利亚元、新西兰元等货币期货,交通银行也有港元期货业务,等等。

(二)外汇期货交易的功能

1. 套期保值,趋避风险

受共同经济因素和政策因素的影响,外汇的现货价格和期货价格在变动趋势和方向上具有一致性,套期保值者(进出口企业、外汇银行等)可以在即期外汇市场买进(或卖出)某种外汇的同时,在外汇期货市场上卖出(或买进)同等数额的该种外汇期货合约,这样,当即期外汇市场汇率下跌(或上升),买进(或卖出)外汇遭受损失时,外汇期货市场的汇率也会下跌(或上升),卖出(或买进)外汇期货却会盈利,从而抵消或减少了即期外汇交易的风险,锁住了外汇价格。这种外汇期货与即期外汇反方向的交易活动,客观地形成了单纯的现汇交易所不具备的吸收风险、转移风险的功能。这一功能的存在,是期货交易得以产生并经久不衰的一个重要原因。

2. 发现供需,导向汇率

汇率一般由外汇供求关系形成并调节,但即期汇率反映的只是当期外汇的供需,并不能反映将来外汇供求关系及汇率的走势。外汇期货价格由大量买方与卖方在公开的期货交易所集中竞价形成,反映了供需双方对未来外汇供求和汇率走势的共同预期,提供了较长期外汇供求及价格走势信息,从而成为引导即期汇率的重要因素。

3. 以小博大,投机获利。

由于外汇期货市场上买卖的直接对象是标准化的外汇期货合约而非现实的外汇,投机者可以较少的外汇保证金在期货市场上频繁交易,大进大出,买空卖空,利用汇率波动,赚取高额利润。但是,投机者在赚取投资利润的同时自愿承担了套期保值者转移的风险,并提供了风险资金,使套期保值得以实现。而且由于投机者的频繁交易,促进了期货市场的高效与流动。因此外汇期货市场承认投机的合法性,允许投机者根据自己对汇率走势的判断低价买进高价卖出外汇期货合约,赚取利润。不过外汇期货市场上的投机活动必须严格按照法律限制的范围及市场规则进行,超越法律允许范围的投机会受到法律的严厉惩罚。

二、外汇期货交易与远期外汇交易的区别

外汇期货交易以远期外汇交易为基础,两者从本质上说都是外汇合约买卖,即都是由买卖双方先签订合约,规定外汇买卖的币种、金额、汇率及期限,在将来的某个时间再进行交割。两者的基本功能都是套期保值,避免外汇风险,因此两者有许多共同之处。但实际上两者存在着许多差别,切不可混为一谈。

(一)合约的标准化、规范化程度不同

远期外汇交易合约中的交易币种、金额、交割日期和地点等内容由买卖双方协商决定,每笔交易或每份合约都会有所不同。

外汇期货合约是高度标准化的合约:

(1)交易金额标准化。每份合约的交易金额是固定的,如芝加哥国际货币市场(IMM)规定,每份英镑合约金额为 2.5 万英镑,每份日元合约金额为 1250 万日元等等,每次交易量只能是合约金额的整数倍数。假如某交易者要购买 12 万英镑的期货,那么他要么买 4 份英镑期货合约(2.5 万×4＝10 万),要么买 5 份英镑期货合约(2.5 万×5＝12.5 万)。但是在远期外汇交易中,该交易者只需与卖方签订一份金额为 12 万英镑的远期合约即可。

(2)交割日期标准化。期货交易所一般明确规定外汇期货合约的交割日期,如 IMM 规定各种货币的交割月为 3 月、6 月、9 月和 12 月,以此循环,交割日为交割月的第 3 个星期的星期三。远期外汇交易则可以在任何月份或时间进行交割。

(3)交割地点标准化。外汇期货交易一般都是场内交易,其交割地点统一在与期货交易所相对应的清算所进行,每笔交易完成后,买卖双方并不见面,而是各自与清算所进行清算,远期外汇交易则由买卖双方直接进行清算。

(4)交易币种标准化。远期外汇交易的货币可以是多数可兑换货币,外汇期货交易的货币只限少数几种,由交易所规定,如 IMM 交易的币种有:英镑、德国马克、瑞士法郎、加元、日元、法国法郎;伦敦证券交易所交易的币种只有英镑和美元。

(二)交易的具体内容不同

(1)交易市场不同。远期外汇交易通常是在无形的外汇市场中进行,即由银行之间、银行与经纪商或客户之间通过电话、电报电传等电讯网络进行。外汇期货交易一定是在有形的市场,主要是期货交易所进行。

(2)交易主体不同。远期外汇市场的交易主体主要是银行,此外还有大的跨国公司、外贸公司等,很少有自然人介入;外汇期货市场上,任何人都可以通过外汇经纪人进行买卖,不仅银行、大公司可以参加交易,小企业、小进出口商和公司职员,医生、律师等自然人都可以

参加交易。

（3）交易方式不同。远期外汇交易通过电讯工具显示外汇汇率，交易可以由买卖双方直接协商进行，也可以通过经纪人进行；外汇期货交易必须通过经纪人在交易所内进行，由经纪人在交易所内公开喊价，是典型的拍卖方式。外汇期货合约价格通过大众媒介随时随地都可以获取。

（4）交割方式不同。远期外汇交易90％以上最终都要进行实物交割，买方付款收汇，卖方付汇收款，买卖双方直接进行清算，了结合约关系；外汇期货交易进行实物交割的只占1％左右，绝大多数是现金交割，差额结算。例如，某人以GBP1＝USD1.7的价格买进10万英镑外汇期货，需花17万美元，假如到交割日汇率变为GBP1＝USD1.8，那么此人清算的结果是收进1万美元，合约便算了结。如果到交割日汇率变为GBP1＝USD1.65，那么此人只要支付5000美元也就了结了合约关系。由于外汇期货交易的清算都通过清算所进行，所以买卖双方并不知道也无须知道对方是谁。

（三）交易的具体要求不同

（1）保证金要求不同。远期外汇交易一般不需要支付保证金，履约全凭信誉。所以对交易对方的信誉要进行评估，并控制交易量。一般中小企业、个人就较难进行远期外汇期货交易；外汇期货交易实行严格的保证金制度，意欲进行交易，首先得按规定交纳一定的保证金，而且对于未结算交易的金额，清算所按每日基准汇率进行估价，以调整保证金金额。保证金制度为买卖双方履约提供了保障，因此在期货市场上，任何人只要按规定交纳保证金，均可通过经纪人进行外汇期限合约的买卖。

（2）佣金要求不同。远期外汇交易一般不收佣金，只是在通过外汇经纪人进行交易时，才需支付一定的佣金；外汇期货交易由于必须委托经纪人进行交易，所以必须支付佣金，佣金比例并无统一规定，由委托人与经纪人自行商定，但一般比例都不大。

（3）流动性不同。远期外汇合约一般不能中途转让，必须保留至到期日进行交割；外汇期货合约可以在到期前反复流通转让，这样既增大了外汇期货合约的流动性，也保证了合约价格的公开、公正和连续性。

表 6-5　外汇期货交易与远期外汇交易的区别

	外汇期货交易	远期外汇交易
交易合约规范程度	标准化合约（买卖双方不见面）	非标准化合约（买卖双方见面）
交易金额	每份合约交易金额固定	每份合约交易金额不固定
交易币种	较少	较多
交易者	法人和自然人均可参加交易	主要是金融机构和大企业
交易方式	场内交易	多数是场外交易
交割方式	绝大多数是现金交割、差额交割	绝大多数是实物交割
流动性	外汇期货合约可以反复流通转让	远期外汇合约不可以流通转让
保证金要求	买卖双方必须按规定交保证金	一般无须缴纳保证金

三、外汇期货交易的基本惯例

(一)外汇期货合约内容

外汇期货合约是具有法律效力的契约,同时制约着买卖双方。由于外汇期货合约是外汇期货交易的直接对象,且在到期前能流通转让,被多次交易,因此它是高度标准化的。

表 6-6　IMM 外汇期货合约内容与交易规则

期货合约种类	合约交易金额	最小价格波动	每日价格波动限制	交割月份	交割日	交易终结日
英镑	25000(英镑)	5 点(12.5 美元)	500 点(1250 美元)	3 月、6 月9 月、12 月	交割月第 3 个星期的星期三	交割日前的第 2 个交易日
加拿大元	100000(加元)	1 点(10 美元)	75 点(750 美元)	3 月、6 月9 月、12 月	交割月第 3 个星期的星期三	交割日前的第 2 个交易日
日元	12500000(日元)	5 点(12.5 美元)	500 点(1250 美元)	3 月、6 月9 月、12 月	交割月第 3 个星期的星期三	交割日前的第 2 个交易日
瑞士法郎	125000(瑞士法郎)	5 点(12.5 美元)	500 点(1250 美元)	3 月、6 月9 月、12 月	交割月第 3 个星期的星期三	交割日前的第 2 个交易日

现以表 6-6 中的英镑期货合约为例加以说明:每份合约交易金额固定为 25000 英镑,这是最小交易单位,每笔英镑期货交易的金额必须是它的整数倍数;合约的价格升降至少为 5 点,即每一英镑价格升降至少为万分之五或 0.0005 美元(各种货币期货的价格均以美元标价),那么每份合约的价格变化最小为 12.5 美元(0.0005×25000),并必须以它的倍数变化;每日价格波动限制是指一个营业日内价格波动的幅度,英镑期货合约价格与前一天收盘价格相比较,一天内上升或下降幅度为每一英镑不得超过 500 点,即 0.05 美元,那么每份合约一天内的价格波动不得超过 1250 美元(0.05×25000);交易终结日是指期货合约终止买卖的时间,其定在交割日前的第 2 个交易日,是为了该合约的交割能够按时顺利进行。其他各种货币期货合约内容可以此类推。

(二)外汇期货合约报价

外汇期货合约一般都以美元报价,即以每单位货币值多少美元报出。其行情通过大众媒体广为传播,一般公众随时可以得到。下面以 1988 年 4 月 25 日《亚洲华尔街日报》刊登的美国 IMM 前一天外汇期货行情表中的瑞士法郎行情为例,说明外汇期货合约的报价。

表 6-7　外汇期货合约的报价

	Currency Futures					Lafetime		Open
	Open	High	Low	Settle	Change	High	Low	Interest
	SWISS	FRANC	(IMM)	—	125000	francs	$ per	frane
June	.7287	.7289	.7265	.7269	−0.0041	.8040	.6580	25824
Sept.	.7385	.7387	.7358	.7366	−0.044	.8120	.6950	.983
Dec.	.7428	.7485	.7470	.7470	−0.0046	.8210	.7350	153
Est	Vol 15660			Vol Thur 11260;			Open int 26963＋263	

表 6-7 中第 1 行为行情表标题"货币期货";第 3 行中 Open 指当天开盘价;High 指当天最高价;Low 指当天最低价;Settle 指当天清算价,即清算所用以确定合约价值和进行清算的价格,一般以收盘前 30～60 秒钟的价格为准;Change 指当天清算价与前一天清算价的差额,正号表示上升,负号表示下降;Lifetime High 指该合约自交易以来曾经达到的最高价;Lifetime Low 指该合约自交易以来曾经达到的最低价;Open Interest 指尚未对冲的合约数目。表中第 4 行表示 IMM 交易的瑞士法郎合约标准金额为 12.5 万瑞士法郎,以每一瑞士法郎多少美元报出。第 5 行至第 7 行左边的标题表示合约在 6 月、9 月和 12 月到期,标题后面的数字是具体行情。最后一行 Est Vol 指当日成交的合约数目;Vol Thur 指前一日成交的合约数目;Open int 指前一日未对冲合约总数;最后一个数字指前一日与再前一日未对冲合约数的差额。

从表 6-7 可知,IMM 交易的 6 月到期的瑞士法郎期货当天开盘价为每一瑞士法郎 0.7287 美元(以 0.7287/SF 表示);当天最高价为 0.7289/SF;当天最低价为 \$ 0.7265/SF;当天清算价为 0.7269/SF,比前一天清算价下跌 0.0041/SF;6 月到期的瑞士法郎期货曾经达到的最高价为 0.8040/SF,最低价为 0.6580/SF;未对冲的合约数目为 25824 份。当天成交的瑞士法郎期货合约总数为 15660 份,前一天成交总数为 11260 份;前一天未对冲合约总数为 26963 份,比再前一天增加了 263 份。

(三)外汇期货交易程序

外汇期货交易必须在交易所中进行,但交易双方并不能直接进入交易所交易,必须委托经纪人进行。简单程序是:客户若想买或卖某种外汇期货合约,便向经纪公司发出委托指令,经纪公司接到委托指令后,立即将该指令传递给该公司的交易所出市代表(场内经纪人),出市代表收到指令后,按指令要求在交易场内讨价还价进行交易,一旦成交便一方面把成交信息告诉交易所报告员,一方面将成交记录递交给清算所进行清算。

(四)外汇期货交易的保证金

为了保证外汇期货合约买卖双方履约,外汇期货交易实行严格的保证金制度(Margin System)。保证金分为初始保证金(Initial Margin)和追加保证金(Variation Margin)。初始保证金是购买或出售外汇期货合约时,由买卖双方各自向期货清算所缴纳,其数额通常是期货合约金额的 2％—5％。例如一份英镑期货合约金额为 25000 英镑,如果保证金为交易金额的 2％,那么购买或出售一份英镑合约需交纳 500 英镑保证金。追加保证金是由期货清算所通知期货合约持有者补交的保证金。在外汇期货交易中,每天交易所营业终了,清算所都要按当天的收盘价对未对冲的期货合约进行清算,计算盈亏,并在保证金账户上做相应记录,盈利表现为保证金增加,亏损表现为保证金减少。当保证金低于维持保证金(规定的最低保证金水平)时,清算所便通知客户追加保证金,直至达到初始保证金水平。否则清算所有权立即轧平期货头寸。

四、外汇期货交易的套期保值

利用外汇期货交易可以对即期外汇买卖进行套期保值,降低外汇风险。

(一)空头套期保值

空头套期保值(Short Hedging)是在买入即期外汇的同时,卖出同等金额的该外汇期货合约,以避免外汇汇率下跌而给持有的外汇造成损失。

例如,某年 4 月 2 日,美国某一跨国公司在英国的一家子公司急需 25 万英镑,6 月 28 日该公司的英国子公司就有一笔英镑收入,可将 25 万英镑调回总公司。于是该总公司当天就在即期外汇市场上买进 25 万英镑汇给英国子公司。但该公司担心 3 个月后收到子公司调回的 25 万英镑时,英镑汇率已下跌,从而遭受损失。这种情况下,该总公司可以利用外汇期货交易进行套期保值,即在买入 25 万英镑现汇的同一天在外汇期货市场上出售总金额为 25 万英镑的 3 个月期英镑期货合约。具体做法如表 6-8。

表 6-8　外汇期货交易的空头套期保值

即期外汇市场	外汇期货市场
4 月 2 日	4 月 2 日
买入 25 万英镑 汇率为:GBP1＝USD1.5100 支付:37.75 万美元	出售 10 份 6 月底到期英镑期货合约 每份英镑期货合约交易金额为 2.5 万英镑 每 1 英镑价格为 1.5200 美元 10 份英镑期货合约总价值为 38 万美元
6 月 28 日	6 月 28 日
卖出 25 万英镑 汇率为:GBP1＝USD1.4800 收入 37 万美元	买入 10 份 6 月底到期英镑期货合约 每 1 英镑价格为 1.4700 美元 10 份英镑期货合约总价值为 36.75 万美元
损失 7500 美元	盈利 12500 美元
套期保值净结果:盈利 5000 美元	

假设 3 个月后,正如该美国公司所预测的那样,英镑汇率下跌。如果该公司没做外汇期货空头交易,那么将损失 7500 美元;而当英镑汇率下跌时,英镑期货价格也会下跌(一般期货市场与现汇市场汇率变动方向都是一致的),但出售英镑期货会在其价格下跌时盈利,这样正好用期货市场上的盈利弥补了现汇市场上的损失,当期货市场汇率下跌幅度比现汇汇率大时,除弥补损失外,还可净盈利(上例中净盈利为 5000 美元)。当然如果上例中,到 6 月 28 日,汇率不是下跌而是上升,那么即期外汇交易会盈利,而外汇期货交易会亏损,从而抵消或减少即期外汇交易的盈利。因此对是否应采取套期保值行动的判断是至关重要的。但不管怎样,套期保值不会承担过大的风险,一般的结果或是少受损失或是少得盈利。

(二)多头套期保值

多头套期保值(Long Hedging)是在卖出即期外汇的同时,买入同等金额的该种外汇的期货合约,以避免外汇汇率上升而给卖出外汇造成损失。

例如,某年 6 月 20 日美国某公司从欧洲货币市场借入 100 万期限为 3 个月的瑞士法郎,在外汇市场上按即期汇率兑换成美元用于经营活动。当时的汇率为 USD1＝CHF1.2850,该公司希望 3 个月后仍然能按这样的汇率将美元兑换成瑞士法郎,归还贷款,以固定经营成本并避免瑞士法郎升值的风险。那么它可以买进 100 万 3 个月期限的瑞士法郎期货合约,3 个月后再卖掉同量的合约,以期对瑞士法郎的即期交易进行保值。具体做法如表 6-9。

表 6-9　外汇期货交易的多头套期保值

即期外汇市场	外汇期货市场
6 月 20 日 借入 100 万瑞士法郎,将之兑换成美元使用 汇率为:USD1＝CHF1.2850 可得:77.82 万美元	6 月 20 日 买入 8 份 9 月底到期的瑞士法郎期货合约 每份合约金额为 12.5 万瑞士法郎,共 100 万瑞士法郎, 每 1 瑞士法郎价格为 0.7780 美元, 总价值为:77.80 万美元
9 月 20 日 买入 100 万瑞士法郎偿还借款 汇率为:USD1＝CHF1.2350 付出 80.97 万美元	9 月 20 日 出售 8 份 9 月底到期的瑞士法郎期货合约, 每一瑞士法郎价格为 0.8010 美元, 总价值为:80.10 万美元
损失 3.15 万美元	盈利 2.3 万美元
套期保值净结果:亏损 8500 美元	

　　从表 6-9 可见,由于该公司在借入 100 万瑞士法郎同时,进行了同等金额的外汇期货多头交易套期保值,减少了 2.3 万美元的损失,将亏损额从 31500 美元降至 8500 美元。

　　外汇期货交易还可用来进行投机,与套期保值不同的是,期货投机交易并不与现汇市场相对应。即是说,投机者并非在外汇即期市场上有交易才进入外汇期货市场,而是根据自己对外汇期货价格涨跌的判断来买进或卖出外汇期货合约,其结果是要么得到较高利润要么遭受较大损失。

第五节　外汇期权交易

　　外汇期权交易也是一种衍生的外汇交易方式,其直接买卖对象是代表着一定的外汇买卖选择权的外汇期权合约,与外汇期货交易不同的是,期权购买者可以选择履约也可以选择不履约,当然为此必须付出一定的成本。

一、外汇期权交易的产生与发展

　　外汇期权交易(Foreign Currency Option Transaction)又称外汇选择权交易,是买方与卖方签订协议,买方花一定的保险费便可获得在未来一定时期或某一固定日期按某一协议价格从卖方手中买进或卖出一定数量某种货币的权力。期权交易是从期货交易逐步演变而产生的。商品期权交易在商品期货交易产生不久后就出现,股票期权交易也早在 1910 年就在美国股票市场进行,但是一直到 20 世纪 70 年代以前,股票期权交易是非标准化的,而且主要在场外市场交易。1973 年 2 月芝加哥期货交易所的成立,标志着标准化的金融期权交易的产生。1978 年荷兰的欧洲期权交易所(EOE)首次引入外币期权交易,1982 年 12 月美国费城股票交易所(PSE)承办了第一批英镑期权和德国马克期权,并获得了美国证券交易委员会的批准,使外汇期权成为一种合法的交易工具,同年加拿大的蒙特利尔交易所

(MOE)也进行了货币期权交易。从 1986 年开始,一些重要的交易所均开展了外汇期权业务,有组织的交易所场内交易的外币期权业务迅速发展,其中最主要有美国的费城证券交易所(PSE),芝加哥国际货币市场(IMM)和英国的伦敦国际金融期货交易所(LIFFE)。

与外汇期权场内交易迅速发展同时,外汇期权的场外交易也得到了较大发展,一些外汇银行也向客户出售外汇期权。场外交易对普通客户(企业等)来说,最大的好处就是交易条件灵活,可与卖方直接协商,缺点是交易成本较高。

二、外汇期权类型

(一)按行使期权的时间分可分为:美式期权和欧式期权

美式期权(American Option)是在期权到期前的任何一天,买方都可以行使期权;欧式期权(European Option)只有在期权到期日,买方才能行使期权。例如,某公司 7 月 1 日买进一份 9 月 30 日到期的英镑期权合约,对美式期权而言,该公司可以在 7 月 1 日至 9 月 30 日这段时间内的任何一天行使期权,对欧式期权而言,该公司只能在 9 月 30 日这一天才可以行使期权。美式期权是期权交易的主要类型。

(二)按期权的性质分可分为:看涨期权和看跌期权

看涨期权(Call Option)又称买入期权或多头期权,买进外汇看涨期权意味着购买者有权按一定的条件(数量、期限、价格等)从卖者手中买进某种外汇;看跌期权(Put Option)又称卖出期权或空头期权,买进外汇看跌期权意味着购买者有权按一定的条件(数量、期限、价格等)向卖者出售某种外汇。

(三)按外汇期权的交割价与即期外汇交易价的关系分

可分为:有利期权,无利期权和平价期权。有利期权(In Money Option)是指外汇期权的交割价(协议价格)低于即期汇率(对看涨期权而言)或高于即期汇率(对看跌期权而言)的期权合约,即是说买入有利期权后若立即行使期权并在即期市场做反向交易,可立即获得利润;无利期权(Out of The Money Option)是指外汇期权的交割价高于即期汇率(对看涨期权而言)或低于即期汇率(对看跌期权而言)的期权合约,即是说买入无利期权后若立即行使期权并在即期市场做反向交易,会造成一定损失;平价期权(At The Money Option)是指外汇期权的交割价与即期汇率相同,即是说买入平价期权后若立即行使期权并在即期市场做反向交易,结果是不赚不赔。

(四)按外汇期权的交易方式分

可分为:即期外币期权、外币期货期权和期货式期权。即期外币期权是外汇期权交易的最基本方式,它的购买者有权在约定的期限内按协议价格向卖者买进或卖出一定数额的某种即期外汇;外币期货期权是在即期外币期权的基础上发展而产生的,它的购买者有权在约定的期限内按协议价格向卖者买进或卖出一定数额的某种外汇期货;期货式期权不必像即期外币期权和外币期货期权那样支付期权保险费,但却要像期货交易那样,买卖双方都需交纳保证金,而且随着期权价格的涨跌每天清算,计算盈亏,使保证金发生增减变化。

三、外汇期权交易惯例

(一)外汇期权合约

外汇期权交易实质上也是一种合约交易,外汇期权合约具有法律效力,其内容也越来越

标准化,基本上包括以下几方面:

(1)买方与卖方。买方(Taker)是期权合约的购买方,有权选择行使期权还是放弃期权(即任其到期作废);卖方(Grantor)是期权合约的出售方,有义务应买方的要求按一定的条件买进或卖出某种外汇。

(2)交易币种与金额。外汇期权交易的币种是很有限的,必须在交易所挂牌或外汇银行指定的币种中加以选择,如芝加哥商品交易所的外汇期权交易币种只有英镑、加拿大元、德国马克、日元和瑞士法郎,交易的金额是固定的,如每份英镑期权合约为 25000 英镑,

每份加拿大元期权合约为 100000 元,等等。

(3)协议价格。又称成交价,交割价,是由买卖双方在合约中确定的期权合约执行价格,一旦合约被执行,买卖双方就要按此价格买卖外汇。但如果购买者放弃期权,该协议价格将自动失去意义。

(4)期权有效期。是指合约签订至合约到期之间的时间,超过这段时间,合约便自动作废。各交易所对期权的有效期都有规定,一般为 3、6、9、12 个月期,以 3 个月期为多。

(5)期权保险费。是购买期权的价格,由期权买方向卖方支付,无论期权合约是否被执行,保险费一旦付出便归期权卖方所有,永不退回。

表 6-10　IMM 外汇期权合约内容与交割规则

期货合约种类	合约交易金额	交割价变动区间	期权保险费	变动幅度	期权有效期（月）	价格上下限
英镑	25000（英镑）	2.5（美分）	1 美分（250 美元）	5%（12.5 美元）	3、6、9、12	无
加拿大元	100000（加元）	0.5（美分）	1 美分（1000 美元）	1%（10 美元）	3、6、9、12	无
日元	1250000（日元）	0.01（美分）	0.01 美分（1250 美元）	1%（12.5 美元）	3、6、9、12	无
瑞士法郎	125000（瑞士法郎）	1（美分）	1 美分（1250 美元）	1%（12.5 美元）	3、6、9、12	无

(二)外汇期权合约报价

外汇期权合约报价一般要同时报出期权协议价格和期权保险费,期权协议价格以与即期汇率相同的方式报出,期权保险费以每单位交易货币需多少美分保险费报出。其行情通过大众媒体广为传播,一般公众随时可以得到。下面以费城证券交易所的英镑期权行情为例,说明外汇期权合约的报价(见表 6-11)。

表 6-11 外汇期权合约的报价

Option & Underlying 12500 British B Pound	Strike Price	Currency Options					
		Calls-Cost			Puts-Cost		
		Nov.	Dec.	Mar	Nov.	Dec.	Mar
		Pounds-Cents Per				Unit	
168.31	162 $\frac{1}{2}$	r	4.00	6.90	r	0.90	r
168.31	165	3.30	4.35	5.60	0.65	1.50	r
168.31	167 $\frac{1}{2}$	2.70	3.10	4.10	r	2.50	r
168.31	170	1.20	1.55	3.45	r	r	r
168.31	172 $\frac{1}{2}$	0.20	1.05	r	r	r	r

表 6-11 中 Option & Underlying 指期权交易币种,下一行说明是英镑期权,每份期权交易金额是 12500 英镑,价格以每英镑若干美分表示;Strike Price 指期权合约中的协议价格;Call－Cost 指看涨权价格,分为 11 月、12 月和次年 3 月到期的三种;Puts－Cost 指看跌期权价格,也分为 11 月、12 月和次年 3 月到期的 3 种;左边第 1 列表示英镑与美元的当日即期汇率;r 表示当日没有成交。例如:当日即期汇率为 GBP100＝USD168.31,协议价格为 GBP100＝USD165,到期日为 12 月的英镑看涨期权的价格(保险费)为每英镑 4.35 美分,那么每份英镑看涨期权合约的价格应为 543.75 美元;同样条件的英镑看跌期权的价格(保险费)为 1.5 美分,每份英镑看跌期权合约的价格应为 187.5 美元。

（三）外汇期权价格的决定

外汇期权价格是购买外汇期权所支付的费用,由两部分组成:一是期权的内在价值,一是期权的时间价值。内在价值(Intrinsic Value)指期权成交时具有的获利能力,有利期权具有内在价值,无利期权和平价期权均不具备内在价值,因此有利期权价格较高,无利期权和平价期权价格较低。时间价值(Time Value)指期权有效期内的获利能力,获利能力大则时间价值大,获利能力小则时间价值小。

外汇期权的内在价值一般是一目了然的,但时间价值却要复杂得多,要受到下列因素的影响。

(1)期权有效期。期权有效期越长,汇率波动的可能性就越大,购买者行使期权获取利润的可能性也就越大。因此在协议价格相同情况下,有效期越长的外汇期权价格就会越高。

(2)协议价格。购买外汇期权能否获利,说到底要看到协议价格与即期汇率之间是否存在着有利于购买者的差距,购买看涨期权,协议价格越高,与即期汇率的差距越大,对购买者越不利,从而期权价格越低。购买看跌期权的情况恰好相反。

(3)即期汇率的走势。当即期汇率呈现上升趋势时,看涨期权的价格会上升,看跌期权的价格会下降,因为这时看涨期权的获利机会比看跌期权要大得多。当即期汇率呈现下跌趋势时,情况恰好相反。

(4)市场利息率。在其他条件不变的情况下,期权的时间价值随着利率的变化而变化当一国利率高于别国利率时,该国货币的远期汇率会下跌,预示着将来的即期汇率也会下跌,这样购买该货币的看跌期权的盈利机会就增大,从而该货币看跌期权的价格就会上升,当一国利率低于别国利率时,情况正好相反。

(5)即期汇率的易变性。即期汇率发生变化的可能性越大,期权的时间价值也就越大。汇率稳定的市场,无论是看涨期权还是看跌期权都较少有获利机会,因此期权价格也就较低。即期外汇交易越是活跃,汇率波动越大,期权价格就越高,期权的交易量也就越大。

(6)期权交割日期,美式期权可以在到期前的任何一个营业日交割,欧式期权只有在到期日才能进行交割,因此美式期权价格比欧式期权价格高。

四、外汇看涨期权的套期保值

外汇期权交易的主要作用也是套期保值,购买看涨期权可以对将来要支付的外汇进行套期保值,趋避汇率上涨的风险。

例如,美国某进口商从英国进口一套价值 100 万英镑的机器设备,3 个月后交货付款。签订合同时的即期汇率为 GBP1＝USD1.65,那么美国进口商需花 165 万美元进口这套设备。为了避免 3 个月后货到付款时,因英镑升值使购买这套设备的美元价格上升的风险,该美国进口商决定购买英镑看涨期权进行保值。他查一下行情表得知:协议价格为 GBP1＝USD1.65,期限为 3 个月的英镑看涨期权,保险费为每一英镑 2 美分,于是他买进 40 份(每份交易金额为 2.5 万英镑),共计 100 万英镑,花去保险费 2 万美元。那么以后 3 个月无论即期汇率如何变化,他始终可以按 GBP1＝USD1.65 的价格从期权卖者手中买进 100 万英镑。在该进口商买进英镑看涨期权至期权到期的 3 个月内,无非会出现以下 4 种情况:

(1)英镑贬值或者汇率不变,即:即期汇率≤协议价格(如上例中 GBP1≤ USD1.65),应该放弃期权,结果是损失全部保险费。但实际支付的美元货款比按签订购货合同时汇率计算的要少。假如市场即期汇率变为 GBP1＝USD1.62,那么美国进口商可直接到即期外汇市场买进 100 万英镑,付出 162 万美元,比签订购货合同时的美元价格少 3 万美元。但所买入的英镑期权合约到期自动作废,损失 2 万美元保险费。当然这是该进口商没有看准的情况。也是买入该期权最坏的结果。

(2)英镑升值,但升值幅度较小,即:协议价格＜即期汇率≤(协议价格＋保险费),(如上例中 USD1.65＜GBP1≤USD1.67),这时可以行使期权,追回部分或全部保险费。假如即期汇率变为 GBP1＝USD1.66,那么若从市场买进 100 万英镑需花 166 万美元,而从英镑期权卖者手中买进 100 万英镑需花 165 万美元,省了 1 万美元,但由于购买期权支付了 2 万美元保险费,实际还要损失 1 万美元。假如即期汇率变为 GBP1＝USD1.67,那么行使期权的盈利恰好弥补了保险费的损失。因此这一汇率水平为购买该期权的保本点或称盈亏平衡点。当然这种情况也不是该进口商所期望的。

(3)英镑升值,且升值水平达到:即期汇率＞(协议价格＋保险费),(如上例中 GBP1＞USD1.67),这时可以行使期权并获取利润,英镑升值越大,获取利润也就越多。假如英镑从 GBP1＝USD1.65 上升到 GBP1＝USD1.72,那么美国进口商从现汇市场买入 100 万英镑需花 172 万美元,但从英镑期权卖方手中按协议价格买进 100 万英镑,只需支付 165 万美元,加上保险费 2 万美元,共花 167 万美元,与没有套期保值相比,节省(或获利)了 5 万美元。

(4)购买了外汇期权以后,可以在期权到期日前流通转让。如果即期汇率上升,期权保险费也会上升,此时将期权转让出去,可以获取保险费差价;如果即期汇率下跌,期权保险费也会下跌,此时将期权转让出去,可以追回部分保险费。

由上可知,购买外汇看涨期权对将来要支付的外汇套期保值的最大代价是损失全部保险费,但最大收益或者说规避的汇率风险从理论上说却是无限的。而且其最大损失是固定的、有限的,并是事先知道的,这是外汇期权交易优于远期外汇交易和外汇期货交易之处。

五、外汇看跌期权的套期保值

购买外汇看跌期权可以对将来收进的外汇进行套期保值。假如前例中不是美国进口商3个月后要支付100万英镑,而是某出口商3个月后可以收进100万英镑,那么他就应该购买英镑看跌期权进行套期保值,不过情况恰好与前例相反。如果英镑贬值,行使期权,或是获取利润,或是减少保险费损失;如果英镑升值或价格不变,放弃期权,至多损失全部保险费。

本章小结

1. 外汇市场分为零售市场和批发市场,国际性外汇市场一般都是批发市场。目前国际外汇市场具有空间上的统一性、时间上的连续性和汇率上的趋同性的特点。

2. 外汇交易方式分为即期限外汇交易、远期外汇交易、外汇期货交易和外汇期权交易四种方式,前两种是传统的交易方式,后两种是衍生的交易方式。

3. 外汇期货交易与远期外汇交易的主要区别是:外汇期货合约是标准化合约,其交易币种和金额、交割日期、交割地点等都是标准化的。远期外汇交易合约则是非标准化的,各项内容由买卖双方商订;外汇期货交易中买卖比方必须缴纳保证金,以保证金强制买卖比方履约。远期外汇交易一般无须缴纳保证金,履约全凭信誉,因此对买卖双方的信誉要求较高;外汇期货合约在到期前可以反复流通转让,远期合约则不能流通转让,必须在到期时由买卖双方履约;外汇期货交易绝大多数是现金交割,远期外汇交易绝大多数是实物交割。

4. 外汇期货交易的主要功能是:套期保值,趋避汇率风险;发现外汇供需,引导汇率水平;以小博大,投机获利。

5. 外汇期权交易与其他外汇交易方式相比的主要特点是风险有限而且事先可以确定,但相对交易成本较高。

本章复习思考题

1. 掌握本章主要概念:

即期外汇交易　套汇　远期外汇交易　套利　远期择期外汇交易　掉期外汇交易
外汇期货交易　空头套期保值　多头套期保值　外汇期权交易　美式期权　欧式期权
外汇看涨期权　外汇看跌期权

2. 简述外汇市场不同参加者的交易目的及其在外汇市场中的作用。

3. 当今世界外汇市场有何特点？

4. 如何判断多个外汇市场是否存在套汇机会？

5. 简述远期外汇交易的特点与作用。

6. 外汇期货交易与远期外汇交易有何异同？

7. 为什么说外汇期货交易具有套期保值与投机获利的双重功能？

8. 举例说明如何利用外汇期货交易进行套期保值。

9. 简述外汇期权交易的特点。

10. 外汇看涨期权交易对买方与卖方而言各有何利弊？

11. 比较利用远期外汇交易、外汇期货交易及外汇期权交易进行套期保值的利弊。

第七章　外汇风险及其管理

【主要内容和学习要求】掌握外汇风险相关的基本概念;理解影响外汇风险的主要因素;掌握外汇风险管理的方法;关注人民币汇率风险及其防范策略。

自从 1973 年布雷顿森林货币体系瓦解以后,绝大多数国家实行了浮动汇率制,国际金融市场开始动荡不安。由于各种经济的、政治的因素影响,国际主要货币之间的汇率常常在短期内大起大落,从而加大了国际贸易和国际借贷的外汇风险。当今世界经济金融一体化日益深入,国与国之间、居民与非居民之间交易、交往成为必然,同时任何主权国家又都禁止外币流通使用,因此外汇风险是任何微观经济主体都绕不开的一道坎。对于参与外汇业务有关的经济主体来说,了解外汇风险概念及掌握管理外汇业务风险必要技术至关重要。本章将在详尽阐述各种外汇风险的基础上,提出防范或避免外汇风险的种种方法或策略。

第一节　外汇风险的概念与种类

要做到有效地防范外汇风险,首要的问题是正确认识外汇风险内涵及其在日常生产、生活中的表现,本节首先从外汇风险的概念与种类对其进行研究。

一、外汇风险的概念

外汇风险(Foreign Exchange Exposure)有时又称为汇率风险,一般是指在国际外汇业务活动中,由于货币的汇率、利率的频繁变化和一些系统风险的存在,使相关的参与者受到潜在的经济损失或丧失所期待利益的可能性。外汇风险有广义和狭义之分,外汇风险通常是指狭义的外汇风险。

广义的外汇风险,是指由于汇率、利率的变化、交易商信用以及外国政府外汇管制、外汇限制等政策的实施,从而造成外汇市场业务活动中可能带来的损失,其范围非常广泛。

狭义的外汇风险,是指在一定时期的国际经济交往中,因为汇率或相关市场因素的变动,使得以外币计价的资产和负债发生涨跌的不确定性。对外币债权或债务持有人来说,外汇风险可能带来两个结果:或是得到收益,或是遭受损失。例如,中国某外贸企业因出口而预期在两个月后收回一笔欧元外汇并需与人民币相兑换,如果那时的人民币与欧元的汇率没有被确定下来,其欧元金额就有外汇风险,因为汇率会随时发生变化。当欧元汇率下跌时,该出口企业将遭受损失;当欧元汇率上升时,该出口企业将得到收益。

在国际经济交易中,机构或企业涉及的外币金额越多,交割或结算的期限越长,汇率波动越频繁,则其承受的外汇风险就越大。通常,我们将承受外汇风险的外币金额称为"受险部分"、"敞口"或"风险暴露"。

二、外汇风险的种类

由于国际经济交易的内容相当广泛,交易类别多种多样,因此,外汇风险相应地也有多种多样的表现形式。具体而言,外汇风险包括以下几种类型:

(一)交易风险

交易风险又称买卖风险。它是由于进行本国货币与外国货币的交易而产生的外汇风险。以外汇买卖为业务的外汇银行承担的风险主要是外汇交易风险,银行以外的企业在以外币进行贷款或借款以及伴随外币贷款、借款而进行外汇交易时,也会产生外汇交易风险。外汇交易风险是以现时买进或卖出外汇将来又必须反过来卖出或买进外汇为前提。

例如,某银行现在以1美元等于6.3元人民币的汇率买进100万美元,将来如果它不得不以1美元等于6.1元人民币的汇率卖出100万美元,它将蒙受20万元人民币的损失;又如某企业从国外商业银行获得100万美元的贷款,按1美元等于6.3元人民币的汇率卖出100万美元得630万元人民币用于本国投资,如果将来还贷时按1美元等于6.5元人民币的汇率买进100万美元,在不考虑利率因素的情况下,该企业将遭受20万元人民币的损失。

(二)结算风险

结算风险又称汇兑风险。它是指以外币计价进行贸易和非贸易业务结算时所出现的外汇

风险。一般在以外币约定贸易时发生,在以外币进行实际交割结算时消失。这种风险较为突出地反映在进出口贸易中,结算期限越长,风险存在的时间越长;结算金额越大,涉及的货币越多,风险就越大。例如,某出口企业以美元计价签订出口合同,从签约开始,到实际装船、将出口汇票在外汇银行议付、到最后收到人民币货款为止,这笔出口交易的人民币货款金额是不确定的,最终结算时的汇率水平直接影响到这笔交易的核算和损益。

例如,中国某锅炉厂于1989年签订的价值500万美元的设备的借款合同,期限10年,由于1994年年初的汇率变动和外币利息的计算方法,截至1999年,在已经付出价值相当于当时800万美元的等值人民币的情况下,仍需支付约2000万元人民币,致使该企业最终破产。教训惨重。

(三)转换风险

转换风险又称折算风险或称会计风险它是指把以外币表示的资产、负债转换成以本币表示的资产、负债时,所产生的外汇风险。银行和企业在多数情况下是采用本国货币作为记账本位币,来表示一定时期内经营的业绩和资产负债情况。但在少数情况下(银行在国外设立分行和企业在国外设立子公司)也有使用外国货币,例如用美元作为记账本位币的。企业以外币计价的交易、资产和负债,在换算成本国货币时,即使资产和负债本身没有发生任何变化,但由于换算和采用的换算汇率不同,所以以记账本位币表示出来的资产和负债状况会不同。企业和银行会计的记账原则有权责发生制和收付实现制之分。如果选择不同的换算汇率,那么同一会计期间的经营成果和负债状况在会计报表上会反映出不同的账面损益状况。因此,这种外汇风险并非来源于外汇的实际交割,而是来源于采取不同标准(即换算汇

率)对账面的不同评价上。

例如,中国某生产厂商,其欧盟销售分公司 2000 年 10 月 27 日签订一份总价值 100 万欧元的销售合同,分 3 年供货,货款在最后一次供货完成后一次性结清。签订合同时汇率为 EURO1＝CNY6.8811,为方便起见设前两次货物按此汇率水平进行应收账款科目的会计记账,设 2003 年 10 月份某日最后一批供货的汇率若为 EURO1＝CNY9.8811,按规则该厂商相比较多收利润 300 万人民币。虽然上述额外利润的 70％属前两年的销售利润,但是其利润只能按照账面的会计记录计算,并以之作为纳税和利润分配的基数;而由于汇率变动带来的利润将全部计入货款结算会计年度,使该厂商的第三年利润大幅度上升。

(四)经济风险

经济风险又称经营风险。它是指企业或银行因汇率变动而导致的未来收入或支出的不确定性,是一种潜在性风险。它是由汇率变动对产品成本、价格、产量的影响所带来的。收益或支出的变化可能是增加,也可能是减少,主要取决于汇率变动对产品成本价格及生产数量的影响和程度。

经济风险不是出自会计程序,而是来源于经济分析,来源于对一定时期内未来现金流量的预测。这种风险直接影响企业的生产、销售和资金融通,因此它对企业至关重要。

例如,某国内电池厂,于 1994 年与某日本株式会社就定向日本出口汽车、摩托车专用电池达成意向,以美元计价、日元付款方式结算;当时,USD1＝JPY120,每支电池在日本售价 5 美元,折合 600 日元,原料从美国进口,成本约为 2 美元。但是,合同签订后日元一路上扬,生产厂商的利润水平大幅度下降,在这种情况下,厂家依然按原计划组织生产并扩建了生产线,结果 1995 年 4 月份试生产时,日元汇率高达 80,导致厂家利润锐减,同时用于生产线建设的借款的财务费用又高企不下,从而使厂家陷入困境。该出口商由于没有对国际市场上的货币走势进行科学的判断,从而做出了错误的决策。

(五)储备风险

储备风险是指企业特别是政府为平衡国际收支或应付紧急支付而持有的外汇储备额,因储备货币的汇率变动所带来的储备价值变动的风险。外汇储备风险是一种全额风险,因为不管储备数量多少,它都是以外币形态存在的。这种全额风险的大小,取决于储备的外币结构。外汇储备的币种结构越是分散,其受险程度越小,因为各种外币的币值随汇率的变动而有升有降,有相当部分的风险可相互抵消;相反,外汇储备的币种结构越是单一,则其受险的程度越大。因此,如何确定外汇储备的币种结构,将是储备当局管理外汇储备风险的一个关键问题。有关外汇储备的风险事例参见第六章相关内容,为节省篇幅此处从略。

第二节 外汇风险的影响因素分析

上一节我们对外汇风险的概念和种类作了简单的介绍和分析。在这一节,我们将对影响外汇风险的诸要素进行分析,以把握风险的来龙去脉,以便正确处置外汇风险。

一、外汇风险的构成要素

一个国际化企业在其经营活动过程中发生的以外币计价的各种资产、负债的收付过程中，均需转换为其所在地区的货币，以便结清债权债务及接受当地政府的监管和考核其经营成果，并且这些工作必须在一定的时期内完成。因此，构成外汇风险的要素一般包括本币、外币、时间和汇率变动四个要素。

（一）本币

本币是衡量经济主体在国际经济交易活动成果的共同指标。它们在国际经济交易活动中发生的外币收、付业务，一般均需折算成为本币。如果某国际企业在某笔对外交易中未使用外币计价而使用本币计价收付，这笔交易就在不存在外汇风险，因为它不牵及外币与本币的折算问题，从而即使未来存在汇率波动与之毫无关系。

（二）外币

除少数国家外，对外经贸单位在其国际化业务活动中往往需以外币作为计价货币，因此就存在外币和本币的折算问题。

（三）时间

一笔国际交易，在合同约定的生效日起至债权债务清偿日止的这段时间内，在风险业已存在且其他条件都不变的情况下所对应时间段的长与短与外汇风险的大小有着重要的影响。

（四）汇率波动

在其他三要素均存在的情况下，汇率波动是外汇风险存在的充要条件且波动幅度的大小唯一决定着外汇风险的大小，汇率波动在外汇风险中处于核心地位。因此要做到有效地防范外汇风险，在弄清外汇风险四要素间关系的基础上，关键要把握汇率的波动规律，从而简化内容，达到合理回避风险的目的。

二、影响外汇风险的主要因素

由上面的分析我们得知，汇率波动是外汇风险诸要素中最主要的一个要素。因此影响汇率变动的因素都将成为影响外汇风险的主要因素，进一步说在防范外汇风险诸多策略中，消除或减缓汇率波动这一要素将成为防范汇率风险的重要策略之一。影响汇率波动的因素在相关章节已有较详细的论述，此处不宜过多展开。相比较而言：国际收支状况、利率走势、政府干预或其他政治因素、突发事件、投机性交易等因素对外汇风险影响均较明显，因此，在国际经济交易中对此需引起高度的重视。

三、汇率预测方法简介

在外汇市场上，通过套汇和套利获得无风险收益者毕竟是少数，对于大多数参与者来说，要获得高收益，必须承担汇率风险。广而言之，无论是套期保值还是投机，作出决策都是以汇率预测为前提，而正确的决策需要以科学的预测为依据。

汇率预测分为长期预测、中期预测和短期预测。由于外汇市场信息传递比较迅速，汇率每时每刻都在发生变动。就预测而言，一般将 6 个月到 1 年的预测划为长期预测，1 个月以上到 6 个月以下的预测划为中期预测，短于 1 个月的预测划为短期预测。

汇率预测方法大致分为基本因素分析法和图表分析法。

(一)基本因素分析法

基本因素分析法重点分析影响汇率的各种因素,并依据各种因素发生作用的方向和强度来估计汇率的走势。基本因素分析法要求掌握有关经济理论,适合于长期预测。

国际上,通常把影响汇率的因素分为 12 类,未被归入这 12 类的因素可归入其他类。这些因素就是基本因素分析法所涉及的内容,具体包括:

(1)官方和非官方的经济预测。这是指各国政府、国际组织以及研究机构已发布的关于经济增长率、利率、国际收支、外汇汇率等方面的预测。这种预测往往能影响外交易,从而间接影响汇率变动。

(2)对定期发布的经济信息的预测。主要发达国家往往定期发布诸如贸易收支、失业率、经济增长率等经济信息。在这些信息公布之前,市场总要对这些信息进行预测。从而影响到外汇交易和汇率的变动。

(3)对政府干预外汇市场行动的预测。在外汇市场上,主要发达国家常常分别或联合干预外汇市场,包括口头干预和实际行动,纠正一种货币的强势和另一种货币的弱势。对这种干预的预期会直接影响汇率的走势。

(4)市场交易因素。对外汇的需求可以是出于交易需求和投机需求。当某一交易导致对某种货币大量需求时,都会引起该种货币的暂时升值。

(5)政治新闻、大选、战争、地区冲突等会直接或间接影响经济形势,进而影响汇率的变动。

(6)资本市场的变动。资本在国际间流动通常需要进行相应的外汇交易,因此资本流动会引起各种货币的需求和供给的变化,从而引起汇率的变动。

(7)贸易收支状况。贸易收支状况是影响汇率的敏感指标,贸易收支的恶化会导致该国货币的贬值,反之,会使该国货币的升值。

(8)利率水平及其差异。利率水平及其差异通过资本流动来影响汇率,是影响汇率短期变动的主要因素。

(9)通货膨胀率。通货膨胀直接影响货币的购买力,是影响汇率的主要因素。

(10)政府宏观经济政策的变动。主要发达国家的宏观经济政策,特别是财政政策和货币政策可以直接或间接影响汇率的变动。

(11)实际经济增长率。实际经济增长率是一国经济实力的标志之一,也会对汇率产生影响。

(12)市场技术因素。借助图表分析法的市场技术分析,通常可以分辨出某一货币汇率的近期及中期走势,许多交易者运用这种方法预测汇率变动,以便适时买入或卖出。

(二)图表分析法

图表分析法又称技术分析法,是以图表为主要的分析工具,通过研究过去的市场价格变动,达到对未来市场汇率发展趋势预测目的的方法。与基本因素分析法不同,图表分析法不需要了解价格以外的信息,是通过对市场汇率的跟踪分析来预测市场汇率,主要用于短期预测和中期较为稳定的趋势预测。

这里只简单介绍图表分析法的主要步骤:

(1)搜集必要的原始数据。原始数据包括时间序列的汇率最高价、最低价和收盘价,时间序列可以以交易日、周、小时等为单位，但主要以交易日为单位。原始数据要具有相对连续性完整性，因为这直接影响预测的质量。一般在预测开始前，要先拥有足够的完整的数据，此后预测所需的数据可以以日常的方法记录下来，并且立即投入使用。

（2）对数据做简单加工处理并绘制所需图表。通过对原始数据序列做简单的处理得到移动平价序列、弹性动力序列和相对强度序列，并根据需要绘制图表。汇率预测运用的图表主要有条形图、线性图、移动平均图、相对强度指示图、弹性动力图等。主图一般由条形图或线性图叠加移动平均图组成。

（3）根据绘制的图表以及添加的必要辅助线，如趋势线，可以直接阅读有价值的图形信号，如买进信号、卖出信号和观望信号等，实现预测目的。

许多财经专业网站和一些银行网站都提供有关分析法的基本知识，以及对汇率即时行情及其趋势进行分析。

汇率预测方法只提供了汇率预测的基本技术，汇率预测需要长期持续地跟踪分析外汇市场，在实践中运用有关方法，积累经验，以提高预测能力。

第三节　外汇风险的管理方法

外汇风险管理是指外汇资产或负债当事人通过风险识别、风险衡量、风险控制等方法，预防、规避、转移或消除外汇业务经营中的风险，从而减少或避免可能的经济损失，实现在风险一定的条件下的收益最大化或收益一定的条件下的风险最小化。

下面介绍一些在外汇风险管理中较为简单且经常使用、以定性为主、用于防范和减少风险损失的方法。更为复杂的定量的外汇风险防范方法可参见金融学专业相关课程。

一、签订合同时刻选择的外汇风险管理方法

在国际贸易活动中，掌握外币汇率变动的趋势，正确选择结算货币，是最为普通的一种防范风险的措施。货币的选择直接关系到债权债务双方各自的经济利益，因此，计价结算货币的选择往往是交易双方谈判、签订合同时的争论焦点，同时结算时间、货物价格等合约要件通常也是签订合同时关注的对象。在其他条件不变的情况下，其主要原则如下：

（一）合理选择计价结算货币

（1）选择本币为计价结算货币。一国在进出口商品时，采用本币作为计价货币，可以避免全部的外汇风险。目前主要发达国家的出口贸易，以本币计价份额大约占比总贸易额的75％左右。值得一提的是，这种方法外汇风险并没有消除，只是将风险从交易的一方转嫁到了交易的另一方。因此广大的发展中国家虽没有此项权力，但据进出口商品市场需求状况，有时也能争取一定份额的本币计价权力。

（2）坚持"收硬付软"原则，选择有利于自己的外币计价。"收硬付软"是指应收账款（或债权人）坚持以硬货币（价值定稳且有升值潜力的货币）计价，应付账款（债务人）坚持以软货币计价。这样在结算日，债权人可能因硬货币的升值而带来本币收入的增加；债务人也可能因软货币的贬值减少本币付出。

(3)选择准世界货币作为计价货币。准世界货币指在国际交易中、各国外汇储备中占有重要地位的货币。目前充当此职能的货币主要有美元、欧元、日元。这些货币在国际金融市场上被广泛地交易,一旦汇率发生不利于自的波动,可以迅速地进行货币之间的兑换和转移,从而达到防范和转嫁风险的目的。同时与这些货币相关的金融衍生工具品种丰富,以此作为计价货币也可方便地使用其他防范风险的方法。

(二)使用多种货币组合计价。

以"收硬付软"原则选择计价货币,实际工作中较难实现,常常容易使用的方法是采用折中方案,即采用软硬币搭配组合定价。因为软硬货币汇率两者呈负相关关系,组合定价,达到风险双方共担、利益双方共享的目的。

多种货币组合定价是常用方法,通常又称之为"一揽子货币"定价。指进出口合同中据主要世界货币未来汇率的走势以适当的比例使用两种以上的货币来计价。因为主要的世界货币升值、贬值往往同时发生,这样外汇风险可全部或部分地相互抵消。这种方法在大型机械设备进出口贸易中常常被采用。

(三)提前收付或推后收付外汇法

这种方法是建立在进出口商对未来汇率的走势能作出正确预测和判断的基础之上,并且须经过贸易伙伴的同意才能利用。如果进出口商能对未来汇率的变动趋势作出正确的预测和判断,那么只要贸易伙伴同意,提前或推迟外汇收付就可避免或减少外汇风险损失。比如我进口商预期日元升值,就提前向日本出口商支付货款(日元计价),对日商来讲无风险,但对我进口商来讲却可避免外汇风险。当预期日元贬值时,则可推迟向日商支付货款。

(四)调整价格法

商品价格随汇率波动的幅度而调高或调低是减弱外汇风险的重要措施。如果进口商要求以其本币作为计价货币,出口商的外汇风险将会增加,为了弥补由此而可能蒙受的损失,在卖方市场的情况下,出口商可以要求适当调高商品价格;反之,进口商可以要求适当降低商品价格。

(五)使用货款保值条款

这是指在合同中规定一种货币或由几种货币组成的一组保值货币与支付货币之间的汇价,如支付汇价发生了变动,则按支付当日的汇价进行调整,以达到保值目的。由于货币保值条款中通常使用的是货币指数,因此这种方法又称货币指数化。它主要有两种形式:

(1)采用黄金保值条款。在贸易合同中加列黄金保值条款,即利用市场黄金价格来保值,根据合同签订时计价货币的黄金平价进行实际支付。在合同签订时,按照当时的黄金市场价格将支付货币的金额折算为相应盎司的黄金,到实际支付时,按照黄金市场现价,对支付的货币金额进行相应调整。有时也采用有条件的黄金保值条款,如合同中可规定当金额波动幅度超过5%时黄金保值条款生效。另外还有特别提款权保值条款或硬货币保值条款,操作与黄金保值条款类似。

(2)采用简单货币指数保值,常见的是一揽子货币保值。根据这种方法,首先要确定好货币"篮",然后确定"篮"中的每种货币的权数,约定支付货币与每种保值货币的汇价,计算出每种保值货币与整笔货款的比例,到期支付时再按当时汇率进行调整折算成支付货币。由于"篮"中的各种货币与支付货币之间的汇价有升有降,因此这种方法能分散汇率风险,可有效地避免或减轻外汇风险。

（3）使用复合指数保值。这种方法是把商品价格变动和支付货币与保值货币的汇价变动综合起来考虑订出复合指数，到期支付时，以约定方法加以调整，以达到避免外汇风险和价格风险的双重目的。

二、借助国际金融市场的外汇风险管理方法

（一）进出口贸易外汇风险管理方法

进出口商在选择计价结算货币时，往往会与贸易伙伴争执不下，难以采用有利己方的货币作为计价结算货币。如果交易谈判的实际结果是采用了不利于己方的货币或走势不明的货币作为计价结算货币，那么进出口商就要寻求其他方法来防范外汇风险。利用国际金融市场上金融衍生工具交易来分散外汇风险是世界各国尤其是发达国家的进出口商所经常采用的、行之有效的事后风险防范方法。

1. 即期合同法（Spot Contract）

即期合同法是指具有外汇债权或债务的生产经营单位与外汇银行签订以当天外汇市场的价格作为交割价格，并且在两个交易日内进行交割的外汇买卖合同来消除外汇风险的方法。它主要是通过资金的反向流动来消除外汇风险。企业如果近期有外汇收入，则应卖出相应的外汇头寸。如果近期有外汇支出，则应买进相应的外汇头寸。利用即期交易来消除风险，交割日期和收付结算日期最好在同一时点上，以尽可能地消除风险。

例如，美国某出口商有一笔两天后支付的日元计价的货款，为了保证汇率的稳定，该出口商同银行签订了 USD1＝JPY120 的日元购买即期合同，并在两天后按照约定的汇率价格进行交割，从而固定了美元的成本，规避了汇率风险。

2. 远期合同法（Forward Contract）

远期合同法是指具有外汇债权债务的公司同银行签订买卖远期外汇合同，从而消除外汇风险的方法。出口商签订合同后，按当时的汇率预先签订与货款相同期限和金额的远期卖出外汇合同，在收到货款办理交割；进口商则预先签订与货款相同期限和金额的远期买进外汇合同，在支付货款时进行交割。它是通过利用合同的签订和交割日的时间差进行外汇风险防范的，双方不必在签订日进行交割，但是，要注意应当确定将来履约时款项来源，以防等到实际交割时发生履约困难。

利用远期外汇合同防范外汇风险，可以将由此而付出的成本固定下来，并且可以将不确定的汇率变动因素转变成为确定的可以加以计算的现实状况；前者消除了价值风险，后者消除了时间风险。合理的利用远期合同法，可以有效地避免外汇损失。

例如，德国进口商从美国某出口商处进口一批价值为 USD330 万的货物，经同意于 90天后付款，签约时，90 天的远期欧元同美元的比率为 1：1；德国进口商为了防止进口付款时支付成本增加，决定通过远期合同规避风险。首先，进口商通过 1：1 的远期汇率购买 330万美元，共支出 330 万欧元；3 个月后欧元同美元的比率为 1：1.05，此时 330 万美元需要约315 万欧元。通过远期合同法，进口商少支付了 15 万欧元。此外，如果进口商确信欧元将下跌，则可以购买更多的远期合同，这样当 90 天后到期时，在规避风险的同时，还可以获得更多的利益。

又如，日本某出口商出口价值 100 万美元的货物，90 天后收汇，计价货币为美元，此时，90 天的远期汇率为 1：120，货物价值 JPY12000 万。出口商担心汇率变动，决定采用远期

合同法锁定利润,出口商按照 1：120 的汇率卖出 90 天的远期美元,得到 JPY12000 万,90天后,汇率下跌为 1：115,此时,兑换成为日元只有 JPY11500 万。通过远期合同法,该出口商避免了 JPY500 万的利润损失。值得一提的是远期合同法保值是通过锁定未来外汇买卖的汇率来防范汇率风险,就经济意义上而言,对外币债权或债务而言,"锁定"有时未必是有利的。

3. 期货合同法(Futures Contract)

外汇期货合同是指买卖双方在金融期货市场上,通过公开竞价的方式成交后,约定在未来的一个时间,以目前约定的价格买进或卖出某些标准化合约数量的外汇合约,从而避免外汇风险的方法。它的原理主要是"套期保值"。

当出口商为了防范结算货币贬值导致收汇风险,在签订合同时在期货市场上先卖出期货合约,收汇时再买进期货合约进行对冲。如果收汇时结算货币贬值,则出口商收汇的损失可以在期货市场上的"先卖后买"方法获得的收益加以弥补;如果收汇时结算货币升值,则期货市场上的"先卖后买"方法导致的损失,可由收汇的收益加以弥补。这种方法称为"空头套期保值"。

当进口商为了防范结算货币升值导致付汇风险,在签订合同时在期货市场上先买进期货合约,付汇时再卖出期货合约进行对冲。如果付汇时结算货币升值,则进口商付汇的损失可以在期货市场上的"先买后卖"方法获得的收益加以弥补;如果收汇时结算货币贬值,则期货市场上的"先买后卖"方法导致的损失,可由付汇的收益加以弥补。这种方法称为"多头套期保值"。

应当注意的是,期货合同主要是为了保值,因此进行上述的对冲交易时,一般不能带来额外的收益;并且由于期货合约是一种标准化合约,保值的金额并不一定是标准化合约的整数倍,此时应当选择最接近的合约份数。通过正确使用期货的套期保值方法,可以将风险降低到一定限度。具体例子见外汇市场业务。期货合同法保值其功能与远期合同法基本类似。

4. 期权合同法(Option Contract)

期权合同法是指外汇期权购买者在向期权合约出售者支付一定数额的期权费后,获得的可以在一定时间内以一定价格买进或卖出一定数量外币的权力。即在规定的时间期限内,外汇期权的购买者有权处置这种权力:行使或者放弃。

例如,美国一家出口商向欧盟出口商品,3 个月后有 100 万欧元的收入,由于结算日在 3 个月之后,出口商担心 2 个月之后汇率会发生变动而使货款遭受外汇风险。因此他可利用期权合同法来保值。向银行购买 100 万欧元的卖出权合同,把风险损失锁定在期权价格之内。出口商从事这种金融交易,既可以避免或减少外汇风险损失,又可以不放弃因汇率有利变动而带来的汇兑收益。即事先支付有限的期权费后便可锁定风险中不利的一面同时,保留风险中有利的一面。

(二)外汇借贷风险管理方法

银行、企业无论是向外借款、发行债券,还是对外贷款、投资,都会因未来汇率的变动而遭受外汇风险。如何采取切实有效的措施以防对外借贷中的外汇风险,也是银行或企业所必须认真考虑的问题。根据国际经验,要防范对外借贷的外汇风险,可采用以下几种措施。

1.借贷货币多样化

银行或企业在对外借款或对外贷款的过程中,应十分注重借贷货币的结构。借贷货币结构越是单一,借贷的风险就越大;反之,借贷风险则越小。因为,借贷货币越是分散,因汇率变动而引起的外汇风险也越分散,如果注意强弱货币的合理搭配,风险相互抵消的可能性和范围也就越大,从而使借贷风险越小。

2.利用掉期交易保值

掉期交易是指在买进或卖出即期外汇的同时,卖出或买进远期外汇的交易活动。它是两笔交易同时进行,但买卖方向相反,能有效避免外汇风险。比如,某企业从国际商业银行借入 6 个月期的短期外债 100 万美元,用于国内投资,按当时 USD1＝CNY6.30 的汇率,在国内外汇市场上卖出 100 万美元得 630 万人民币。由于外债将于 6 个月后到期,企业担心6 个月后美元汇率上涨而得不偿失。所以,他在卖出 100 万美元现汇的同时,又买进 1006 个月期美元以作到期还本之用。这样,他可以把汇兑风险锁定在即期和远期汇率的差价之内。

3.通过货币互换、利率互换、远期利率协议及外汇交易综合协议(SAFE)进行保值

货币互换、利率互换、远期利率协议及外汇交易综合协议等都是与借贷业务银行密切相关的保值措施。货币互换是指两个各持对方国家债务的借款人通过银行这一中介机构使其外币债务转化为本币债务的过程。利率互换是指浮动利率借款者和固定利率借款者通过银行这一中介机构改变其债务利率种类从中得到较多实惠而减少汇率风险的一种措施。远期利率协议是指筹资者通过与银行签订有关利率基准、利差支付方式等方面的协议来降低汇率风险的措施。外汇交易综合协议则是综合防范利率、汇率风险的一种新型金融工具。上述四种措施都能起到防范风险的作用,限于学科特点,这方面更为详细内容在金融专业后续课程"金融工程学"中将会有详述,此处不再赘述。

三、外汇风险管理的综合性方法

前面讲述的外汇风险的管理方法,是单一种类的外汇风险防范措施,它们有的消除了时间风险,有的消除了价值风险,将其中的一些方法结合起来,就基本可以消除外汇风险。这种将几种外汇风险防范的方法加以综合运用,从而消除时间风险和价值风险的措施就是外汇风险防范的综合措施。常用的外汇风险防范的综合措施有:借款—即期合同—投资法(Borrow-Spot-Investment,BSI 法)和提前收付—即期合同—投资法(Lend-Spot-Investment,LSI 法)。下面我们就这两种方法在应收外汇账款和应付外汇账款中的具体运用加以分析和介绍。

(一)应收外汇账款下的方法

1. BSI 法

对于有应收账款的企业,首先要借入同应收账款的外汇金额相同的外汇,从而将时间风险从未来转移到现在的办汇日。这样,在借款之后,已经消除了时间风险,同时为了消除外币与本币之间的汇兑风险,即可采用即期合同法将外币兑换成本币。也就是将借入的外币卖给银行换回本币,致使本币和外币之间的价值波动不再存在。同时,为了弥补向银行借入外汇而应当支付的利息和外币兑换成本币而向银行支付的卖汇成本,持有应收账款的出口商可以将兑换的本币用于投资、获得一定的投资收益,或者用于流动资金和扩大再生产的生

产经营,待到期收到外汇时,再偿还银行的借款本息。

例如,日本某出口商90天后有一笔价值USD500万的出口应收账款,签约时即期汇率为USD1＝JPY120,该笔货款折合日元为JPY60000万。为了避免90天后日元对美元汇率升值的外汇风险,该出口商决定采用BSI法,对USD500万的出口应收账款进行风险防范。具体操作如下:

首先,该出口商从某外汇银行借入一笔金额为USD500万的外币贷款,期限为90天,月息为4.17‰(即年息为5％)。这样,USD500万应收账款的时间风险就从90天后转移到了办汇日。为此,该出口商要支付利息费用约USD6.25万。

其次,该出口商将借入的USD500万贷款通过即期合同法卖给银行换成本币,从而消除了USD500万的汇兑风险。按照此时的汇率水平USD1＝JPY120折算,出口商可兑换成日元JPY60000万。此时,因为外币兑换本币而向银行支付的卖汇成本为金额的5‰,即USD2.5万。

第三,该出口商及时地将换来的JPY60000万存入银行(或者购买短期债券)进行投资,期限为90天,年息为4％。这样,在90天的时间里,该出口商连本带利可获得JPY60600万。

第四,假设90天后应收账款和贷款到期时,美元对日元的汇率变动为USD1＝JPY115,该出口商将收到的应收账款USD500万归还银行贷款,并支付利息USD6.25万,本息折合日元共JPY58218.75万。

第五,我们就该出口商的损益情况做一计算:

60600万日元－58218.75万日元－2.5万美元×120＝JPY2081.25万元,折合美元约为USD18.1万元。

综上所述,该出口商不但完全消除了出口应收账款的外汇风险,而且通过BSI方法的使用,还获得了USD18.1万元额外收益。

2. LSI法

对于有应收账款的企业而言,采用LSI法,首先,应当征得债务方的同意或者许可,请其提前支付款项,并给予债务人一定的折扣,从而将外币应收账款的时间风险转移到了办汇日;其次,将收到的外币贷款通过即期合同方法转换为本币,从而消除了外币应收款的汇兑风险;最后,将兑换的本币用于投资活动,从而收到一定的投资收益,用以弥补外币兑换本币时向银行支付的手续费和因提前收汇而向债务人支付的折扣款项。LSI法的基本原理同BSI法基本相同,只是将第一步从银行贷款对其支付利息,修改为请债务人提前支付,并给予一定折扣而已。

例如,美国某出口商有一笔价值￡100万的出口应收账款,付款期限为90天。签约时即期汇率为GBP1＝USD1.3。按照此汇率,GBP100万元折合成美元为USD130万元。为了避免90天后英镑贬值造成的美元款减少的风险,该出商决定采用LSI法进行风险防范。具体操作如下:

首先,该出口商首先征得了债务人的同意,请其提前90天支付GBP100万元的出口收账款,并同意给予债务人2％的折扣,即GBP2万元,按照当时的即期汇率为GBP1＝USD1.3计算,折扣金额折合美元为USD2.6万元,从而将外币收款的时间风险边境证移到办汇日。

其次,该出口商将收到的 GBP100 万元货款通过即期合同,与银行按照即期汇率 GBP1 ＝USD1.3 兑换为 GBP130 万元,同时向银行支付手续费为款项金额的 1％,即 USD1.3 万元,从而消除了美元和英镑之间的兑换风险。

第三,该出口商将兑换得到的 USD130 万元用于短期债券的投资活动,期限为 90 天,假定由于通货膨胀等原因,年利息为 18％,则到期时出口商连本带利共收回本金和利息为 USD135.85 万。

第四,该出口商的外汇损益情况为:

USD135.85 万元－USD2.6 万元－USD1.3 万元＝USD131.95 万元。即:该出口商不但完全消除了出口外汇应收账款的汇率风险,而且还由于处理得当获得了 USD1.95 万元的收益。

(二)应付外汇账款下的方法

1.BSI 法

对于有应付外币账款的企业而言,采用 BSI 法,首先要借入一定合适数的本币,从而将应付账款的时间风险转移到目前的办汇日;其次,将借入的本金通过即期交易法兑换为外币,消除应付账款的汇兑风险;最后,把兑换的我币存入银行或者进行其他短期投资,获得的投资收益用于弥补本币兑换外币时的交易成本和借入本币所产生的利息。到外币投资到期时,用收回的外币进行应付账款的支付活动。

例如,中国某一进口商 3 个月后有一笔价值 100 万欧元的应付账款,计价货币为欧元。为避免 3 个月后的欧元对人民币升值所带来的外汇风险,该进口商可采用 BSI 法。其操作要点如下:

第一,该进口商据当时市场欧元兑人民币汇率借入相应的人民币。

第二,立即将所借的人民币通过即期交易兑换为欧元并将其进行为期 3 个月的短期投资(如存入银行 3 个月)。

第三,90 天到期时,收回外币投资的本利和偿还当时的进口货款及相关费用。

2. LSI 法

对于有应付外汇账款的进口商而言,采用 LSI 法,首先,进口商在征得债权人同意提前付款的前提下,从银行借入一笔数量相当的本币,将应付账款的时间风险转移到目前的办汇日;其次,将借入的本币通过即期合同兑换成应付账款的外汇,从而消除了应付账款的汇兑风险;最后,根据与出口商关于提前付款的协议,将兑换的外币提前支付给出口商,并得到一定数额的折扣。值得一提的,这里的 LSI 法应该为 BSI 法(Borrow-Spot-Lead),但是根据国际贸易惯例,还是称其为 LSI 法。相关例子见本章复习题,此处从略。

四、外汇风险管理的其他方法

(一)借款法

借款法是有远期外汇收入的企业通过向其银行借进一笔与其远期收入相同金融、相同期限、相同货币的贷款,以达到融通资金、防止外汇风险和改变外汇风险时间结构的一种方法。

例如:美国 A 公司半年后将从德国收回一笔 Euro100 000 的出口外汇收入。该公司为防止半年后欧元汇率下跌的风险,则利用借款法向其银行举借相同数额(100 000)、相同期限(半年)的欧元借款;并将这笔欧元作为现汇卖出,以补充其美元的流动资金。半年后再利用其从德国获得的欧元收入,偿还其从银行取得的贷款。半年后,即时欧元严重贬值,对 A 公司也无任何经济影响,从而避免了汇率风险。该公司的净利息支出,即为防止外汇风险所花费的成本。

借款法的采用还可改变外汇风险的时间结构,缩短了外汇风险存在的时间:将 A 公司长达半年之久的风险,缩短为该公司向德国出口后到从银行取得借款前这一短暂时间。时间结构的改变,减缓了风险的严重程度。

借款以后,随之换成本币,则也消除了外币对本币的价值变化风险,如只借款而不变卖成本币,则只消除了时间风险,而仍存在着外币对本币价值变化的风险。

(二)投资法

是指有远期外汇付款业务的企业,将一笔与远期付款业务相同币种、相同金额、相同期限的闲置资金,投资到原则上无风险的、固定到期日的政府债券、银行定期存款、定期存单、银行承兑票据、商业票据等短期信用工具上,并且在规定的到期日,连同利息收回该笔资金,用于进行支付活动,从而规避外汇风险的方法。投资法和借款法实际上是一种原理的两个方面的具体应用,投资法适用于外汇支出的风险防范,借款法适用于外汇收入的风险防范。其共同点主要是为改变外汇风险的时间结构。

例如,B 公司在 3 个月后有一笔 50000 美元的应付账款,该公司可将一笔同等金融的美元(期限为 3 个月)投放在货币市场上(暂不考虑利息因素),以使未来的外汇风险转至现时。

投资法与借款法虽然相似,都能改变外汇风险的时间结构,但具体情况不同,投资法是将未来的支付转移到现在,借款法是将未来的收入转移到现在。

(三)平衡法

是指通过对交易内容的选择,做到在同一时期内,创造一个与存在潜在风险的交易相同币种、相同金额、相同期限的资金的反向流动,从而避免汇兑风险的方法。假设某公司存在一笔 3 个月后到期的 USD100 万的应付账款,则该公司应当设法促成同上笔交易内容完全一致的应收账款,从而抵消了美元的应付款,规避了外汇风险。平衡法又具体划分为单项和综合平衡。

1.单项平衡

是指某一企业在运用外汇借款引进设备技术或出口产品的生产、外销收汇、归还外汇借款本息等各个环节均同一外币计价的平衡抵消法。由于外销企业以同一货币进行收付,避免了本外币或不同外币之间的汇兑风险。

在一般情况下,一个国际化企业想取得外汇交易的完全平衡是难以实现的。此外,如果要采用平衡法,则需要企业内部台采购部门、销售部门、财务部门等的密切合作,并且这种方法也有很大的局限性,缺乏灵活性和变通性,很有可能贻误有利的生产经营时机和借贷活动。

2.综合平衡抵消法

是指一个地区或系统在一定时期内,在买卖中使用多种货币,将全部的单项交易组合在一起,从而组成以多种货币表示的货币组合,以求在一定时期内达到收付双方的相互抵消或者达到基本平衡。例如,某地区 2001 年第四季度的出口美元计价的商品总额是 150 万美元,同期出口美元计价的商品总额是 100 万美元,这样,其中的 100 万美元相互抵消,我们就可以利用其他手段只对剩余的、存在风险的 50 万美元进行保值,费用大大降低,而安全性大大提高。综合平衡法较之单项平衡法更具有灵活性、只要统计准确,运用得体,通常可以收到一定的效益。

（四）组对法

是指将某种货币资金由于流动从而产生的风险,通过一笔与其金额相同、期限相同但是资金流动方向相反的另一种货币的对冲交易加以规避或削弱风险的方法。组对法中对于两种货币的选择要求,是它们之间应当具有较强的正相关关系,如果是同一货币区的货币,特别是要根据盯住政策而绑在一起的货币,则必须具有同升同降的关系。例如,美元的贬值普遍对应着日元和欧元的升值,因此,日元和欧元就在此期间内存在正相关关系,此时,欧元的流入就可以同日元的流出相组对。

组对法和平衡法的根本区别是:平衡法是基于同种货币的对冲交易来完成,而组对法是基于不同的两种货币的对冲交易来完成。组对法较平衡法具有更大的灵活性,易于使用,但是也只能削弱而不能完全消除风险;并且,组对法虽然有可能通过两种货币中的一种货币的外汇变动收益来达到弥补另一种货币的外汇损失,但是如果选择不当或者随机事件的发生,也有可能导致两种货币变动的双重风险。

（五）易货贸易法

这是贸易双方直接、同步地进行等值交换的贸易方法。简单的易货贸易,只需双方签订一个合同,进行一次性的交易。复杂的易货贸易是双方在合同中规定,在一定时期内,分批交换一定金额的货物,到期限出现差额仍通过货物补偿,从而避免了货币的收支和汇兑风险。它的特点是履约期较短,一般为一年以下;交易无需支付外汇,双方的商品价格已经事先约定。我国曾经和前苏联和独联体国家在 20 世纪八九十年代初进行了一段时间的易货贸易,但是目前这种贸易方式采用较少。

本章小结

1. 外汇风险有时又称为汇率风险,一般是指在国际外汇业务活动中,由于货币的汇率、利率的频繁变化和一些系统风险的存在,使相关的参与者受到潜在的经济损失或丧失所期待利益的可能性。外汇风险类型主要有:交易风险、结算风险、转换风险、经济风险及储备风险四种。构成外汇风险的要素有:本币、外币、时间及汇率波动。

2. 外汇风险管理是指外汇资产或负债当事人通过风险识别、风险衡量、风险控制等方法,预防、规避、转移或消除外汇业务经营中的风险,从而减少或避免可能的经济损失,实现在风险一定的条件下的收益最大化或收益一定的条件下的风险最小化。

3. 外汇风险管理的方法很多,结合具体的国际经济活动可以分为三大方面:

一是签订合同时刻选择的外汇风险管理方法,其中主要原则有:合理选择计价结算货币、使用多种货币组合计价、提前收付或推后收付外汇法、调整价格法、使用货款保值条款。

二是借助国际金融市场的外汇风险管理方法,如:进出口贸易外汇风险管理方法往往采用即期合同法、远期合同法、期货合同法及期权合同法;外汇借贷风险管理方法主要有借贷货币多样化、利用掉期交易保值、通过货币互换、利率互换、远期利率协议及外汇交易综合协议(SAFE)进行保值。

三是外汇风险管理的综合性方法,前面讲述的外汇风险的管理方法,是单一种类的外汇风险防范措施,它们有的消除了时间风险,有的消除了价值风险,将其中的一些方法结合起来,就基本可以消除外汇风险。这种将几种外汇风险防范的方法加以综合运用,从而消除时间风险和价值风险的措施就是外汇风险防范的综合措施。常用的外汇风险防范的综合措施有:借款—即期合同—投资法(BSI法)和提前收付—即期合同—投资法(LSI法)。

四是外汇风险管理的其他方法,主要有借款法、投资法、平衡法、组对法和易货贸易法。

4. 伴随经济金融全球化的不断深入,人民币汇率风险将不断加大。如何认识、防范国际经济交往中的人民币汇率风险将会显得越来越重要。

本章复习思考题

1. 本章重要概念:

外汇风险　外汇风险管理　交易风险　平衡法　组对法　BSI法　LSI法　期权合同法　掉期合同法

2. 简述外汇风险的概念和类型。

3. 简述外汇风险的构成要素及其相互关系。

4. 比较分析在应收账款中,BSI法与LSI法运作的一般原则与程序。

5. 比较分析在应付账款中,BSI法与LSI法运作的一般原则与程序。

6. 以出口商(或进口商)为例,说明远期合同法、期货合同法、期权合同法在防范外汇风险中的差异。

7. 中国某一进口商3个月后有一笔GBP100万的应付账款,签约时汇率为GBP1＝CNY15.000,人民币年利率为2.5%,若90天后汇率分别为14.000;16.000时,试分别求利用LSI法所带来的收益是多少?(不考虑交易成本)。

第三篇
国际金融市场与国际资本流动

第八章　国际金融市场

【主要内容与学习要求】掌握国际金融市场类型、形成条件及作用；掌握国际金融市场各构成部分及主要功能；了解欧洲货币市场形成的原因及主要构成；理解国际金融创新表现、原因及对国际金融市场发展的影响；学会分析国际金融发展新趋势及其对金融经济发展的影响。

国际金融市场是金融资源在全球优化配置的重要场所和渠道，在国际金融活动中起着极为重要的作用，因此是国际金融学中相当重要的研究内容。本章将在介绍国际金融市场类型、特点、作用等基础知识的基础上，依次介绍国际金融市场的各个组成部分，重点介绍近年来国际金融市场的创新活动与发展情况。

第一节　国际金融市场概述

本节我们主要介绍有关国际金融市场的一些基础知识和基本概念，这有助于我们更好地理解与掌握后几节要学习的有关国际金融市场构成、活动及创新等重要内容。

一、国际金融市场的分类

国际金融市场按照不同标准划分有不同的分类，下面介绍其中几种主要的分类。

（一）按交易对象分类

可分为：国际货币市场，国际资本市场，国际外汇市场，国际保险市场和国际黄金市场。国际货币市场是短期资金借贷及短期证券发行与交易的市场，国际资本市场是中长期资金借贷及中长期证券发行与交易的市场，这里短期与中长期一般以一年为界。国际外汇市场是经营国际货币买卖的场所或网络。国际保险市场是跨国保险公司和国际保险业务相对集中的市场。国际黄金市场是世界各地黄金买卖的交易中心。

（二）按市场性质分类

可分为：传统国际金融市场和新型国际金融市场。传统国际金融市场是在国内金融市场的基础上发展起来，主要从事市场所在国货币借贷，并受市场所在国政府政策和法令管辖的金融市场。传统国际金融市场的交易主体是本国居民和非居民，其中居民主要是投资者，非居民主要是筹资者，当然也存在着相反的情况。这类金融市场必须首先是国内金融中心和经济贸易中心，逐步发展为国际金融中心，如纽约、伦敦、东京等。他们既是最主要的国内金融市场,也是最主要的国际金融市场。新型国际金融市场又称离岸国际金融市场(Off-shore Financial Market),20世纪60年代以后产生,具有一些与传统国际金融市场不同的特点:其一,经营对象主要不是市场所在国货币,而是几乎所有可自由兑换货币;其二,交易一般在非居民之间进行,即投资者和筹资者都是市场所在国非居民;其三,经营活动既不受货币发行国、也不受市场所在国的法规、条例的限制,所以是完全自由化的市场。这类市场最先起源于欧洲,所以又称为欧洲货币市场。

新型国际金融市场又分为三种类型:

(1)内外混合型。即国际金融业务与国内金融业务不分离,金融机构可以同时经营。其特点是限制少,交易自由,并且主要经营市场所在国以外货币,这类市场以伦敦市场最为典型,所以又常称为伦敦型离岸市场。香港及其他大多数离岸金融市场都属于这种类型。

(2)内外分离型。即市场所在国政府当局要求金融机构将离岸市场业务与国内市场业务分离,这类市场以纽约最为典型,所以又常称为纽约型离岸市场。美国根据《国际银行设施》法令,于1981年起设立了纽约离岸国际金融市场,其不仅经营市场所在国以外的货币,而且可以经营市场所在国货币(即美元)的境外业务,但在管理上把境外美元和境内美元严格区分,分账管理。这是纽约型离岸国际金融市场的主要特征。东京,新加坡等市场都属于这种类型。

(3)避税港型。即可以自由经营离岸金融业务又可享受税收减免的市场。这类市场以加勒比海的巴哈马,开曼等最为典型。这些岛国的政局相对稳定,资金流动不受管制,可自由出入且免征税,于是便有许多外国银行到这些地方设立分支,经营离岸金融业务。但实际上很多外国银行的分支机构只是在这些地方注册或开立账户,便于进行资金划拨,以逃避税收或资金流动方面限制。

(三)按地理区位分类

可分为:西欧区。北美区,亚洲区,拉美区,中东区。西欧区以伦敦为中心,包括苏黎世、巴黎,法兰克福、布鲁塞尔、卢森堡、米兰等金融中心;北美区以纽约为中心,包括加拿大的多伦多、蒙特利尔等金融中心,虽然其形成比西欧区晚,但完全可以与西欧区相抗衡;亚洲区主要包括东京、香港和新加坡,虽然这三地发展为金融中心的时间先后不一,但目前却三足鼎立;拉美区,包括巴拿马、巴哈马和开曼等,这是新兴的国际金融中心,其国土不大,却云集了众多的跨国银行,如开曼群岛人口不足两万,却有350多家境外银行在这里注册;中东区,主要包括巴林,科威特,和沙特阿拉伯的利雅得等。

二、国际金融市场形成的条件

国际金融市场的形成一般应具备以下条件:

(1)稳定的政治局面。这是最基本的条件,只有政局稳定才能吸引众多的外国银行和境外资金,才能进行正常的国际金融活动。如果一个地区政局不稳,内乱不断,甚至发生战争,那么该地区即便原来已是国际金融中心也会崩溃。

(2)高度开放和宽松的金融环境。如取消外汇管制,资金流动不受限制,利率、汇率及其他的金融资产价格在市场充分竞争条件下形成,具有公开、公平、公正的交易环境等。

(3)完善的金融制度和金融体系,健全的法律法规。这样可以使各项国际金融活动按照国际规范有条不紊地顺利展开。

(4)发达的通讯设施,较为有利的地理位置,能与世界各主要国际金融市场保持密切的联系,各种信息在短时间内可以相互迅速传递。

三、国际金融市场的作用

(1)促进了国际贸易与国际投资的发展。国际金融市场的发展一方面为各国对外贸易融通资金并为国际投资提供资金来源,另一方面为对外贸易及国际投资提供了避险工具和避险场所,从而降低了国际经济交易活动中的汇率、利率等风险。

(2)为各国经济发展提供了资金。国际金融市场是在世界范围内调配资金的余缺,这为资金短缺国家利用外资、扩大生产规模提供了便利,从而使一国经济发展具有了更为广阔的资金来源。

(3)优化国际分工,促进了经济国际化。国际金融市场上的资金总是首先流向经济效益好,资金利润率高的地区或国家,这对优化世界经济资源配置,建立合理的国际分工体系起了积极的作用。同时,随着国际贸易和资本流动总额的扩大以及跨国银行的发展,世界各国经济联系日益密切,国际化趋势越来越明显。

(4)调节各国国际收支。国际收支顺差国家或逆差国家均可借助国际金融市场来进行调节,顺差国可以将其盈余的外汇资金投放到国际金融市场以获取利息收入,逆差国可以从国际金融市场借入外汇资金平衡赤字。例如,20世纪70年代石油输出国组织两次提高原油价格后,美元积累大大增加,而一些进口石油的发达国家出现了巨额的美元赤字。结果是石油输出国将剩余的美元投入到国际金融市场,通过国际金融市场的中介作用,使这些美元回流到出现国际收支逆差的发达国家,缓和了世界范围的国际收支不平衡状况。

由上可知,国际金融市场的发展对世界经济起了积极的作用。但我们应该看到,在国际金融市场发展中存在着一定的消极作用,如影响汇率和利率稳定,为通货膨胀的国际传播提供了途径,为投机活动提供了便利条件等。

第二节　国际货币市场

国际货币市场是进行短期资金融通与短期证券买卖的市场,在这个市场上资金借贷的期限短的不到一天,最长的也不过一年。其最主要的作用是在世界范围内调剂短期资金余缺,使资金盈余者的短期资金得到充分的运用获得最大收益,使资金短缺者能迅速获得所需资金,从而增大资金流动性,促使商品和资金的周转得以顺利进行。国际货币市场一般包括银行短期借贷市场、贴现市场和短期证券市场。

一、银行同业拆借市场

银行短期借贷市场分为两个层次:一是银行对非市场所在国工商企业的贷款,这种贷款常与国际企业的商品流通相联系,贷款期限短,利息率较高,而且对企业信誉要求很高,一般需要抵押品;二是银行间的同业拆借,主要是平衡银行资金头寸,调剂银行短期资金余缺。银行同业拆借市场是国际货币市场最主要的构成部分。

银行同业拆借市场与银行对普通客户的短期贷款相比有以下特点：

（一）贷款期限很短

最短期限为日拆，如隔夜欧洲美元，隔日回购协议等。此外还有一周，三个月，六个月等。以三个月及其以下期限为最多，也有长达一年的但较少见。

（二）每笔贷款金额很大

由于是银行之间的借贷，所以通常以批发形式进行，如伦敦同业拆借市场每笔拆借金额最低为 25 万英镑。

（三）利率较低

一般分为拆出利率和拆进利率，两者一般相差 0.25％～0.5％。在美国同业拆借市场上，利率的表示方法一般是拆进利率在前，拆出利率在后。例如美国某银行报出利率为7.25％～7.5％，表示前者是该银行愿意借入(包括存款)利率，后者是该银行愿意贷出的利率。在英国同业拆借市场上，一般拆出利率在前，拆入利率在后，例如上述情况在英国则是以 7.5％～7.25％表示。但这两种情况都表示：我借款按 7.25％支付利息，贷款按 7.5％收取利息。

（四）无须担保和抵押

银行同业拆借全凭信誉，无论每笔交易金额多大，均利用电话、电传等通讯工具进行，交易简便快捷，无须抵押品。

（五）常通过经纪人进行借贷

银行同业拆借有的在银行之间直接进行，但更多的是通过货币经纪人进行。货币经纪人利用其信息灵，通讯快且与众多银行保持密切联系的优势。介绍银行间借贷，促使借贷双方成交，并按借贷金额的一定比例向双方收取佣金。这种货币经纪人在英国称为银行经纪商，在美国称为"联邦基金"经纪人，在日本称为短期资金公司。

伦敦同业拆借市场是世界上规模最大最为典型的同业拆借市场，它的参加者相当广泛，除了商业银行以外，还有票据交换银行、贴现行、海外银行和外国银行等。伦敦同业拆借利率(London Interbank Offered Rate，Libor)是伦敦第一流银行之间的拆借利率，主要依据约 20 家大银行(包括瑞士银行、美国银行、巴克莱银行、花旗银行等)的自我报价，英国银行家协会(BBA)负责对该利率的管理。这 20 家银行在伦敦时间每天上午 11 点左右提交一个代表自己在同业银行拆借中愿意支付的利率，英国银行家协会在此基础上，去除报价最高和最低的各 5 家银行，剩余的 10 家数据平均后就是当天的 Libor。

Libor 是国际贷款或债券发行的基准利率，其他利率一般根据借款人的信誉和借款期限，在此基础上酌情增加一定的比例而形成。同时 Libor 还是国际金融市场上的基础利率，国际市场上许多借贷业务的浮动利率大多以 LIBOR 为基础。近年来，在其他国际金融中心作为国际借贷基础利率的还有纽约同业拆借利率(NIBOR)，新加坡同业拆借利率(SIBOR)和香港同业拆借利率(HIBOR)等。

二、贴现市场

贴现市场(Discount Market)是经营贴现业务的货币市场。所谓贴现是银行购买没有到期的票据或短期证券，购买的价格等于票据或短期证券的到期价值减去贴现利息。具体做法是，票据或短期证券的所有者将未到期的票据或短期证券提交银行，银行根据票面价值按一定贴现率扣除自贴现日到到期日的贴现利息,把余额支付给持票人,票据到期时,由贴现银行按票据价值向票据的债务人收回款项。贴现实际上是一种特殊的贷款,只是具有与普通贷款不同的特点而已。

贴现市场的交易主体相当广泛,包括企事业单位,个人,商业银行,贴现行和中央银行等。贴现市场的交易对象主要是银行承兑票据和短期债券(主要是短期公债券)。这些票据和债券期限都在一年以内,而拿去贴现的票据与债券比实际期限要短得多,所以一般贴现期限都很短。

伦敦贴现市场是目前世界上最大的贴现市场,它历史悠久而且颇具特色。英国的商业银行不能像其他国家那样,把他们从客户那里贴现来的票据直接向中央银行再贴现,而必须首先拿到贴现行进行贴现,由贴现行再拿到英格兰银行进行再贴现。因此,英国的贴现行不仅是贴现市场的最主要成员,而且是商业银行和英格兰银行之间的纽带。

三、短期证券市场

(一)国库券市场

国库券(Treasury Bills)是中央政府为解决财政急需资金而发行的短期公债券。国库券市场是国库券发行和流通转让的市场,是国际短期证券市场中最主要的组成部分。国库券市场的参加者不仅有众多的国内投资者,而且有众多的国外投资者,包括外国银行,跨国公司,个人投资者和外国政府。由于国库券具有风险小,期限短,流动性大的特点,各国政府常把本国的外汇储备用来购买货币发行国的国库券。

西方国家的国库券发行市场规模相当庞大,例如美国 3 个月和 6 个月期的国库券每周都发行。国库券的发行方式多采用招标方式,即财政部只公布国库券发行期限和数量,发行价格由购买者竞价形成。国库券的发行价格一般低于国库券的面值,到期时则按面值归还,差价便是购买者的利息收入,其差价大小主要取决于市场利率。国库券发行市场的参加者一般是商业银行、专业证券商等机构投资人,购买的数额相当大,价格竞争也很激烈,一般在小数点后两位竞争,但由于购买数额大,差价也相当可观。商业银行,专业证券商等机构常将购入的国库券再分售给个别投资人(企业、个人等)。

国库券的流通转让市场也相当发达,任何想买卖国库券的机构或法人和自然人投资者均可到二级市场上进行买卖。若购买的国库券未到期又急需用资金,便可在二级市场上卖掉国库券取得资金。国库券二级市场的交易一般通过证券交易商进行,这些证券交易商有的是银行,有的是大经纪行,他们购买和储存国库券,并准备随时出售,从买卖差价中获取利润。这种差价一般不大,在美国每 100 万美元国库券交易收入小于 500 美元,即收入不足交易额的万分之五。但由于交易量很大,仍然有可观的收入。

购买国库券几乎不存在信用风险,但市场风险仍然存在。假如买了国库券后市场利率上升,那么国库券的市场价格便会下降,此时如果转让国库券便会直接减少收入,如果将国库券保留至到期日,持有国库券的收益率则会低于市场利率。为了避免利率波动给购买或持有国库券造成损失,在金融期货市场上出现了利率期货交易,短期国库券利率期货交易是其中主要的交易品种。下面我们以芝加哥国际货币市场(IMM)的短期国库券利率期货交易为例,加以简单介绍。

IMM 短期国库券利率期货交易遵循如下规则:

(1)报价。以 100 与国库券年收益率的差额表示,称为 IMM 指数。例如,3 个月期国库券报价 IMM 指数 92.00,则表示 3 个月期国库券年收益率 8%。

(2)交易金额。每份短期国库券利率期货交易合约的交易金额固定为 100 万美元的国库券。

(3)每份期货合约价格。这可以从报价中算出,计算公式如下:

每份短期国库券交易价格＝每份合约交易金额×(1－长期国库券收益率×实际天数/360)

其中:短期国库券收益率＝100－IMM 指数。例如:报价为 94.00 的 3 个月期国库券期货合约,国库券年收益率应是 6%,每份期货合约价格为 98.5 万美元。

(4)最小价格波动是 0.01。即 IMM 指数只报到小数点后两位,指数值变动必须是 0.01 的倍数。

买进短期国库券利率期货交易合约,可以避免或减少利率下跌给国库券投资造成的损失。假设某证券商 1 月初预测 4 月份利率将下降,因此 4 月份购买国库券的收益率比 1 月初低。但是他拥有的 1000 万美元的国库券 4 月 3 日到期,他打算到期后再投资国库券,如果利率降低,届时再买入就会降低收入。于是,他交一定的保证金,买入 4 月 3 日到期的国库券期货合约。操作过程如表 8-1。

表 8-1　短期国库券期货交易的多头套期保值

国库券现货市场	国库券期货市场
1 月 3 日	1 月 3 日
3 个月期国库券每百元面值价格为 98 美元 拥有 4 月 3 日到期的 1000 万美元国库券	购买 10 份 3 个月期国库券期货合约,每份 100 万美元,总价值 1000 万美元 IMM 指数:92.00 应付出:980 万美元
4 月 3 日	4 月 3 日
兑换到期的 1000 万美元国库券,再购买 1000 万美元 3 个月期国库券,每百元面值价格为 98.25 美元 付出:982.5 万美元 损失 2.5 万美元	出售 10 份 3 个月期国库券期货合约,每份 100 万美元,总价值 1000 万美元 IMM 指数:93.00 收入:982.5 万美元 盈利::2.5 万美元

当 3 个月期国库券收益率从 1 月初的 8% 下跌到 4 月初的 7% 时,由于该证券商购买了国库券期货合约,用期货市场的盈利对冲了现货市场的损失,仍然保持了 8% 的收益率。当然如果 4 月初市场利率不是下降而是上升,比如升高到 9%,那么现货市场就会盈利,期货市场会损失,对冲结果为 4 月初购买的 3 个月期国库券仍然是 8% 的收益率。因此,购买了国库券期货合约后,无论市场利率是升还是降,都把将来要买的国库券的价格及收益率固定了下来。

同理,出售国库券期货合约,可以避免或减少利率上升给将来借入资金造成的损失。操作过程与上相同,只是方向相反。

(二)商业票据市场

商业票据(Commercial Bills)市场最初是伴随商品流通而产生的债权债务凭证,是商业信用的一种工具。但是现在货币市场上交易的商业票据已与商品买卖相脱离,由非银行金融机构及一些大的工商企业所发行,成为这些机构筹措短期资金的工具。

商业票据的发行市场很大,仅次于短期国库券。但并不是所有的企业都能发行商业票据,尤其是在国际票据市场,一般只有资金势力雄厚,信誉良好的大企业才具有发行商业票据的资格。例如,英国规定,发行商业票据的公司的资产净额必须在 5000 万英镑以上,且公司股票必须在伦敦证券交易所上市交易。信誉很高的大公司可以直接向社会公众发行商业票据,并可直接进入流通。但大多数商业票据的发行要经过大商业银行或证券经纪商等中介机构。商业票据一般没有票面利息率,与短期国库券一样采用贴现形式发行。即低于面值发行,到期按面值归还,差额便是购买商业票据的收益。商业票据的期限很短,一般为 30 天到一年不等,以 30~60 天最多。美国商业票据的期限一般不超过 270 天,因为超过 270 天就必须经过美国证券委员会的批准,手续要复杂得多。美国商业票据的票面金额一般是 10 万美元的倍数,高的可达 200 万美元。因此,购买者主要是金融机构和工商企业等,较少有个人投资者。

商业票据也有二级市场,未到期的商业票据可以在二级市场上流通转让,也可以出售给银行,这样大大加强了商业票据的流动性。

(三)银行承兑票据市场

银行承兑票据(Bank Acceptance Bills)是由银行签字承兑保证到期付款的商业票据。国际金融市场上的银行承兑票据主要由进出口商发行,期限一般为 30~180 天,以 90 天为最多。银行承兑票据到期前可以到承兑票据银行贴现,也可以在二级市场上流通转让,因此也具有一定流动性。

如前所述,只有大企业才能通过发行商业票据筹措短期资金,中小企业则基本不具有发行商业票据的权利。而银行承兑票据具有发行企业和银行的双重信誉,中小企业的商业票据经过银行承兑后,信誉就会大大提高,就能跻身于国际货币市场筹措短期资金。

(四)可转让定期存单市场

可转让定期存单(Negotiable Certificates of Deposit,缩写为 CDs)是银行等金融机构发行的类似于银行定期存款的凭证,具有面额大,期限短,不记名、可转让等特点。20 世纪 60 年代在美国首先产生,以后发展很快,成为金融机构获取短期资金的重要工具,同时也成为金融机构,跨国公司和社会公众短期投资的理想方式。其一级市场规模较大,二级市场也相当活跃。

第三节 国际资本市场

国际资本市场是实现中长期资金融通和中长期证券买卖的市场,包括国际中长期信贷市场和国际中长期证券市场。国际信贷市场将在第十章介绍,这里着重介绍国际证券市场。

一、国际债券市场

国际债券市场是一国筹资者在国外发行债券筹集中长期资金的场所或渠道。国际债券的发行者均为市场所在国的非居民,主要有外国政府,银行和非银行金融机构、跨国公司及大的工商企业。国际债券的购买者可以是市场报在国居民,也可以是非居民,如保险公司、信托公司,投资公司,储蓄机构和各类共同基金或投资基金,也有政府机构,企业和个人等。

(一)国际债券的种类

国际债券按发行主体可分为:政府债券和公司债券。政府债券由外国政府发行,主要为弥补财政赤字和筹措建设资金;公司债券由外国金融机构和工商企业发行,主要为筹集扩大再生产的中长期资金。公司债券与政府债券相比,具有收益高,风险大,流动性较小等特征。因此,在国际金融市场上发行公司债券的企业,往往是信誉良好的金融机构或是由银行担保的大公司。

国际债券按发行市场分可分为:欧洲债券和外国债券。欧洲债券是指在某货币发行国境外发行的以该种货币为面值的债券。例如在法兰克福市场发行的美元债券,在伦敦市场或卢森堡市场发行的瑞士法郎债券等;外国债券是指外国在某货币发行国境内发行的以该国货币为面值的债券。例如英国在美国发行的美元债券,中国在日本发行的日元债券等。

美国的外国债券市场相当大,被称为"扬基债券"(Yankee Bond)市场,具有市场容量大,银团承购技术发达,债券期限长等特点,因此吸引了各国筹资者。20世纪90年代以来,亚洲国家和地区也打入了扬基债券市场,甚至出现了一股发行扬基债券,筹措长期资金的热潮。但在美国发行扬基债券必须同时向证券交易委员会和州政府注册,并要由权威信誉评级机构进行信誉评级。

日本的外国债券市场被称为"武士债券"(Samurai Bond)市场。1984年以后,日本政府放宽了武士债券的发行条件,如放宽了许可标准,扩大了每一次发行数量,简化了发行手续等。从而大大加强了日本债券市场的国际化、自由化程度,对外国筹资者也更具吸引力。自1982年以来,我国多次在日本市场发行武士债券。但在日本发行武士债券必须具备两个条件:一是发行人要有两次以上在国际市场上发行债券的经历,二是必须事先向大藏省申报并获批准。

此外,英国、德国等欧洲国家的外国债券市场也较大。英国的外国债券市场被称为"猛犬债券"(Bulldog Bond)市场,其产生较早,但近年来英国的欧洲债券市场以更快的速度发展。

国际债券按其特点可分为:固定利率债券,浮动利率债券,可转换债券和附有新股认购权债券。

固定利率债券是在债券发行时就固定面值、利率和期限等,直至债券到期都不会发生变化。

浮动利率债券是在债券发行时只规定面值和期限,而不固定利率,在债券约定期限内,债券利率随市场利率的变化定期调整,通常是每隔3个月或6个月,按LIBOR或其他基准利率进行调整,这样可以使投资者和筹资者双方避免利率风险。在市场利率波动较大时期,浮动利率债券尤其受欢迎。

可转换债券是持有者可以按条件约定(如日期,转换比率,转换价格,转换汇率等)将其转换成发行公司的普通股票。这种债券对发行者的好处是,能以低于普通债券的利率发行。一旦该债券转换为股票即对外币债务作了清偿,消除了汇率风险。对投资者的好处则是,当股票价格或汇率上升时,将债券转换为股票再在二级市场上卖出股票,可以得到较高的资本收益。可转换债券主要是以美元和德国马克(现为欧元)计价的债券。

附有新股认购权债券是持有者可以在债券约定期限内,按规定的价格优先购买发行债券的企业新发行的股票。与可转换债券不同的是,在行使了新股认购权后,该债券仍然有效。因此对投资者来说,这种债券既有稳定的利息收入,又能从股票价格上升中获得资本收益。但该债券的利率一般比普通债券要低一些。

(二)国际债券的发行

1. 国际债券的发行方式

国际债券的发行方式分为公开和不公开两种。公开发行是没有特定投资者,面向社会出售债券的方式。公开发行债券必须在某公认的证券交易所登记上市。欧洲债券多数在卢森堡或伦敦证券交易所登记,亚洲债券多数在新加坡或香港证券交易所登记,德国马克债券多数在法兰克福证券交易所登记。经过登记的债券,可以在证券交易所挂牌上市,但发行者必须向投资者定期公布财务业务状况及市场行情。

非公开发行债券是面向少数特定的投资者出售债券的方式,其不需要在任何证券交易所登记上市。非公开发行债券的发行对象常常是金融机构或投资基金。与公开发行债券相比,非公开发行债券手续简单,成本较低,并可以不公开发行者的财务业务状况。但该债券流动性较小,不能在公开的证券交易所上市,因此利率略高一些。

2. 国际债券发行的条件

国际债券发行必须明确规定以下条件:一是币种,即以何种货币为面值货币或计价货币。国际债券中,以美元为面值的最多,其次是欧元,瑞士法郎等,也有少数以特别提款权为面值货币的国际债券。二是利率,国际债券的利率分为固定利率和浮动利率两种。利率水平一方面取决于发行者的信誉及债券本身具有的特点,另一方面则取决于发行市场的资金供求状况及市场利率水平。三是期限,国际债券的期限从5~20年不等,一般以5~10年为多,各国市场规定不尽相同。如欧元债券一般在10年以内,几乎没有超过10年的。美元债券期限则较长,在美国发行期限超过10年的债券并不难获得批准。四是发行量,一般美元债券的每次发行额都在1亿~2亿美元,欧元债券一般在1亿欧元以上,日元债券要视信誉情况而定。五是价格,国际债券多数以票面金额发行,尤其是浮动利率债券,也有少数是低于或高于票面金额发行的,主要取决于该债券的利率水平及其他条件与市场利率实际水平等条件的差异。

(三)国际债券的信誉评级

国际债券的风险程度对国际投资者来说是至关重要的。而国际债券的风险与发行者的信誉密切相关。如果发行者不能按时按约定条件偿还本息的可能性大,说明该发行者信誉差,其发行的债券风险也就大,否则风险则较小。国际债券的信誉评级是由专门的信誉评级机构对发行债券公司的信誉,从而对其发行的债券的信用做出的评判。

在国际债券市场上,最具有权威性及应用最为广泛的信誉评级机构是美国的斯坦普尔公司和穆迪公司。它们根据债券发行人的财务报表和其他相关资料,评判债券发行人的偿债能力或信誉情况,并将评判结果公布于众。这两个公司评判的企业信誉分为三等九级(见表8-2)。其中AAA为最高级,以后逐次降低,C级为最低。一般而言,低信誉等级企业发行债券的利率要比高信誉等级企业发行债券的利率高,其差额相当于风险补偿金。只有这样,低信誉等级企业发行的债券才有人愿意购买。

表 8-2　美国企业债券评级

斯特坦普尔等级	穆迪等级	说明
AAA	Aaa	最高信用、最低风险级
AA	Aa	高信用级
A	A	中高信用级
BBB	Baa	中信用级
BB	Ba	中低信用级
B	B	低信用高风险级
CCC	Caa	可能出现违约拖欠
CC	Ca	违约可能性很大
C	C	没有偿还能力

　　国际债券的信誉评级并非法律所要求,但由于投资者往往根据债券信誉等级来决定投资方向,所以事实上没有经过评级的债券很难发行。美国长期以来一直使用债券的评级制度,无论国内债券发行人还是国际债券发行人,都要经评级机构评级。日本则根据信誉等级来限定公开发行债券的发行量,例如 AAA 级债券每次发行不限量,AA 级为 300 亿日元,A级为 200 亿日元等。日本还规定,首次公开发行债券的企业必须取得有权威性评级机构 A级以上信誉等级。欧洲债券发行时并不需要信用评级,但若能事先取得较高信用等级当然较为有利。

　　(四)国际债券的流通转让

　　公开发行的国际债券可以在公开的二级市场上流通转让,既可以在证券交易所挂牌上市,也可以在证券公司或银行的柜台进行交易。有许多国际债券虽然在某一国际市场发行,但可以在多个国家的二级市场上流通转让,甚至可以用与面值货币不同的货币转让。流动性越大的国际债券往往在一级市场越好发行。

二、国际股票市场

　　股票市场是股票发行与交易的场所或渠道,目前世界上主要的股票市场已经高度国际化,一方面现代化的通讯设施将主要的股票市场连为一体,任一股市行情可以迅速地传递到其他股市。另一方面随着生产国际化的发展,越来越多的跨国公司和国际企业的股票在异国发行或上市交易,投资者也可以自由选择是买本国企业还是买外国企业的股票。

　　(一)股票发行市场

　　1.股票发行方式

　　主要分为直接发行和间接发行两种,直接发行是发行公司自己募集投资者,自己负责股票发行各项事宜。其好处是可以减少发行费用,降低发行成本,缺点是一旦认购申请额低于发行额,便不能按期如数筹集到股本金。间接发行是发行公司委托专门的证券公司或投资银行代为募集投资者,发行股票。具体有三种形式:一是代销,证券代理发行机构只负责按发行公司规定的发行条件代为销售股票,不垫付资金。发行期满销不出去的股票仍然退还给发行企业。这种方式的手续费较低;二是助销,也称为余股承购。即证券代理发行机构和发行公司签订助销合同,在约定期限内,若有未销出的股票要由代理机构承购下来。这种方式能保证发行总额的按时完成,但发行手续费较高;三是包销,即证券代理发行机构用自己的资金一次性买下全部股票,然后在证券市场上按市场条件转售给其他投资者。销不出去或降价销售的风险全部由证券代理发行机构承担,但代理机构要收取较高的发行费用。在这种方式下,如果发行的股票数额过大,常由多家证券公司联合包销。间接发行方式是国际股票发行的最重要方式,如美国新发行股票90%以上采用此方式。

2.股票发行价格

(1)股票发行价格的种类。股票发行价格按其水平高低可以分为以下几种:面额发行,即按股票票面金额发行,其优点是容易计算资本总额,缺点是缺乏市场弹性,不能随行就市;溢价发行,即高于股票的票面金额发行。一些效益好,信誉高、发展潜力大的企业在其股票账面价值高于其票面价值时常采用此种价格发行股票;折价发行,即按股票票面金额打个折扣作为发行价格。一些知名度不高的中小企业有时采用这种价格发行股票,目的是为了打开股票销路,便于竞争和以较快速度筹集资本;时价发行,常见于已上市的股份公司增加发行新股票,即发行公司以其已发行股票的市场价格作为发行新股的参考价格。当原有股票市场价格较高时,采用时价发行对发行公司是很有好处的。但时价发行的实际价格往往会低于原有股票市场价格的5%~10%;设价发行,即不标明股票面额,仅仅注明公司总资本分为若干股份和该股票代表总资本多少份额。这种股票常根据公司章程或董事会决议来确定一个最低价格对外发行。

(2)股票发行价格的确定依据。合理确定股票发行价格对股份公司来说至关重要,发行价格过高,股票难以顺利发行;发行价格过低,会减少公司的资本收入。目前在国际金融市场上一般以下面几个数据作为确定股票发行价格的依据:一是市盈率还原值,即发行公司原有股票最近3年按市场价格计算的平均每股税后纯利润乘以近似种类上市的其他股票最近3年平均市盈率所得之乘积;二是股息率的还原值,即发行公司原有股票最近4年平均每股所得股息除以近似种类上市的其他股票最近3年平均股息率所得之商;三是发行公司最近期的每股资产净值;四是发行公司当年度预计的股利除以银行一年期定期存款利率所得之商。股票发行价格常以这4个数据加权平均算出。

(3)股票发行价格的确定方法。议价法,即由发行公司与股票承销机构协商议定承销价格与公开发行价格。承销价格为发行公司实际筹得的股本。承销价格与公开发行价格之差就是股票承销机构收入;竞价法,即由发行公司公开招标,由投资银行,证券公司等机构投标竞争购买发行公司的股票。中标者愿意出的价格即为承销价格,亦即发行公司的实际发行价格。至于承销机构以什么价格向社会公开销售与发行公司无大关系;定价法,即无承销机构参与,由发行公司自行定价。

3.股票的异国发行

目前在国际经济联系日益密切,国际金融市场日益一体化的趋势下,在异国发行或购买股票的活动日益活跃,一国公司要在另一国发行股票,必须具备以下条件:

(1)遵守市场所在国资本市场的发行规则,由当地银团组织或证券公司承购。

(2)发行方法和手续与市场所在国保持一致,准备并在必要时公布详尽、严格且规范化的财务报表和计划书等资料。

(3)由于各国股票的式样,文字管理方法不同,原有股票无法依照原样在国外市场流通。通常的做法是,原股票由本国银行负责保存,发行公司委托外国银行担保,以用外国文字记载发行条件的预托证券(DR)代替原股票在国外发行。常见的预托证券有:欧洲预托证券

(EDR)、伦敦预托证券(LDR)、美国预托证券(ADR)和日本预托证券(JDR)等。

（二）股票交易市场

股票交易市场是股票流通转让的市场。一般而言,股票交易量比发行量要大得多,这是因为股票不退股不还本,投资者要追回自己的资金只有到交易市场上去转让。而且股票交易市场上有大量做短线的投机者,他们的频繁交易也扩大了股票交易量。股票交易市场主要由证券交易所和场外交易市场构成,下面分别加以介绍。

1. 证券交易所市场

证券交易所市场是在证券交易所内通过集中竞价方式公开买卖股票等有价证券的市场,是股票交易市场的主要部分。由于它有固定交易场所,所以又称场内交易市场或有形交易市场。

证券交易所的组织形式有会员制和公司制两种。会员制证券交易所本身不以盈利为目的,而是为了向全体会员提供必要的交易服务设施,并对场内交易进行必要的管理。以保证证券交易的公开性和公正性。为了维持交易本身的费用,全体会员有义务交纳一定的会费。世界著名的证券交易所,如纽约证券交易所、伦敦证券交易所、东京证券交易所及世界多数证券交易所都实行会员制,中国的上海证券交易所和深圳证券交易所也是会员制的法人;公司制证券交易所是以盈利为目的的法人,通常由银行,投资公司,证券公司等法人共同出资建立,并按照股份有限公司形式成立与管理。这种形式证券交易所常见于东南亚和拉美国家。

2. 场外交易市场

能在证券交易所挂牌上市的股票一般都是重要的众所周知的公司股票,各证券交易所对挂牌上市的股票往往有各种规定。例如纽约证券交易所规定,在该证券交易所上市的公司必须拥有不少于1800万美元的净有形资产,及不少于市值1800万美元的普通股票,持有该公司100股以上股票的人数应超过2000名等。因此,大量中小公司的股票便在证券交易所之外进行交易,由此形成了庞大的场外交易市场。场外交易市场最主要是柜台交易市场,此外还包括在美国称为第三市场和第四市场的股票交易市场。

柜台交易市场(Over The Counter Market)又称店头交易市场,是指证券公司,商业银行,投资银行等金融机构在自己的营业处所直接与客户买卖公开发行但没在交易所上市的股票等有价证券。这一市场发展十分迅速,其交易量已远远超过证券交易所。目前柜台交易市场已高度电子化,其突出表现是证券交易自动报价系统(STAQ)系统的建立。这一系统通过计算机网络将遍及全国的各主要证券交易柜台连为一体,如美国的"证券交易商自动报价系统国民协会"(NASDAQ)由联结的6000余家证券投资机构组成,其通过遍布全国各地的计算机终端网,可以迅速准确地报出所有从事场外交易的证券公司的股票价格。

所谓第三市场是指那些已在交易所内挂牌上市的股票,却在场外进行交易而形成的市场。其主要的参加者是信托投资公司、养老基金会、人寿保险公司等机构投资人,他们之间的交易主要靠非交易所经纪人牵线成交。

所谓第四市场是指投资者完全绕开证券经纪人,相互之间直接进行股票交易所形成的市场,其交易价格完全由买卖双方商定。

与证券交易所相比,场外交易市场的共同特点是:

(1)场外交易由证券商或证券投资机构等通过电话、电传、电子计算机终端等电子设备来进行,是一个无形市场。

(2)场外交易市场的参加者相当广泛,不仅包括证券商,信托投资公司,银行等,而且企业、团体、个人等社会各阶层、各行业均可参与其间。

(3)交易品种繁多,它不像证券交易所那样对上市交易的股票进行严格审查,必须符合规定条件方可上市交易。在证券交易所挂牌上市的或没有上市的证券均可在场外交易市场进行交易。

(4)其交易方式是议价成交,即由买卖双方通过讨价还价后自愿成交。

(5)其交易手续简便,成本较低。

(6)场外交易的证券流动性较差。

3. 股票价格指数

股票价格指数是表示多种股票价格变动的一个比例数,通常以某一年份的股价作为基期,以后各期股价与基期相比较,计算其升降的百分比。股价指数综合反映了股票市场上股票价格的变动方向和变动幅度,是投资者选择股票投资的主要参考依据之一,也是反映各国经济状况的晴雨表。世界主要股票市场的股价指数不仅为本国各界所关注,而且常被世界各国所报道,将之视为分析该国乃至世界经济形势的重要指标。目前世界主要股价指数有:

(1)道·琼斯股价指数。这是目前世界上影响最大的一种股价指数,由美国《华尔街日报》出版者——道·琼斯公司每天编制和公布。这一指数根据在纽约证券交易所上市的65家美国公司的股票交易价格编制,共分4组:30家工业企业、20家运输公司、15家公用事业公司、前三组合计的65家公司。常被引用和报道的是第一组30家美国最具代表性的大工业公司的股价指数。道·琼斯股价指数以1928年10月1日为100点作为基期,最初采用简单算数平均法编制,以后对此方法中的除数做了修改,采用加权平均法编制。

(2)日经股价指数。这是由日本经济新闻社按照道·琼斯股价指数编制方法编制并公布、反映日本股票价格走势的股价指数。这一指数根据在东京证券交易所第一市场上市的225种股票价格编制,因此又称为日经225指数。其基期为1949年5月16日。近年来该指数日益为各国所重视,《亚洲华尔街日报》、英国的《金融时报》等世界重要报刊每日刊登其变化情况。

(3)金融时报股价指数。这是伦敦《金融时报》社编制并公布、反映伦敦股票市场交易价格变动的指数。该指数分为三组,第一组根据英国工业中最具有代表性的30家公司股票编制,以1935年7月1日为基期。第二组和第三组分别采用100种和500种股票编制,其范围包括了各行业。由于《金融时报》是世界上创刊最早,发行量最大,专门报道财金信息的报纸,因此它编制并公布的股价指数具有权威性,影响力很大。

(4)恒生指数。这是由香港恒生银行编制的反映香港股票价格变动的指数,以1964年7月31日股票交易价格为基期价格,于1964年11月24日开始编制,每天公布。后因技术原因,基期改为1984年1月13日,以该天的收盘指数975.47为基期指数,以维持其连续性。恒生指数以33种具有代表性的股票价格为计算对象,采用加权平均法计算。

(5)标准普尔氏股价指数。这是由美国著名的投资顾问公司——标准普尔氏公司编制并公布的反映美国股市交易价格变动的指数,是美国除道·琼斯指数以外最有名的股价指数。该指数依据纽约证券交易所上市的500种股票价格计算,其中既有最好的股票,也有中等股票和最差股票,因此代表性相当强。这是该指数在世界上有广泛影响的一个重要原因。

4.股票交易方式

股票交易方式主要包括4种:现货交易,信用交易,股票价格指数期货交易和股票期权交易。前两种是传统的交易方式,后两种是20世纪70年代后才产生或发展起来的衍生工具交易方式。

(1)股票价格指数期货交易

股票价格指数期货交易的买卖对象是股票价格指数期货合约。它在交易价格、交易数量、交割时间及保证金要求、交割方式等方面均是标准化的(见表8-3和表8-4)。

表 8-3　股票价格指数期货合约规范

名称\规格	普尔氏 500 指数	价值线指数	纽约证券交易所股票综合指数	伦敦股票交易所100 种股票指数
每份价格	500 美元×指数数字	500 美元×指数数字	500 美元×指数数字	25 英镑×指数数字
交易所名称	芝加哥商品交易所	堪萨斯交易所	纽约期货交易所	伦敦国际金融期货交易所
交割月	3、6、9、12 月	3、6、9、12 月	3、6、9、12 月	3、6、9、12 月
最后交割日	交割月份的最后一个星期四			交割月份的最后交易日
报价	以指数报价			以指数÷10 报价
最小变动价位	0.05 个指数点(每张合约 25 美元)			0.5 个指数点(每张合约 12.5 英镑)
交割形式	现金交割			现金交割
保证金	每份 5000 美元	每份 6500 美元	每份 5000 美元	每份 1000 英镑

表 8-4　沪深 300 指数期货合约

合约标的	沪深 300 指数
合约指数	每点 300 元
报价单位	指数点
最小变动价位	0.2 点
合约月份	当月、下月及随后两个季月
交易时间	上午:9:15—11:30,下午:13:00—15:15
最后交易日交易时间	上午:9:15—11:30,下午:13:00—15:00
每日价格最大波动限制	上一个交易日结算价的±10%
最低交易保证金	合约价值的 12%
最后交易日	合约到期月份的第三个周五,遇国家法定假日顺延
交割日期	同最后交易日
交割方式	现金交割
交易代码	IF
上市交易所	中国金融期货交易所

股票价格指数期货交易于 1982 年 2 月由美国堪萨斯农产品交易所最先提出,经营的是价值线指数。同年芝加哥商品交易所和纽约期货交易所也开始经营普尔氏 500 指数和纽约证券交易所综合指数。稍后伦敦、东京、香港、新加坡、法国、德国等重要的国际金融市场也陆续经营各自的股票价格指数期货交易。

股票价格指数期货交易的主要作用是对股票现货市场交易进行套期保值,避免价格波动的风险。一般而言,股票的价格风险有两种:一种是有规则的风险,即指个别股票价格变动同整个股票市场价格变动相一致,受共同因素的影响而出现股价的较大波动;另一种是无规则的风险,即指个别股价价格的变动受股份公司经营状况的影响,与整个股市没有必然的联系。对于无规则的风险可以通过分散投资来抵消。对于有规则的风险,分散投资则无能为力。在很多情况下,股票价格出现同升同降的情况。如被西方人称为黑色星期一的 1987 年 10 月 19 日,道·琼斯指数一天内下降了 508 个点,不仅纽约证券交易所上市的所有股票价格均下跌,也不仅美国的所有股价下跌,几乎引起世界各地的所有股价下跌。股票价格指数期货交易可以用来降低有规则的风险。下面我们用两个极为简单的例子来说明如何利用股价指数期货交易对股票现货交易进行套期保值。

例 1,假设 2 月 1 日某投资者拥有 1000 股 W 公司股票,这天股价指数是 131,而 1 月份平均股价指数是 136,根据他分析,以后两个月内股价指数将继续下跌,因此他担心手中持有的 W 公司股票受共同因素影响也下跌。当然他可以在现货市场上卖掉这 1000 股 W 公司股票,但从各种指标分析,W 公司经营状况不错,若卖掉挺可惜。于是他决定利用股价指数期货交易来进行套期保值(操作过程见表 8-5)。

表 8-5 股价指数期货交易的空头套期保值

现货市场	期货市场
2 月 1 日	2 月 1 日
W 公司股票每股 110 美元	出售 3 月底到期的股价指数期货合约
110 美元×1000＝11 万美元	500 美元×131＝65500 美元
3 月 31 日	3 月 31 日
W 公司股票每股 106 美元	补进 3 月底到期股价指数期货合约
106 美元×1000＝10.6 万美元	500 美元×126＝63000 美元
亏损:4000 美元	盈利:2500 美元
套期保值净结果:亏损 1500 美元	

从表 8-5 可见,该投资者用股价指数期货交易的盈利减少了现货市场的损失。这里我们是以一份股价指数期货为例,一般而言,出于套期保值目的出售股价指数期货的数额应与其持有的股票市价总值大致相同。这样该投资者应出售两份期货合约,结果可盈利 1000 美元。如果股市行情出乎该投资者预料,股价指数与 W 公司股票价格均上升,那么现货市场会盈利,期货市场则会亏损。

例 2,假设 5 月份某投资者为获得现金欲卖掉以前买进的股票,但他担心抛出股票后股价会上涨,从而遭受损失。于是他在卖掉股票同时,在期货市场买进股价指数期货合约,试图用期货市场上的盈利来对冲现货市场上的损失(操作过程见表 8-6)。

表 8-6　股价指数期货交易的多头套期保值

现货市场	期货市场
5 月 6 日 出售 1000 股 Y 公司股票,每股 70 美元	5 月 6 日 买进 1 份 6 月到期的股价指数期货合约
收入:70 美元×1000＝7 万美元	500 美元×120＝6 万美元
6 月 30 日 Y 公司股票股 80 美元	6 月 30 日 售出 1 份 6 月到期的股价指数期货合约
1000 股总值:80 美元×1000＝8 万美元	500 美元×130＝6.5 万美元
损失:1 万美元	盈利:5000 美元
套期保值净结果:亏损 5000 美元	

表 8-6 可见,该投资者虽然卖掉了股票,却仍然享受到了股价上涨的好处。

股价指数期货交易还为投机获利提供了方便。如果某人预测股价将普遍上涨,但对购买何种股票举棋不定时,最好的办法就是买进股价指数期货合约。如果某人预测股价将普遍下跌但手中并没有股票时,那么在现货市场上既使他预测得再准确也不能获利。但他可以在期货市场上出售股价指数期货合约,如果股价果真普遍下跌,那么他便可获利。

(2)股票期权交易

股票期权是买者和卖者签订合同,买者付给卖者一定的保险费,就有权利在合同有效期内,按某一协议价格买进(看涨期权)或卖出(看跌期权)一定数量的某种股票。而不管这种股票价格以后如何变动。

下面我们用一个简单的例子来说明股票期权交易。假设 A 公司股票价格为每股 100 美元,投资者 B 判断 A 公司股票在以后的 3 个月内价格会大幅度上升,这时他如果直接买进 100 股需要 1 万美元。一则可能他手上没有足够的资金,二则他可能会认为一次投下 1 万美元所冒风险太大,于是他有些踌躇不决。而股票期权交易是一种两全其美的方法。他可以委托经纪人买进一份协议价格为 100 美元,期限为 3 个月的 A 公司股票看涨期权。假如期权行情表上显示的保险费为 4 美元,那么他只需花 400 美元(每份股票期权合约的数额为 100 股)就拥有了一种权利,无论以后 3 个月内 A 公司股票价格如何变化,他始终可以从卖者手中按每股 100 美元的价格买进 100 股 A 公司的股票。

投资者 B 买进 A 公司股票看涨期权后,无非会出现三种情况:一是 A 公司股票价格上升,行使期权,结果是追回部分保险费(每股价格不超过 104 美元)或获取盈余(每股价格超过 104 美元);二是 A 公司股票价格下降或不变,放弃期权,即让该期权合约到期自动作废,结果是损失全部保险费 400 美元;三是在该期权合约到期前进行转让,转让期权可以在 A 公司股票上升的情况下进行,也可以在 A 公司股票下跌的情况下进行。若 A 公司股票价格上升,看涨期权保险费也会上升,转让期权可以获取保险费差加收入。若 A 公司股票价格下跌,看涨期权保险费也会下跌,转让期权只能追回部分保险费,但如果保留至到期日可能损失的是全部保险费。

第四节　欧洲货币市场

欧洲货币市场是新型的国际金融市场,是当前国际金融市场的主体,包括短期资金市场和中长期资金市场。这里之所以把它另列一节专门介绍,只是强调它的重要性及有利于我们进一步加深对它的理解。

一、欧洲货币市场的形成与发展

欧洲货币是对在货币发行国境外存放、借贷和投资的各种货币的统称。欧洲货币市场是指非居民之间在某货币发行国境外从事的该国货币的借贷和投资的市场,又称离岸金融市场。

欧洲货币市场最早起源于 20 世纪 50 年代末的欧洲,故此而得名。以后很快扩散到世界其他许多地方。据国际货币基金组织的有关资料,目前主要的欧洲货币市场有 35 个,分布在欧洲、亚洲、美洲和中东等地区。其中最主要的是伦敦,其次是纽约、东京、香港、法兰克福等。欧洲货币市场最初交易的是美元,目前欧洲美元仍然占很高的比重,约为 60% 左右,其他的还有欧洲英镑、欧洲日元等。但无论欧洲货币市场交易、借贷的是哪种货币,最终必须回到货币发行国进行清算。

(一)欧洲货币市场形成的原因

形成欧洲货币市场的原因可从美国和西欧两方面加以考察。

1. 美国方面

(1)20 世纪 60 年代美国实行的一系列金融政策促成了欧洲货币市场的形成与发展。

其一,Q 项条款。20 世纪 60 年代初,美国联邦银行法第 Q 项规定了商业银行吸收定期存款的最高利率界限,同时规定对活期存款不得支付利息,目的在于限制存款利率上升,防止储蓄银行等金融机构在竞争中倒闭。但同时西欧国家的利率却持续上升,于是有大量美国资金流入西欧牟取高利。

其二,M 项条例。该项条例规定美国商业银行必须向中央银行缴存存款准备金,美国银行吸收国外存款及其国外分支行在国内总行账面的存款也必须缴存累进的存款准备金。但 M 项条例在相当长日期内对欧洲美元存款不起作用,这样在欧洲货币市场经营美元的成本比美国国内商业银行要低,在竞争中也就处于有利的地位。

其三,限制资本外流政策。美国政府为了缓解国际收支逆差状况,在 20 世纪 60 年代采取了一系列限制资金外流措施:1963 年开征了"利息平衡税",即对美国居民购买外国在美国发行的证券课税,使得美国资本市场的低利率优势因实行该税收而丧失;1965 年实行了"自愿限制贷款计划",要求美国银行和其他金融机构自觉地控制贷款数额;1968 年颁布了"国外直接投资规则",直接限制有关机构的对外投资规模等等。这些都促使美国银行及企业将资金调到海外,再向世界各地贷放,从而推进了境外美元存贷款业务的发展。

(2)美国长期的国际收支逆差,扩大了欧洲货币市场的资金来源。从 20 世纪 50 年代起,美国持续出现国际收支逆差,大量美元流向境外,使西欧及其他国际收支顺差国的美元储备大大增加。这一方面扩大了欧洲货币市场的美元供应,另一方面使得一些西欧国家有条件逐步放松乃至完全取消外汇管制,为欧洲货币市场的发展创造了有利条件。

(3)美元地位的下降使欧洲货币多样化。由于美国的巨额国际收支逆差,进入 20 世纪 60 年代后,多次发生过美元危机。每当美元危机爆发,人们便纷纷抛售美元抢购日元、德国马克、瑞士法郎等硬通货。而德国、瑞士等国为防止外资大量涌入,采取了限制性措施,迫使德国马克、瑞士法郎的持有者将资金存入伦敦和卢森堡等国家,这促进了欧洲美元以外的欧洲货币的产生与发展。

(4)美国政府的放纵态度也促进了欧洲货币市场的存在与发展。1971 年 8 月 15 日前,布雷顿森林体系尚存在,美国政府还允许外国中央银行用美元向美国兑换黄金。美元的境外融通周转,减轻了美国用黄金收兑美元的压力,一方面对美国黄金储备的减少起了缓解作用,另一方面为美国政府转嫁通货膨胀开辟了一条新的途径。所以美国政府对欧洲美元市场的发展采取了纵容的态度。

2. 西欧国家方面

(1)20 世纪 50 年代末,西欧国家开始逐步放松乃至取消了外汇管制。二次大战后初期,西欧国家在恢复经济中普遍外汇短缺,被迫实行外汇管制,禁止外汇自由买卖。经过十多年的经济恢复和发展,西欧国家外汇储备逐渐增加,到 20 世纪 50 年代末开始放松外汇管制,进入 60 年代基本上取消了外汇管制,实行了货币的自由兑换。这样,各国投资者和筹资者便可以自由进出欧洲货币市场,为欧洲货币市场的产生与发展提供了根本性条件。

(2)西欧国家曾对境外存款实行倒收利息的政策,促成了欧洲货币的大量涌现。20 世纪 60 年代开始,西方各国通货膨胀日益加剧。为了减缓通货膨胀的压力,西欧国家采取了鼓励持有外币的政策,以减少本国的货币流通量。例如瑞士和德国曾规定对境外存户的瑞士法郎和德国马克存款不仅不支付利息,甚至要倒收利息。但如果以外币开立账户则不受此限制。于是便有国际企业、银行等把瑞士法郎和德国马克存入其他欧洲国家,这促成了欧洲货币的大量涌现。

(3)欧洲银行经营的自由化。欧洲银行是在欧洲货币市场上从事经营活动的银行,其经营活动高度自由化。它们既不受市场所在国金融法规法令的限制,也不受所经营货币的发行国的金融法规法令的限制,不必缴存存款准备金,存款利息可以自由规定等等。这在很大程度上提高了欧洲银行的经营效率,降低了经营成本,从而使其能以优于货币发行国国内银行的条件开展存贷款业务,吸引了众多的国际投资者和筹资者。

(二)欧洲货币市场的发展

欧洲货币市场建立初期规模不大,据估计 1960 年大约为 20 亿美元。但发展相当快,到 1970 年底,市场规模已达 1100 亿美元,到 1993 年底猛增到 37000 亿美元。这是因为 20 世纪 70 年代以后,欧洲货币市场的供给和需求都在急剧增加。

从资金供给方面看:一是由于美国的国际收支逆差、对外军事开支的增加及资本输出的扩大,使得境外美元大大增加,其中很大一部分流入欧洲货币市场;二是 1973 年和 1979 年石油价格两次大幅度提高,使得石油输出国家的美元收入大大增加,这些石油美元有很大一部分被存放于欧洲货币市场;三是欧洲银行利用其经营自由,成本较低的优势吸纳了大量的欧洲货币;四是由于欧洲货币市场没有存款准备金的要求,欧洲银行的派生存款迅速增加;五是随着跨国公司的大量涌现,欧洲货币市场的存款迅速增加。

从资金需求方面看：一是世界各国大工商企业、跨国公司为了进行全球性生产发展和业务扩张，需要从欧洲货币市场筹集大量中长期资金；二是国际收支逆差国借助欧洲货币市场平衡短期逆差；三是石油两次大幅度提价后，非产油发达国家需要从欧洲货币市场借入资金弥补进口石油的资金缺口；四是固定汇率制崩溃后，外汇银行、外贸企业等外汇风险增大，为趋避风险，增加了外汇买卖，扩大了欧洲货币市场资金需求；五是国际金融机构等也进入欧洲货币市场筹集资金。

二、欧洲货币市场的构成

欧洲货币市场由欧洲短期借贷市场、欧洲中长期借贷市场和欧洲债券市场构成。

(一)欧洲短期借贷市场

欧洲短期借贷市场是欧洲货币市场中发展最早、规模最大的部分，具有以下几个特点：

(1)存贷款期限短。其存款分为通知存款和定期存款两种，通知存款期限为隔夜至 7 天，定期存款期限为 1 个月、2 个月、3 个月、6 个月和 1 年，以 1 个月和 3 个月为最多。另外还流行期限多为 1 个月和 3 个月的可转让大额存款单。其贷款主要是银行同业间的资金拆放。

(2)存贷款金额大。每笔存款的最低金额一般为 5 万美元，每笔贷款的起点为 25 万美元，一般为 100 万美元，有的则高达 1000 万美元甚至 1 亿美元以上。由于借贷金额大，主要是在银行间进行，偶有大企业参加。因此欧洲货币市场在很大程度上是同业拆借市场。

(3)借贷条件灵活。借款的期限、币种、金额等没有固定格式和要求，可由借贷双方商定。借贷款货币最多的是欧洲美元，此外还有欧洲英镑、欧洲欧元、欧洲瑞士法郎、欧洲日元等。

(4)存贷款利差小。欧洲短期借贷市场的存款利率一般略高于国内市场，贷款利率则略低于国内市场，因而存贷款的利差较小，一般为 0.25％～0.5％。存贷款利率一般以伦敦同业拆借利率为基础。英国《金融时报》每天登载的伦敦同业拆借利率是英国国民西敏士银行、美国花旗银行、德国德意志银行、日本东京银行、法国巴黎民银行等著名银行上年 11 点钟的同业拆借利率的平均数。

(5)借贷双方无需签订协议。一般情况下，借贷通过电话、电传等进行，无须担保品，也不需签订协议，主要凭双方信誉。

(二)欧洲中长期借贷市场

欧洲中长期借贷市场的贷款形式有两种，一是独家银行贷款，二是国际银团贷款。前者贷款期限较短、利率较低、贷款条件灵活方便，但贷款金额较小。后者是欧洲中长期借贷市场的主要形式，具有以下几个特点：

(1)贷款金额大。每笔贷款金额少则数千万美元，多则数亿美元，目前以 1 亿～3 亿美元为多。

(2)贷款期限长。一般为 7～10 年，有的可长达 20 年。贷款期限包括：提款期，即签订贷款协议后支用款项的期限；宽限期，即不需要还本但要按约定付息的期限；偿还期，即偿还本金的期限。

(3)借款成本高。借款人除支付利息外，还要支付管理费、代理费、承担费、杂费等费用。

(4)需要签订贷款协议，并常要由政府、中央银行或大商业银行担保。

(5)一般以浮动利率发放贷款。

(三)欧洲债券市场

欧洲债券市场是新型的国际债券市场,是欧洲货币市场的重要组成部分。第一笔欧洲债券于 1961 年 2 月在卢森堡发行,以后便有不同种类的欧洲债券相继出现,到 20 世纪 60 年代中期形成了欧洲债券市场,包括欧洲债券的发行市场和流通市场。欧洲债券市场经历了 20 世纪 70 年代的波动发展之后,到 80 年代进入持续高速发展时期,1984 年欧洲债券的发行额达 794 亿美元,首次超过了欧洲银团贷款。1985 年在国际金融史上国际债券的发行额首次超过了国际信贷总额。

与外国债券市场相比,欧洲债券市场具有如下特点:

(1)欧洲债券通过国际银团发行。欧洲债券的发行一般要经过国际银团的承购包销,并可以通过国际银团组织在面值货币发行国之外的多个国家同时发行。

(2)欧洲债券发行成本较低。欧洲债券的发行不需缴纳注册费,债券持有人不需缴纳利息所得税,这就使其发行费用低于外国债券,也使其更具市场竞争力。

(3)筹资者和投资者可自由选择货币种类。在外国债券市场上一般只能以市场所在国货币为面值货币发行债券。在欧洲债券市场上,筹资者可以根据自己需要选择面值货币,有时可以同时用两三种货币发行,投资者也可自由选择债券币种,甚至可以用一种货币购买,以另一种货币还本付息。

(4)欧洲债券市场容量大。一个国家的外国债券市场资金量往往是有限的,任何一个国家的外国债券市场都无法满足各国政府、跨国公司和国际组织的筹资要求。而欧洲债券市场的投资者不仅包括市场所在国居民,而且还包括众多的非居民,因此资金潜力很大。这也是各国筹资者纷纷涌入欧洲债券市场的一个重要原因。

(5)自由、灵活,不受任何国家法律的约束。在欧洲债券市场发行债券不需市场所在国或面值货币发行国的官方批准,所受限制很少,发行手续简单,这是外国债券市场无法相比的。

正是因为欧洲债券市场具有上述特点或优点,使其能以比外国债券市场更快的速度发展,目前发行的国际债券中,欧洲债券占到 70% 以上。

欧洲债券市场与欧洲中长期贷款市场相比具有的特点是:

(1)债权人不同。欧洲中长期贷款的债权人是贷款银行。欧洲债券虽也通过银团组织承购包销,但银团组织认购后往往转售出去,债权人比较分散,可以是政府部门、国际组织、工商企业及个人。

(2)风险承担者不同。欧洲中长期贷款的风险全部由贷款银行承担。欧洲债券的风险由众多的投资者分担。

(3)期限长短不同。欧洲债券期限较长,一般在 10 年、15 年,甚至 20 年以上。欧洲中长期贷款虽然期限也有较长的,但一般在 10 年以内。

(4)流动性大小不同。中长期贷款一般不能转让其债权,因此流动性较小。欧洲债券市场一般有较为活跃的流通转让市场,投资者可以随时抛出债券追回资金。此外,欧洲债券的偿还方式也比贷款要灵活得多,如发行者可通过买入注销等方式选择有利时机进行偿还。

三、欧洲货币市场对世界经济的影响

欧洲货币市场的产生与发展对世界经济产生了广泛而深刻的影响,这种影响既有有利的一面也有不利的一面。

1. 有利影响

(1)促进了国际金融市场的全球一体化,从而有利于降低国际间资金流动的成本,提高了国际资本的使用效率。

(2)为各国经济的发展提供了巨额资金,并促进了货币的兑换与结算,加速了资金周转,从而促进了国际经济的发展。

(3)为国际收支顺差国提供了理想的投资场所,为国际收支逆差国提供了筹资渠道,从而缓解了各国之间国际收支的不平衡。

2. 不利影响

(1)欧洲货币市场上,套利、套汇等投机活动十分发达,由此引起国际资金的频繁流动,造成利率、汇率等较大波动,从而影响了国际金融的稳定。

(2)欧洲货币是不受任何国家管制的自由货币,常在各国之间频繁流动,在固定汇率制情况下,当它大批量涌入某一国时,必然会引起该国为兑换这些货币而增大本国货币发行,从而引起或加剧该国的通货膨胀。

(3)影响了各国货币政策的效力。由于欧洲货币市场不受各国金融政策法令的约束,其借贷活动往往会使一国的货币政策难以收到预期效果。例如,当某国实行紧缩性货币政策、收紧银根时,该国银行或企业却可能从欧洲货币市场借入资金。当某国实行扩张性货币政策,降低利率时,该国资金又会流向国外。结果紧缩或扩张的力度会大大降低。

第五节　国际金融创新及国际金融发展新趋势

国际金融创新起始于 20 世纪 60 年代,最初主要是在国际金融市场上不断推出适应新形势发展需要的大量新的金融工具。进入 20 世纪 70 年代后国际金融创新出现了加速发展势头,20 世纪 80 年代以来国际金融创新更是在金融领域的各个方面展开。

一、国际金融创新的表现

(一)金融工具的创新

1. 存款工具的创新

大额可转让定期存单(CDs)。1962 年由美国花旗银行首创,它使投资者既能按定期存款利率获得利息,又能在急需资金时在二级市场抛出,因此大受欢迎。目前世界上几乎所有的大银行甚至储蓄机构都发行这种存单。CDs 的产生,不仅增大了银行定期存单的流动性,而且使银行的存款业务由被动变主动,更为重要的是它开创了国际金融市场创新的先河。此后金融工具创新层出不穷。

可转让提款通知书(NOWs)。这是银行允许储蓄存款户在一定数额内签发的类似于支

票的凭证,1972 年由美国马萨诸塞州储蓄协会首创,此后不断扩展。NOWs 绕过了只有活期存款才能签发支票的法律限制,给客户提供了兼得收益与流动性的好处,因此大受客户欢迎,发展相当迅速,以至于 NOWs 被统计进了美国狭义货币供应量 M_1 之中。

自动转账账户(ATS)。1978 年由储蓄机构在电话转账服务基础上开办,存户可以在同一家银行同时开立储蓄存款账户和活期存款账户。存户若要签发支票,可以电话通知银行,银行即将其需要签发支票的余额从储蓄账户转入活期账户。这样存户既可获得签发支票的便利,平时又可按储蓄存款计息。

货币市场存款账户(MMDAs)。20 世纪 80 年代初由美国货币市场基金会首创,1982 年 12 月获批准。其开户最低额为 2500 美元,存款利率与储蓄存款利率相同,无最高利率限制,且计复利。该存款无最短存款期限要求,但若要提款,须提前 7 天通知银行,每月提款次数不得超过 6 次,其中以支票形式提款不得超过 3 次。

货币市场共同基金(MMMF),1971 年由投资银行与证券公司等设立,存款金额起点较小,在 500~1000 美元之间,存户可以在一定数额内签发支票。金融机构吸收此项存款主要投资于货币市场或资本市场。

2. 支付工具的创新

支付工具的创新主要是为了提高支付效率和便利结算,以更多地吸引客户。主要包括:自动取款卡、信用卡、结算卡、多用途电子卡、自动转账系统、自动清算系统、电子通讯系统等等。著名的自动清算系统有:纽约的 CHIPS(Clearing House Interbank Payment System);伦敦的 CHAPS(The Clearing House Automated Payment System);香港的 CHATS(Clearing House Automated Transfer System)等。最著名的电子通讯系统是环球银行金融电讯协会 SWIFT(Society for Worldwide Interbank Financial Telecommunication),它有专线、专门密码、自动核押、收到电文自动通知,具有安全、及时、经济的特点。

3. 衍生金融工具的创新

20 世纪 70 年代以来,在传统的债券、股票等金融工具基础上,衍生出了许多新的金融工具,如货币期货合约、利率期货合约、股票指数期货合约、股票期权合约、货币期权合约,等等。

(二)金融业务的创新

1. 票据发行便利

票据发行便利(Note Issuance Facilities)是银行与借款人(通常为企业)之间签订协议,在未来的一段时间里银行以承购借款人连续发行的短期票据的形式向借款人提供信贷资金。票据发行便利实质上是银行向借款人融通资金,但与传统的融资方式不同,银行不是直接贷款给借款人,而是为客户创造融资条件,帮助其利用金融市场获得各种相对有利的借款资金来源。

票据发行便利约定的期限一般为 5~7 年,在约定期限内,借款人可连续发行短期票据,最长的一年,最短的只有一个星期或几天,一般为 1~6 个月。但这种票据的面额都较大,如欧洲票据大多为 50 万美元。所以购买者多是专业投资机构。

票据发行便利对借款者和银行均有一定的优越性。对借款人的好处是:其一,借款人可以在一定的期限内随时发行短期票据,筹集所需资金。由于银行作为与借款人签约的包销机构,有义务在借款人发行的票据不能全部售出时,购买未能售出的票据,或者向借款人提供等额的银行贷款。这样能够保证借款人全额筹集到所需资金。其二,用短期票据取得了中期信贷。虽然借款人发行的票据都是短期的,但由于可以在5～7年内连续发行,实质上可以取得中长期信贷。

票据发行便利对银行的好处是:其一,可以分散风险。对企业直接贷款的风险往往由贷款银行承担,而票据发行便利的风险由众多投资者分担。一般情况下,银行只需提供机制将借款人发行的短期票据分售给其他投资者,只有票据卖不出去的情况下,银行才需垫付资金自己买下。其二,可以增加收入,银行在从事票据发行便利业务时要收取手续费,一般为发行票据金额的0.25%～0.5%,由于借款人在一定期限内连续发行且金额较大,因此手续费收入相当可观。

2. 货币互换

货币互换(Currency Swap)是两个独立的借得不同货币的借款人签订协议,在未来的时间内,按照约定的规则,互相负责对方到期应付的借款本金与利息。

例如:2011年1月A银行要筹集一笔英镑资金,但A银行在市场上筹集美元资金较为容易,于是A银行可先发行欧洲美元债券,然后通过货币互换,获得英镑资金。同时,B银行需要一笔美元资金,但却可以比较方便地借入英镑贷款。于是双方可以通过货币互换方式来进行融资。假设A银行于2011年1月发行利率为4.5%,期限为3年,利息按年支付,本金到期一次归还的欧洲美元债券16亿美元,然后与B银行的英镑借款互换。B银行的英镑借款利率为3.5%,期限为3年,利息按年支付,本金到期一次归还,债务总额为10亿英镑。英镑与美元的汇率为1:1.6。互换后,A银行三年内每年替B银行支付3500万英镑的利息及3年后归还10亿英镑的本金。B银行3年内每年替A银行支付7200万美元的利息及3年后归还16亿美元的本金。这样,A银行实际上以3.5%的利率筹集到了10亿英镑3年期资金。B银行以4.5%的利率筹集到了16亿美元的3年期资金。

货币互换对借款人来说有许多好处:一是可以降低筹资成本,如上例中A银行与B银行经过货币互换比双方各自直接借入所需的货币资金成本要低;二是可以调整资产和负债的货币结构,使其更趋合理;三是可以使借款人间接地进入某些优惠市场。

世界最早也是最著名的货币互换是1981年世界银行2.9亿美元的固定利率债券与国际商业机器公司(IBM)的瑞士法郎和德国马克的债务互换。世界银行凭着AAA级信誉从市场上筹借了最优惠利率的美元资金,然后通过互换得到了所需的瑞士法郎和德国马克资金。国际商业机器公司运用自身优势筹集瑞士法郎和德国马克,通过互换得到了巨额的优惠利率美元资金。可见,货币互换是互惠互利的。

3. 利率互换

利率互换(Interest Rate Swap)是两个独立借款人的两笔独立债务以利率方式互相调换,即两个以不同特征利率借入资金的借款人互相为对方支付借款利息。利率互换首次产生于1982年8月,由德意志银行发行的3亿美元7年期固定利率欧洲债券与其他三家银行以LIBOR为基准的浮动利率债务互换。此后利率互换在国际金融市场上得到了较快发展。

下面举例说明利率互换。假设,具有AAA级信用等级的T公司发行了5年期固定利率债券,年利率为5年期的公债券利率加1%(记为t+1%)。T公司想将其转为浮动利率债务,他可以在欧洲货币市场按LIBOR(记L)融资。具有A级信用等级的S公司发行了5

年期与 T 公司同等金额的浮动利率债券,利率为每半年支付 L+0.25%。若将其债务转变为固定利率债务,他至少需支付 t+1.75%。T 公司找到了 S 公司,两者达成利率互换协议:由 T 公司每半年向 S 公司支付 L+0.25%浮动利率,S 公司每年向 T 公司支付 t+1%的固定利率,同时补贴给 T 公司 0.5%。通过互换,T 公司为 S 公司的债务支付浮动利率,比他自己在欧洲货币市场以浮动利率方式融资少支付 0.25%利息。S 公司为 T 公司的债务支付固定利率,比他自己以固定利率方式融资也少支付 0.25%利息。显然双方均降低了借款成本。具体情况如表 8-7。

表 8-7　利率互换案例

		T 公司	S 公司
不互换	初始状况	支付 t+1%的固定利率	支付 L+0.25%浮动利率
	其他选择	支付 L 的浮动利率	支付 t+1.75%的固定利率
互换后	支付	L−0.25%	t+1%
	收到	t+1%	L−0.25%
	净成本	L−0.25%	t+1.5%
	减少支付	0.25%	0.25%

利率互换的作用主要有两个:一是互换双方可以进入对方的优惠市场,都能以较低的固定利率或浮动利率获得借款,从而降低了筹资成本;二是可以重新改善和组合债务结构,即将固定利率债务变为浮动利率债务或相反。这样可降低利率或汇率波动的风险。目前许多企业将利率互换作为资产负债管理的一种工具。

利率互换的最主要形式是同种货币的固定利率与浮动利率债务的利息互换。此外还有某种货币的固定利率与另一种货币的浮动利率债务的利息互换,以某种利率为基准的浮动利率与以另一种利率为基准的浮动利率债务的利息互换,等等。

货币互换和利率互换业务是 20 世纪 80 年代最重要的金融创新,目前互换交易已成为伦敦、纽约等国际金融市场交易活动的重要内容,许多大的跨国银行、投资银行等机构都提供安排互换交易的服务。

4. 其他创新业务

如贷款承诺、担保、回购协议、远期利率协议、有追索权的债权转让及证券种类的创新等等。

(三)金融机构的创新

1. 金融机构多样化

除了传统的商业银行、投资银行等专业银行和保险公司等非银行金融机构外,出现了诸如消费金融公司、养老基金会及各类共同基金组织,此外还出现了诸多的财务公司、租赁公司、金融公司、资产管理公司等。

2. 金融机构集团化

如银行持股公司的出现,连锁银行的产生以及跨国银行、银团组织的发展等。

3. 金融机构的业务综合化

商业银行除了继续办理传统的短期存货款业务外,还发放中长期贷款、消费贷款、外贸贷款、国外贷款,证券投资的范围与比率也不断增大,还可以办理信托与租赁等业务,因而有了"金融百货公司"之称。其他的金融机构也千方百计地扩展业务范围,使得各金融机构之间的业务界限变得模糊不清。

（四）金融市场的创新

在传统国际金融市场基础上,出现了欧洲货币市场;在现货市场的基础上出现了期货市场和期权市场;在商品期货期权市场的基础上产生了金融期货与期权市场;在发展中国家出现了众多的新型市场,等等。而且各种类型新市场比传统市场以更快的速度在世界范围内发展。

二、国际金融创新的原因

（一）国际金融活动风险的增大

20世纪70年代以来的世界经济形势和国际金融环境的变化,使国际金融活动的风险性大大增加。如:布雷顿森林体系的崩溃和浮动汇率制的实行,使汇率出现较大波动,银行及有外汇收支的经济主体的风险性因此增大;世界性通货膨胀率的起伏变化使市场利率频繁变动,金融资产的市价也波动不已,因此造成了债权债务人收入或成本的不确定性;20世纪70年代两次石油危机使各国金融市场波动剧烈,投资风险增大;第三世界国家的债务危机加大了国际借贷的风险性;国际性游资的剧增及频繁流动,成为影响和冲击国际金融市场的巨大力量。金融风险的增大,刺激了避险交易方式和交易渠道的产生,如金融期货期权交易及其市场的产生与发展,浮动利率票据与债券的问世等等。

（二）银行间竞争的加剧

20世纪70年代后,银行间竞争日趋激烈,各银行及非银行金融机构为了在竞争中取胜,各显神通,以至新的金融工具及金融业务层出不穷。如可转让提款通知书、可转让定期存单、货币市场存款账户等存款工具的创新,无非是银行等金融机构给存款户提供种种方便,以利争取更多的资金来源。而出口信贷、国际租赁、票据发行便利的产生与发展实际上是金融机构争夺信贷业务的结果。此外,在传统的资产负债业务竞争加剧、利润率下降的情况下,各银行便积极向表外业务拓展,于是出现了诸多表外业务的创新。

（三）世界经济发展不平衡的加强

20世纪70年代石油两次大幅度提价,使石油输出国家与发达国家及非产油发展中国家的国际收支不平衡加剧;日本、德国等西欧国家经济的迅速发展,使它们与美国之间的贸易不平衡加剧,美国出现了巨额的贸易及国际收支逆差;新加坡、韩国、香港、台湾等发展中国家与地区经济的迅速崛起,使之吞吐资金的能力大大增强。这些都促进了国际资本流动规模的扩大及国际金融市场的创新。

（四）科学技术的不断进步

科学技术的进步与发展,使许多金融创新成为可能。20世纪80年代以来,世界上所有国际性金融市场都采用了先进的电脑、卫星等通讯网络,使得国际间外汇交易及国际资本流动24小时都能进行,既加快了资金流动又扩大了银行的业务经营范围。电脑终端机与自动取款机的推广既方便了客户,又扩大了银行资金来源。如果没有电子技术的发展,诸多创新金融业务及金融工具就不可能产生。

（五）各国金融管制的放松

20世纪50年代末60年代初,西欧国家纷纷放松了外汇管制,从而在很大程度上促进了欧洲货币市场的产生。巴拿马、巴哈马、开曼群岛等国的优惠税收政策和宽松的金融政策,促使他们成为重要的新型国际金融市场。20世纪80年代中期以来,西方各国纷纷修订金融管制法令,允许不同金融机构业务交叉,进一步开放国内金融市场,为金融创新的发展创造了较为宽松的环境,使得一些创新金融工具和业务得以迅速推广和发展。

三、国际金融发展新趋势

（一）金融全球一体化和自由化加强

（1）国际金融中心迅速扩展但又紧密联系。一方面国际金融中心从原来少数发达国家向全世界各地包括经济欠发达的发展中国家,如巴拿马、巴哈马和开曼等地扩展;另一方面现代化的通讯技术又将遍布世界各地的金融市场紧密联结在一起,全球性的资金融通和资金调拨在几秒钟内便可完成,形成了一个全时区、全方位的国际金融市场。尤其是世界外汇市场表现出空间上统一性,时间上连续性和汇率上趋同性的特点。

（2）国际金融市场自由化加强。表现在:20世纪60年代产生的欧洲货币市场,70年代以来得到了迅速发展,不仅使资金借贷完全打破了国界,而且由于其既不受货币发行国也不受市场所在国法律法规、条例的限制,是高度自由化的市场;20世纪80年代尤其是90年代以来,越来越多的发展中国家和地区进入了金融自由化、开放化的行列,金融抑制得到了不同程度的消除,实现了货币自由兑换和资本自由流动;金融机构跨国经营得到迅速发展,不仅发达国家海外分支机构迅速增加,越来越多的发展中国家银行也纷纷到海外包括发达国家设立分支机构。

（3）金融危机多米诺骨牌效应更加明显。20世纪90年代以来,金融波动加剧,危机爆发频繁,且蔓延速度之快、涉及范围之广为此前所罕见,例如,1997年7月泰国以货币汇率暴跌引发金融危机,很快便蔓延到周边的东南亚国家,连经济实力较强的韩国也被卷入其中,成为金融危机重灾区。经济萧条已久的日本也遭到沉重打击,使经济复苏雪上加霜。金融危机还引起几乎全球股市、汇市的动荡和经济增长的放缓,对此发达国家及国际货币基金组织也束手无策。可以说这次金融危机蔓延速度之快,波及范围之大以及持续时间之长,恢复之艰难,实属二战以来所罕见。稍后,欧洲的俄罗斯、南美的巴西、阿根廷频频告急,形成了金融危机浪潮,而且一浪高过一浪。2008年以来,以美国次贷危机引发的全球金融危机,不仅造成了国际金融市场的动荡不安,而且造成了全球经济的萧条。至今,美国经济未见复苏迹象,欧盟国家仍然深受债务危机困扰,连发展中国家的经济发展速度也因此明显放缓。

（二）国际融资方式证券化进一步发展

20世纪80年代以前,国际信贷是国际融资的主要方式。20世纪80年代以来,融资由银行贷款更多地转向具有流动性的债务工具。目前国际融资方式证券化不仅仅表现为传统的银行借贷款比例下降,越来越多的经济主体通过发行商业票据和长短期债券筹集所需资金。也不仅仅表现为传统的住宅抵押贷款,汽车分期付款贷款等长期贷款凭证可在二级市场上流通转让。而是表现为银团贷款与证券融资相结合:一是在银团贷款安排中融入了某些证券融资的特征;二是在贷款管理中采取了证券市场的一些做法;三是使贷款证券化,即商业银行将所持有的各种流动性较差的贷款组合成若干个资产库,出售给专业融资公司,再由融资公司用这些资产库作为担保,发放资产抵押证券。这样既加大了贷款的流动性扩大了贷款资金来源,又分散了贷款风险;四是不断通过创新金融工具筹措资金。

（三）国际金融创新层出不穷

如前所述,国际金融创新起源于 20 世纪 60 年代,进入 20 世纪 80 年代以来,以更快的速度在更加广泛的范围和领域中不断发展。在金融工具的创新中,不仅新的存款工具和支付结算工具不断被推出,而且衍生金融工具的创新以更快的速度发展,金融期货、期权合约品种和交易量大大增加,远期利率协议,利率上下限合约等也接连被推出;在金融业务的创新中,主要是融资方式和表外业务的创新,如保理（Factoring）、福费廷（Forfaiting）、票据发行便利、货币互换、利率互换、BOT 等等可谓日新月异;金融机构在创新中更是出现了多样化、集团化和综合化的趋势。

国际金融创新主要源于国际银行业竞争的加剧、国际金融活动风险的增大、金融管制的放松及世界经济发展不平衡的加强。可以预料,今后随着金融一体化和自由化的进一步加强,国际银行业的竞争会更加激烈、风险也会不断增大,国际金融创新会在金融业寻求击败对手工具和防范金融风险的过程中得到更大发展。

（四）国际银行业经营风险增大

20 世纪 90 年代中期以来,国际银行业经营风险明显增大,银行倒闭,尤其是一些大银行倒闭事件不断发生,典型的有:1995 年具有 233 年历史的英国巴林银行因证券投机交易造成巨额损失宣告破产;二战后一向稳健发展的日本银行在 20 世纪 90 年代也出现倒闭风潮,甚至创下了一天倒闭数家金融机构的历史;香港最大的华资证券公司百富勤集团,在 1997 年 10 月还有 3.86 亿港元纯利润,1998 年 1 月因受东南亚危机的株连而破产;甚至连当时经济发展良好的美国的一些金融机构（如长期资本管理公司）也面临破产境地;至于金融危机中东南亚国家的银行更是陷入前所未有的困境,仅泰国在危机中倒闭的银行就达 56 家,超过其银行总数的一半。而美国次贷危机发生以来倒闭的金融机构有数百家之多。

与以往的金融风险相比,国际银行业目前面临的金融风险具有如下特点:第一,诸如担保、承诺、衍生金融工具交易等表外业务的经营风险比传统的资产负债业务更大。第二,除了传统的信用风险和市场风险外,交易风险和操作风险的杀伤力大大增强。第三,银行倒闭不仅发生在经济危机或萧条时期,还发生在经济繁荣时期;不仅小银行倒闭,一些大银行甚至特大银行也倒闭。第四,系统性风险频繁发生。进入 20 世纪 90 年代以来,金融危机接连不断,从 1992 年的英镑危机到 1994 年底的墨西哥金融危机,再到 1997 年的亚洲金融危机,1998 年的俄罗斯、巴西金融危机,2001 年的阿根廷危机,直至 2008 年以来美国次贷危机,表现出一次比一次更为严重。每次金融危机都殃及众多金融机构,更为严重的是这种系统风险对金融机构来说防不胜防。

国际银行业经营风险增大的原因主要有:

（1）国际银行业经营环境的变化。如:泡沫经济的破灭,使银行巨额不良资产显性化;汇率、利率、股价波动的加剧,使银行收入的不确定因素增加;大量衍生金融工具及其交易的出现,在给银行提供避险工具和场所的同时也使银行业面临着更大的风险,数额巨大的国际投机资金在各国间的频繁流动,加大了各国的金融波动,等等。

（2）国际银行业经营原则的变化,由谨慎变为富有冒险精神。国际银行业传统的经营原则是注重资产管理、重视资本的充足性和资产的安全性,较为稳妥。进入 20 世纪 60 年代以后,银行则更为重视负债管理,千方百计通过各种途径借入资金来扩大银行资金来源,资本充足性受到轻视。尤其是进入 20 世纪 80 年代后,银行为追逐高利润率,严重超贷,高风险资产比例不断扩大,资本与资产比例不断降低,风险随之增大,以至于国际银行业不得不通过达成巴塞尔协议来保证资本充足率。但是直到目前为止,仍有为数不少的银行未能达到巴塞尔协议规定的资本充足率的要求。

(3)银行业的过度投机。20 世纪 30 年代大危机后,西方多数国家都曾规定银行不能直接购买工商企业的股票,但是目前这些规定有的早已明令取消,有的则形同虚设,几乎所有商业银行都握有一定比例工商企业的股票,这就使银行极易受到工商企业经营波动及股市波动的影响。此外,随着现代通讯技术的发展和金融自由化的加强,资金在国际间的流动变得极为方便快捷,这也给套汇套利等投机交易提供了方便。尤其是期货期权等衍生金融工具交易的发展,给银行提供了以小本博大利的机会,很多银行挡不住高额利润的诱惑,纷纷投入期货期权、房地产等投机交易。而投机本身就意味着冒险,一旦投机失败,损失必定十分惨重。

(五)银行兼并与重组浪潮迭起

1995 年以来,在全球范围内出现了新一轮银行兼并与重组的浪潮。1996 年初,日本东京银行与三菱银行、美国的大通曼哈顿银行与化学银行的强强合并,开创了新一轮国际银行业兼并浪潮之先河,到了 1998 年,这股浪潮已经汹涌澎湃。当年美国著名的花旗银行与美国大型金融集团旅行者公司合并,不仅成为美国最大的金融机构,而且打破了美国商业银行与投资银行分业经营的格局。同年底,大名鼎鼎的德意志银行收购了美国第八大银行信孚银行,成为最大的跨国金融购并案,从而使德意志银行成为世界上资产总额最大的银行。过去银行的兼并、重组大多发生在经济衰退达到谷底时期,主要通过"大吃小"、"强并弱"形式进行。而新一轮银行业的兼并与重组则是在西方国家经济走出萧条之后,并表现出引人注目的特点:第一,新一轮银行兼并浪潮中除了对亏损、倒闭的银行进行收购和兼并外,更多的是"强强联合";第二,跨国并购异军突起,参与国家或地区不断扩大,除美国、日本、英国、德国等金融大国外,其他国家或地区的金融机构也纷纷加入并购行列;第三,商业银行与投资银行间的交叉并购成为新热点,出现了所谓的"超级金融机构"和"金融超级市场";第四,发达国家政府对银行兼并与经营范围的管制明显放松,为大型金融机构规模扩张奠定了法律基础。

出现新一轮全球银行兼并与重组浪潮的主要原因如下:

(1)以美国为首的发达国家在 20 世纪世纪末进行"强强联合"的金融并购是一种战略性调整,目的是通过组建金融"航空母舰",以在 21 世纪金融竞争中处于霸权地位。

(2)以规模优势提高竞争力。通过兼并,尤其是强强联合,可以提高银行资本充足率,扩大银行业务范围,在地区、业务、金融产品及金融创新能力等方面形成优势互补。并可在经营管理、技术开发、信息共享和经济资源配置等各方面发挥规模经济效应,更大份额地占领市场,从而增强竞争能力和抵御风险冲击的能力。

(3)削减开支,降低经营成本。通过合并不仅可消除机构与业务重叠,而且可以降低银行电子化、网络化的使用成本,并可为客户提供更加快捷便利的金融服务,从而增加银行收入。

(4)扩大银行影响。银行兼并无异于给银行做了很有影响力的广告,尤其是强强合并更会产生轰动效应。

(5)欧洲银行业面对美国银行业购并浪潮的巨大压力,为了保持和加强自身的竞争力,也被动地加入了银行购并浪潮之中;日本、韩国及东南亚各国为了摆脱金融危机的困扰,也纷纷将银行合并作为金融体系改革的重要措施。

(六)国际货币格局发生了重大变化

在布雷顿森林体系下,美元等同于黄金,成为唯一的国际货币;布雷顿森林体系崩溃后,虽然出现了国际货币多元化的趋势,德国马克、日元及瑞士法郎、英镑等欧盟国家货币也发挥着国际货币的职能,但美元在国际货币格局中仍然占有垄断地位;1999年1月欧元的产生是国际货币史上的伟大创举,开创了国际货币区域化和统一化的先河,美元在国际货币中的垄断地位因此受到了强有力的挑战。虽然欧元产生以来,汇率波动较大且较为疲软,但欧元问世以来,在国际金融市场推进十分迅速,欧元债券规模不断扩大,作为国际贸易计价结算货币及国际储备货币也取得了令人瞩目的发展。从长期来看,欧元完全有可能与美元相抗衡,成为最主要的国际货币。这是因为:第一,欧盟国家总体经济规模目前已经超过美国,而欧盟国家进出口贸易总额占世界国际贸易总额的40%以上,更是远远超过美国,因此欧元有较强的经济实力支撑。第二,发行欧元的欧洲中央银行作为欧盟统一的中央银行,处于不受任何一国政府干预的超然地位,在制定货币政策和干预外汇市场等方面具有更大的独立性和更强的能力。尤其是欧洲中央银行已确定以稳定币值为货币政策目标,这就为欧元的稳定提供了体制上的保障。此外,人民币的地位正在迅速崛起,人民币国际化进程明显加快,今后人民币完全有可能成为重要的国际货币。

(七)国际银行业务综合化、全能化

20世纪30年代大危机之后,以美国,英国、日本为代表的西方国家确立了金融业分业经营、分业管理制度的基本框架。但20世纪70年代"滞胀"的出现,使企业对资金的需求相对减少,客观上要求银行重新配置资源,寻求新的利润增长点。而社会经济对金融服务一体化的内在要求,使得银行和证券公司纷纷以创新金融工具与交易方式来规避法律的限制,涉足对方的业务领域。金融业分业经营的基础被动摇,政府对银行业务的种种限制或形同虚设或被迫取消。1999年月11月美国国会通过了《金融服务现代化法案》,从法律上追认实质上早已混业经营的既成事实,商业银行成了名副其实的金融百货公司。金融业由"分业经营、分业管理"的专业化模式向"合业经营、综合管理"全能化模式的发展已成为当今国际金融业发展的主流。

(八)金融业电子网络化

伴随着信息网络技术的发展,无论发达国家还是发展中国家,都在加紧实现金融系统电子网络化。金融机构将先进的电子科学技术广泛用于各项金融活动,并将金融机构与客户、金融机构与金融机构、客户与客户联结成一个电子网络。自动金融服务网点、网上银行、虚拟分支行、无形席位交易所等也应运而生,成为国际金融业发展的基本趋势,使金融业的经营模式和交易方式发生了深刻的变化。

本章小结

1. 国际金融市场按其产生时间和市场性质划分,可以分为传统市场和新型市场。传统国际金融市场是在国内金融市场的基础上发展起来,主要从事市场所在国货币借贷,并受市场所在国政府政策和法令管辖的金融市场;新型国际金融市场20世纪60年代以后产生的具有如下特点的市场:①经营对象主要不是市场所在国货币,而是几乎所有可自由兑换货币。②交易一般在非居民之间进行,即投资者和筹资者都是市场所在国非居民。③经营活动不受市场所在国和货币发行国的法规和条例限制,是完全自由化的市场。这类市场最先起源于欧洲,所以又称为欧洲货币市场。

2. 国际金融市场按其融资期限划分,可以分为国际货币市场和国际资本市场。国际货币市场是进行短期资金融通与短期证券买卖的市场,主要包括同业拆借市场、贴现市场和短期证券市场。国际货币市场的主要作用是在世界范围内调剂短期资金余缺,增大资金流动性,平衡国际收支和加速商品与资金的周转;国际资本市场是实现中长期资金融通和中长期证券买卖的市场,主要包括国际中长期信贷市场、国际债券市场和国际股票市场。国际资本市场的主要作用是为各国筹措生产建设资金提供渠道与便利,优化国际分工,促进世界经济发展。

3. 欧洲货币市场是美国与西欧国家共同催生的结果。从美国方面看:20世纪60年代美国实行的一系列金融政策促成了欧洲货币市场的形成与发展;美国长期的国际收支逆差,扩大了欧洲货币市场的资金来源;美元地位的下降使欧洲货币多样化;美国政府的放纵态度也促进了欧洲货币市场的存在与发展。从欧洲方面看:20世纪50年代末西欧国家开始逐步放松乃至取消了外汇管制,为欧洲货币市场产生创造了最基本的条件;西欧国家在20世纪60年代曾对境外存款实行倒收利息的政策,促成了欧洲货币的大量涌现;欧洲银行经营的自由化也促进了欧洲货币市场的发展。

4. 国际金融创新起始于20世纪60年代的存款工具创新,以后在国际金融市场上出现了衍生工具、金融业务、金融市场和金融机构的全面创新活动。国际金融创新的原因主要有:国际金融活动风险的增大、银行间竞争的加剧、世界经济发展不平衡的加强、科学技术的不断进步和各国金融管制的放松。

5. 20世纪90年代以来的国际金融发展新趋势是:金融全球一体化和自由化加强;国际融资方式证券化进一步发展;国际金融创新层出不穷;国际银行业经营风险增大;银行兼并与重组浪潮迭起;国际货币格局发生了重大变化;国际银行业务综合化、全能化;金融业电子网络化。

本章复习思考题

1. 掌握本章重要概念：

欧洲货币市场　外国债券　欧洲债券　国际金融创新　大额可转让定期存单　可转让提款通知书　自动转账账户　票据发行便利　货币互换　利率互换

2. 与传统的国际金融市场相比，新型的国际金融市场有何特点？

3. 简述国际金融市场的作用及形成条件？

4. 证券交易的场外市场与证券交易所相比有何特点？

5. 股价指数期货交易套期保值的原理何在？试举一个例子，说明如何利用股价指数期货交易对股票现货交易进行套期保值。

6. 股票期权交易有何特点？如何利用股票期权交易进行套期保值。

7. 简述欧洲货币市场产生的原因。

8. 与外国债券市场相比，欧洲债券市场有何特点？

9. 简述国际金融市场创新的表现及原因。

10. 试分析 20 世纪 90 年代以来国际银行业经营风险增大的原因。

11. 试分析 20 世纪 90 年代以来出现的新一轮国际银行业兼并、重组浪潮的特点及原因。

12. 试分析银行业全能化、综合化经营的利弊。

第九章　国际资本流动

【主要内容和学习要求】掌握国际资本流动的基本概念；了解国际资本流动高速增长的原因及其对经济的影响；理解国际资本流动与金融风险的互动关系；理解并掌握中国利用外资、对外投资的现状和进一步改善的措施。

.　国际资本流动是国际金融的重要组成部分。随着世界经济一体化的发展，国际资本流动正日益成为世界经济活动中最活跃的因素，它在促进国际贸易发展，提高全球经济效益的同时，也为债务危机和金融危机的产生提供了丰富的土壤。本章分析和研究国际资本流动的规律，对于加强国际经济合作和利用外资，加强对国际资本流动的监控具有重要的现实意义。

第一节　国际资本流动概述

在当今世界中，国际资本流动成为非常引人注目、极为活跃的经济现象，其内容非常繁杂。为全面把握国际资本流动规律，我们首先对国际资本流动的涵义、分类及其原因作一小结。

一、国际资本流动的概念

国际资本流动是指资本从一个国家或地区转移到另一个国家或地区。这里所说的资本包括货币资本和借贷资本、与国外投资相联系的商品资本和生产资本以及近几年来脱离实物经济而独立高速增长的金融性资本。国际资本流动包括资本在国际间流出与流入两个方面。资本流出是指资本从国内流向国外，亦称本国的资本输出。资本流入是指资本从国外流入国内，亦称本国的资本输入。

国际资本流动是一国国际收支的一项重要内容。国际收支平衡表中的资本和金融项目反映一国在一定时期内同其他国家（或地区）间的资本流动的综合情况，包括：(1)资本流动的规模，即资本流出额、资本流入额、资本流动总额和资本流动净额；(2)资本流动的方式，即直接投资、间接投资以及投资利润再投资等；(3)资本流动的类型，即长期资本流动和短期资本流动；(4)资本流动的性质，即官方资本流动和私人资本流动。在账务处理上，资本流入记在国际收支平衡表的贷方，资本流出记在国际收支平衡表的借方。国际资本流动与各国的国际收支关系密切，国际资本流动的情况不仅可以从各国的国际收支平衡表中反映出来，而且二者相互影响。通过对国际资本流动的调节和控制，可以达到调节国际收支顺差或逆差，实现国际收支平衡的目的。国际收支的持续顺差或逆差，也可以通过影响该国货币的汇率而影响国际资本的流动。

资本要在各国之间顺利地实现流动必须具备一定的条件。一般而言，外汇管制或外汇管制较松，并且有较发达的国际金融市场的国家或地区，本的流动就比较自由和顺利。反之，在实行严格外汇管制的国家或地区、健全完善的国际金融市场，国际资本流动就会受到较大的限制和阻碍。

二、国际资本流动的类型

依据资本流动与实际生产、交换的关系，国际资本流动可以分为两大类型。一种是与实际生产、交换发生直接联系的生产性的国际资本流动，例如发生在国际间以兴办特定企业、控制或介入企业的实际经营管理的产业性资本流动——国际直接投资及国际证券市场上以获取企业控制权为目的的证券买卖，又如作为商品在国际间流动的对应物，在国际贸易支付中发生的资本流动、与之直接联系而发生的各种贸易信贷等贸易性资本流动以及国际衍生工具市场上与商品贸易、投融资等相关的套期保值相关的交易所伴随的保值性资本流动。另一种类型则是与实际生产、交换没有直接联系的非生产性的资本国际流动。例如，国际银行存贷市场上与国际贸易支付不发生直接联系的银行同业拆借活动，国际证券市场上不以获取企业控制权为最终目的的证券买卖，外汇市场上与商品进出口没有直接联系的外汇买卖，国际衍生工具市场上与商品贸易套期保值无关的交易等等。

三、两类国际资本流动之间关系

为了更好地理解以上两种类型资本流动的区别，下面对生产性的国际资本流动与非生产性的国际资本流动的关系进行探讨。

第一，从承担国际资本流动的主体看。前者以跨国公司为主；后者以跨国金融机构为主。

第二，从国际资本流动的形式看。前者的形式多样，可以用实物形式，也可以用货币资本形式，甚至还可以用管理、专有技术、商标的方式进行投资；而后者仅限于货币、金融衍生工具等金融形式。

第三，从国际资本流动的成因看。前者简而言之主要是通过占领市场而达到追求利润或通过资本转移、相关金融衍生工具交易以达到规避风险的目的，影响生产性的国际资本流动的因素主要有，对企业专有技术、商标的维护，对企业经营权的控制，企业产品生命周期情况，东道国的资源禀赋情况等；后者主要通过金融交易以达到逐利的目的，影响非生产性的际资本流动的因素主要是国际金融市场上各种投资活动的收益与风险状况。

第四，从国际资本流动的特点看。前者一般直接介入企业的经营管理，对企业享有永久性权益，一般比较稳定，生产经营过程中往往伴随着技术、管理的转移；而后者仅反映了一种资金融通关系，与实际生产不发生直接联系，始终在国际金融市场上进行活动且时间较短、来去较为频繁。

第五，从国际资本流动的理论依据看。前者主要有市场内部化理论、产品生命周期理论、资产组合理论；后者主要有预期理论。

由此可见,这两种资本流动有着非常大的区别,具有各自相对独立的规律。对于前一种类型的资本流动而言,其中的产业性资本流动与企业理论有着密切的联系,属于国际投资学的研究范畴,贸易性、保值性资本流动则分别属于国际贸易学与金融工程学研究范畴。而对于后一种类型的资本流动,它与实际生产、交换没有直接联系,具有更为明显的货币金融性质。

第二节　国际资本流动对经济的影响

国际资本流动具有广泛而复杂的经济影响。以下,我们首先分析 20 世纪 90 年代以来国际资本流动所呈现的特点,在此基础上将分别从国际资本流动对国际收支、资本流入国和资本流出国以及世界经济的影响进行简要的说明。

一、国际资本流动的特点

20 世纪 90 年代以来,伴随着经济金融全球化的深入发展,国际资本流动呈现出以下一些特点。

(一)全球资本流动规模显著下降

自 20 世纪 90 年代以来,全球资本流动总体规模上一直保持稳步增长,期间出现了两次负增长:由于受美国网络经济泡沫破灭导致全球经济危机的影响,2001 年全球资本净流动突然回落,降幅达 16%;此后开始上升并持续增长了 8 年;2009 年因受国际金融危机的全面打击,全球资本净流动降幅高达 40%。之后,经历了 2010 年的短暂回升后,据 IMF 提供的研究报告显示,2011 年全球资本流动规模为 1.52 万亿美元,增速较 2010 年的 23%回落至 12%;2012 年很有可能成为继 2001 年、2009 年后第三次表现为负增长的年份,总体规模将降至 1.47 万亿美元,比危机前 2008 年的水平减少近 2000 亿美元。

(二)从发达国家整体来看,经常项目依然为逆差

整体来看,发达国家经常项目余额自 1999 年以来一直是逆差,即资本呈现净输入;在几个较为典型的发达国家中,美国自 20 世纪 90 年代以来(除 1991 年外)都是最大的资本净输入国,其资本净输入占全球资本净输出的比重一直保持在 70%左右。日本和德国的资本流动规模仅次于美国,但与美国不同的是,这两个国家是资本净输出国。德国进入 21 世纪以来,得益于强劲的出口,资本的净输出规模异军突起;日本则一直保持了较高的资本净输出,1993 年占全球资本净输出的比重高达 43.69%,之后虽有所回落,但始终提供了全球资金需求的 20%以上。2008 年国际金融危机发生后,由于全球资本流动规模大幅缩水,无论是整体发达国家,还是主要的单个发达经济体,经常账户规模均明显减少,直至 2011 年仍未恢复到危机前的水平。据 IMF 提供的研究报告显示,2012 年发达国家经常项目逆差将进一步缩小,这也将在一定程度上为调整全球贸易不均衡提供契机。

(三)国际资本流动具有越来越强的风险性和经济破坏性

国际资本更多地采用各种衍生工具,进行套期保值和投机。其中,对冲基金(Hedge Fund)等各类机构投资者在国际资本流动中占有越来越重要的地位。在美国,1990 年共有

对冲基金 1500 家,资本总额为 500 亿美元左右,到 2006 年,美国至少有 4200 家对冲基金,资本总额超过 3000 亿美元,其中半数以上来自海外投资者和海外基金。与一般投资基金相比,对冲基金具有三个鲜明的特点。第一,它经常脱离本土在境外活动;第二,它在市场交易中的负债比率非常高,往往从银行借入大大超过其资本数量的资金进行投机活动,这一借贷数量最高可达到其本金的 50 倍。第三,它大量从事衍生金融工具交易。由于衍生交易中只要少量的大大低于合约名义价值的保证金就可以进行交易,因此对冲基金又获得了远远超出其实力的对市场的控制力。以上三个特点使得对冲基金的投机性特别强,动辄启动上千亿美元资金的大型投机基金在新兴市场垄断大部分交易,左右价格走势,频繁进出不同金融市场,不时掀起轩然大波,成为在国际金融市场上兴风作浪的急先锋。

亚洲危机爆发以后,大量国际资本自亚洲市场流出,据国际货币基金组织统计,1994—1996 年全球私人资本中的 45% 流向亚洲国家,1996 年流入亚洲国家的私人资本总额达 1022 亿美元,1997 年减少到 385 亿美元,有人估算 1998 年进一步减少到 15 亿美元。据华盛顿的国际金融研究所估计,印度尼西亚、马来西亚、韩国、泰国和菲律宾五国的资本严重外流,私人资本净流入额由 1996 年的 938 亿美元转为 1998 年的净流出 246 亿美元,仅私人资本一项的资金逆转就超过 1000 亿美元,大规模资金逃离使得亚洲各国金融市场曾一度一蹶不振。2007 年的金融危机,导致全球资产缩水 50 万亿美元。全球资本大为减少,其中仅养老金就缩水 20%,损失 5 万多亿美元。

（四）机构投资者成为非生产性国际资流动的主要载体

机构投资者包括共同基金、对冲基金、养老基金、保险公司、信托公司、基金会、捐款基金,以及投资银行、商业银行和证券公司。在许多工业化国家,居民家庭储蓄行为的多元化和金融业的开放使机构投资者掌握的金融资产急剧上升。1985 年,美国 10 个最大的机构投资者管理的资产价值 9690 亿美元。10 年后,10 大机构投资者所管理的资产达到 2.4 万亿美元,其中共同基金的增长尤其突出。从 1970 年至 1997 年 4 月,美国的共同基金数目从 361 个增加到大约 6500 个,投资于共同基金的个人账户从约 1100 万个增加到 15100 万个,总资产价值从 480 亿美元增加到 37290 亿美元。2007 年美国发生严重经济危机,资金流向亚洲,带动股市上涨,而一大批外国机构投资者是亚洲股票的买家。机构投资者规模的迅速发展必然在客观上需要将其资产在全球范围内进行配置,从而在国际资金流动中发挥中介作用。在工业化国家与新兴市场国家之间的资金流动中,估计通过基金管理公司（直接或间接）流入新兴市场的资本占资本流入总量的比重高达 90%。

二、国际资本流动对经济的影响

国际资本流动对经济的影响主要表现在对各国的国际收支、资本输出国与资本输入国的经济以及世界经济的深刻影响。这些影响可以分为积极和消极两个方面。

（一）对国际收支的影响

国际资本流动是影响一国国际收支顺差或逆差的一个重要因素。若一国有较多的资本净流出,可导致该国国际收支逆差;反之,若一国有较多的资本净流入,则可能导致该国国际收支顺差。从理论上讲,资本在国际间的自由流动,往往具有使顺差国的过剩资金流向逆差国的自动功能,从而达到调节各国国际收支（包括顺差和逆差）的效果。然而,另一方面,无秩序的国际资本流动又往往可以造成一些国家国际收支动荡或不稳定。

（二）对资本输出国的影响

国际资本流动对资本输出国的积极影响主要表现在：第一，能够提高资本的边际效益。资本输出国大多是国内资本相对过剩的国家。在这些国家，由于资本的边际效益递减，新增投资的预期利润率较低，通过资本输出，可以增加投资，为资本输出国带来更多的利润。第二，有利于调节国际收支，使顺差减少，以减少通货膨胀的压力。第三，促进商品出口。通过出口信贷、政府贷款等方式输出资本往往与进口国购买本国商品相联系，从而有助于扩大资本输出国的出口规模。第四，有利于提高国际地位。一国资本输出意味着该国的经济实力较强，通过资本输出可以扩大其在国际经济、政治事务中的影响，提高其国际地位。第五、可以绕过关税壁垒占领市场。一国对外直接投资，可以绕过贸易伙伴国的保护壁垒，保护和拓展本国商品的出口市场，同时还可以减轻与贸易伙伴国的贸易摩擦。

国际资本流动对资本输出国也会带来消极影响：第一，面临较大的投资风险。汇率波动、利率波动、东道国政局不稳都会对输出的资本带来风险，而且投资者还面临着资本输入国实施某些不利于输入资本的法令条例，如管制外国企业利润使之无法正常汇出国外，或没收外国投资资产以收归国有，甚至不偿还外债等。第二，增加潜在的国际竞争对手。在国际资本流动中，伴随着资本输出国的资本输出，其先进技术和现代管理方法也会被带进资本输入国，这会促进资本输入国民族经济的发展和产品竞争能力的提高，从而使资本输出国增加潜在竞争对手。第三，会对本国经济发展造成压力。在货币资本总额一定的条件下，过多的资本输出还可能导致国内投资偏低，就业困难，税收减少，从而影响本国经济发展。

（三）对资本输入国的影响

国际资本流动对资本输入国的积极影响主要表现在：第一，可以缓解或弥补资本输入国的"储蓄缺口"，促进当地资本形成，使其发挥出促进经济增长的潜能，提高投资能力，从而提高资本输入国的经济增长率。第二，可以弥补资本输入国的"外汇缺口"，增加进口能力，解决输入国急需进口的技术设备和原材料的需要，从而促进经济发展。第三，可以引进先进技术，促进产业结构的调整和升级，资本输出国为了获取新技术所能带来的利润，或迎合输入国对外来资本中技术的偏好，往往以技术转让、技术入股等方式向输入国提供比较先进的技术，从而改善了资本输入国的技术装备。此外，直接投资也可以输入管理水平和技术水平，推动资本输入国产业结构调整和升级。第四，增加财政收入，创造就业机会。大量外商投资企业的建立和投产开业，为资本输入国增加了财政收入来源。资本输入为输入国带来资金、技术设备和其他生产要素，从而开辟了新的就业领域，创造了大量的就业机会。第五，可以改善国际收支。输入资本，建立外向型企业，利用外资带来的先进技术，增强出口商品的国际竞争能力，增加外汇收入；利用外商的销售网络，也可以扩大出口，从而起到改善国际收支的作用。

国际资本流动对资本输入国的消极影响是：第一，资本流动往往引起利率和汇率波动，甚至影响一国的货币政策的推行。第二，对外国资本产生依附性。盲目而过量的资本输入，可能使输入国在经济、技术等方面成为资本输出国的附庸地。当大量外资渗透到国民经济的重要部门，可能使资本输入国的经济被外国资本所控制。第三，冲击民族工业，挤占国内市场。国际资本输入往往是为了绕过各种关税和非关税壁垒挤占输入国市场，掠夺资源。过分利用外资，使外资占领本国较大市场，会影响民族工业的生存与发展。第四，可能引发债务危机。输入国若过多地借入国际贷款或发行国际债券，又使用不当，不能取得预期效益,甚至没有效益,将陷入债务危机。第五,可能引发金融动荡。过分依赖外资、对外资缺乏有效管理,会导致利率、汇率水平的频繁变化。在资本空前膨胀的形势下,资本流动尤其是非生性资本的流动已成为国际市场动荡不安、诱发金融危机的主要因素。

（四）对世界经济的影响

国际资本流动对世界经济的积极影响主要表现在:第一,推动世界经济增长。资本要素超越国界的限制,在全球范围内寻求有利于资本增值场所的同时;也在客观上缓解和弥补了东道国(尤其是发展中国家东道国)的储蓄与投资缺口,促进了当地资本形成,使其发挥出经济增长的潜力。不仅如此,资本流动还带动了其他生产要素的国际转移和重新配置,特别是带动了跨国公司优势要素在公司体系内的跨国流动和重组。跨国公司给东道国经济提供了一揽子有形和无形(如先进技术、营销技能和管理经验)综合资产,这些要素相结合,并与东道国的生产资源相互作用,促进了技术进步、人力资源开发、贸易良性循环和生产效率提高,推动了世界经济增长。第二,促使国际分工深化。当代的国际资本流动,特别是发达国家之间的资本双向流动及相互渗透,大大推动了以发挥各种特长为基础的国际分工。由于世界1/3的私人生产性资产控制在跨国公司手里,生产与分工的国际化便成为世界经济的核心特征。跨国公司将基本生产过程分解成各个相对独立的部分,把各个不同的零部件加工乃至各个不同的工序转移到不同的国家,从而把国际分工和协作推向了一个更加广泛而深入的新水平。近年来,跨国公司实施的全球战略,对公司拥有的一揽子生产资源和各个增值环节进行跨国界的配置、协调和管理,将每一个海外子公司从事的活动作为其整体价值的有机组成部分来对待,使跨国公司得以在更广阔的区域内协调更多的子公司开展增值活动,从而成为国际经济中有效率的竞争者。跨国公司开创的以公司内部分工为特征的国际生产一体化体系,是更深层次的生产一体化。第三,促进国际贸易的扩大。由跨国公司担当国际直接投资主体不仅对世界生产和投资产生了重大而又深刻的影响,它对国际贸易、金融及科技交流的作用也是显而易见的。遍布全球的跨国公司及其子公司之间的交往,大大促进了国际贸易的增长。分布在不同国家的子公司,需要母公司或母国其他公司供应各种装备,同时,分支公司产品可以向母国返销,或向其他国家出口。国际分工深化引起子公司的零部件或半成品交易、也大大增加了国际贸易的商品流量。世界贸易中有1/3属于跨国公司内部贸易,其构成主要是中间产品。跨国公司对外直接投资不仅促进了商品贸易,而且推动了服务贸易,尤其是跨国公司的出现在一定程度上改变了服务的不可交易性,促使银行、保险、证券、航运、旅游、广告、咨询、工程建筑等第三产业诸多部门迅速走向国际化。第四、加快全球经济一体化进程。资本在国与国之间大规模流动,不仅打破了各国金融市场之间的封闭状态,加强了彼此之间的联系,而且带动了各种生产要素和产品在国际间的流动,使国际分工在世界范围内充分展开,促使经济国际化和全球经济一体化进程。

国际资本流动对世界经济也有消极影响,主要表现在:第一,国际资本流动加剧了各国在世界经济领域的竞争,在某种程度上激化了世界各类国家之间的矛盾。第二,国际资本流动导致虚拟经济的过度发展,加剧了国际金融市场的不稳定性。第三,庞大的国际游资在国际间迅速和大规模地流动,对国际金融市场造成一定冲击。

第三节　国际资本流动与金融风险

一般而言,国际资本的流入应当恰当地弥补流入国的资金缺口,有利于该国经济的增长。但是,从资本流出入的实际过程看,事实并非如此。国际资本流速的提高及低稳定性、非生产性国际资本比例的快速上升,形成了没有实体经济依托的数以亿万计的国际虚拟资本在日益一体化的国际市场自由驰骋的局面。巨额的国际虚拟资本对投资热点地区的投入和对信心丧失地区的撤出往往都能够是在瞬间完成,由此在国际金融市场不断引发新的风险,造成一系列市场动荡。20世纪80年代的国际债务危机、90年代的国际金融危机以及2008年美国金融危机与此均有高度关联。本节从国际资本流动的角度对金融风险的产生机制作概括性探讨,并以20世纪80年代国际债务危机和90年代国际金融危机为例,阐述国际资本流动与金融风险的关系。有关金融危机的进一步研究详见第十二章。

一、国际资本流动的风险分析

简而言之,国际资本特别是非生产性国际资本大量、频繁、高速的进出,通常会带来下列风险:

(一)加大国际收支调节难度

大量而快速的国际资本流动限制了需求管理政策的效应,国内宏观政策对国际收支中经常项目的作用方向与对资本项目的作用方向相反,在一定程度上抵消宏观政策调整对国际收支项目的影响。如为刺激国内需求降低利率时,可能导致资本外流而抵消政策效果。

(二)影响货币政策作用过程

巨额资本流入新兴市场后,对其经济发展产生了强大的刺激作用,资金流入国普遍出现高速经济增长,国际资本随之急剧增加。良好的示范效应进一步吸引更多的资本流入,资本过多、过快地流入,东道国的货币政策势必受到挑战。如2002年以来,中国国际收支的经常项目、资本与金融项目持续出现双顺差,外汇储备急剧地增长,外汇占款高达70%左右,致使央行货币政策操作十分被动。另一方面:随着进入国际金融市场资金的增加,越来越多的货币超出其发行国货币政策管辖范围,影响其货币政策的作用能力。当今世界多数国际资本流动以美元计价,大量资本离开其发行国后,势必加大相关国家特别是美国增加货币发行的压力,由此造成的影响也是不可小视的。

(三)加剧新兴市场宏观经济失衡

相对于资金流入,一些新兴市场容量过于狭小,国内工业体系多不完整,巨额外资流入后,大量流向房地产等非生和贸易部门几乎成为必然,结果是经济泡沫的形成和对经济基础的损害。在新兴市场开放伴随着金融监管薄弱及金融体系不稳定的背景下,有利的国际金融市场融资条件和大量热钱(hot money)进入,不可避免地刺激了银行对国际金融市场的利用程度,出现贷款质量不高、对非理性的证券市场和过度扩张的房地产市场过度投入,坏账居高不下等问题。此时一旦其他一些突发事件相伴随,金融领域出现的问题打击市场信心,国际资本便会瞬间抽逃。因此,对于经济和金融市场体系狭小的新兴市场来说,在宏观调控机制及金融监管手段不完备的情况下,放任巨额私人资本的自由流入,对其结构和期限不进行适当控制,必然增加内外宏观经济失衡的可能性,进而埋下金融危机的种子。

（四）影响新兴金融市场的稳定性

由于国际金融一体化、国际金融创新等因素的影响,非生产性国际资本的投机力量越来越大,在国际金融市场上的活动越来越猖獗,已成为非生性国际资本流动中最主要、最有影响的组成部分。这些资本的拥有者往往在在一国经济情况发生不利转变时,利用众多衍生金融工具价格的虚拟性及其之间联动性进行立体投机,由此对一国宏观经济产生的危害是灾难性的。这种危害主要表现在以下几个方面:一是影响一国的外债清偿能力和国家信用等级水平;二是导致一国国际收支失衡;三是导致当事国货币汇率巨幅波动,造成当事国货币贬值的压力,进而导致市场信心崩溃,引起更多的资本撤出,造成当事国金融市场的极度混乱。

二、国际资本流动风险案例

本节以 20 世纪 80 年代发展中国家爆发的债务危机为例,揭示债务危机、金融危机与资本流动之间关系。20 世纪 80 年代发展中国家爆发的债务危机虽较为久远,但其产生的原因、解救的措施及其教训至今对发展中国家及市场不断深化的国家仍具有重要的现实意义。

（一）国际债务与国际债务的衡量指标

1. 国际债务的定义

国际债务即外债,根据国际货币基金组织、国际清算银行、世界银行和经济合作与发展组织的有关资料,一国的国际债务可定义为"对非居民用外国货币或本国货币承担的具有契约性偿还义务的全部债务"。这一定义对国际债务有两个基本的判断:一是债权方必须是非居民,对本国居民的负债,包括外币负债均在国际债务之列;二是债务必须具有契约性偿还义务,按此定义国际债务不包括外国直接投资,因为它不是"具有契约性偿还义务"的债务。

国际货币基金组织和经济合作与发展组织计算国际债务的口径大致分为以下几项:①官方发展援助,即经合组织成员国提供的政府贷款和其他政府贷款;②多边贷款(包括国际金融机构,如世界银行、亚洲开发银行等机构的贷款);③国际货币基金组织的贷款;④债券和其他私人贷款;⑤对方政府担保的非银行贸易信贷(卖方信贷);⑥对方政府担保的银行信贷(如买方信贷等);⑦无政府担保的银行信贷(如银行同业拆借等);⑧外国使领馆、外国企业和个人在一田银行中的存款;⑨公司、企业等从国外非银行机构借入的贸易性贷款。

2. 国际债务的衡量指标

（1）偿债率:即一国当年外债还本付息额占当年商品和劳务出口收入的比率。这是衡量一国还款能力的主要参考指标。国际上一般认为偿债率指标在 20％以下是安全的。

（2）负债率:即一国当年外债余额占当年商品和劳务出口收入的比率。这是衡量一国负债能力和风险的主要参考指标。国际上公认的负债率参考数值为 100％,即超过 100％为债务负担过重。

（3）外债余额与国民生产总值（GNP）的比率:这个比率用于衡量一个国家对外资的依赖程度,或一国总体的债务风险,一般以 8％作为安全线,超过这个数值,就有可能是对外资过分依赖,当金融市场或国内经济发生动荡时,容易出现偿债困难。

（4）短期债务比率:即当年外债余额中一年和一年以下期限的短期债务所占的比重。这是衡量一国外债期限结构是否安全合理的指标,它对某一年的债务还本付息额影响很大,国际上公认的参考安全线为 25% 以下。

(5)其他债务衡量指标:除以上常用的衡量一国偿债能力和债务负担的指标以外,还有一些其他指标也可以作为参考,比如:①一国当年外债还本付息额占当年 GNP 的比率,根据经验数据,这个比率控制在 5% 以下是安全的;②外债总额与本国黄金外汇储备额的比率,该指标一般控制在 3 倍以内;③当年偿还外债利息额与当年商品和劳务出口额的比率。

(二)国际债务危机爆发的原因

国际债务危机,是指世界上多数债务国家,因负债沉重无力履约偿还巨额国际债务,导致国际借贷状况恶化,银行倒闭现象发生,1982 年秋天,以墨西哥拖欠债务为导火线,发生了严重威胁整个国际金融市场的国际债务危机。接着巴西、阿根廷、玻利维亚等债务国家发生连锁反应,接二连三的在国际上宣布停付外债。共有 30 多个国家发生债务危机,当时主要发生在拉丁美洲的中等收入国家。不能偿还的外债达 4 000 多亿美元,涉及债权银行 1400 多家,至使大批银行倒闭。这样大规模的国际债务危机是前所未有的,震动了整个世界,金融市场一片混乱,汇率大起大落。加之 20 世纪 80 年代初期世界经济不景气,形成恶性循环,对于无论是负债累累的债务国,还是无法摆脱牵连的债权国,都产生了极为不利的影响。

1. 国际债务危机爆发的内因

(1)盲目借取大量外债,不切实际地追求高速经济增长

以巴西为例,1974—1981 年,用于发展基础工业、材料工业、能源工业和水力发电等大型工程的投资总额达 520 亿美元,远远超出其人、财、物的承受能力,只得大量举债,因而导致其国际收支经常项目出现大幅度逆差,1980 年和 1981 年国际收支逆差分别为 128 亿美元和 117 亿美元。在这种严峻的形势下,巴西政府却制订了规模更为庞大的"拉加斯计划",导致国际收支逆差加剧和外债的扩大。墨西哥从 20 世纪 60 年代就开始实施"债务工业化",依靠外债发展工业,这种战略在 70 年代以后得到进一步加强。自 60 年代以后拉美经济也确实有了较大增长,巴西等国还出现了所谓高速发展的"经济奇迹",这又使一些国家高估了自己的经济实力而盲目扩大借债规模,却对举债过多的负面影响未予以足够的认识。

(2)债务国缺乏有效的外债宏观调控,管理混乱

首先表现为多头借债,这在发展中国家中相当普遍,有的国家甚至每个企业都可对外借债;多头举债亦造成了各借债机构、借债单位在国际金融市场上相互竞争,盲目借债的矛盾现象,从而抬高了借债的利率成本。其次是政府缺乏对外债的宏观指导政策,对由何部门举债、怎样举债、如何避免外债风险,如何控制借债成本和提高外债的使用效率等问题缺乏统一的研究和对策;除此之外,政府也缺乏统一、有力的外债管理机构,不能对举债过程中发生的盲目性及各种矛盾实行有效的协调与控制。再次是对外债缺乏明确的概念、分类和统一口径,没有形成统一的报表报告制度和监测统计指标体系,从而不能对外债进行有效的统计和监控。

(3)外债投向不当,投资效率和创汇率较低

外债主要投向周期长、见效慢的生产性建设项目,而对这些项目又缺乏良好的经营管理,致使迟迟不能形成生产力,有的项目甚至出现了严重的亏损。部分外债用于生产和进口消费品、奢侈品。还有不少国家实行"债务军事化"政策,把大量的外债用于军事设备、技术

的进口和生产,这必然影响外债的使用效益并加剧了国家债务负担。

2.债务危机爆发的外因

(1)20 世纪 80 年代初以发达国家为主导的世界经济衰退

20 世纪 70 年代的两次石油大幅度提价,已经使发展中国家特别是非产油发展中国家面临严重的国际收支赤字。并且在 1979 年石油价格上升的同时还诱发了世界经济衰退,对债务国形成了严重的冲击。在世界经济衰退中,以美国为首的发达国家为了转嫁危机,纷纷实行严厉的贸易保护主义,利用关税和非关税贸易壁垒,减少从发展中国家的进口,使发展中国家出口产品价格,尤其是低收入国家主要出口的初级产品价格大幅下跌。因此发展中国家的出口收入突然下降;非产油发展中国家的出口收入增长率在 1980 年为 23.8%,1981年为 3.7%,1983 年竟为 -5.2%,由此导致偿债能力不断下降,债务危机也就在劫难逃。

(2)国际金融市场上美元利率和汇率的上浮

国际金融市场利率上浮的作用非常关键,因为发展中国家的借款主要是由商业银行提供的。1979 年以后,英美等主要发达国家纷纷实行了紧缩货币政策以克服日益严重的通货膨胀,致使国内金融市场利率提高。特别是 1981 年后,美国货币市场利率显著提高,吸引大量国际资金流向美国,引起美元汇率的大幅提高。其他主要西方国家为了避免国内资金的大量外流,也不得不相应提高其国内货币市场利率水平,从而形成世界范围的利率大幅上升。发展中国家的债务多数为浮动利率的债务,基准利率(如 LIBOR 和美国优惠利率)的上升也会使已发放的商业贷款利率同幅度上升。同时,由于发展中国家债务主要是美元债务,高利率形成的美元汇率上浮大大加重了债务国的偿债负担。

(3)两次石油提价使非产油发展中国家进口支出扩大

1973—1974 年和 1979 年两次石油价格暴涨使非产油发展中国家蒙受了巨大的经济损失。第一次石油提价后,发展中国家国际收支经常项目逆差由 1972 年的 113 亿美元增加到 1974 年的 463 亿美元,增加了 350 亿美元;第二次石油提价后,发展中国家经常项目逆差又增加到 1981 年的 1077 亿美元,增加了 614 亿美元。这样,非产油发展中国家陷入了严重的国际收支困难之中。而石油输出国将手中大量积累的"石油美元"投入欧洲美元市场,使国际商业银行的贷款资金非常充裕,急于寻找贷款对象,因而当时国际金融市场利率较低。非产油国因国际收支赤字增大而转向国际金融市场举借大量外债,以此扩大投资,追求经济的高速增长。另外,一些产油的发展中国家(如墨西哥、委内瑞拉、尼日利亚等),看到油价暴涨,石油出口收入可观,认为今后绝不会出现偿债问题,便大量借取国际商业银行贷款来增加国内投资。然而,不幸的是,1985 年以后的石油跌价使这些国家陷入严重的债务危机。

(4)国际商业银行贷款政策的影响

在 20 世纪 70 年代初期,美国国内的控制性政策和持续性的国际收支赤字,使大量美元流向国外,促成了欧洲美元市场的发展,商业银行手中的信贷资金充裕。实际上在 1973 年第一次石油大幅提价以前,国际银行的信贷已经开始膨胀。第一次石油危机以后,国际金融市场在回流石油美元的过程中,为发展中国家提供了大量的贷款。1979 年第二次石油危机后,世界经济陷入衰退,主要发达国家国内紧缩货币,提高利率,国内信贷资金需求萎缩,国际商业银行不得不将大量积累的石油美元转向国外寻求放款对象。而在这一时期,拉美的巴西、墨西哥等国不顾世界经济的衰退,仍然通过大量借入外部资金来发展国内的长期大型建设项目。当时国际商业银行也普遍认为国家的信誉最高,官方借款不会发生到期违约拖欠偿还的现象。因而在整个 20 世纪 70 年代和 80 年代的初期,国际商业银行对发展中国家的贷款迅速增加,使得债务国的私人债务比重上升。但是在 1982 年以后,国际贷款的风险增大,国际商业银行随即大幅减少对发展中国家的贷款,这就加剧了发展中国家的资金周转困难,对国际债务危机的形成和发展起到了推波助澜的作用。

(三)国际债务危机缓解的方案与措施

1982 年国际债务危机爆发以后,国际金融机构、债权银行和债务国政府从各自的利益出发,相继采取了一系列挽救措施,对债务危机的缓解起到了一定的积极作用。

1. 国际金融机构采取的措施

国际货币基金组织过去处理债务问题的方法,是在发展中国家出现国际收支危机时提供紧急贷款。贷款的条件是债务国必须执行由基金组织核准的经济调整政策。而债务国为了调整经济所采取的紧缩政策会影响长期经济开发和经济增长。因此,基金组织改变了以往的做法,随时修改政策,除紧急贷款外还提供中长期经济结构调整贷款。国际货币基金组织提供的贷款中,有些贷款条件非常宽松,如石油贷款、出口波动补偿贷款等;有些贷款则以严格的经济调整为前提,条件非常严格。这些贷款对一国经济调整有一定的作用。1987 年12 月建立的国际货币基金组织结构性调整基金,有大约 60 亿特别提款权的新增优惠贷款来帮助贫困的产油国进行为期 3 年的宏观经济结构调整,以改进它们的国际收支状况,促进经济增长,缓解债务危机。世界银行也通过快速拨付政策性贷款对债务沉重的发展中国家给予资金支持。1988—1990 年,世界银行执行了一项“特别援助计划”,即向债务沉重的国家提供优惠的资金和采取减免债务的措施,以帮助这些国家调整经济结构,促进经济增长。

2. 发展中国家缓解债务危机的对策

国际债务危机自 20 世纪 80 年代以来已成为影响发展中国家经济发展、国际收支平衡和人民生活的重大问题,成了债务国面临的中心经济问题。为此,发展中国家作出了很多努力,积极寻找对策。

(1)重新安排债务。通过双边或多边协商的方式来实行。较多的情形是以债务国为一方,以它的主要债权国为另一方的多边协商,主要方式有重新安排偿还期、重新提供资金、延期偿付和债务削减等。1981—1985 年,债务重新安排达 119 起,金额达 1640 亿美元,而1975—1981 年重新安排债务仅 25 起,金额仅为 195 亿美元。1984 年以后拉美国家所欠的大笔债务均通过谈判达成了重新安排偿还期的协议,使国际债务危机得到一定程度的缓解。债务重新安排给了债务国喘息的时间,并使债务国有可能将大量短期债务转为中长期债务,起到解一时之急的功效,但并不能从根本上解决债务危机。

(2)债务资本化。将债务转化为投资股权,以具有吸引力的折扣向感兴趣的投资者出售债务股票,从而既削减了债务国的债务规模,又促进了债务国的生产投资,其对债务国的利益是显而易见的。但在债务资本化的过程中,债务转换会产生货币供给和利率下跌的负效应,导致外汇流入减少和债务国居民的投机行为增加等。发展中国应根据本国的实际情况,对债务资本化进行有效的管理。例如债务国政府应对跨国公司和本国居民从债务转化而来的资本使用做出有关规定,旨在保证这些资金用来促进生产发展;授权中央银行对债务转换股权过程实行管理和监督;为防止资本外流,限制或禁止债务转换的资金转移到国外等。

(3)债务回购。债务国按折扣价格从债权人手中购回其到期未偿还债务的本息,赚取等于折扣大小的一笔资金并取消其债务的本息。在这一交易中,一般使用债权国和国际金融机构提供的资金来进行,且仅限于债权债务的当事方,回购部分不能进入二级市场债务。

(4)限制偿债。秘鲁在1985年7月提出偿债限额不能超过其出口收入的10%,1986年7月又重申将10%的偿债限额延长一年。尼日利亚在1989年底提出要将偿债限额限制在30%以内。巴西也声称只能将每年国民生产总值的2%～2.5%用于偿还外债本息。墨西哥、委内瑞拉等都有类似限制偿债限额的规定,但由于各种原因,除秘鲁外,并未真正付诸实施。

3.债权国政府缓解国际债务危机的方案

发达国家对国际债务危机的形成负有不可推卸的责任,且债务危机的加深势必影响发达国家的经济增长,为此,作为债权国,几个主要的发达国家均对国际债务危机采取了有关措施,提出了解决危机的各种方案。

(1)贝克计划。1985年10月,在国际货币基金组织和世界银行联合年会上,美国前财政部长詹姆斯·贝克提出了解决国际债务问题的方案,国际上称之为"贝克计划"。其主要内容是,①债务国应在国际金融机构的监督和支持下,采取综合的宏观管理和结构调整政策,促进经济增长,平衡国际收支,降低通货膨胀;②国际货币基金组织继续发挥中心作用与多边开发银行协力增加提供更有效的结构性和部门调整贷款,对采取"以市场为导向"的债务国家给予金融上的支持;③以美国商业银行为主,联合其他发达国家的商业银行,在以后3年内对15个主要债务国提供200亿美元的贷款。

贝克计划的目标是试图将债务国的偿债负担降到其经济增长能够承担得起的水平。贝克计划得到了国际金融机构和部分商业银行的支持,成为发达国家在债务问题上的共同立场,但由于这个计划缺少实质性的具体措施,且计划提出的贷款金额规模过小,对发展中国家不断增长的债务来说,犹如杯水车薪,加之商业银行对重债国的实际贷款也未按贝克计划的要求在1986—1988年净增60亿～70亿美元,所以贝克计划并未收到预期的效果。

(2)布雷迪计划。该计划是于1989年3月,美国财政部长布雷迪在华盛顿举行的国际经济研讨会上提出的减债方案。该计划的核心内容是削减债务国的债务积累余额和减轻债务国支付利息的负担。具体内容是:(1)商业银行削减发展中国家的债务,债权与债务双方根据市场原理,就削减累积债务余额和减轻利息负担达成协议,并付诸实施;(2)加强国际金融机构的作用,将来自国际货币基金组织和世界银行等国际金融机构,旨在促进债务国经济调整的贷款的一部分,用于削减债务和减轻债息;(3)债权国政府应在制度上为商业银行削减债务作出保证,并从资金方面给予支援;(4)债务国政府在根据与商业银行达成的协议削减债务的同时,根据国际货币基金组织和世界银行所规定的经济调整计划,采取促进本国外逃资本回流、促进国内储蓄的政策,并鼓励债务的股权化。

布雷迪计划在墨西哥、菲律宾、哥斯达黎加、委内瑞拉等国进行试验,所有国家经过一段时间,国内经济调整都取得了显著进展,虽然具体的实施过程和减债协议因各国不同的国内经济环境有所不同,但总的来说,布雷迪计划的初式是成功的。

(3)密特朗方案。这是法国总统密特朗在1988年6月多伦多七国首脑会议上和同年9月联合国大会上提出的一个缓解国际债务危机的方案,该方案要求债权国大量放宽对最贫国家的偿债条件,对中等收入的债务国,主张分配一笔专门的特别提款权,以资助建立一笔由国际货币基金组织负责管理的担保基金,保证对转换成债券的商业贷款支付利息。

(4)日本大藏省方案。这是1988年由日本大藏大臣宫泽提出的减债方案,该方案主张允许债权银行把债务国所欠债务部分转换成有担保的债券。债务国向国际货币基金组织存入相当于担保的一笔存款,债务的余额可以重新安排,包括长达 5 年的宽限期,在此期间,利息支付可以降低、中止甚至免除。在这种情况下,双边和多边机构增加对债务国的贷款。

以上方案和办法只能说是解决债务危机的短期对策,对缓解债务危机问题能起到积极作用,但均不能彻底解决债务危机问题。债务危机问题的解决仍然取决于能否有一个长期有利的国际经济环境,债务国能否成功地执行国内的经济调整也取决于能否有充足的外部资金流入以支持债务国实现持续的经济增长。

(四)发展中国家债务危机的启示

发展中国家债务危机的出现不是孤立的,它的产生既有内因也有外因。从发展中国家内部来看,教训是深刻的,也给人们启示。

1.发展中国家举借外债应根据国情选择适度的借债规模

由于大多数发展中国家都处在国内储蓄和外汇供给两缺口状态,为了经济增长,举借外债是必要的,但如果外债的增长速度长期超过国民经济的发展速度,则必然严重影响国民经济的稳步增长。外债管理中,一般来说,要根据不同国情确定外债占国内生产总值的适当比例,才能促使国民经济稳步增长。为了达到此目的,一方面必须控制外债的增长速度,使它尽可能低于国民经济的增长速度;另一方面要提高外债利用效率,加快经济发展,特别要注重出口创汇产业的优先发展,全面推进经济的增长。当然,有效利用外债还要受到其他因素的制约,但必须遵守适度举债,兼顾增长、稳定和效益的原则。

2.发展中国家应根据具体情况合理安排外债结构

发展中国家举借外债主要包括外国援助和商业银行贷款。外国援助具有利率低、偿还期长的特点,但一般都有附带条件,资金的投向和使用都受到监督和限制。商业银行贷款一般都不附带条件,使用灵活、方便,但期限短、利率高并且浮动,因而风险较大。因此发展中国家应该根据本国的具体情况选择适当的引进方式,在优先考虑各种外国援助的基础上,可以根据需要吸收一定数量的商业银行贷款,但应以长期贷款为主,短期贷款为辅,优化外债的期限结构。为了减少国际金融市场汇率变动给债务带来的影响,发展中国家还应该注意外债的货币结构,应使借贷来源多样化,保证贸易格局与债务的货币构成相一致,即用出口收入的各种货币作为借外债的计价货币,以利于偿还债务。

3.扶植和发展出口产业,提高偿还能力,稳定协调地发展国民经济

依靠借债发展本国经济,必须考虑国内经济承受能力、科技和管理水平的限制。如果片面追求高投资、高速度和高消费,不一定能得到最好的经济效益。一般来讲发展中国家劳动成本较低,就业问题比较严重,一般不宜引进最先进的设备。这样的设备投资高、吸纳的人员少但素质要求高,因此实现工业化的战略必须扬长避短。任何时候都不能放松对农业的发展,同时要严格控制奢侈性消费工业,避免忽视基础产业的发展。发展中国家引进国外资金应主要扶植和发展出口产业,不断提高产品质量和档次,降低成本,增强产品的竞争力,扩大出口,增加外汇收入,在保证偿还能力的基础上带动其他经济部门的发展,形成新的发展机制。

4.建立集中统一的外债管理机构,加强外债管理

在许多发展中国家,公共部门是主要的借款者,并且因政府政策所造成的价格偏差使市场机制的调节失灵,因而债务管理应成为发展中国家宏观经济管理的重要组成部分。政府

必须设立专门的债务管理机构,建立相应的债务管理系统,有效地管理债务,实现债务决策与宏观经济决策的协调一致。政府要通过宏观经济政策的调控,将债务总额控制在适当水平上。不仅要保持国际收支的基本平衡,而且要保持经常项目基本平衡。保持外债总额与外汇储备的适当比例(通常在3倍以内)。在外债的具体管理中,政府对每笔外债的借、用、还三个环节要进行微观调控,加强其风险、债务担保等方面的研究,提高外债的使用效益,使利用外债成为推动经济增长的积极因素。

三、国际资本流动管理

鉴于国际资本流动风险的不断上升,以及国际资本流动与国际金融危机相关性的不断显现,一些新兴市场国家在从总体上开放资本项目的同时,又采取不同的管理措施,对资本流入或流出进行不同程度的限制。

(一)对资本流入的控制措施及效果

1991—1995年间,经济发展比较稳健的新兴市场,国家普遍面临短期资本过度流入的压力。长期资本流动具有一定的稳定性和可持续性,而短期资本流动尽管从银行和投资者的角度看,风险比较小,但是,从宏观上看,短期资本作为一个整体,进入或流出一个国家的决定性因素往往是汇率稳定条件下的收益差距,具有很强的投机性和易变性。为此,巴西、智利、哥伦比亚、马来西亚和泰国分别实行了对短期资本流入的控制措施。

1993年7月,巴西开始对部分外汇交易和外汇贷款征收直接税,并辅之以其他的管理措施,如禁止某种形式的资本流入、对特定的资本流入确定最低期限要求等。当市场发现了新的绕过资本控制的方式后,巴西及时调整了控制的范围,并提高了直接税率,以强化资本控制的效果。在墨西哥金融危机和泰国金融危机爆发后,巴西货币开始面临贬值的压力,巴西又调整其资本流动控制措施,以应付不断变化的内外环境,减轻资本项目的压力。

1993年8月,哥伦比亚对于期限低于18个月的对外借款实行无利息强制准备金要求,后来,哥伦比亚又提高了期限短的资本流入的准备金率,并扩大了无利息强制准备金的覆盖范围。

1994年,马来西亚通过禁止非居民购买马来西亚国内货币市场证券和禁止向非居民提供与贸易有关的套期交易等措施,控制资本流入。

1995年7月,泰国对非居民银行账户、泰铢借款、金融公司本票和银行离岸短期借款提出准备金要求,并要求其提供详细资料。

2010年10月,全球发达经济体的超低利率导致大量资本流入新兴市场,并引发一系列问题。继限制外汇衍生合约交易后,韩国政府采取措施应对境外资本的流入,以牵制本币韩元的升值趋势。同时,巴西政府也宣布上调海外投资征税税率,以控制巴西里尔的升值趋势。

2012年5月,瑞士政府相关机构与瑞士央行共同组成的工作组正在调研用"负利率"等手段控制资本流入、阻止瑞士法郎升值的可行性政策,同时为欧元区可能解体做好必要的准备工作。瑞士表示,若欧债危机继续恶化,将考虑对国际资本流入实施必要的控制措施。

多数国家控制资本流入的主要目的是减轻资本流入对汇率的压力,切断国内利率与国际利率的联系,为国内货币政策提供更大的操作空间。上述资本流入控制措施在利率、汇率和资本流动等方面产生了一定的预期效果。从利率角度看,多数国家在管制初期达到了各自的目标,各国利率与国际利率保持了比较大的利差;在汇率方面,资本流动控制措施也难以达到效果,反而容易出现货币实际升值,削弱了本国出口商品的竞争力,导致经常项目出现逆差,为后来金融危机的爆发埋下祸根。

(二)对资本流出的控制措施及效果

限制资本流出的主要目的是减轻货币贬值和外汇储备下降的压力,以帮助本国管理当局赢得时间,从容调整其经济政策。

在1992年秋季的欧洲汇率机制危机期间,外汇市场参与者对西班牙货币汇率发动了强大的投机冲击,迫使西班牙比塞塔贬值5%,并脱离欧洲汇率机制。在货币继续面临贬值压力又无法提高利率以保护汇率的情况下,西班牙对国内银行与非居民之间的某些交易征收100%的强制性无息存款准备金,提高投机者的成本,以阻止投机行为。最初,存款准备要求主要面向银行的外汇多头、非居民的比塞塔贷款和存款,以及国内银行对国外分支机构的比塞塔负债。后来,在投机行为有所收敛后,准备金要求范围收缩到仅限于银行与非居民的套期交易的增加额。

从实际效果看,西班牙实行资本管制后,国内利率与离岸市场的利率差距明显拉大,比塞塔汇率开始稳定在欧洲汇率机制的幅度内。但是,在资本流出控制范围缩小后,国内外利差再度减小,比塞塔汇率再次面临贬值压力,直到1992年11月,比塞塔贬值,西班牙货币当局提高利率后,投机压力才逐渐消失。

(三)资本管制的成本

在控制资本流动的过程中,一国的管理手段受到一些具体条件的制约,面临一定的管制成本。其成本主要表现在:第一、双重或多种汇率制度的有效与否,在很大程度上取决于经常项目与资本和金融项目分离的程度。实现这一分离通常要有一套复杂的规则,以界定哪些交易分属经常项目与资本和金融项目交易,并确立对居民进行外汇交易和非居民进行本币交易的管制。随着向国外转移资金渠道的扩大,实行资本管制、阻止违法违规交易存在很大的管理成本。第二、资本管制行为通过限制某些涉外金融交易或对某些资本流入征税,以及限制某些个人或金融机构进入国际金融市场来控制资本的跨境流动,影响了国内金融市场的竞争,降低了国内金融体系的效率,无法分散风险。第三、资本管制会造成或加剧经济的扭曲,增加调整经济的成本。而且随着资本管制效力的减弱,不适当的宏观经济政策只有靠加强管制来持续,结果使潜在的扭曲不断加剧。

(四)资本流动的国际监控

各国对其资本流出流入进行管理的同时,一些国际组织开始对国际资本流动进行不同形式的监控。其中,国际货币基金组织作为一家全球性金融机构,负责解决全球性国际清偿问题,并救助发生金融危机的国家;世界银行的作用侧重于使用和分配长期资本,解除贫困;国际清算银行要求成员国有关机构对于跨国金融资本的活动加以报告、定期发布,同时对全球商业银行提出资本充足率及相关风险控制的要求;世界贸易组织则从贸易角度对成员国的相关资本流动项目提出原则性要求。

但是,现行国际货币体系框架内的有关机构对于资本流动的监控能力和范围远远不够。各机构的管理手段有很大的差异。其中,国际清算银行对资本流动的监控和相关要求是建立在自愿基础上的,只具有一定的指导性,却缺乏足够的约束力;国际货币基金组织则侧重成员国的报告制度和定期磋商机制,不一定准确反映成员国的客观实际。

(五)加强国际协调

20世纪90年代的金融危机更多地表现为全球经济一体化下的信心危机。而各类短期资本的投机行为在市场力量的驱使下,通过操纵或控制局部市场,破坏市场秩序,严重影响金融市场的稳定,因此,有效防范金融危机必须从对国际资本尤其是国际游资的有效监控和管理人手。但是,资本大范围的跨国界流动,大大降低了一国宏观经济政策的有效性和资本流动风险的控制能力。因此,只有国际社会积极沟通,加强协调和合作,特别是要充分发挥国际货币基金组织、世界银行、国际清算银行等国际多边金融机构的作用,才能够有效地防范国际资本流动的风险,防范国际金融危机的爆发。

第四节　中国利用外资与对外投资

自1978年改革开放以来,积极引进外资成为中国经济发展外向型战略的一个核心工作,外资对中国国民经济的各个方面都发挥了重要的作用。本节对我国引进外资工作的方式、特征及其存在的问题等方面进行介绍。

一、中国利用外资

(一)中国利用外资形式

利用外资的方式多种多样,其中最主要的有外商直接投资、对外借款和股票上市融资等。每一种融资方式均具有各自的特点。涉及到的监管部门包括原国家发展计划委员会、对外贸易经济合作部、国家经济贸易委员会、中国证券监督管理委员会、国家外汇管理局等等。

1.吸收外商投资

中国吸收外商投资,一股分为直接投资方式和其他投资方式。采用最多的直接投资方式是中外合资经营企业、中外合作经营企业、外商独资企业和合作开发。其他投资方式包括补偿贸易、加工装配等。

(1)中外合资经营企业

中外合资经营企业亦称股权式合营企业。它是外国公司、企业和其他经济组织或个人同中国的公司、企业和其他经济组织或个人在中国境内共同投资举办的企业。其特点是合营各方共同投资、共同经营、按各自的出资比例共担风险、共负盈亏。各方出资折算成一定的出资比例,外国经营者的出资比例一般不低于25%。

(2)中外合作经营企业

中外合作经营企业亦称契约式合作企业。它是由外国公司、企业和其他经济组织或个人向中国的公司、企业和其他经济组织或个人在中国境内共同投资或提供合作条件举办的企业。各方的权利和义务,在各方签订的合同中确定。举办中外合作经营企业一般由外国合作者提供全部或大部分资金,中方提供土地、厂房、可利用的设备、设施,有的也提供一定量的资金。在合作期内,合作外方可以优先分配利润,但前提是在合作期满后,外方将在合作企业内的全部权益无偿转让给中方。

（3）外商独资企业

外商独资企业指外国的公司、企业、其他经济组织或者个人，依照中国法律在中国境内设立的全部资本由外国投资者投资的企业。外资企业的组织形式一般为有限责任公司。

（4）合作开发

合作开发是海上和陆上石油合作勘探开发的简称。它是目前国际上在自然资源领域广泛使用的一种经济合作方式，其最大的特点是高风险、高投入、高收益。合作开发一般分为二个阶段，即勘探开发和生产阶段。

（5）新的投资方式

在不断扩大投资领域，进一步开放国内市场的同时，中国还在积极探索和拓展利用外资的新方式。这些新方式包括：(1)BOT(Build-Operate-Transfer)：即建设、经营、转让的项目融资方式。(2)投资性公司：即以企业投资为主要目的的企业。这些企业本身不进行具体经营，其经营活动主要通过其所投资的企业来完成。(3)外商投资股份公司：股份公司可以发起方式或募集方式设立，现有的外商投资有限责任公司也可以申请改制为股份有限公司；(4)并购：通过跨国并购来达到控制某家企业的目的。

2. 国际信贷

国际信贷的形式多种多样，主要有外国政府贷款、国际金融组织贷款、商业贷款等。一般将外国政府贷款和国际金融组织贷款统称为优惠贷款，一般将外国政府贷款和国际金融组织贷款统称为优惠贷款。

（1）外国政府贷款

外国政府贷款是指外国政府向中国政府提供的贷款，也称为双边政府贷款。外国政府贷款具有一定的援助性质，期限长，利率低。但是债权人对贷款的投向有一定的限制。目前中国的外国政府贷款主要投向城市基础设施、环境保护等非盈利项目。

（2）国际金融组织贷款

国际金融组织贷款就是指由国际金融组织向中国政府或企业提供的贷款。国际金融组织主要是世界银行、国际货币基金组织等国际金融机构和亚洲开发银行等地区性金融机构。

（3）国际商业贷款

指中国从境外金融机构按照市场条件获得的贷款。

3. 境外债券融资

外币债券是指在国外金融市场上发行的以外币表示的、构成债权债务关系的有价债券，包括扬基债券、武士债券、欧洲债券、全球债券、可转换债券、大额可转让存单、商业票据等等。由于外币债券所涉及的债权比较多，一旦违约造成的负面影响较大，因此所有外币债券的发行均需事前获得中国人民银行总行的批准。

4. 股票融资

股票融资分为境外股票融资和境内外币股票融资。境外股票融资是指境内的企业以现金资产或以新设立的公司的名义在境外发行股票并在境外证券交易所上市的融资活动，如H 股、S 股、N 股等。最近几年，境外股票融资已成为中国重要的利用外资手段。境内外币股票融资是指在中国境内发行的以人民币标明币值，最初面向非居民发行的，以外币购买，在境内证券交易所上市的股票(即 B 股)，2001 年向国内居民开放。另 2003 年 1 月起，经国家外汇管理局和中国证监会批准，获得"合格境外机构投资者"（Qualified Foreign Institutional Investor,简称 QFII)资格的外国证券投资者,在规模、期限和持有比例等方面受到一定限制的情况下,可以有限度地进入深沪两地证券交易所,从事各类股票和债券的买卖。与之相对的 QDII,即"合格境内机构投资者"(Qualified Domestic Institutional Investors),经2007 年 6 月中国证监会颁布了《合格境内机构投资者境外证券投资管理试行办法》及相关通知,并正式起航。

5.其他融资方式

中国利用外资的方式还有很多种,如项目融资、外国企业贷款、国际租赁、延期付款、非居民存款、对外担保等等。这里主要介绍项目融资、国际租赁和对外担保三种形式。

(1)项目融资

项目融资是指以境内项目的名义在境外筹措外汇资金,并仅以项目自身的预期收入和资产对外承担债务偿还责任的融资方式。就项目本身来说,属于外向投资企业;就融资方式来说,属于对外借款。项目融资除具有外商投资企业和对外借款的性质外,还具有以下一些特点:

①债权人对建设项目以外的资产和收益没有追索权;

②境内机构可以项目以外的资产、权益和收入进行抵押、质押或偿债;

③境内机构不提供任何形式的融资担保。项目融资主要适用于发电设施、高等级公路、城市供水及污水处理等基础设施项目,以及其他投资规模大且有长期稳定预期收入的建设项目。

(2)国际租赁

租赁是指出租人在一定时间内把租赁标的借给承租人使用,承租人分期付给出租人一定租赁费的经济行为。国际租赁也称跨国租赁,指不同国家出租人与承租人之间的租赁活动。

国际租赁的主要形式有:金融租赁和经营租赁。金融租赁(Financial Lease),也称融资租赁,是国际租赁中最常见的一种租赁方式。它是指承租人选定机器设备,由出租人购置后出租给承租人使用,承租人按期支付租金。金融租赁一般期限较长且不可中途毁约,设备维修由承租人负责,租赁期满承租人可以有退租、续租、留购等多种选择。经营租赁(Operating Lease),又称操作租赁、服务性租赁等,是指承租人向出租人租用设备,按期支付租金。经营租赁一般租期不太长,可提前退租;由出租人负责维修、保养及零部件更换,故租金较金融租赁高:租赁标的多为技术进步快或是具有通用性的机械设备。中国较多采用国际租赁方式进行融资的行业是民用航空业。

(3)对外担保

对外担保是指中国境内机构以保函、备用信用证、本票、汇票等形式出具对外保证,以特定的财产对外抵押或者以特定的动产或特定的权利对外质押,向境外机构或境内外资金融机构承诺,当被担保人未按合同约履行义务时,由担保人履行义务:或者受益人将抵押物或者质押物折价拍卖、变卖的价款优先受偿。对外担保包括:融资担保、融资租赁担保、补偿贸易项下的担保、境外工程承包中的担保、其他具有对外债务性质的担保。对外担保属于或有外债。

(二)中国利用外资概况与问题

自 1979 年实行对外开放政策以来,中国利用外资取得了举世瞩目的成就。但在经历了不同的发展阶段后,外资流入呈现出新的特征和趋势。

　　1.利用外资的五个阶段

　　1992年以前,中国虽然在政策上制定了很多鼓励外资和华侨资历本投资的政策,但真正进入中国市场的投资很少。1979—1991年,合计利用FDI为233.5亿美元,FDI占国内固定资产投资的比重也很低。

　　1992年邓小平南方谈话以后,国内掀起了经济的新高潮,也吸引了大量的FDI进入。当年FDI比1991年增加一倍以上,超过了100亿美元。1996年,突破了400亿美元。

　　2001年底中国加入世界贸易组织以后,从2002年开始,FDI进入了一个新的发展阶段,突破了500亿美元,2003又略有增长,达535亿美元。

　　2008年受金融危机影响,中国利用外资面临新形势和新挑战。全球跨国投资2008年、2009年两年连续大幅度下降,中国的利用外资也受到一定的影响,2009年实际吸收外商投资约900亿美元,比2007年稍有下降。

　　2010年以来,中国利用外资正逐步摆脱国际金融危机影响,步入恢复性增长的新阶段。

表 9-1　中国对外贸易及利用外资　　　　　　　　(单位:亿美元)

指标	1990 年	1995 年	2000 年	2005 年	2009 年	2010 年	
货物进出口总额	1154.4	2908.6	4742.9	14219.1	22075.4	29727.6	
出口总额	620.9	1487.8	2492.0	7619.5	12016.1	15779.3	
初级产品	158.9	214.9	254.6	490.4	631.1	817.2	
工业制成品	462.0	1272.9	2237.4	7129.2	11384.8	14962.2	
进口总额	533.5	1320.8	2250.9	6599.5	10059.2	13948.3	
初级产品	98.5	244.2	467.4	1477.1	2898	4325.6	
工业制成品	434.9	1076.7	1783.5	5122.4	7161.2	9622.7	
进出口差额	87.4	167.0	241.1	1020	1956.9	1831.0	
吸收外商投资							
合同项目(数)	7371	37184	22347	44001	23435	27406	
外商直接投资(数)	7273	37011	22347	44001	23435	27406	
合同金额	120.9	1032.1	711.3	1925.9			
实际使用外资额	102.9	481.3	593.6	638.1	918	1088.2	
外商直接投资	34.9	375.2	407.2	603.3	900.3	1057.3	
外商其他投资	2.7	2.9	86.4	34.8	17.7	30.9	
非金融类对外直接投资额	—	—	—	122.6	565.3	590.0	

资料来源:《中国统计摘要》,2011

2.中国利用外资存在的主要问题

(1)非缺口性外资为外资引入的主要形态

非缺口性外资是指一国并不存在储蓄缺口和外汇缺口的外国资本流入,是以投资低于储蓄为特征的国内资金相对剩余和有外贸盈余情况下引进的外资。因为非缺口性投资存在的直接根源是国内的高储蓄率与相对低的投资率,特别是国有企业的低效率运行有关。在国有经济效益日益低下的情况下,为实现经济的高速增长,国家只有依赖外资的流入来带动经济发展。

(2)有效投资不足,外资使用效率低

首先,外商投资企业的总体素质偏低,外企规模结构偏小,外资的到位率低;企业技术档次低下,多数是以追求低投入,高报酬和短周期为投资原则的中小型企业,大部分投资项目属劳动密集型,资本和技术密集型项目受到冷落;另外,企业管理水平落后,甚至出现了外资企业管理的"国产化"倾向。其次,外商投资企业的地区布局和产业布局不合理。在我国"地区倾斜"政策的引导下,外商投资高度集中于沿海发达地区,这种区域布局在一定时期内有利于引资氛围的形成和引资效益的提高,但长此以往就给区域经济发展和产业结构合理布局带来沉重的调整负担,增加经济发展的困难。

(3)外资流入与国内资本外逃并存

首先,投资的低效运转直接导致了低的投资回报率,甚至是负回报。加上国内资本市场的不健全,投资渠道过于狭窄,国内资本无处可去,大量闲置,产生外流的巨大压力。其次,政府引资目标与行为的错位也是造成资本外流的原因。

(三)中国利用外资的发展战略

面对加入世界贸易组织的新形势,中国利用外资的重点将从引进国外资金向引进国外先进技术、现代化管理方法、经验和专业人才转变;利用外资的领域将从加工工业为主向服务领域大力推进;利用外资的方式在以吸收外商直接投资为主的同时向多方面引资拓展;政府对利用外资的管理将从行政性审批为主向依法规范、引导、监督转变。

1.中国利用外资的指导方针

今后中国利用外资的指导方针是:适应中国社会主义市场经济发展,更加积极、合理、有效地利用外资,努力改善投资环境,大力引进国外先进技术、关键设备、管理方法、经验和人才,提高利用外资质量,在有效利用国内资金的基础上,扩大利用外资规模和领域,积极促进国内经济发展、产业结构调整、国有企业改组改造和西部大开发,进一步推进全方位、多层次、多领域的对外开放。

2.中国利用外资的主要任务

(1)在以吸收外商直接投资为重点的同时,提高并购等方式在直接投资中的比重。根据国民经济发展需要、国内资金供求、国内消化吸收能力等各方面情况,以吸收外商直接投资为重点,努力扩大利用外资规模,着力提高利用外资质量。力争使利用外资结构有比较明显的改善,国家鼓励发展行业的利用外资比重有较大提高,中西部地区利用外资明显增长,引进国外先进技术和管理方法、经验的项目数量显著增加。

(2)积极引导外商投资方向,促进国内产业结构调整和优化升级。适应经济全球化和世界产业结构调整加快的大趋势,适时修订和出台《指导外商投资方向的规定》和《外商投资产业指导目录》,采取各种有效措施,优化外商投资的产业结构,大力引进国外先进技术、关键设备和管理方法,积极引导外资投向国家鼓励发展的农业、高技术产业、基础产业、基础设施和环境保护建设,大力促进传统产业的改造和技术升级,积极吸引资本、技术密集型产业向中国转移,力争形成一批产品面向国际市场的生产基地,促进国内产业结构调整和优化升级。

(3)适应加入世界贸易组织的新形势,有步骤地推进服务领域的对外开放。根据中国经济发展需要和入世承诺,有步骤地对外开放包括银行、保险、证券、商业、电信、旅游等行业在内的服务领域,发展各类外资中介服务机构,积极吸引外商投资教育、卫生等方面,重点引进国外先进的经营方式、管理经验和人才,促进国内服务行业总体水平的提高。

(4)大力引入国外跨国公司投资和其他外资方式,促进国有企业战略性改组改造。根据国家改革开放的总体部署和产业结构调整的需要,选择一批已完成公司化改制或改制过程中的国有企业、特别是大型国有企业,有计划地向外资出售部分股份,除关系国家安全和经济命脉的重要企业须由中方控股外,其他企业可以由外方控股。有重点地选择一批符合条件的大型骨干企业,分期、分批地在境外股票市场上市。鼓励跨国公司与国内企业实现战略性合资、合作,使吸收跨国公司投资所占比重有明显提高。

(5)积极扩大中西部地区利用外资,促进地区协调发展。中西部地区利用外资要结合实际情况和本地优势,以中西部地区省会城市、条件较好的大中城市和国家级经济技术开发区、高新技术开发区为重点,尽快完善投资软硬环境,在局部地区形成相对完善、具有一定优势的投资"小气候",集中资金、人才、技术等力量,发展一批具有明显带动作用的外商投资企业,实现吸收外资新的突破。

东部沿海地区要继续发挥开放程度高以及资金、人才、技术、区位等多方面的优势,扩大吸收外资,积极发展资本、技术密集型产业和出口型企业,大力发展高新技术产业,提高外商投资项目的技术档次和附加值,增创新优势,进一步发挥示范、辐射和带动作用。

(6)合理利用国外贷款,提高质量和效益。借用国际金融组织贷款和外国政府贷款继续保持一定规模,由以往的基础设施为主逐步转向基础设施与生态环境、扶贫及社会发展项目并重。严格控制国际商业贷款,必须借用的国际商业贷款主要用于引进先进技术和关键设备。合理使用还款期限长、融资条件较优惠的出口信贷,严格控制对外发债和借用其他国外商业性贷款。

(7)加强外债全口径管理,完善外债借用还机制。继续控制中国外债总规模,注意保持外债合理的期限结构、币种结构和债务人结构,将外债各项主要指标控制在国际公认的安全线以内。严格监督各项外债指标的变化,及时应对可能出现的问题。

3.完善中国利用外资的政策措施

(1)完善涉外法律法规,大力改善投资环境。根据社会主义市场经济发展的要求,根据世界贸易组织规则和中国的承诺,抓紧清理有关法律法规和各部门、各地方的政策规定:研究制定适应新形势的有关法律法规:各级政府管理部门要以提供优质服务作为政府职能转变的出发点,依靠政策和信息引导投资行为,大幅度减少政府行政审批事项,简化办事程序。

(2)加强对外商投资的引导,执行规范的利用外资政策。根据国家产业政策、市场状况和经济发展需要,有重点地采用鼓励政策和措施引导外商投资。对基础设施、农林水利和生态环保类投资项目,可给予扩大经营范围等优惠。根据中国入世承诺,同时创造内外资企业公平竞争的环境,有步骤地实现外商投资企业的国民待遇。认真落实国家关于实施西部大开发的各项政策措施,加大中西部地区吸引外资的政策支持力度。

（3）改进国外贷款管理，加强对外债的监控和指导。改进对国外优惠贷款的管理，简化贷款的审批和使用程序；适度合理地利用国际商业贷款；研究确定科学的对外发债机构资质认定方法；结合在华外资金融机构逐步享受国民待遇，研究制定对境内各类金融机构境外借款实行资产负债比例管理的办法。

（4）加强行政执法监督制度，完善适应开放型经济的宏观调控机制。国民经济各行业主管部门，特别是银行、保险、证券、电信、商业、旅游等行业主管部门要制定完善的行业行政监督管理办法，加强对外商投资企业的行政监督；适应对外开放不断扩大的趋势，加快完善开放型经济下的宏观调控机制；研究提出开放经济条件下的资本项目管理新思路，更好地促进国际收支平衡。

二、中国对外投资

（一）中国对外投资特点

多年来的实践证明，中国对外投资有力促进了国民经济的发展。通过直接投资，绕开贸易壁垒，拉动本国产品的出口；参股控股国外的资源开发企业，有力的保障国内紧缺战略物资生产原材料的供应；对外投资在利用了国际资本的同时，也学到一些国外先进的技术和管理经验，培养了一批境外公司经营管理方面的人才；对外投资对于逐渐释放人民币升值的压力有很大的作用，改变我国流动性过剩的现状。总之，对外投资的发展对中国经济的发展、资源配置的合理化和产业结构的调整等，都起到了重要作用。

1. 中国对外直接投资的起步较晚，但是发展较快

十一届三中全会以来，中国政府提出了对外开放，中国对外投资有了一定的发展，但由于当时的体制和国内资本的短缺等原因，在较长的时间内，对外投资并没有成为一种对外开放的重要形式。2000年，中国政府将"走出去"战略，确立为新时期的一项开放战略加以实施。截至2009年年底，中国12000家境内投资者设立对外直接投资企业1.3万家，分布在全球177个国家（地区），对外直接投资累计净额2457.5亿美元（表9-2），其中股本投资769.2亿美元，占31.3%；利润再投资816.2亿美元，占33.2%；其他投资872.1亿美元，占33.5%，年末境外企业资产总额超过1万亿美元。

表 9-2　2002－2009 年中国对外直接投资情况　　　　　（单位：亿美元）

年份	流量	存量
2002	27	299
2003	28.5	332
2004	55	448
2005	122.6	572
2006	211.7	906.3
2007	256.1	1179.1
2008	559.1	1839.7
2009	565.3	2457.5

注：2002－2006年为中国非金融类对外直接投资统计数据，2006－2009年为全行业对外直接投资数据

数据来源：2009年度中国对外直接投资统计公报

2.从行业分布上看,中国对外直接投资服务业为主力军

截至 2009 年末,中国对外直接投资的行业分布比较齐全。2009 年末中国对外直接投资存量行业分布我们可以看出(图 9-1),中国对外直接投资中流向服务业的投资是最多的。这一特点与中国的资源享赋和经济发展状况密切相关。

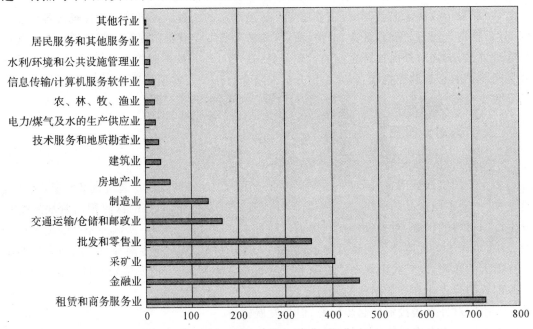

图 9-1　2009 年末中国对外直接投资存量行业分布图(单位:亿美元)
数据来源:2009 年度中国对外直接投资统计公报

中国的服务业对外直接投资多是依赖于货物贸易,如批发零售、交通运输等等,都是围绕着货物的销售而展开的;中国的服务业多服务于中国的引进外资,当然也包括对外投资;近几年随着中国金融市场的不断对外开放,金融业作为服务业中的代表产业大大提升了对外直接投资中服务业投资的比重。

由于中国的人口众多,中国一直以来都是以廉价的劳动力成本作为参加国际竞争和吸引外商投资的重要优势。改革开放以来,长期国际市场竞争使劳动密集型产业由发达国家逐渐向中国转移,致使中国成为世界上最大和最理想的制造业投资东道国,同时也推动了中国经济的高速发展。目前,中国仍处于凭借劳动力优势吸引制造业投资流入的阶段,对于走出国门投资海外的需要并不迫切,从而导致了中国制造业在对外直接投资流量中比例相对较低。但是,随着产业结构不断优化升级,对制造业对外投资引进先进技术、管理、品牌、渠道等软性资源的需求日益迫切,与此同时经济的发展也是劳动力成本不断上升,劳动密集带来的低成本效应必然无法永远支持制造业的发展,因此从长远看,越来越多的制造业企业进行对外投资是一个必然趋势。

3.中国对外直接投资主体以中央企业为主力

截至 2009 年末,在中国对外投资中,国有企业占 69.2%;有限责任公司占 22%;股份有限公司占 5.6%;股份合作企业占 1%;私营企业占 1%;外商投资企业占 0.5%;集体企业占 0.4%;港澳台投资企业占 0.1%;其他占 0.3%。

自 2003－2009 年,中央企业非金融类对外直接投资从 20.98 亿美元增长到 382 亿美元,年均增长速度为 77.68％;地方企业非金融类对外直接投资从 7.57 亿美元增长到 96 亿美元,年均增长速度为 58.48％,落后于中央企业投资增长速度。地方主体的投资流量的比重占当年非金融类对外直接投资流量的比重也从 2003 年的 36.08％下降到 2009 年的 25.13％。所以从总体上看,中央企业对外投资的热情和动机依然强烈,地方企业跟随中央企业的脚步还有巨大的投资潜力,这种良好的态势巩固了对中国未来对外直接投资继续增长的预期。

经过改革开放 30 年的发展,中国对外直接投资的主体日益多元化,无论是在投资规模总量上还是投资主体数量上,以及在分布行业和区域的广度上都取得了长远的进步。一直以来,中国对外直接投资主体都以国有企业为主,但在"走出去"战略的刺激下,越来越多的不同类型企业开始尝试着走向世界市场。另外,在对外直接投资主体总数和类型不断增加的前提下,不同类型主体所占比重有了集中化的趋势,即有限责任公司的比重日益增加,其他类型主体的比重下降,尤其是国有企业比重的下降最为明显(见表 9-3)。

表 9-3　2006－2009 年末中国境内投资者按登记注册类型分布比例(％)

年份	有限责任公司	国有企业	股份有限公司	私营企业	其他
2006	33	26	11	12	18
2007	43.3	19.7	10.2	11	15.8
2008	50.2	16.1	8.8	9.4	15.5
2009	60	13.4	7.2	7.5	15.5

数据来源:中国对外直接投资投机公报数据整理

4.亚洲、拉丁美洲是中国对外直接投资最为集中的地区

截至 2009 年末,中国对外直接投资共分布在全球 177 个国家,比上一年新增 2 个,即几内亚和哥斯达黎加。亚洲、拉丁美洲仍是中国对外直接投资最为集中的地区,分别占 75.5％和 12.5％。金融类对外直接投资方面,2009 年末中国国有商业银行共在美国、日本、英国等 28 个国家和地区设有 50 家分行、18 家附属机构,就业人数达 3 万人,其中雇佣外方员工 2.93 万人。

从国家(地区)来看,中国香港地区聚集了中国对外直接投资的 66.94％,开曼群岛和英属维尔京群岛这两个主要避税地的中国对外投资达到 284.38 亿美元,占总量的 11.57％,这一比重较上一年有所下降。

中国对外直接投资范围已经遍及世界各地,但从量上来说仍然主要集中在我国周边、避税岛以及部分发展中国家等少数地区。继 2007 年之后,中国进一步增加了对非洲国家的投资,特别是发展落后的国家。虽然中国对外直接投资存量在全球国际投资存量中的比重较小,但是对于许多非洲国家而言,中国的投资占当地吸收外商直接投资总量中很重要的一部分。对一些非洲西部和南部的国家如尼日尔、毛里求斯等国,中国的投资比例相对较高。其中,中国对尼日尔的投资比例占其对外直接投资内向存量的 1/3。另外,对于一些撒哈拉沙漠以南国家如加蓬、赞比亚等国家来说,中国的投资也在他们接受的所有外国直接投资中占有较大比重。

5. 近年来中国的国际投资方式主要为跨国并购与绿地投资

(1)跨国投资

根据联合国贸发会议《世界投资报告 2008》和国际直接投资数据库的数据,中国企业近年来进行的跨国并购对外直接投资起伏攀升,时常成倍增长,说明跨国并购金额与变化无常的市场环境有紧密关系。从交易件数来看,2003 年到 2007 年分别有 112、110、102、88 和 122 起。

中国企业的跨国并购特别是大额的跨国并购交易仍然集中于初级产业特别是采矿业,其次银行业、电信服务业也有较大额交易发生,而全球并购交易频繁的制造业中国参与的不多,且金额也不大。这种情况与中国产业结构、层次和政策都有关系。

(2)绿地投资

绿地投资作为可以带动当地经济特别是就业的投资方式,往往能够受到投资所在国特别是发展中国家的欢迎。但是绿地投资要想获得成功,要求投资企业对于投资目的地的经济、法律、文化等情况十分熟悉,并且在当地有一定的经济关系。中国对外绿地投资中,除了近年来对周边地区特别是东南亚地区实行的轻工业、家电制造业的投资外,值得关注的还有资源类行业开采海外矿产资源所进行的绿地投资建设。

中国对外直接投资中绿地投资所占的比重相对较高,从历史上看,根据联合国贸发会议数据库,世界对外直接投资总流量中绿地投资仅占 10% 到 30%;发展中国家对外直接投资绿地投资比重在 30% 到 50% 之间;而中国这一比重一般达到 50% 以上,2007 年达到 76.24%。根据《世界投资报告 2009》,2008 年中国企业境外绿地投资兴建项目 240 起,较 2007 年的 202 起增加了 18.81%,维持了 2006 年以来的增长势头。2008 年全球绿地投资项目数 15551 件,比上一年增加了 30.37%。但是从绿地投资所占投资量比例来说,无论是中国还是全球,这一比例都在减小。

(二)中国对外投资存在的问题

1. 技术成分低

中国对外投资的产业结构与世界发达国家相比还有差距,技术成分仍较低中国对外投资存量的行业集中度比较明显,其中商务服务业占接近三成,金融业近两成,而以商务服务业和金融业占主体的服务业合计占存量超过八成,而世界外向存量中也只有不到七成来自服务业。另外,中国的初级产业投资存量也高出世界 6 个百分点。中国对外直接投资存量的行业分布仍集中于初级产业和服务业,制造业对外投资比重较世界差距较大。

对技术密集型产业的投资比重依然较低。截至 2009 年止中国信息运输业、计算机和软件业等高技术含量对外投资仅有 19.7 亿美元,占比 0.8%。发达国家为保持其技术优势,总是通过各种手段限制其先进技术向发展中国家的转移和扩散,因而,通过技术贸易渠道和引进外资途径都难以获取发达国家的先进技术。为了获取和利用国外的先进技术生产工艺、新产品设计和先进的管理知识等,中国部分企业往往通过对外直接投资以设立合营企业或兼并与收购当地企业的方式,获取先进技术和管理经验,促进投资企业的发展。虽然近年来对技术密集型产业的投资有所增加,但总体上讲,对外投资的企业中高科技企业的比例仍然很低。

中国对外投资的产业结构有了一定的改善,但是还是偏重于以商务服务业和金融业占主体的服务,业相对忽视对高新技术产业的投资,对技术密集型产业的投资也显不足,投资的相对集中也加大了对外投资的风险,总体经济效益也不高。因此,完善对外投资的产业结构选择,做到多元化分散投资,结合自己的优势略有侧重是中国企业跨国经营需要面临的重大战略问题。

2.投资主体结构不合理

对外投资主体数量上责任公司比重日益增加,但是投资规模仍以央企为主力,结构不够合理。2006年到2009年的四年间,作为对外投资主体重要类型之一的有限责任公司比重由2006年的三成上升到2009年的六成,而国有企业的数量的比重则由2006年的26%下降到2009年的13.4%,股份有限公司和私营企业的比重也有不同程度的下降。

中国的大型国有企业一直以来都是对外直接投资的主力,但是,随着中国投资主体多元化的发展,国有企业占整个投资主体数量的比重由2006年的26%降至2008年的16%。有限责任公司和其他类型企业数量的相对增加,会增强市场活力、活跃市场竞争、优化中国对外直接投资主体结构。另外,这些非国有企业大多是中小跨国企业,而中小型企业大多具有一定的技术专长、经营灵活,他们以特定的比较优势参与国际投资,将有利于改善中国的投资环境和投资结构。

3.对外投资仍然落后于经济总体发展

目前,中国的经济总量位居世界第3位,国家外汇储备居世界第1位,进出口总额位居世界第3位。中国对外投资以2007年计算,流量位居世界第17位,占世界1.33%,年末存量居世界第24位,占世界0.756%。粗略可见,中国对外投资在量上落后于其他区宏观经济指标。每年全球跨国投资与世界GDP总额的比例达到0.039;而历年来中国对外直接投资比上GDP的值只有0.005左右。而发达国家之间紧密的经济依赖使得互相投资活跃,其对外直接投资占GDP的比例明显高于经济欠发达国家。

中国对外投资与引进外资相比起来差距还非常巨大。根据联合国贸发会议FDI数据库,2007年中国吸收外国直接投资835.21亿美元,位居世界第5位。一般来讲,经济比较发达的国家或地区的对外投资的流出量会大于流入量;越是欠发达国家或地区其对外投资流入量越会大于流出量。根据联合国贸发会议FDI数据库,2007年,发展中国家对外直接投资流入量为4997.47亿美元,而流出量仅为2531.45亿美元;当年发达经济体的对外直接投资流入量为12476.35亿美元,流出量达到16921.41亿美元。处在经济高速发展时期的发展中大国,几乎都属于对外投资流入量远大于流出量的情况。

中国对外投资发展跟不上商品出口的脚步。从2001年加入世界贸易组织以来,中国进出口额呈现加速增长的势头,并成为进出口总量世界第3的国家。一国进出口规模巨大,必然引起其与贸易有关的对外投资的增长,这一点在中国服务业对外投资的迅速增长中可见一斑。中国拥有大量的廉价劳动力,廉价劳动力使中国吸引了大量的外商投资,从而造成了中国外贸依存度的快速提升;廉价劳动力还使得很多国内企业考虑到本国的低成本优势,出口商品带来的利益和效率要高于对外投资,从而不愿意去海外投资。

中国的对外投资仍落后于经济总体的发展,中国目前贸易顺差连年扩大导致经常项目顺差加剧,而资本项目没有完全可流动的情况下,对外投资落后于引进外资导致资本项目的顺差,这让中国的宏观经济面临失衡的潜在可能。

4.企业海外投资战略不明确,管理体制相对落后

中国改革开放30年成就了一批优秀企业,其产品的技术档次和质量水平都较高,规模

扩张比较快。但是与全球著名的大跨国公司相比,中国一些企业的竞争力仍有一些明显的差距,很多企业自身并不适合全球经营。比如一些长期处于垄断条件下的大企业,其成本、价格明显高于国际市场水平,产品质量与服务质量也不稳定,这类企业虽然具有一定的竞争实力,但从事境外投资经验和管理水平都跟不上,风险很大。

到海外投资设厂是企业发展到一定程度的必然结果,是直接参与国际市场竞争的有效途径,是更高层次的国际化经营方式。但中国绝大多数企业尚未意识到这一点,没有将海外投资纳入企业发展的战略高度考虑,缺乏海外投资的中长期计划,多数是企业的随机行为。宏观规划的缺乏导致企业对外投资动机不明,很多企业以建立一个办事机构为目的,而不是作为一个盈利的企业,投资的随意性较强。

5.风险的预警和应对能力不强,海外经营经验欠缺

2009 年中国对外直接投资额达到了历史最高的 565.3 亿美元,伴随高增长的是高风险。在投资决策方面,一些企业在投资决策前对投资国的环境和政策没有进行认真深入的分析,对国外投资环境、政治风险、经济风险、市场风险以及技术适用性认识不够,可行性分析不科学,有的项目甚至不做境外市场考察就编制可行性报告,导致项目上马后问题很多,经济效益不佳甚至亏损;也有的企业对境外的合作伙伴资信情况了解不细导致上当受骗,轻信对方而没有主动与我驻外使馆经商处联系以取得证实;或因对方资金不到位、不履行合同义务而使企业受损的情况时有发生。

中国进行海外投资的时间短,经验不足,在海外经营风险面前经常显得无力应付。然而,如果我们在进行海外投资决策时,除了计算可能的收益,同时想到其他的一些风险和隐患,多一份慎重和细心,少一点短视和盲目;在跨国经营中认真研究东道国经营环境,学习跨国公司的经验,中国企业的跨国经营一定会日渐成熟起来。

(三)完善中国对外投资措施

1.完善对外投资保障体系

建立和完善中国境外投资保障体系有助于我国完善境外投资保护立法,亦有利于促进中国企业实施"走出去"战略,因此,中国应根据已与他国签署的有关双边投资协定与多边投资条约的规定,借鉴美国、日本等西方发达国家的成功经验,按照中国国情建立相关的境外投资保障制度,以加强对境外投资的优惠和鼓励措施。

美国最早于 1948 年开始实施"马歇尔计划"是率先创立了对外直接投资保障制度。通过与其他国家签订双边或多边条约以及利用国际经济组织,美国政府对本国私人海外投资进行外交方面的支持与保护。"二战"后,美国制定了许多旨在保护美国私人对外投资利益的法律。此外,美国还广泛利用它所发起和参与的国际组织为本国海外私人投资服务。

借鉴美国等发达国家的经验,中国也应结合自身国情建立对外投资保障体系。此外,为促进中国企业对外投资的发展,中国政府还应与更多的对外投资的东道国签订避免双重征税的投资协议,以维护中国对外投资企业在国民待遇和最惠国待遇以及投资安全、国有化与补偿、资本撤出与利润汇回、解决争端等问题上的利益。

2.对外投资的区位选择

企业要结合国内的经济发展和产业调整需要制定自己的投资战略,确定投资的地区与行业。

首先,通过对外投资,获取国外的先进技术和管理的经验,带动国内产业升级。这种投

资应以美国、日本、欧盟等西方发达国家为重点。对这些国家和地区的投资,建立技术研发中心,可以充分的利用发达国家的技术研发的外溢效应和聚集效应,提高技术水平,开发具有自主知识产权的新技术,带动国内的产业升级。

其次,通过对外投资,转移过剩生产力,促进国内的产业升级。目前,中国已经建立了完整的工业体系,生产制造能力有了很大的提高。可以采取合资、合作、独资等方式,将有关的产业转移出去,利用东道国的廉价劳动力与资源进行生产,就地销售。由于生产这些产品的技术已趋于标准化,与这些发展中国家的技术差异不大,也易于让他们接受。

再次,通过对外投资巩固市场。中国主要的出口目的地是美国、欧盟、日本,但这些国家对我国产品设置许多非关税壁垒,为了绕开这些非关税壁垒,中国的企业可以先对其周边那些没有受到出口限制的发展中国家进行投资生产,再将这些产品出口到这些国家或对欧盟、北美自由贸易区其他成员国进行投资,利用区域性经济组织的内部优惠政策,将产品打入欧美市场。

最后,获取中国国内经济发展所需的资源。可以采用合作开发的形式投资于资源丰富的国家和地区。这些国家都可以作为我们的投资地区。

3. 改善跨国企业人力资源管理

中国跨国企业的发展需要大批高素质的人才,包括高级国际经济贸易人才、金融财务管理人才、科学技术人才、法律人才等,企业有效的人力资源开发与管理在某种意义上决定着企业跨国经营的成败。中国跨国经营企业首先应该在观念上和实践上高度重视人力资源。企业必须在人力资源管理上狠下工夫,培养以人为本的企业文化,拓宽人才引进渠道,重视员工培训,健全激励机制,培养、吸引并留住优秀人才为企业服务。

中国海外企业在外派人员的选拔上,目前常强调外语人才的重要性,这实际上是片面的。驻外人员不仅应该具备国内一般经理人员所需的技术及管理能力,还应该具备一些特殊才能,比如,在缺少专家顾问的情况下顺利工作的能力,与东道国政府官员打交道的能力,在没有直接监督的情况下努力创造业绩的能力、处理文化差异等的能力。

企业在海外经营时也应该实行人才本土化战略,考虑选拔当地人士任职。当地人才的知识结构、个人能力是否与工作岗位的技术管理能力相吻合。当地人才的文化相似性及其适应外来文化的能力。

4. 培养创新意识

在中国实施"走出去"战略时,在中国企业的跨国经营中,互换思想的解放和观念的更新,呼唤在全社会引导一种敢于创新的精神风尚、营造一个勇于创新的文化氛围。创新是一个民族活力的标志。一个民族的文化是否具有创新能力,决定了他所造就的社会的兴衰和国家的强弱,也决定了其企业是否具有实力和魄力在全球范围内配置资源,进行全球化经营、全球化竞争。

在中国企业走出国门,进行跨国投资、跨国经营时,面临着新的环境、新的挑战、新的机遇,只有以创新精神回应新环境、适应新环境,才能抓住机遇、克服困难,保持持久的发展。中国创新意识的文化培养将是中国经济发展、技术革命、制度创新的强大驱动力,将是中国企业"走出去",进行国际投资的动力源泉和成功保证。

改革开放30年来,中国对外投资合作从无到有、从小到大、从弱到强。世纪之交,中央提出实施"走出去"战略后,对外投资合作发展速度明显加快。在经历了战略实施初期的幼稚和过分乐观之后,目前中国企业已经越来越多地了解海外投资的基本知识和游戏规则了。因此,"走出去"战略也发生了变化,过去那种大笔花钱、四处出击的状况已经一去不复返了,中国的企业在"走出去"方面变得更加成熟了。尤其是金融危机的爆发,使得中国政府和企业都在更加理性地思考"走出去"战略,也更加灵活地处理"走出去"过程中的问题。

高端生产环节和研发能力正在加速向中国转移。由于中国具有良好的政策环境,以及在这次经济危机中的表现,跨国公司更加重视在中国市场的投资与发展,因此比较高端的生产环节和研发能力出现了加速向中国转移的趋势。通过这次危机,中国企业也加快了在全球市场上收购关键零部件企业、技术、品牌和人才的步伐,这些都是中国各主要产业存在的薄弱环节,通过收购与兼并,通过对外投资,巩固中国这些战略性产业链条的薄弱环节,增强国际竞争力。

本章小结

1.国际资本流动是指资本从一个国家或地区转移到另一个国家或地区。这里所说的资本包括货币资本和借贷资本、与国外投资相联系的商品资本和生产资本以及近几年来脱离实物经济而独立高速增长的金融性资本。

依据资本流动与实际生产、交换的关系,国际资本流动可以分为两大类型。一种是与实际生产、交换发生直接联系的生产性的国际资本流动;另一种类型则是与实际生产、交换没有直接联系的非生产性的资本国际流动。

2.20世纪80年代以来,伴随着经济金融全球化的深入发展,国际资本流动呈现出以下一些特点:(1)国际资本流动规模巨大,不再依赖于实物经济而独立增长;(2)超越了官方资本;(3)国际资本流动具有越来越强的风险性和经济破坏性;(4)机构投资者成为非生产性国际资流动的主要载体。

3.20世纪80年代发展中国家爆发的债务危机虽较为久远,但其产生的原因、解救的措施及其教训至今仍具有很大的现实意义。国际债务危机爆发的内因包括:盲目借取大量外债,不切实际地追求高速经济增长;债务国缺乏有效的外债宏观调控,管理混乱;外债投向不当,投资效率和创汇率较低;债务危机爆发的外因包括:20世纪80年代初以发达国家为主导的世界经济衰退;国际金融市场上美元利率和汇率的上浮;两次石油提价使非产油发展中国家进口支出扩大;国际商业银行贷款政策的影响。

4.国际债务危机缓解的方案与措施主要有:重新安排债务;债务资本化;债务回购;限制偿债。

5.发展中国家债务危机的启示:举借外债应根据国情选择适度的借债规模;应根据具体情况合理安排外债结构;扶植和发展出口产业,提高偿还能力,稳定协调地发展国民经济;建立集中统一的外债管理机构,加强外债管理。

6.国际资本流动与国际金融危机的关系。从20世纪90年代以来发生的几次金融危机来看,国际资本流动与国际金融危机的关系主要表现在以下几个方面:一是国际资本大量流入,加剧国内经济失衡;二是国际游资的冲击是国际金融危机爆发的导火索;三是资本大量抽逃使危机国雪上加霜。

7. 自 1979 年实行对外开放政策以来,中国利用外资取得了举世瞩目的成就。利用外资规模不断扩大、方式和渠道趋于多样化。通过利用外资,有效地弥补了中国建设资金的不足,引进了中国急需的先进技术和管理经验,促进了产业结构的升级,增强了中国的出口创汇能力,增加了国家的财政收入,创造了一些就业机会,促进了开放型经济的发展,促进了社会主义市场经济体系的建立和完善。今后,中国利用外资的重点将从引进国外资金向引进国外先进技术、现代化管理方法、经验和专业人才转变;利用外资的领域将从加工工业为主向服务领域大力推进;利用外资的方式在以吸收外商直接投资为主的同时向多方面引资拓展;政府对利用外资的管理将从行政性审批为主向依法规范、引导、监督转变。

8. 中国对外投资的作用主要有:通过直接投资,绕开贸易壁垒,拉动本国产品的出口;参股控股国外的资源开发企业,有力的保障国内紧缺战略物资生产原材料的供应;对外投资在利用了国际资本的同时,也学到一些国外先进的技术和管理经验,培养了一批境外公司经营管理方面的人才;对外投资对于逐渐释放人民币升值的压力有很大的作用,改变我国流动性过剩的现状。对外投资存在的主要问题:投资技术成分低;投资主体结构不合理;风险预警和应对能力不强等。解决这些问题的措施主要包括:完善对外投资保障体系;培养创新意识;获取国外的先进技术和管理的经验带动国内产业升级等。

本章复习思考题

1. 本章重要概念:负债率　偿债率　债务率　贝克计划　布雷迪计划　外债
2. 简述国际资本流动的概念、类型与特征。
3. 国际资本流动的原因是什么?
4. 论述国际资本流动对世界经济的影响。
5. 简述发展中国家债务危机的形成原因。
6. 为了解决国际债务危机采取了哪些主要的措施?
7. 试述国际资本流动与国际金融危机的关系。
8. 中国利用外资的主要方式有哪些?
9. 简述今后中国利用外资的主要任务和政策措施。
10. 简述今后中国对外投资的主要任务和政策措施。

第十章　国际融资

【主要内容和学习要求】掌握国际融资相关的基本概念;理解并掌握短期国际融资、中长期国际融资和其他国际融资的主要内容和方法。

国际融资是跨越国界的资金融通活动,是国际金融中的一个重要组成部分。第二次世界大战以后,战前业已存在的国际上巨额对外贸易合同的签订、大型成套设备的出口,逐渐为成套设备与工艺技术所替代,国际融资的规模和形式因此得到了长足的发展。本章在简要回顾相关概念的基础上,重点介绍战后出现的新的国际短期、中长期融资以及项目贷款和融资租赁等具体内容。

第一节　国际融资概述

国际融资内容繁杂,融资方式变化多端,为准确把握其内容,本节首先介绍国际融资的概念、特点及其主要类型。

一、国际融资的概念

国际融资是指不同国家与地区之间的资金需求者和供应者通过不同途径在国际间进行融通资金的活动。国际融资的当事人有:资金供应者(债权人)、资金需求者(债务人)和金融中介人。具体包括:一国政府与别国政府之间,一国政府与别国银行之间;国际金融组织与一国政府、企业或银行之间;一国企业、银行与别国的企业、银行之间的融资活动。

海外融资的产生有其客观必然性。一方面,各国、各地区经济发展的不平衡,产生了资金跨国流动的需要;另一方面,各国经济联系的日益紧密以及全球经济一体化的加深,又为海外融资提供了可能。国际经济发展的不平衡使发达国家出现了大量的过剩资本,当这些资本在本国找不到有利的投资场所时,就要突破国界向资金短缺、生产要素组成费用少,而市场又较为广阔的经济不发达国家或地区输出。而发展中国家为了加速本国经济发展需要大量资本,在自有资金缺乏的情况下,就需要引进外资以弥补不足。也有一些国家,通过国际资本的输入输出来平衡和调节本国的国际收支。

国际融资一般是在国际金融市场上进行的。国际金融市场是国际借贷关系产生和国际借贷资金移动的渠道和中介,它为这种国际资金移动服务。在国际金融市场上,资金供应者和资金需求者通过金融机构或自行直接相互接触,从事借贷交易或证券发行买卖活动,以实现国际资金的融通。

国际融资是采取货币资金形态或实物资金形态的国际资金转移。国际融资的具体组织形式多种多样，其中大多数采取货币资金形态，即无论资本所有者提供贷款，或筹资者偿还贷款本息时，均采取货币资金形态；但也有一些融资方式，如国际租赁融资，则采取实物资金形态。

二、国际融资的特点

(一)国际融资活动广泛而复杂

国际融资活动，一般在居民和非居民之间进行。因此牵涉到不同国家的经济制度和法律制度以及不同经济主体的经济利益，要比国内融资活动难度大，涉及面广。国际融资的媒介是各种国际货币，它可以是筹资人所在国货币，贷款人所在国货币，或第三国货币。国际融资中通常选用一些关键性货币，如美元、英镑、欧元、日元等。由于汇率的浮动使货币遭受汇率风险，融资当事人使用何种货币是一个很复杂的问题，通常必须根据各种货币汇率变化和发展趋势，结合融资条件等因素加以综合考虑做出决策。

(二)国际融资的管制性特征

国际融资既然是居民和非居民之间的资金融通和转移，就不可避免地涉及国与国的金融管制。国际融资当事人所在的国家政府，从本国政治、经济利益出发，为了平衡本国的国际收支，贯彻执行本国的货币政策，以及审慎管理本国金融机构尤其是银行金融机构，无不对本国的对外融资活动加以管制。即使发达国家也不例外。

主权国家对国际融资的管制体现在，对国际融资的主体、客体和融资信贷条件实行法律的、行政性的各种限制性措施。法律管制是指由国家立法机关制定并颁布法律，行政性管制措施是指一国金融当局不经过正式的立法程序，而以行政手段对国际融资实施限制的措施。

各国金融当局不仅根据国际融资主体的不同，实施宽严不同的管制措施，还根据货币种类不同实施宽严不同的管制措施。如对以本国货币承做的国际融资业务的管制较严，而对国际流动范围广、汇率坚挺、汇率风险小的外币管制较松。其他管制还有国际融资业务的授权或审批制度、融资金额管制、贷款利率管制、融资期限管制，等等。

(三)国际融资的风险特征

国际融资与国内融资相比，风险较大，除了面临和国内风险一致的偿债能力风险外，还面临着国家风险和汇率风险。

国际融资和国内融资一样，也面临着信贷交易中的商业风险，即债务人经营管理不善，出现亏损，到期无力偿付贷款或延期偿付，也就是偿债能力风险。

国家风险，是指某一主权国家或某一特定国家有主权的借款人，如财政部、中央银行及其他政府机构，或其他借款人不能或不愿对外国贷款人履行其债务责任的可能性。国家风险通常是由借款人所属国本身的原因造成的，主要是由于借款国政府不履行责任及其实施的政策法令所引起的。例如，发生政变、实行资金冻结、外汇管制、宣布限制或推迟偿还债务等。这种风险对贷款人来说往往是一种难以防范的风险。在2001年底爆发的阿根廷经济、社会、政治危机，所引起的对外偿债困难就是典型的例子。

汇率风险，是指在国际经济、贸易和金融活动中，以外汇计价的收付款项、资产与负债业务，因汇率变动而蒙受损失或获得收益的可能性。国际融资经常以外国货币计值，如果融资货币发生贬值或升值,汇价波动,既可能影响借款人的偿债负担和能力,又可能影响贷款人的按期收回贷款和债权收益。

三、国际融资的类型

国际融资从不同角度划分有以下几类:

(一)按是否通过金融媒介划分,可以分为直接融资和间接融资。

直接融资,是指资金融通通过投资者与筹资者直接协商进行,或者在国际金融市场上直接买卖有价证券而融通资金。

间接融资,是指在国际金融市场上通过金融媒介进行融通资金。金融媒介有银行、保险公司、投资公司等金融和非金融机构。金融媒介主要通过吸收存款、保险金或信托资金等来汇集资金,同时又通过发放贷款、购买原始有价证券等方式将其所汇集的资金转移到资金短缺的筹资者手中。

(二)按融通资金的来源划分,可以分为商业银行融资、国际金融机构融资、政府融资和国际租赁融资。

(三)按融资的目的划分,可以分为国际贸易融资、项目融资和一般融资。

国际贸易融资,是指国际间为进行贸易而进行的融资活动,是国际融资中最古老的类型。包括期限在一年期以下的短期贸易融资和一年期及其以上的中长期国际贸易融资。

项目融资,是指为某一特定的工程项目进行融资。如大型的采矿、能源开发、运输交通以及电力、化学、冶金企业等建设项目。

一般融资,是指既不与进出口贸易,又不与特定工程项目直接联系的融资。这类融资往往是出于克服资金短缺,调剂外汇资金,或弥补国际收支逆差、维持货币汇率等原因。

(四)按融资期限划分,可以分为短期融资和中长期融资。

短期融资,是指资金融通期限在1年以下的融资活动,包括:银行短期信贷、短期证券融资、票据贴现业务和短期贸易融资(承购应收账款业务、保付代理)等。

中长期融资,是指资金融通期限为1年以上的融资活动,一般需资金供需双方签订融资协议。包括:银行中长期信贷、国际证券融资、出口信贷、国际项目融资、国际租赁、国际金融机构和政府组织贷款等中长期融资。

以上分类方法是有交叉的,其中第四种分类方式基本可以概括前几种,所以本章的内容以第四种分类为主。其中,国际证券融资内容在第七章国际金融市场已作介绍,因此本章不予涉及,余下内容将在本章中进行讲述。

第二节　短期国际融资

短期国际融资业务是在货币市场上进行的,主要是指期限在1年以内的国际资金融通。与中长期融资业务相比较,短期融资具有较安全、流动性较高、收益率小和偿还期短的特点。

一、银行短期信贷

银行短期信贷,是指由银行充当中介人或贷款人,借贷期限不超过 1 年的借贷活动。短期信贷按当事人划分,可分为银行对银行的信贷和银行对非银行(如企业、公司、政府机构等)的信贷。

银行对银行之间的信贷又称为同业拆放(Inter-Bank Offered Credit),它在整个短期信贷中占主导地位。该种贷款完全凭借银行间同业信用,不用签订贷款协议。银行可通过电话、电传成交,事后再予以书面确认。银行同业拆放的期限从 1 天至 6 个月的居多,超过 6 个月的较少。银行同业拆放每笔交易金额一般在 100 万美元左右,1000 万美元左右也很常见。这种银行间的交易一般称为批发业务。在国际金融市场上,一笔资金从非银行客户那里吸收而来,到把其贷放给最后用款人之前,往往要经过多次的银行同业拆放。

银行对非银行客户的信贷虽然不占主要地位,但银行相互间的贷款最终总是要变成银行对非银行客户的贷款。对工商企业而言,银行短期信贷主要是解决企业季节性、临时性的短期流动资金需要,因此银行在提供短期信贷时,比较注意资金的安全从而减少信贷风险。为了保证贷款能按时收回,发放贷款前特别注重了解客户的资信、财务状况(包括债务状况)、款项用途,根据这些情况控制贷款的数量。

短期信贷活动主要凭借借款人的信用来进行,借款人无需交纳抵押品,借贷双方一般也不用贷款协议,通过电话或电传就能达成交易,手续十分简便。

短期信贷的借款期限、币种、借贷用途都有自行选择的余地。期限一般由借款人自己决定,可长可短;借款币种可根据支付需要、成本高低自由选择;短期信贷不限定用途,借款人可用于各种用途。一般说来,银行短期信贷期限大都较短,绝大多数贷款的期限为 1 天(隔夜,Day-to-Day Loan)、7 天、30 天、90 天,少数为半年,最长期限不超过 1 年。

短期信贷的利率,受借贷期限、供求关系和借款人资信高低的影响而不同。一般都是按国际金融市场利率计算,贷款利率水平较高。例如,欧洲货币市场的伦敦银行间同业拆放利率(LIBOR)是市场利率,其利率水平是通过借贷资本的供需状况自发竞争形成的。目前,各国政府筹措的贷款的利率都是按伦敦银行同业拆放利率为基础再加半厘到 1 厘多计算。

由于欧洲美元短期信贷的期限较短;利率变动的风险不大,所以采用固定利率,并实行利息先付的方法,也称为贴现法,即在借款时,银行已经将利息从贷出款项中扣除,然后将扣除利息以后的余额付给借款人;在贷款到期的时候,借款人按贷款额偿还。这种利息先付的方法增加了借款人的成本,因而使贷款的实际利率高于名义利率。

例如,某借款人向某欧洲银行借款 50 万美元,期限 3 个月,利率 6%(年息),该贷款银行先从贷款额中扣除利息额:USD50 万 × 6% × 3/12 = USD7500,然后将扣除利息后的余额付给借款人:USD50 万 — USD0.7500 = USD49.25 万,贷款到期时,借款人应偿还 50 万美元。这种利息先付与利息后付相比,借款人的负担较重,在利息先付的情况下,借款人名义上借了 USD50 万元,实际上只得到了 49.25 万美元,其实际利率提高为:(USD0.75/USD50 万 ÷ 3/12) × 100% = 6.1%。

二、与进出口贸易有关的短期融资

进出口融资的形式很多,但短期的进出口融资归纳起来主要有以下几种:

（一）出口打包放款

出口打包放款是出口地银行向出口商提供的一种短期资金融通形式。从形式上看,该贷款属于抵押贷款,其抵押品是尚在打包中而没有达到可以装运出口程度的货物。出口商可用进口地银行向其开出的信用证或者其他保证文件,连同出口商品或半成品一起交付出口地银行作为抵押,借入款项。打包放款的金额一般为出口货物总值的 $50\%\sim70\%$,期限一般较短。

（二）进出口押汇

进出口押汇是指不同国家的进出口商人进行交易时,出口商以其所开具的汇票,连同运货的提单、保险单、发票等全部单据为担保,向银行押借款项,由银行凭全部货运单据,转向进口商收回贷款本息。进出口押汇又分为出口押汇与进口押汇。

（三）票据贴现

票据贴现是信用证项下的一种融资方式。如果进出口双方签订以远期信用证方式成交,那么出口方取得开证行承兑的远期汇票后,可向银行申请贴现以取得贷款,银行扣除贴现利息后将汇票余额付给出口方,一旦开证行到期不能履行付款义务时,付款行有权要求出口方归还贷款。

三、国际保理业务

国际保理业务,又称保付代理业务,是指出口商以挂账、承兑交单等方式销售货物时,保理商买进出口商的应收账款,并向其提供资金融通、进口商资信评估、销售账户管理、信用风险担保、账款催收等一系列服务的综合金融服务方式。

国际保理业务为贸易双方提供了许多便利:使出口方大胆使用赊销方式增强出口竞争力来开拓市场,把售后的收款管理和债款回收等事务交给保理公司;进口方则尽可能争取到更多以赊销方式成交的业务,从而实现以尽可能少的本钱做最大的生意。对世界经济而言,国际保理业务促进社会各部门向更高效率、更细化的分工方向发展,加强了各部门之间的有机联系,因为出口方(包括制造商和销售商)做保理业务后,将精力集中于生产和销售环节,而把自己并非十分擅长的业务留给其他专业部门处理,提高了世界经济的运行效率,扩大国际贸易的整体规模。因此,世界上很多国家和地区都非常重视保理业务对国际贸易的促进作用,并创造条件大力发展这项业务,如德国、意大利、比利时和荷兰等西方发达国家的国际保理业务量占其保理业务总量的 30% 以上。

（一）国际保理业务的融资特点

国际保理业务是一项集贸易融资、结算、账务管理和风险担保于一体的综合性金融服务,因为出口方可根据本公司的实际情况要求保理商提供全套服务或部分服务。我们在这里只强调它的融资功能。

出口方在发货或提供技术服务后,将单据递交保理商。保理商立即以预付款形式向出口方提供不超过单据金额 80% 的无追索权融资,相应地按市场优惠利率(如 LIBOR)加上适当的加息率(通常为 2%)计算利息,基本上可以解决出口方因赊销而引起的资金占用问题。虽然出口企业也可以通过银行贷款或其他方式的贸易融资来筹措资金,相对这些融资形式而言,国际保理业务提供的贸易融资具有以下特点:

(1)手续方便,操作简单,促进利润增加。它既不像银行贷款那样需要复杂的审批手续、可行性评估等,也不像抵押贷款那样办理抵押品的移交和过户手续,出口商将货物装运完毕,可立即获得现金,满足营运需要,加速资金周转。

(2)有利于改善企业财务结构和财务指标。保理商提供的无追索权融资,出口方可以将这种预付款看做正常的销售收入,而不必像银行贷款或其他形式的融资那样记在资产负债表的负债栏,所以,表示企业清偿能力的财务指标(如流动比率等)会得到改善,在一定程度上提高企业的资信等级和清偿能力。

(3)有利于企业回避信贷风险、汇率风险。只要出口商品的品质和交货条件符合合同规定,在保付代理组织无追索权地购买其票据后,出口商就可以将信贷风险和汇率风险转嫁给保理组织。

(二)国际保理业务的类型

根据保理业务涉及保理商的情况,保理业务通常可分为双保理模式和单保理模式,其中双保理模式是目前国际上最为流行的形式,在欧洲和北美洲开展的国际保理业务中,大多数都采用这一方式,而单保理模式则更多地被运用在国内保理业务中。

根据出口商出卖单据是否可以立即得到现金的角度来划分,可分为到期国际保理业务和预支或标准承购账款业务两种

从是否公开国际保理组织的名称来划分,可分为公开国际保理组织名称和不公开国际保理名称两种。

(三)国际保理业务的程序

国际保理业务的具体运作步骤如下:

第一步:出口保理商与进口保理商之间签订国际保理协议,出口保理商与出口商之间签订国际保理协议。

第二步:出口商向出口保理商申请信用额度,出口保理商将此申请传递给进口保理商。

第三步:进口保理商对进口商进行资信调查评估,并将批准的信用额度通知出口保理商,后者将其传递给出口商。

第四步:出口商根据进口保理商通知的信用额度发运货物。

第五步:货物出运后,出口商如需要资金融通,则将全套正本单据寄出口保理商,出口保理商将上述单据传送进口保理商。

第六步:出口保理商视出口商需要,提供不超过发票金额80%的资金融通。

第七步:进口保理商在规定的时间按商业惯例向进口商催收货款。

第八步:在贷款到期日,进口商将贷款交给进口保理商,后者将其转交出口保理商,出口保理商在扣除预付款、服务费等后,将贷款余额付给出口商。

(四)国际保理业务的费用

由于保理公司的服务是一种广泛的、综合性的服务,它不仅向出口商提供资金,还提供一定的劳务,因此出口商要向保理机构交付一定的费用。通常包括以下两部分内容:

(1)保理手续费。所谓保理手续费,是指保付代理机构因对出口商提供劳务而索取的酬金。其费率高低由各公司自行决定,主要取决于交易性质、交易金额、借贷风险和汇率风险等因素。其中包括:国际保理组织提出的向进口商提供赊销额度的建议是周密调研的结果,对提供此项劳务,出口商要给予的报酬;对信贷风险的评估工作应给予一定的报酬;对保存进出口商间的交易磋商记录与会计处理应支付的费用。手续费根据买卖单据的数额一般每

月清算一次。费率一般为应收账款总额的 $1.75\% \sim 2\%$。

（2）利息。国际保理组织从收买单据向出口商付出现金到票据到期从海外收到货款这一时期内的利息负担完全由出口商承付。利率根据预支金额的大小，参照当时市场利率水平而定，通常比优惠利率高 $2\% \sim 2.5\%$。出口商如利用国际保理形式出卖商品，均将上述费用转移到出口货价中，因此其货价高于以现汇出卖的商品。

第三节 中长期国际融资

中长期国际融资是融资期限在 1 年以上。由于中长期融资的期限长、金额大、风险大、融资双方要签订严格的协议，有时还需要筹资国政府机构担保。本章主要介绍银行中长期信贷和出口信贷业务。

一、银行中长期信贷

银行中长期信贷是银行为长期资本需求者提供的 1 年以上的贷款。其借贷者多数是各国私营或国营企业、社会团体、政府机构或国际组织，债权人主要是商业银行。第二次世界大战以后，习惯上将 1 年以上、10 年左右的贷款期限统统称为中长期贷款，一般不严格划分中期和长期之间的界限。当前，在欧洲市场上，银行对工商企业的中长期贷款期限最长为 $6 \sim 7$ 年，对政府机构的最长期限为 12 年。

（一）中长期贷款的特点

（1）要签订协议。短期贷款，银行与借款人一般无需签订书面协定；而中长期贷款，由于期限较长，贷款金额较大，一般均需签订书面的贷款协定。

（2）联合放贷。所谓联合放贷就是一笔贷款往往由数家银行提供，这也称为银团贷款或辛迪加贷款。采用联合放贷的原因，一是中长期贷款的金额较大，一家银行可能无力提供；二是可以分担风险。

（3）政府担保。中长期贷款如果没有物资担保，一般均由政府有关部门对贷款协议的履行与贷款的偿还进行担保。

（4）利率较高，期限相对较短。政府贷款和国际金融机构贷款都有援助性质。而中长期贷款利率受市场供求因素影响，随行就市，故利率水平较高；政府贷款期限平均在 30 年左右，国际开发协会的贷款有的长达 50 年，所以相对来说中长期贷款期限较短。

（5）资金供应充分，借取方便，使用比较自由。银行贷款手续较为简便，每笔贷款金额较大，独家银行贷款每笔额度为几千万美元，银团贷款每笔额度为 5 亿～10 亿美元。而在贷款资金的使用上，不受贷款行为的任何限制，有自由外汇贷款之称。

（二）中长期贷款的方式

银行中长期贷款主要包括独家银行贷款和银团贷款。独家银行贷款。是指一国贷款银行对另一国银行、政府、公司企业提供的中期贷款。贷款期限一般为 $3 \sim 5$ 年，金额最多不超过 1 亿美元，按市场利率结算利息，在用款限制上比较自由，手续也较为简便。独家银行贷款由于仅由一家银行提供贷款，风险较大，一旦发生损失难以挽回，因此，贷款数额一般较小,期限较短。目前国际上大额中长期贷款主要以银团贷款为主。因此下面先重点介绍银团贷款。

（三）银团贷款

银团贷款又称辛迪加贷款,是指由多家商业银行联合向借款人共同提供巨额款项的一种贷款方式。它是欧洲货币市场的主要贷款形式。银团贷款有两种:一种为直接银团贷款,即参加银团的各成员直接向借款人提供贷款,贷款的具体工作由指定的代理行统一办理。另一种为间接贷款,即由牵头银行向借款人贷款,然后由该银行将参加贷款权分别转售给其他参加贷款银行,贷款工作由牵头银行负责办理。银团贷款金额大,一般都是数千万美元到几亿美元,且专款专用,贷款的对象大部分为各国政府机构或跨国公司。

1. 银团贷款的组织构成

国际银团贷款的组织构成是指参与银团贷款的各当事人。一般来说,银团贷款的当事人包括借款人、牵头行、代理行、参加行和担保人。另外,有的银团为了吸引更多银行参与贷款,还常常设有副牵头行、安排行等虚职。

（1）借款人。国际银团贷款中的借款人主要有各国政府、中央银行、国家机构、具有法人资格的企业、国际金融组织等。借款人通过委托牵头行组织银团,向牵头行披露充足的信息资料,接受牵头行和潜在贷款人的信用调查和审查,依据贷款协议合法取得贷款,按时还本付息,依据贷款协议条款规定按时向各参加行提供日常的财务资料和其他与贷款使用有关的基本资料。

（2）牵头行。又称经理行、主干事行等,是银团贷款的组织者。牵头行通常是由借款人根据贷款需要物色的实力雄厚、在金融界享有较高威望、和其他行有广泛联系的、和借款人自身关系密切的大银行或大银行的分支机构。在银团贷款的组织阶段,牵头行是沟通借贷双方的桥梁。

牵头行对银团的义务主要包括:为借款人物色贷款银行,组织银团,并向借款人提供贷款的基本条件,准备资料备忘录,在市场调查的基础上向潜在的贷款人发送资料备忘录和邀请函,向贷款人如实披露借款人的全部事实真相,并主持借款人、贷款人、担保人三方对贷款文本协议条款的谈判工作及最后文本的签字,协助借款人准备首次提款的基本文件并监督各贷款人首期贷款的到位。

国际银团贷款根据贷款金额的大小和组织银团的需要,可以有一个牵头行,也可以有多个牵头行。但是,不管一个还是多个牵头行,如果不兼任代理行,那么在银团贷款协议签订后,牵头行就成为普通的贷款银行,和其他贷款人处于平等地位,和借款人也仅仅只是普通债权人和债务人的关系,贷款的管理工作由代理行负责。

（3）代理行。代理行是全体银团贷款参加行的代理人。是代表银团负责与借款人的日常业务联系,担任贷款管理人角色的一家银行。代理行负责向银团各参加行提供借款人、担保人的财务状况;在银团贷款协议签订后,负责对借款人发放和收回贷款,承担贷款的贷后管理工作;协调贷款人之间、贷款人和借款人之间的关系;监督贷款的使用情况,负责违约事件的处理等。

代理行作为银团中一个承担较多义务的参加行,同时也享受较多的权利。这些权利主要有:确认作为贷款先决条件的各种法定要求的权利、宣布借款人违约的权利、确定罚息的权利、因履行其代理义务产生的费用而取得各参加行补偿的权利等。

(4)参加行。是指参加银团并按各自的承诺份额提供贷款的银行。按照贷款协议规定,参加行在银团贷款中的义务是按照其承诺的贷款份额及贷款协议有关规定向借款人按时发放贷款。权利是有权通过代理行了解借款人的资信状况,有权通过代理行取得一切与贷款有关的文件,有权按照其参与贷款的份额取得贷款的利息及费用,有权独立地向借款人提出索赔的要求,有权建议撤换代理行。

(5)担保人。是指以自己的资信向债权人保证对债务人履行债务承担责任的法人。可以是私法人如公司,也可以是公法人如政府。担保人在银团贷款的责任是在借款人发生违约时代替借款人履行合同及相关文件所规定的义务。

2.银团贷款的币种、利率和期限

(1)贷款金额和币种。贷款金额是借款人根据借款用途需要在委托牵头行组织银团、经牵头行承诺后确定的借款金额。它表明在银团中各参加行对借款人承担义务的上限,也是银团对借款人承担义务的上限。贷款金额一经借款人和牵头行商定,未经双方同意,不得改变。对于牵头行来说,贷款金额是其组织银团的基础之一。

贷款金额是通过货币来表示的,货币是贷款金额的载体,不明确币种的贷款金额是毫无意义的。在国际银团贷款中,由于借款人、贷款人往往处于不同的国家或地区,这就使得贷款币种的确定远比双边贷款币种的确定复杂得多。在国际金融市场上,可用于借贷的货币种类很多,但并不是每一种货币均适合不同借款人和贷款人的需要的。长期以来,美元一直作为银团贷款主要选择币种,其次有德国马克、英国英镑、日本日元及欧元等。

对于借款人来说,选择银团贷款币种应考虑以下几个方面:

第一,借款货币和用款货币、收入货币应尽量一致。这样可以避免由于汇率变动,几种货币兑换而产生的外汇风险。

第二,选择流通性较强的可兑换货币。这样便于借款人资金的调拨和转移,一旦预见出现汇率风险,可立即通过货币互换等业务转嫁风险。

第三,充分考虑借款成本。在国际金融市场上,软货币的借贷利率较高,硬货币的借贷利率低,但软货币所承受的汇率变动较硬货币更有利于借款人。因此,借款人在确定借贷货币时应将利率和汇率两重因素一并考虑,以保证所借贷的资金成本最低。

(2)利率。利率是利息和本金的比率,在国际银团贷款中,通常采用的利率有两种:一是固定利率,它是银团与借款人双方商定,在贷款协议中规定整个贷款期间固定不变的利率作为贷款的适用利率;二是浮动利率,它由基本利率加利差两部分构成,其中利差一般是固定的,而基础利率是随着时间的变动而变化的。目前,被较多选择为基础利率的有 LIBOR、HIBOR、SIBOR 及美国优惠利率等。

(3)贷款期限。是指贷款合同生效之日至贷款本金利息全部还清为止的期限。国际银团贷款的期限比较灵活,短则 3～5 年,长则 10～20 年,但一般常见的是 3～10 年。根据不同时期内贷款本金的流向不同,可将贷款期限划分为三个时期,即提款期、宽限期和还款期。

提款期,也称承诺期。是指借款人可以提取贷款的有效期限,一般从合同生效日开始,至一个规定的日期终止,如 30 个银行营业日或 60 个银行营业日或更长。在这期限内,借款人可以一次提取全部贷款或分次提取贷款。如果在提款期到期日没有提取全部贷款,则未提取部分金额自动取消,借款人今后在该合同项下不得再次提取贷款。这一时期的特点是贷款本金由贷款人流向借款人。

宽限期。是指从提款期结束日起至第一次贷款归还日所构成的时段。在这期间,借款人只要按合同规定通过代理行向各贷款人支付利息,而贷款本金则无须偿还。

还款期。是指从合同规定的第一次还本日起至全部贷款本息清偿完毕为止。在整个还款期内,贷款本金可以分若干次在每个付息日偿还。

3.银团贷款的费用

在国际金融市场上,借款人筹措中长期资金,除支付利息外,还要支付各种费用。费用的多少视信贷资金状况、信贷金额和信贷期限的不同而异。银行中长期信贷费用,主要有管理费、代理费、承担费和杂费几种。

(1)管理费。管理费的性质近似于手续费。管理费按贷款总额的一定百分比计算,一次或分次付清。费用率一般在贷款总额的 0.1%～0.5% 之间,管理费的支付时间可采用签订贷款协议时一次支付;第一次支用贷款时支付;在每次支用贷款时按支用额比例支付等方法。

(2)代理费。在中长期银团贷款方式下,多家银行联合向一个借款人提供贷款。因此,需要一家银行作为代理行。代理费就是借款人付给代理行的报酬。因为代理行在联系业务中会发生各种费用开支,如差旅费、电报费、电传费、办公费等。代理费属于签订贷款协议后发生的费用,通常在整个贷款期内,直至贷款全部偿清以前,每年支付一次。有时一笔贷款的最高代理费每年高达 6 万美元之多。

(3)承担费。贷款银行按贷款协议筹措了资金备付借款人使用,而借款人没有按期使用贷款,使贷款资金闲置,因此要向贷款银行支付带有赔偿性的费用,承担费的费率一般为0.125%～0.5%。承担费按未支用金额和实际未支用天数计算,每季、每半年支付一次。

(4)杂费。杂费也是中长期银团贷款方式下发生的费用,主要指签订贷款协议前所发生的费用,包括牵头行的车马费、律师费、签订贷款协议后的宴请费,等等。这些费用均由借款人承担。杂费按牵头银行提出的账单一次付清。杂费收费标准不完全相同,多者可达 10 万美元。

二、出口信贷

出口信贷是一国的进出口银行或商业银行为扶持出口而向本国出口商或他国进口商提供的低利率贷款。出口信贷只限于购买贷款国的出口商品,贷款利率低于国际金融市场的贷款利率,利差由出口国政府补贴,贷款期限最长不超过 10 年。它是各国争夺销售市场的一种融资手段。出口信贷是在第二次世界大战前后产生的,由于各国之间广泛开展大型成套设备及技术的贸易,其成交额较大,周转期较长,进出口商迫切需要期限较长的信贷支持,因而转向出口信贷,并得到了出口国政府的支持。出口信贷集中了国际闲散资金,解决进出口商资金的短缺,促进发达国家民间资本的输出与商品输出,加速了出口商的资金周转,减少了流通费用,有利于进出口商所在国家的资源配置与国民经济的发展。

(一)出口信贷特点与类型

出口信贷呈现以下一些的特点:

(1)投资周期较长,风险较大。出口信贷都在 1 年以上,甚至达到 5 年以上,投资周期长,周转慢,相应投资风险也较大。

(2)投资领域侧重于出口的大型设备。出口信贷的主要对象是大型机械设备或技术的贸易,交易额度较大,其投资的重点是急"出口"之所需,为本日产品(主要是成套设备)与技术的出口提供直接或间接的服务。

(3)利率较低。出口信贷利率收取与信贷的条件与国内一般的融资有明显的区别,向本国出口商或国外进口商提供的中长期贷款明显低于国内市场的利率,其差额由国家补贴。

(4)与信贷保险紧密结合。由于这种投资方式提供的信贷偿还期限长、金额大,其风险较大,为保证投资资金的安全,发达国家一般都设有国家信贷保险机构,如发生贷款不能收回的情况,信贷保险机构利用国家资金给予赔偿。这种方式实际上是利用国家力量来加强本国出口商在国际市场的竞争力,促进资本货物的出口。出口信贷具有明显的国家资助性质,这也是20世纪以来各国产业结构和经济形势变化的必然结果。

出口信贷的主要类型:

第二次世界大战前,出口信贷较多地采用向外贷款、向内贷款、票据贴现放款等方式。现在,银行普遍推行的出口信贷形式有:买方信贷、卖方信贷、福费廷、混合信贷、信用安排限额等。

(二)买方信贷

买方信贷,是指出口国银行直接向进口国银行或进口商提供的信贷。利用买方信贷成交,进口商要按合同金额的15%～20%预付贷款。其余部分由出口国银行提供,按贷款合同规定的期限进行偿还。

1.买方信贷的程序

(1)进口商与出口商洽谈贸易,签订贸易合同。进口商先交相当于货价15%的现汇定金。定金在合同签订时先付10%,第一次交货时再付5%。

(2)贸易合同签订后至预付定金前,进口商或进口商银行与出口商所在地银行签订贷款协议。该协议是以贸易合同为基础的。

(3)贷款额按交货进程由出口方银行向出口商支付,亦即出口方银行向进口商或进口商银行提供的贷款。

(4)进口商或进口方银行则于订购的设备全部交清的若干时期内还出口方银行的贷款及其利息,一般每半年一次,同时支付利息。

2.买方信贷的主要特点

(1)使用买方信贷的出口,需要分签两个合同:一个是由买卖双方签订的进出口合同,另一个是由卖方银行与买主或买方银行签订的贷款合同。贷款合同以贸易合同为前提,但又独立于贸易合同。所以,买方信贷的手续要比卖方信贷更为复杂。

(2)出口交易存在着商务和财务两个方面的明显分界线。按照买方信贷的安排,出口供货者只负有商务方面的责任,这就是:提供高质量的产品,保证迅速交货,令人满意地完成建厂和装配任务(如这是合同内规定的任务),保证设备的正常运转,提供担保书,等等。供货者一旦履行了这些要求,就不再有其他责任。因为合同内所规定的有关财务方面的安排是由提供买方信贷的金融机构即出口方的银行来负责的。

(3)虽然买方信贷规定由出口国银行向国外买主或他们的银行提供贷款,但不许将这笔资金从出口国转移到进口国境内。出口银行只能依买主(或借款者)的指示,凭交货单据向出口供货者支付贷款。这笔款项就是贷款合同中规定向买主提供的信贷,由买主按照偿还日期偿还。

3.买方信贷的贷款原则

由于买方信贷主要是促进大型机械设备出口,交易金额巨大,资金周转期长,因而参与贸易的双方都特别慎重,并通过签订协议等方式确定出一系列双方须遵守或相互认可的规则。这些规则一般有以下几条:

(1)信贷利率低于市场资金利率。

(2)作为进口方,在接受该项贷款后只能以此资金购买发放贷款国家的出口商或出口制造商,以及在该国注册的外国出口公司的产品,不能用于第三国。

(3)进口商所取得的买方信贷的款额只能限于进口单机、成套设备及与此有关的劳务等"资本货物",一般不能进口原材料或消费品等。

(4)出口国提供的资本货物限于该国制造的。

(5)贷款只提供贸易合同额的85%。贷款偿还为分期偿还,一般规定半年还本付息一次。

4.买方信贷的贷款条件

在上述买方信贷规则之下,交易双方进行各种贷款条件的谈判。在买方信贷业务中涉及的贷款条件一般有以下几个方面:

(1)买方信贷使用的货币。各国买方信贷所使用的货币不尽相同,大致有三种:①出口国的货币;②出口国货币与美元共用;③单独使用美元。

(2)申请买方信贷的起点,即利用买方信贷所必须购买资本货物的最低价额,低于此额度不能使用买方信贷的贷款。这一规定在于扩大出口国资本货物的推销,促进大额交易。

(3)买方信贷的利率和计息方法。买方信贷利率虽然一般都低于市场利率,但各国贸易条件的不同,也使得买方信贷业务中的利率和计息方法有所区别,大致有四类:第一类是经济合作与发展组织国家的利率类型。这个组织的国家按经济收入的不同将世界各国划分为低收入国家、中等收入国家、富有国家,依还款期的不同,对不同国家规定不同的利率,这个利率根据市场利率变动情况半年调整一次。第二类是 LIBOR 利率,此利率较第一类偏高一些。第三类是加拿大型,由加拿大政府制定,一般高于第一类低于第二类。第四类是美国型。美国发放的买方信贷的资金来源于两部分,一部分由国家进出口银行提供,收取利率较低;另一部分由商业银行提供,按美国市场利息收取。

关于利息的计算天数在各国亦不相同,有的国家如借取美元1年按360天计,法郎1年按365天计息。国际上通用的计息时间为"算头不算尾",即借款当天计息,还款当天不计息。

(4)买方信贷的使用期与还款期。使用期限指总协议规定的贷款总额在什么时候以前应办理具体申请手续或另签贷款协议的限期。还款根据进口设备的性质与金额大小而定,比如单机,一般在货物装船后6个月开始分期还款,有的国家规定成套设备按基本交货完毕或最终交货后6个月开始还款,有的规定按交接验收后6个月开始还款,有的还规定保证期满后6个月开始还款。此外,在贷款条件中还涉及买方信贷的各种费用,如管理费、承担费等。

(三)卖方信贷

卖方信贷,是指出口国银行为便于出口商以赊销或延期付款方式出卖大型设备,向出口商提供的中长期信贷。利用卖方信贷成交,进口商在订货时要支付合同金额的15%的现金,其余85％由出口商用银行贷款代进口商垫付资金,进口商分期偿还。卖方信贷要由出口商支付贷款利息,利息费用最后会加在货价上,使卖方信贷的商品价格高于用其他方式成交的商品价格。

发放卖方信贷的程序和做法是:

1. 在进出口商签订合同后,进口商先支付10％～15％的定金,在分批交货验收和保证期满时,再分期付给10％～15％的货款,其余的贷款在全部交货后若干年内分期偿还,一般每半年还款一次,并付给延期付款期间的利息。

2. 出口商向其所在地的银行借款,签订贷款协定以融通资金。

3. 进口商随同利息、费用,分期偿还贷款后,根据贷款协议,出口商再用以偿还银行的贷款。

银行对出口商提供的是银行信用,假如事情发生意外,未能从国外收到款项,银行对出口商保留有追索权,仍由出口商来承担银行所垫付的金额或国外买主未付清的余款。所以,从信贷风险的实际承担责任来说,卖方信贷仍然是由出口商向国外买主提供延期付款的信用,基本上还是属于商业信用。卖方信贷的利息是由出口商负担的,而且大部分贷款要在全部交货后才开始陆续偿还。因此,出口商考虑到贷款利息和其他费用负担,对商品报价就要高些。

(四)福费廷(Forfeiting)

福费廷是一种较新的中长期对外融资方式,是出口信贷的又一类型,主要用在延期付款的大型设备贸易中。福费廷源于20世纪50年代后期至60年代初期世界经济结构发生变化之际。近年来,福费廷在西欧国家,特别是在德国和瑞士与发展中国家和原东欧国家间的设备贸易中得到充分的发展。

福费廷是指买进因商品或劳务的交易而产生的在将来某一日到期的债务,它是出口商把经过进口商承兑的、期限在半年以上的远期无追索权汇票,向出口商所在地银行或大金融公司办理贴现,以提前取得资金的一种融资方式。

1. 福费廷业务的前提条件

由于福费廷业务主要提供中长期贸易融资,所以从期限上来讲,资本性物资的交易更适合福费廷业务。利用这一融资方式的出口商应满足以下条件:

(1)同意向进口商提供期限为6个月至5年甚至更长期限的贸易融资。

(2)同意进口商以分期付款的方式支付贷款,以便汇票、本票或其他债权凭证按固定时间间隔依次出具,以满足福费廷业务需要。

(3)除非包买商同意,否则债权凭证必须由包买商接受的银行或其他机构无条件地、不可撤销地进行保付或提供独立的担保。

2. 福费廷业务的特点

(1)远期票据应产生于销售货物或提供技术服务的正当贸易。

(2)做福费廷票据业务后,出口商必须放弃对所出售债权凭证的一切权益,将收取债款的权利、风险和责任转嫁给包买商,而包买商也必须放弃对出口商的追索权。

(3)出口商在背书转让债权凭证的票据时均需加注"无追索权"字样(Without Recourse),从而将收取债款的权利、风险和责任转嫁给包买商。

3.福费廷业务的程序和做法

(1)出口商与进口商在洽谈贸易时,若使用福费廷,应事先与其所在地银行或金融公司约定,以便做好各项信贷安排。

(2)进口商与出口商签订贸易合同,说明使用福费廷,出口商向进口商签发的远期汇票要取得进口商往来银行的担保。担保银行要经过出口商所在地银行认可,担保行确定后,进出口双方才可最终签订贸易合同。

(3)出口商发运货物后,将全套货运单据通过银行寄送给进口商,以换取经进口商承兑的附有银行担保的承兑汇票或本票。

(4)出口商取得经进口商承兑的并经由有关银行担保的远期汇票或本票后,按照与买进这项票据的福费廷银行的约定,卖断票据,取得现款。

4.福费廷业务对进出口商的利弊

福费廷方式对出口商的好处比较多:可以减少资产负债表上的或有负债,并增强资金的流动性;避免了仅通过向国家或私人部分投放可能出现的损失,而且不会出现资金流动问题;没有信贷管理、托收问题及相关风险和费用。

对进口商来说,办理福费廷业务手续比较简便,但也有不利之处,就是福费廷业务的利息和所有费用都要计算在货价之中,因此货价比较高。

(五)混合信贷

混合信贷是买方信贷和卖方信贷形式的新发展。如前所述,无论是买方信贷还是卖方信贷,根据国际惯例规定,进口商都要向出口商支付占设备总贷款一定比例的现汇定金。由于近年来出口信贷利率不断调高,不利于某些发达国家设备的出口,因此,一些发达国家为扩大本国的设备出口,加强其出口竞争力,在出口国银行发放卖方信贷或买方信贷的同时,出口国政府还从预算中拿出一笔资金,作为政府贷款或给予部分赠款,连同卖方信贷或买方信贷一同发放,以满足出口商或进口商支付当地费用与设备货款的需要。这种为满足同一设备项目的融资需要,卖方信贷或买方信贷与政府贷款或赠款混合贷放的方式即为混合信贷。

政府贷款或赠款占整个贷款金额的比例视当时政治经济情况,以及出口商或进口商的资信状况而有所不同,一般占贷款金额的30%～50%。

西方国家提供混合信贷的形式大致可分为以下两种:

其一是:政府贷款(或赠款)和信贷分别签署协议。这种混合信贷是对一个项目融资,同时提供一定比例的政府贷款或赠款和一定比例的卖方信贷或买方信贷,但政府贷款(或赠款)和买方信贷(或卖方信贷)分别签署贷款协议,两个协议各自规定其不同的利率、费率和贷款期限等融资条件。

其二是:政府贷款(或赠款)和信贷签署同一个协议。这种混合信贷是对一个项目的融资,同时提供一定比例的政府贷款或赠款和一定比例的卖方信贷或买方信贷混合在一起,然后根据各自成分的比例计算出一个混合利率。这种混合信贷只签署一个协议,当然其利率、费率和贷款期限等融资条件也只有一种。

近年来,OECD对混合信贷的发放逐步收紧,1999年4月通过的《出口信贷君子协定》中规定申请混合信贷的条件是:①项目资金难于或无法获得。②项目一定为无盈利项目,即项目的现金流不足以抵补项目的营运成本。③从其他渠道不能取得君子协定所规定的信贷条件或符合市场信贷条件的资金。

(六)信用安排限额

信用安排限额是出口商所在地的银行为了扩大本国一般消费品或基础工程的出口,给予进口商所在地银行以中期融资的便利,并与进口商所在地银行进行配合,组织较小贸易和金融业务的成交。

信用安排限额有两种形式:一是一般用途信用限额。在一般用途信用限额下,出口商所在地银行向进口商所在地银行提供一定的贷款限额,以满足对方进口商购买该出口国消费品的资金需要。在双方银行的总信贷限额下,双方银行采取中期贷款的方式,逐个安排金额较小的信贷合同,给进口商以资金融通,这种信贷合同的偿还期限一般为2—5年。二是项目信用限额。在项目信用限额下,出口国银行向进口国银行提供一定的贷款限额,以满足进口国的厂商购买出口国的基础设备或基础工程建设的资金需要。项目信用限额与一般信用限额的条件和程序相似,不过借款主要用于购买工程设备。

第四节　其他国际融资

贷款的发放与实物相结合是第二次世界大战以后国际融资创新的又一重要特征之一,国际融资租赁便是体现这一特征的融资方式。在此基础上,20世纪六七十年代以后,国际金融市场又推出一种新型的融资方式——项目贷款,它是为大型工程项目筹措资金的一种新的融资形式。

一、国际融资租赁

从国际融资租赁的发展来看,自20世纪50年代租赁业务在美国出现以来,发展非常迅速,70年代,租赁业务推广到国际范围,并逐步扩展到发展中国家。我国于1979年10月正式成立中国国际信托投资公司,并于1980年在我国开创租赁业务。此后,我国先后建立了几种形式的租赁公司,并在国际上开展了租赁业务。

(一)国际融资租赁的概念、特点

1.国际融资租赁的概念

租赁是指所有权与使用权之间的一种借贷关系,指出租人在一定时期内把租赁物租借给承租人使用,承租人按租约规定分期付给一定的租赁费,出租人保存所有权,承租人则享有使用权。

租赁有国内租赁和国际租赁之分。国际租赁也称跨国租赁,是指分别处于不同国家和法律制度下的出租人和承租人之间的租赁活动。国际租赁既是一种贸易融资方式,也是一种筹资手段,能起到既提供外资,又提供先进技术设备的双重作用。在现代国际租赁中,承租人除通过租赁获得出租物的使用价值外,更重要的是将租赁变为融通资金的一种手段。它是以动产为主,将金融与贸易相结合,由出租方、承租方、供货方以及银行界共同参与进行的一项新型信贷活动。

2.国际融资租赁的特点

融资租赁有如下四大特点：

第一，租赁可以节约融资成本；

第二，融资租赁能起到三重作用，即在国际资本市场和销售市场上实际发挥了投资、融资和促进销售的三重作用；

第三，融资租赁是所有权和使用权相分离的融资形式；

第四，融资租赁迅速、灵活、方便。

国际融资租赁作为租赁的一个分支，除了具备融资租赁的基本特征外，还具有以下特点：

第一，国际融资租赁涉及的出租方、承租方、供货方三方当事人一般属于不同的国家或地区。在国际租赁融资中，出租方、承租方、供货方可以同时分属于两个或三个不同的国家和地区。

第二，国际融资租赁涉及的商务合同至少有一个是涉外合同。由于国际租赁融资的三方当事人分属于不同的国家或地区，因此这三者之间所签订的合同也就具有涉外性。涉外的合同可以是一个，也可以是全部合同。

第三，国际融资租赁的最终资金往往来源于国际金融市场。资金的顺利融通是国际融资租赁得以顺利进行的前提条件。国际融资租赁的资金来源主要包括：国际金融市场的短期贷款、中长期贷款、发行债券筹资等。

第四，国际融资租赁的风险涉及的范围较一般的国内融资租赁的风险要大。

在国际融资租赁的风险中，除了一般的由承租方或出租方引起的经营风险、信用风险、政治风险、利率风险等外，还有一个更重要的风险，即汇率风险。

（二）国际融资租赁的形式

第二次世界大战以来，随着国际租赁业务不断地创新发展，其形式和方法也推陈出新，对应于不同需求发展出多种租赁形式，为国际融资开辟了新的途径，增加和促进了国际间的经济贸易联系。

1.金融租赁

金融租赁也称融资性租赁，是指承租人选定机器设备，由出租人购置后出租给承租人使用，承租人按期交付租金，设备的维修一般由承租人负责，租赁期满后可退租、续租或把设备转给承租人。金融租赁是国际租赁中最常见、最基本的一种设备租赁的形式。

金融租赁的形式有两种：一种是直接租赁，是由租赁公司或银行信托投资公司自筹外汇资金购进外国厂商的设备后直接把设备租赁给国内企业用户；另一种是转租赁，是指租赁公司或信托投资公司从外国租赁公司租进设备后再转租给国内企业。它涉及两个独立的租赁合同，一个是国际租赁合同，一个是国内租赁合同。

2.经营租赁

经营租赁又称服务性租赁、营运租赁或使用租赁，租期较短，出租人一次出租回收的租金不足以偿付出租人购买设备的资本支出及利润，属于承担过时风险的一种中、短期商品信贷方式。出租人负责提供设备保养和维修服务。因其租期短和灵活，故此种形式适用于技术设备使用租赁。出租人对投资未收回部分将通过再租赁的办法来弥补。

经营租赁的主要特点有如下几点：

（1）租赁期限较短。这种租赁方式适用于一些技术设备更新快，或不需经常使用以及只需短期使用的通用设备。如电脑、大型电子计算机、汽车、加工工业设备、医疗器械、工程建筑设备等。

(2)租期内一切维修和保养都由出租人负责。这样可以使出租物品经常保持良好状态，以便让下一个承租人利用或争取在市场上以较高的价格出售。但由于租赁公司所负担的费用和风险较大，因而租金较高。

(3)经营租赁合同期满前，经出租人同意可中止合同退还设备，以便租用更先进的设备，无须支付违约罚款。

(4)在每个出租期内，租金收入只能收回出租人对设备的部分投资。未收回的那部分投资，要通过此项设备的再出租所获得的收入来补足。因此，这种租赁方式也叫"不完全付清"租赁。

3.杠杆租赁

杠杆租赁也称平衡租赁或代偿贷款租赁，是指一家租赁公司或几家联合，以设备和租金作抵押，通过少量的资金来融通大量资金以便购买大型的资金密集型设备给承租企业使用的一种复杂的融资性租赁方式。

杠杆租赁，是出租方利用企业财务杠杆原理，以无追索权借得长期贷款，以租金和设备作为贷款的抵押。也就是说，出租人在购进价格昂贵的设备时，如通讯卫星、远洋船舶等，由于出租人不能负担巨额资金，就另外再约请一家或几家金融机构参加，共同提供资金，促成交易。出租人在购进设备时，自己的资本占总设备费用的 20%～40%，其余的 60%～80% 从金融机构借入。按美国税法规定，在某些情况下，租赁公司购买新设备时，可获得联邦所得税的减税优惠。也就是说，租赁公司只要投入 20%～40% 的自有资金，就可以享受减税优惠。这种杠杆作用使租赁公司的投资等于扩大 3～5 倍。减税的利益可使出租者降低租金数量，以增加其国际竞争力，并将一部分减税的好处转给了承租人，因此这种租赁方式租金较低。但是如果承租人因为意外事故付不出租金时，贷款人不能直接向出租人追索还款，只能会同出租人停止租赁，退回设备，再转租给别人，其损失由承租人负担，出租人同样保留设备所有权。

杠杆租赁起源于美国，其结构复杂，当事人较多，除了出租人和承租人以还有放款人、经纪人以及有关委托人。在法律上至少要有三方面的关系，多时甚至涉及五方面的关系。

4.双重租赁

双重租赁，是指国家与国家之间存在着不同的税收规定，出租人和承租人都是各自国家获减税收的资产所有人，双方都以租赁资产在各自国家取得折旧税优惠，这种租赁称为双重租赁。如英国某出租人出租资产给美国承租人，后者可以获得英国的折旧税优惠，且可以在美国申请投资税和折旧税减免。在不能达到目的时，可以让英国出租人把设备租赁给美国租赁公司再转租给美国承租者，以获得税收减免。这种方式在德国、荷兰也普遍采用。

5.回租租赁

这种租赁方式是指企业将设备出售给租赁公司，同时再租回使用。设备的所有权归租赁公司，使用权归企业。企业则按租赁合同规定，分期支付租金。

回租租赁业务主要用于已使用过的设备。通过这种方式，原设备的所有者可将出售设备所得到的资金另行投资或做它用，不仅改善了财务状况，又不影响生产。

6.综合性租赁

综合性租赁是一种将租赁业务与某些贸易方式加以结合的租赁形式。通常将租赁与补偿贸易、来料加工以及包销等贸易方式相结合,这不仅可以减少承租人的外汇支出,并可扩大承租人与出租人之间的贸易往来,促进商品贸易与租赁业务的共同发展。

综合性租赁主要有以下形式:

(1)租赁与补偿贸易相结合,出租人把机器设备出租给承租人,而承租人则用所租设备生产的产品偿付租金。

(2)租赁与来料加工相结合,承租人用租赁方式引进设备进行来料加工,用工缴费抵缴租金。

(3)租赁与包销相结合,承租人将所租设备生产出来的产品交出租人包销,出租人从包销款中扣取租赁费。

国际融资租赁的方式很多,选用什么方式取决于多种因素,如租赁设备的种类,承租人的财务情况,等等。

(三)国际融资租赁的程序和合同

1.国际融资租赁程序

在国际融资租赁中,由于租赁的具体形式不同,实际的程序也是有差异的,一般来说要经历以下几个步骤:

第一步:承租人选定设备物品,然后向国外租赁公司申请。承租人可自行选定其所需设备品牌,并与国外制造商商定设备的品种、规格、型号、性能、技术指标等。

第二步:租赁公司在接到承租人的申请,参考其提交的项目可行性研究报告,审查了承租人的财务状况后,与承租人签订租赁合同。租赁公司还应该根据租赁合同中承租人对租赁设备的具体要求向有关制造商或其他供货者签订定货合同。承租设备将由制造商根据订货合同直接提供给承租人。

第三步:制造商向承租人交货后,用户检验,经过一段时间的试用,如果各方面符合合同的要求,承租人即行验收,租赁期从验收日正式开始。

第四步:承租人按期向租赁公司缴付租金。一般租金总额要高于按一般商业原则购买的价格,租金应比银行利息高。通常按照设备成本及其他开支和一定利润来计算。租金计算公式为:租金=(租赁物原价-估计残值+利息+利润+手续费+其他费用)/租期

上式中的估计残值是指租赁合同期满时租赁物的价值。

租金的支付方式:根据租赁合同的期限,一般按每周、每月、每季或每半年、每年支付一次。如租期少于一个月,一般要求承租人在租赁合同签署时支付全部租金。在不要求预付租金的租赁交易中,第一次支付租金通常是在使用租赁设备取得利润后才进行。租金总额原则上一般高于商业购买所付出的金额的12%~17%,不超过20%。

第五步:租赁设备的保险和维修租赁期内,租赁物件的保险和维修应由用户负责。原则上要求承租人妥善保管有关设备,有关维修事宜由承租人与厂商根据维修合同办理。

第六步:租赁合同期满,对设备进行不同方式的处理。一般有4种处理方式:①退回给租赁公司;②续租;③作价卖给承租人;④无偿留给承租人。

2.国际融资租赁合同

融资租赁合同包括供货合同和租赁合同两个部分,这两个部分是整个租赁交易中最主要的部分,它规定了租赁双方的权利和义务及与供货方的关系。因此,在租赁合同签订前,承租企业和出租方必须完成两个方面的工作:一是与供货方之间就租赁设备有关的技术和商务进行谈判,它是出租方和供货方签订供货合同的前提;二是承租方和出租方之间就租赁

事务进行谈判,它是承租方和出租方签订租赁合同的基础。只有完成了这两方面的谈判,才能最后签订租赁合同,将租赁当事人之间的权利和义务以协议形式固定下来。

租赁合同的条款涉及的问题较多,除一般买卖合同条款应规定供应设备(租赁物)的名称、品质、规格、数量、仲裁和不可抗力等条款外,并无标准条款。但近年来,各国租赁公司所采用的租赁合同条款逐渐趋向一致,主要包括以下内容:①合同日期;②合同当事人名称、地址;③租赁设备名称、规格,设备价格、租金;④交货条件,包括发货日期、地点及收货地点;⑤货物验收规定;⑥租金支付办法,包括起算日期及分期支付金额等;⑦银行保证书;⑧过期付款处理;⑨货物维修与保险规定;⑩租赁期满货物处理办法;⑪仲裁条款。

二、国际项目融资与 BOT

20 世纪六七十年代以后,国际上大型工程开发项目日益增多。这类大型项目包括石油、煤炭、天然气等自然资源开发项目,也包括交通运输、电力、农林等基础建设工程项目,往往耗资巨大,开发周期长,动辄需要几亿、几十亿乃至上百亿美元的投资资金和几年、十几年甚至几十年的投资周期。项目的投资风险超出了项目投资者所能够和愿意承担的限度,传统的公司式融资方式已经不能满足此类大型、巨型项目融资的要求。针对这种情况,为适应开发大型项目的需要,利用项目本身的资产价值额和现金流量安排项目贷款的新型融资方法就应运而生,并获得了很大发展。

(一)国际项目融资概述

1.国际项目融资的概念。项目融资(Proect Financing),是指向某一特定的工程项目提供贷款,贷款人依赖该项目所产生的现金流量和收益作为偿还贷款的资金来源,并将该项目或经营该项目的经济单位的资产作为贷款的担保。从广义上说,一切针对具体项目所安排的融资都可以划归为项目融资的范畴。但金融界习惯上一般只将具有无追索权(Non-recourse)或有限追索权(Limited recourse)形式的融资活动称为项目融资。项目融资是国际商业银行对外中长期贷款的一种重要形式。

自项目融资产生以来,经过不断的改进和发展,已经在国际金融市场上奠定了很好的基础,成为一种对大型工程项目极具吸引力的融资手段,被广泛地运用在采矿、钢铁、石油、电力等工业开发项目和水利、交通等基础公用设施建设项目中。近年来,项目融资的应用范围更是超越了传统的领域,即资源型、能源型工业项目和大型基础设施建设项目等,如大型游乐园或奥林匹克体育场等的建设也采用项目融资的方式。

2.项目融资的特点。项目融资由于金额大、期限长、风险大,单独一家银行难以承担全部贷款,所以,项目融资往往采用银团贷款方式。这种贷款方式具有以下特点:

(1)贷款人不是凭主办单位的资产与信誉作为发放贷款的原则,而是根据为营建某一工程项目而组成的承办单位的资产状况及该项目完工后的经济效益作为发放贷款的原则。项目融资的贷款对象是项目公司,而不是项目主办人。这与传统贷款中,贷款人将款贷给投资人,投资人再将该款项投资于某一项目的做法有着很大不同。

(2)项目融资的偿还依赖于项目建成后的经济收益为来源,而不是像传统贷款那样依赖借款人的所有财产及其收益作为偿债来源。因为项目公司本身是一个独立法人,即使项目收益最终不足以还清贷款,项目主办人也不承担从其财产中偿还全部项目贷款的义务,而仅以其在项目公司中的投资份额为限。

(3)从贷款担保来看,不是一两个单位对该项贷款进行担保,而是与工程项目有利害关系的更多单位对贷款可能发生的风险进行担保,以保证该工程按计划完工、营运,有足够资金来偿还贷款。项目贷款人可以通过设立抵押权(以土地、建筑物、厂房、设备等项目资产作为抵押品)和经转让取得的合同权益(包括项目产品的长期购买合同、项目设施的长期使用协议和其他附属性合同权益)作为对借款人违约的补偿,有时还需要额外的独立保证,而一般贷款通常不会采用这样紧密相连的担保形式和合同安排。

(4)工程项目的资金来源多样化,而且是"有限追索权"筹资方式。除从银团贷款取得的资金外,还有外国政府、国际组织给予援助参与资金融通。项目融资只有有限追索权,贷款承担的风险大,贷款利率一般偏高。

3.项目融资的类型。无追索权项目融资和有限追索权项目融资是项目融资的两种基本类型。

(1)无追索权项目融资。又称纯粹项目融资,是指贷款人对项目主办人没有任何追索权的贷款。贷款人贷款给项目公司后,只能依靠项目所产生的收益作为还本付息的惟一资金来源,并通过在项目资产上设定担保权益作为保障。除此以外,项目主办人不再提供任何信用担保。这样,如果项目收益不佳或者经营失败,到期不能清偿全部贷款时,贷款人无权绕过项目公司向项目主办人追偿。由于无追索权项目融资对贷款人风险较大,目前已经很少采用了。

(2)有限追索权项目融资。目前,国际上普遍采用的项目融资是有限追索权项目融资。它是指贷款人除了要求以贷款项目的收益作为还本付息的来源,并在项目资产上设定担保物权以外,还要求由项目公司以外的其他与项目有利害关系的第三方当事人(如项目主办人、项目产品购买人或项目设施使用人、项目工程承包人甚至东道国政府等)提供一定担保。这样,当项目收益不佳或经营失败时,项目资产或收益到期不足以清偿债务时,贷款人有权依据担保协议向包括项目主办人在内的各担保人追索。但各担保人对项目债务所负的责任,仅以他们各自所提供的担保金额或者按有关协议所承担的义务为限。

(二)项目融资的当事人和担保以及合同结构

1.当事人

由于项目融资具有比较复杂的结构,因此,参与项目融资结构并在其中发挥不同作用的当事人也比较多。一般而言,国际项目融资的参与者主要有以下各方:

(1)主办单位。主办单位即项目的主管单位和部门,它从组织上负有督导该项目计划落实的责任。贷款虽非根据主办单位的保证而发放,但如果发生意外情况,导致项目所创造的收入不足以偿付债务时,主办单位在法律上负有拿出差额资金用以偿债的责任。所以贷款人发放贷款时,要把握主办单位的资信情况。

(2)承办单位。承办单位也称为项目单位,这是专门为某一特定项目融资而成立的一家独立公司,作为项目的直接主办人,直接参与项目投资和项目管理,直接承担项目债务责任和项目风险。承办单位的组织形式可以分为契约式合营、股权式合资和承包三种,需要根据项目的具体情况选择合适的承办单位组织形式。

(3)外国合伙人。承办单位有时选择一个资力雄厚、信用卓著、经营能力强的外国合伙人,一般是为了利用其入股的产权基金或其对该项目另外提供的贷款,而且它可以协助该工程项目从国外市场融通资金。此外,外国合伙人的资信情况也是贷款人提供贷款的重要考虑因素。

(4)项目贷款人。商业银行、非银行金融机构(如租赁公司、财务公司、投资基金等)和一些国家政府的出口信贷机构以及国际金融组织,是项目融资资金来源的主要提供者。贷款规模和项目风险是决定参与银团的银行数目的重要因素。一般贷款金额越高,项目风险越大,就需要越多的银行组成银团以分担风险(如贷款金额在3000万美元以上的项目,就至少需要3家以上银行组成银团)。

(5)设备供应人。项目设备的供应人在保证项目按时竣工中起着重要作用。贷款人关心运输机械设备、电力、原材料等供应商的资信和经营作风,这是他们考虑是否发放贷款的因素之一。争取以延期付款方式向供应商支付贷款,是承办单位获得信贷资金的一条渠道。

(6)保证方。除了项目投资者通常要为项目公司借入的项目贷款提供一定的担保以外,贷款人为了进一步降低风险,有时还会要求东道国中央银行、外国的大银行或大公司向其提供保证,特别是完工保证和偿债保证。

(7)项目设施使用方或项目产品的购买方。项目使用方或者项目产品的购买方在项目融资结构中具有非常重要的地位,他们通过与项目公司签订项目产品的长期购买合同或者项目设施的长期使用协议,为项目贷款提供重要的信用支持。项目设施使用方或者项目产品购买方,一般是由项目投资者本身、有意使用项目设施或购买项目产品的独立第三方,或者有关政府机构来承担。

(8)项目建设的工程承包方。工程承包公司与项目公司签订项目工程建设合同,承担项目的设计和建设。工程承包公司的信誉,在很大程度上可以直接影响到贷款人对项目建设风险的判断。

(9)外国政府官方保险机构。银行等信贷机构向工程项目提供贷款,常常以能否取得政府官方保险机构的信贷保险为先决条件,这些机构也是项目贷款的主要参与人。

(10)托管人。在国际大型工程项目的资金筹措中,往往有托管人介入。他们的主要职责是直接保管从工程产品购买人处所收取的款项,用以偿还对贷款人的欠款。托管人保证在贷款债务未清偿前,承办单位不得提取或动用该笔款项。

(11)中介机构。由于项目融资负债规模巨大,涉及不同国家的当事人,因此项目投资者或者贷款人往往需要聘请具有专门技能和经验的专业人士和中介机构来完成组织安排工作。这些中介机构有项目融资顾问、法律顾问、税务顾问等等,他们在项目融资活动中发挥着非常重要的作用,在某种程度上甚至可以说是决定项目融资成败的关键。

除了上述项目融资的当事人以外,政府机构在项目融资中也起着很重要的作用。例如,为项目开发提供土地或者经营特许权,为项目提供条件优惠的出口信贷或贷款担保、投资保险,甚至为项目批准特殊的外汇政策或税务政策,等等,这些对于完成一次成功的项目融资都十分重要。

2.项目融资的担保

在工程项目融资中,因风险大而普遍要求承诺和担保,以防范风险。从东道国的政府方面看,为了本国经济发展的各种利益,理所当然要承担一些承诺和担保。尤其是政治上、政策上和自有资金的投入上都要持务实的态度,以降低项目风险,增强外国银行和外商的投资信心。一般来说,向贷款人提供的担保主要有:

(1)直接担保和间接担保。直接担保,是指担保人为项目单位(借款人)按期还本付息而向贷款人提供的直接保证。

间接担保,是指担保人为项目单位(借款人)按期还本付息而向贷款人提供的间接保证。

(2)有限担保和抵押担保。有限担保,是指担保人为项目单位在时间上、金额上,或同时在时间和金额上提供的有限保证。抵押担保,是指项目单位将设于东道国的项目设施及其他财产抵押给贷款人,以此作为担保。

(3)默示担保。是指由项目主办单位或当地政府,根据贷款人或项目单位的要求而签发的一种表示对项目支持的信函,在我国也叫见证书。

3. 项目融资的合同结构

项目融资由于涉及多方当事人,这些当事人之间的错综复杂的权利义务关系都需要通过一系列的合同确定下来。比如,贷款人与项目公司之间的项目贷款协议,项目公司与项目经营管理公司之间的项目管理合同,项目公司与项目工程公司之间的工程建设承包合同,项目公司与项目设备、能源、原材料供应商之间的相关供应合同,项目公司与项目产品购买者或项目设施使用者之间的产品销售合同(特别是具有"无论提货与否均需付款"和"提货与付款"性质的长期购买合同)或设施使用合同,以及项目主办人、项目产品购买人或项目设施使用人、项目工程承包人甚至东道国政府等与项目有利害关系的第三方与贷款人之间的各种保证协议,等等。把这一系列的合同法律文件有机地联结和组织起来,就构成了整个项目融资的合同结构。

项目融资的合同结构根据特定项目情况的不同而会有所不同。在普遍采用的有限追索权的项目融资中,就可以分为二联式合同(由两个主要合同联结两成)、三联式合同(由三个主要合同联结而成)和四联式合同(由四个主要合同联结而成)。

(三)项目融资的工程规划和风险管理

1. 可行性研究和工程规划

国际项目融资除要求特殊的巨额资本来源外,还以独特的分析技术和筹资可行性研究而有别于其他融资方式,再加上区别于一般项目的大规模或特大规模、大数额或特大数额的多来源贷款,以及特殊的收益和风险,要求必须有一个与之相适应的全面、严谨、科学的工程规划,制定工程蓝图。

国际项目融资的工程规划不同于一般的工程规划,也不同于世界银行等国际金融机构和外国政府贷款。项目的工程规划必须严之又严,细之又细,重视方方面面的研究和分析。项目的工程规划主要是技术、财务、经济、组织管理体制和社会效益的规划,但其前提是对这五个方面的可行性研究和分析,否则规划是不切实际的、非科学的,也不能取得确认。可行性是通过分析研究确定的可行的方案,它发生于规划方案之前,结束于规划方案产生之时,还运用于规划的修改之中。

(1)可行性研究包括市场研究、技术分析、经济分析、财务分析和社会经济分析。

(2)工程规划的内容主要包括:论述项目的经济必要性和可行性;销售安排计划;工程费用概算规划;原材料采购供应规划;项目基础设施的安排;环境保护规划;货币规划;财务规划;执行机构的建议计划。

2. 项目融资中的风险管理

项目风险是指对一个新项目进行贷款或投资后,项目的收益率低于预期收入,以至到期的贷款或投资收不回来。国际项目融资的风险类型很多,通常有建设时期的技术和建设风险,投产后的经营和销售风险,全过程的管理风险、财务风险和政治风险等,这些风险都极大地影响项目的成败。

国际项目融资风险的防范措施很多,就国际项目融资的特点而言,莫过于抓住以下几点:

(1)分散化和多元化策略。分散化策略是回避或减轻风险的有力措施。分散化,是指项目融资的多元化、销售市场的多国化和借款方式的多样化。多元化是指借款来自多国银行和多种金融机构,包括向受益人借款、向股东筹资,等等,混合的范围越广,成分越多,则风险越分散。多边外资来源结构,如对外国政府借款、争取国际金融机构贷款支援、国际商业银行或国际银行集团,等等,越多元化,则融资风险越分散,可以减轻国家及项目主办机构的风险负担,增强承受力。借款方式多样化,是指商业贷款、优惠贷款和赠款同时使用。多种方式同时对项目参与和监督,成本会更低,风险越能向多方转移。产品的销售出口也要力求避免集中在一个国家或地区的市场上,这样既可以增强竞争力,也可以降低风险。

(2)加强项目评估和科学分析预测。如果项目评估建立在多方面、多角度和多层次的科学分析基础上,则可以预测各方面出现风险及程度的可能性。不可轻视可行性研究、评估和预测而急于上马执行。较长时间(一般为2～3年)的评估过程可以把成败决定于评估之中而不至于造成大量的资金损失。大银行或国际金融机构都有专门机构和大批的专家和专业人才,他们经验丰富,方法多样,不带倾向性。他们的参与可以提高评估的科学性,从而确保项目的可行性,减少盲目性和降低风险程度。

(3)项目风险的具体防范办法。工程建设阶段中的风险主要有:费用超支风险,它主要通过预定合同的方式预防和解决;不能按期完工风险,减少这种风险,就是按规划的要求,选择较好的工程师和承包商;中途停建风险,这种风险的预防主要以工程项目承建单位或项目产品购买人、设施用户,或其他信誉较好的机构给予担保。

技术和建设风险最常见的表现是时间超期和成本超支。由于工程庞大,土建及设备复杂,技术要求很高,生产工艺流程的设计不合理,产品规格质量不合格,原材料不合格等都可以造成技术风险。这类风险的预防与管理主要是要求项目主办人或第三者提供多个合同保证,保证设备及技术的达标和高质量完成项目工程。

在营运阶段,由于不可预测因素的存在,如出现工程停工或开工不足,导致项目停产或产品不足,无法按合同向产品购买人或设施用户提供产品或劳务,而使贷款人蒙受损失的可能性。为防止贷款人因工程停止或开工不足而蒙受上述风险,一般需要签订下述合同:最低支付额合同;差额支付协议;直接担保协议。

以上各项措施,主要是针对项目贷款中的商业风险而言的,对于项目的政治风险,通常采取的措施包括:尽可能把各项担保置于东道国管辖以外;选择以外国法律作为各项合同的准据法,选择外国法院作为管辖法院;要求项目东道国政府做出承诺,使项目各方当事人的利益得到保证,以及投保政治风险等。

由于项目的具体情况千差万别,以上所介绍的这些预防和控制风险的措施只是一些原则性的内容,至于具体的应用则要视实际情况而定。

(四)BOT 融资

从资金来源和项目的建设方式看,国际项目融资模式有很多,如投资者直接融资、出口信贷、国际金融机构贷款、融资租赁、ABS 融资、BOT 融资等。

在这几种融资方式中,融资租赁是指金融租赁,是出租人以自己的信用向银行取得贷款购买设备,然后再租赁给项目单位使用;ABS(Asset Backed Securmeation)是以项目所属的资产为支撑的证券化融资方式。它是以项目所拥有的资产为基础,以项目资产可以带来预期收益为保证,通过在资本市场发行债券来募集资金的一种项目融资方式。BOT 是一种重要的项目融资方式,从 20 世纪 80 年代起已逐渐成为发展中国家加强基础设施建设的一种有效方式,在我国也已经成为吸引外资的主要渠道之一。因此,作为本章的结束,重点介绍一下 BOT 融资方式。

1. BOT 融资的涵义

BOT 的英文全称是 Build-Operate-Transfer,即建设—经营—转让方式,是政府将一个基础设施项目的特许权授予承包商(一般为国际财团)。承包商在特许期内负责项目设计、融资、建设和运营,并回收成本、偿还债务、赚取利润,特许期结束后将项目所有权移交政府。实质上,BOT 融资方式是政府与承包商合作经营基础设施项目的一种特殊运作模式。BOT 的概念是由土耳其总理厄扎尔在 1984 年正式提出的。

BOT 融资方式在我国称为"特许权融资方式",其涵义是指国家或者地方政府部门通过特许权协议,授予签约方的外商投资企业(包括中外合资、中外合作、外商独资)承担公共性基础设施(基础产业)项目的融资、建造、经营和维护;在协议规定的特许期限内,项目公司拥有投资建造设施的所有权,允许向设施使用者收取适当的费用,由此回收项目投资、经营和维护成本并获得合理的回报;特许期满后,项目公司把设施无偿地移交给签约方的政府部门。

2. BOT 融资方式的特点主要有以下几点

(1)BOT 融资方式是无追索的或有限追索的,举债不计入国家外债,债务偿还只能靠项目的现金流量。BOT 是一种项目融资,承包商回收项目投资的惟一途径是项目建成后在授权期内运营项目收费或销售项目产品所产生的收益。并往往是以此种项目收费权或产品销售权作为担保而取得建设项目的贷款,也就是说,这种贷款是一种无追索权或有限追索权的融资,在项目本身无力补偿投资时,承包商无权以项目是政府授权为借口而要求取得补偿。

(2)整个项目的设计、建设、运营以及建设项目资金的筹措等均由政府授权的承包商负责,承包商在特许期内拥有项目所有权和经营权。由于名义上承包商承担了项目全部风险,因此融资成本较高。

(3)BOT 融资项目的收入一般是当地货币,若承包商来自国外,对东道国来说,项目建成后将会有大量外汇流出。而且 BOT 融资项目不计入承包商的资产负债表,承包商不必暴露自身财务情况。

(4)与传统方式相比,BOT 融资项目设计、建设和运营效率一般较高,因此,用户可以得到较高质量的服务。

3. BOT 融资方式的种类

BOT 项目融资方式经过十几年的实施和发展,人们对其内涵进行了不断的变革、丰富和完善,在其基本形式(建设—经营—转让)的基础上衍生出了多种变通形式。现在国际上流行的主要有以下几种:BOOT(建设—拥有—经营—转让)、BOO(建设—拥有—经营)、BOT(建设—拥有—转让)、BTO(建设—转让—经营)、BOOS(建设—拥有—运营—出售)、BT(建设—转让)、OT(运营—转让)等。各种方式的应用取决于项目条件,如 BOO 方式在市场经济国家应用较多,我国以公有制为主体,因此 BOOT 项目较多。从经济意义上说,各种方式区别不大。

4. BOT 融资的运作程序

BOT 融资的运作有七个阶段,即项目的确定和拟定、招标、选标、开发、建设、运营和移交。

(1)项目的确定和拟定。确定一个具体项目是否采用 BOT 融资方式,一是政府直接确定,二是项目单位提出、政府确定。这项工作通常是通过政府规划来完成。政府的主要工作是对候选项目进行技术、经济及法律上的可行性研究,确定适合采用 BOT 方式建设经营的基础设施项目。也可能由项目单位确定一个项目,然后向政府提出项目设想。如果政府批准采用 BOT 方式,则需要邀请投标者提交具体的设计、建设和融资方案。

(2)招标。一套高质量的招标文件和透明度高的招标和选标程序,对 BOT 融资项目的成功是至关重要的。有经验的投标者将招标文件和选标程序视为项目可行性和招标者做成该项目具有多大成功可能的重要因素。对应标者采说,感兴趣的投资者或发起人通常会组成一个联合项目集团,共同提出一份满足邀请建议书要求的标书,同时,联合集团将争取潜在的贷款人、股本投资者及承包商和供应商,并签订初步意向书。

(3)评标和决标。评标是政府根据招标文件的要求,对所有的标书进行审查和评比的行为。评估标书的成员应该包括政府官员,技术、财务和法律顾问等。在选定标书时,依据应包括价格、可靠性、经验等因素以及所设想的拟议项目能在多大程度上给招标者带来其他利益。这类利益包括节约外汇、促进技术转让以及提供就业机会和为招标单位人员提供培训。在评标的基础上,最终决定中标者。

(4)授权项目开发。在确定了项目公司后,政府就必须和发展商进行实质性谈判。谈判的内容涉及项目的技术、经济、法律等多个方面。通过谈判,正式形成涉及项目建设、经营及转让的所有法律文件。主要是授权法律和特许权协议,并就最后的贷款协定、建筑合同、供应合同及实施项目所必需的其他附属合同进行谈判。在谈判这些相互关联的合同过程中,必然对项目继续进行进一步深入的研究。

经过谈判达成并签署所有上述协定后,项目将开始进行财务交割,财务交割日即贷款人和股本投资者预交或开始预交用于详细设计、建设、采购设备及其顺利完成项目所必需的资金。

(5)项目的建设。BOT 项目的建设一般是通过交钥匙方式进行的。即项目公司在取得政府的授权后,通过项目建设总承包协议,规定由建设总承包者负责项目的规划、设计、建筑施工、设备安装等,直到项目建成投产且有关工程质量、产品质量符合政府的有关要求为止。在项目建设期间,政府有权按照国家的有关法律、法规和规章,对工程的质量、进度、环境等进行监督检查,并有权要求发展商提供有关资料等。同时政府有义务为发展商建设项目提供方便,如为项目的建设提供配套项目的建设。

(6)项目的运营。这个阶段持续到特许权协议期满。在这个阶段,项目公司直接或者通过与运营者缔结合同,按照项目协定的标准和各项贷款协议及与投资者协定的条件来运营项目。在整个项目运营期间,应按照协定要求对项目设施进行保养。为了确保运营和保养按照协定要求进行,贷款人、投资者、政府都拥有对项目进行检查的权利。

(7)项目的移交。特许经营权期满后向政府移交项目。一般说来,项目的设计应能使 BOT 发起人在特许经营期间还清项目债务并有一定利润。这样项目最后移交给政府时是无偿的移交,或者项目发起人象征性地得到一些政府补偿。政府在移交日应注意项目是否处于良好状态,以便政府能够继续运营该项目。

5.BOT 融资项目中的法律内容

其法律内容主要涉及两项。一是授权法律。授权法律是政府就某一 BOT 项目的建设和经营而制定的专门法律，其主要作用是明确项目公司在专营期内负责建设、经营和转让项目的法定权利和义务，从而保证工程项目的顺利进行，为项目公司从金融市场筹措项目建设所需资金提供法律基础。二是特许权协议。特许权协议是政府和项目公司之间在授权法律的指导下，就项目的建设、经营和转让的具体内容而签订的法律文件，是政府在保持应有权益的前提下，向项目公司授予充分权利的协议。经过批准的、符合项目所在国相关法律条款及现行政策的 BOT 项目授权协议，是项目公司签订建设总承包合同和向贷款金融机构落实长期贷款签订合同的依据。特许权协议的主要内容包括：特许权协议签约各方的法定名称、住所；项目特许权内容、方式及期限；项目工程设计、建造施工、经营和维护的标准；项目的组织实施计划与安排；项目成本计划与收费方案；签约双方各自权利、义务与责任；项目转让、抵押、征收、中止条款；特许权期满项目移交内容、标准及程序；罚责与仲裁等相关内容。

6.项目贷款与 BOT 的关系

项目贷款与 BOT 的关系可以简单地归结为以下两点：第一、具有特许权协议的项目贷款是实现 BOT 的前提。BOT 下的项目单位的组织、筹资、硬件、经营等等与项目贷款下项目单位的工作基本相同，所不同的是，BOT 下的项目单位是具有特许权协议的。如果没有特许权协议，BOT 项目单位的投资人就缺少经营基础工程的利益驱动，从而就不会形成 BOT 的全部运作。所以说，具有特许权协议的项目贷款是实现 BOT 的前提。第二、BOT 的核心是项目融资。和一般的项目贷款下的项目单位一样，BOT 下的项目单位的资金来源也是由股本投资和举借贷款组成，借款所占的比重大大高于股本投资。只有筹集到足够的资金，项目单位才能营建、经营，才能盈利。如果筹资计划不成功，其余工作也就无从谈起。因此，从这个角度讲，项目贷款的落实与否是完成 BOT 项目的关键和核心。

本章小结

1.国际融资从不同角度划分有以下几类：按是否通过金融媒介划分，可以分为直接融资和间接融资；按融通资金的来源划分，可以分为商业银行融资、国际金融机构融资、政府融资和国际租赁融资；按融资的目的划分，可以分为国际贸易融资、项目融资和一般融资；按融资期限划分，可以分为短期融资和中长期融资。

2.与中长期融资业务相比较，短期融资具有较安全、流动性较高、收益率小和偿还期短的特点。短期国际融资主要包括银行短期信贷、与进出口相关的短期融资以及国际保付代理三大类型。国际保理业务，又称保付代理业务，是指出口商以挂账、承兑交单等方式销售货物时，保理商买进出口商的应收账款，并向其提供资金融通、进口商资信评估、销售账户管理、信用风险担保、账款催收等一系列服务的综合金融服务方式。

3.出口信贷是一国的进出口银行或商业银行为扶持出口而向本国出口商或他国进口商提供的低利率贷款。出口信贷只限于购买贷款国的出口商品，贷款利率低于国际金融市场的贷款利率，利差由出口国政府补贴，贷款期限最长不超过 10 年。

出口信贷呈现以下一些的特点:投资周期较长,风险较大、投资领域侧重于出口的大型设备、利率较低、与信贷保险紧密结合。

出口信贷的主要类型:买方信贷、卖方信贷、福费廷、混合信贷和信用安排限额。

4.国际租赁也称跨国租赁,是指分别处于不同国家和法律制度下的出租人和承租人之间的租赁活动。国际租赁既是一种贸易融资方式,也是一种筹资手段,能起到既提供外资,又提供先进技术设备的双重作用。在现代国际租赁中,承租人除通过租赁获得出租物的使用价值外,更重要的是将租赁变为融通资金的一种手段。它是以动产为主,将金融与贸易相结合,由出租方、承租方、供贷方以及银行界共同参与进行的一项新型信贷活动。

5.国际项目融资是指向某一特定的工程项目提供贷款,贷款人依赖该项目所产生的现金流量和收益作为偿还贷款的资金来源,并将该项目或经营该项目的经济单位的资产作为贷款的担保。从广义上说,一切针对具体项目所安排的融资都可以划归为项目融资的范畴。但金融界习惯上一般只将具有无追索权(Non-recourse)或有限追索权(Limited recourse)形式的融资活动称为项目融资。项目融资是国际商业银行对外中长期贷款的一种重要形式。

BOT 的英文全称是 Build-Operate-Transfer,即建设—经营—转让方式,是政府将一个基础设施项目的特许权授予承包商(一般为国际财团)。承包商在特许期内负责项目设计、融资、建设和运营,并回收成本、偿还债务、赚取利润,特许期结束后将项目所有权移交政府。实质上,BOT 融资方式是政府与承包商合作经营基础设施项目的一种特殊运作模式。

BOT 融资方式的种类。BOT 项目融资方式经过十几年的实施和发展,人们对其内涵进行了不断的变革、丰富和完善,在其基本形式(建设—经营—转让)的基础上衍生出了多种变通形式。现在国际上流行的主要有以下几种:BOOT(建设—拥有—经营—转让)、BOO(建设—拥有—经营)、BOT(建设—拥有—转让)、BTO(建设—转让—经营)、BOOS(建设—拥有—运营—出售)、BT(建设—转让)、OT(运营—转让)等。

本章复习思考题

1.本章重要概念:

　国际融资　　直接融资　　间接融资　　银团贷款　　出口信贷　　买方信贷　　卖方信贷
信用安排限额　　项目融资　　BOT 融资　　国际租赁　　金融租赁　　经营租赁　　杠杆租赁
保付代理

2.简述国际融资概念及特点。

3.国际融资有哪几种分类?

4.什么是银团贷款?银团贷款的组织构成有哪些?

5.出口信贷有哪些主要类型?

6.阐述项目融资的涵义及特点。

7.简述 BOT 融资的涵义及特点。

8.国际融资租赁有哪几种形式?

9.结合相关内容,查找一个典型 BOT 项目的资料,熟悉 BOT 融资的运作程序。

10.寻找 2008 年金融危机以来我国国际融资典型案例(成功或失败)并进行评析。

第四篇
国际货币体系与国际金融危机

第十一章 国际货币体系

【主要内容与学习要求】了解国际货币体系的作用及历史沿革；了解布雷顿森林体系内容、作用及崩溃的原因；掌握牙买加体系内容、作用、存在问题及国际货币体系改革方案；掌握区域货币一体化理论和欧洲货币一体化实践。

国际货币体系是国际货币关系的综合体现，是国际金融学的重要内容。不同的国际货币体系是特定历史经济条件下的产物，是各国为协调和制约相互间的利益冲突而共同做出的货币制度安排。本章主要介绍国际货币体系的演进及其特点，并对区域货币一体化理论及欧洲实践作专门介绍。

第一节 国际货币体系概述

本节简要介绍与分析有关国际货币体系的基本概念与基础知识，以为更好地理解与掌握本章后面要分析的国际货币体系演变、国际货币制度改革及区域货币一体化等方面的重点内容打下基础。

一、国际货币体系的含义与作用

国际货币体系是指国际货币制度、国际金融机构以及由习惯和历史沿革形成的约定俗成的国际货币秩序的总和。国际货币体系既包括有法律约束力的有关国际货币关系的法令条例、规章制度、组织形式等，也包括不具法律约束力的相关传统习惯和约定俗成。

国际货币体系的作用主要包括以下四个方面：

(1)确定国际支付手段及国际储备资产的来源、形式、数量。即确定哪些货币或什么样的货币可以作为国际货币，用于国际支付，清偿国际间债权债务关系及调节国际收支，并规定国际货币与各国货币之间的相互关系准则。

(2)确定国际收支的调节机制，包括：汇率制度和汇率形成机制，对国际收支逆差国的资金融通机制，对国际货币发行国的约束机制等。国际收支的调节机制要解决的问题是：通过什么方式方法来维持各国国际收支平衡，当出现国际收支不平衡时，各国政府及国际金融机构应该如何采取措施促使其达到平衡，各国调节国际收支的政策措施应该如何协调等等。

(3)确定国际结算制度。包括规范国际结算的原则、国际结算方式，以及对黄金、外汇在国际间流动的管理。

（4）确立有关国际货币金融事务的协商机制及建立国际性的协调和监督机构。

二、国际货币体系的划分与演进

（一）国际货币体系的划分

国际货币体系根据国际储备资产分类可以分为：国际金本位制、国际金汇兑本位制、国际信用货币制度。国际金本位制是以黄金作为国际本位币和国际储备资产的货币制度；国际金汇兑本位制是以黄金和某种自由兑换货币作为国际本位币和国际储备资产，且该种货币与黄金建立固定兑换比例关系的货币制度；国际信用货币制度是以某种或某几种自由兑换货币作为国际货币和主要国际储备资产，且这些货币与黄金没有直接联系的国际货币制度。

国际货币制度根据汇率制度分类可以分为：固定汇率制与浮动汇率制。固定汇率制又可以分为金本位制下的固定汇率制、金汇兑本位制下的固定汇率制；浮动汇率制又可分为自由浮动汇率制、有管理的浮动汇率制等等。

（二）国际货币体系的演进

最早的国际货币体系是形成于1880年的国际金本位制，它是建立在各主要资本主义国家国内均实行金本位制之基础之上。在金本位制下各国均规定了黄金可以自由铸造成金币、可以在国际间自由流动、纸币可以自由兑换成黄金，并实行以铸币平价为基础的固定汇率制。因此，国际金本位制具有统一性、稳定性和松散性的特点。

金本位制是一种相对稳定的货币制度，对资本主义经济的发展起了积极的促进作用。国际金本位制盛行之时，正值资本主义自由竞争的全盛时期，被称为资本主义经济发展的黄金时期。但是国际金本位制也有缺点，最主要原因表现为货币量的增长依赖于黄金产量的增长，国际支付手段与清算手段依赖于黄金的输出输入。当商品经济和国际经济交往不断发展，要求货币量随之增加，而黄金产量又制约了货币量增长时，货币量与黄金量的矛盾就会激化。到1914年第一次世界大战爆发时，一方面由于黄金分配不均，少数强国握有绝大多数黄金，使多数国家货币量与黄金量之间的矛盾日前突出，另一方面参战各国均实行黄金禁运和纸币停止兑换黄金政策，促使国际金本位制崩溃。

第一次世界大战结束后，各国试图重建国际金本位制。但由于当时黄金在各国间的分配更加不均衡，已经无法实行典型意义上的金本位制，于是产生了金块本位制和金汇兑本位制。即黄金依然是国际货币的基础和国际支付手段，各国纸币仍然规定含金量，但黄金并不参加流通，纸币也不能兑换成黄金。只是在金块本位制度下，大额的纸币可以兑换成金块，在金汇兑本位制度下，一国纸币通过与某种与黄金挂钩的国际货币间接与黄金挂钩。至1925年除英国、美国和法国实行金块本位制外，其他国家均实行金汇兑本位制。在1929—1933年世界性的经济危机中，各国金汇兑本位制崩溃，国际货币金融关系处于混乱状态。

第二次世界大战后，建立起了以美元为中心的国际金汇兑本位制的国际货币体系——布雷顿森林体系。这一体系维持了将近30年，直至1972年布雷顿森林体系崩溃。20世纪70年代中期，国际货币体系与黄金完全脱钩，出现了汇率制度多样化、国际货币多元化的国际货币体系——牙买加体系。

第二节 布雷顿森林体系

布雷顿森林体系是二次大战后建立起来的以美元为中心的国际货币体系,对第二次世界大战后的国际金融格局及世界经济的发展起到了极为重要的影响。

一、布雷顿森林体系建立的历史背景

早在第二次世界大战结束前,英美两国就开始各自设计对本国有利的国际货币体系。1943 年 4 月 7 日,两国同时在伦敦和华盛顿公布了各自的方案。英国的方案由当时英国财政部顾问凯恩斯拟定,题为"国际清算同盟计划"。考虑到英国在两次世界大战中元气大伤的事实,凯恩斯计划主张二战后的国际货币制度与黄金脱钩,通过建立国际中央银行和发行国际纸币来进行国际清算;美国的方案由当时美国财政部官员怀特提出,题为"国际稳定基金计划"。与凯恩斯计划不同,怀特计划竭力主张战后的国际货币体系与黄金挂钩。这是因为美国在两次世界大战中实力大大加强,至二战结束时,实力已超过了英国,黄金储备占到了资本主义各国的 59%,如果国际货币与美元挂钩,美国便可在国际体系中处于霸权地位。

英美两国关于二战后国际货币体系的方案公布后,在两国间展开了激烈的争论。1943 年 9 月,英美两国派出代表团在华盛顿进行谈判,谈判的实际主角是两国代表团顾问、两国方案的拟订者凯恩斯和怀特。谈判中争论相当激烈,两种意见针锋相对互不相让。凯恩斯非常善辩,怀特远不是他的对手。但怀特有一个杀手锏,他不时地提醒凯恩斯,是他而不是凯恩斯代表更有力的一方。最终怀特计划得以通过,英美双方就二战后的国际货币体系问题发表了第一个联合声明。不过作为一种补偿,英国得到了一笔庞大的美元贷款,这恰是英国战后恢复经济所急需的。这一过程被称为布雷顿森林前奏曲。

1944 年 7 月,在美国新罕布什尔州的布雷顿森林召开了有 44 个国家参加的"联合和联盟国家国际货币金融会议"。会议通过了以怀特计划为基础的"国际货币基金协定"和"国际复兴开发银行协定",总称布雷顿森林协定,从而确定了布雷顿森林体系。

二、布雷顿森林体系的内容与特点

(一)布雷顿森林体系的内容

布雷顿森林体系内容主要包括两个方面:一是确立国际货币制度;二是建立国际金融机构。具体有以下几点:

(1)美元与黄金直接挂钩。在这个体系下,美国承诺,美元按 35 美元等于 1 盎司黄金的官价与黄金建立起固定比价,各国政府持有的美元可以随时按这一官价向美国政府兑换黄金。但同时规定,各国政府必须协助美国政府将黄金价格维持在黄金官价水平上。这样,美元成为二战后唯一直接与黄金挂钩的货币凌驾于各国货币之上,成为等同于黄金的国际货币。

(2)各国货币与美元挂钩,与美元建立起固定汇率。国际货币基金组织协定规定,各国必须根据本国货币与美元的法定黄金平价来确定本国货币与美元的汇率,其波动幅度必须限制在黄金法定平价的±1%范围内,超过这一幅度,各国政府有义务出面干预与维持。这样在世界范围内建立起了以美元为中心的固定汇率制度。

(3)规定调节国际收支的措施。当成员国出现国际收支逆差时,国际货币基金组织将向其提供短期融资,以协助其解决国际收支困难。

(4)建立权威性的国际金融机构——国际货币基金组织。国际货币基金组织的宗旨是促进国际货币合作与稳定。

(二)布雷顿森林体系的特点

与二战前的国际货币制度相比,布雷顿森林体系具有统一性、权威性和严整性的特点。统一性是指布雷顿森林体系几乎把世界主要所有的资本主义国家都包括在以美元为中心的国际金汇兑本位制下,各国均受“国际货币基金组织协定”的制约,并实行统一的国际汇率制度、储备制度、清算制度等;权威性是指布雷顿森林体系不是像国际金本位制那样自发形成,而是各国通过国际性会议协商建立,并通过国际性的金融机构加以协调、监督与管理;严整性是指布雷顿森林体系各成员国必须严格按照国际货币基金组织的各项规定行事,否则就要受到处罚与制裁。这与二战前的国际货币制度下,各国自行规定货币制度内容,并各行其是的做法形成鲜明的对比。

三、布雷顿森林体系的运作及其作用

(一)布雷顿森林体系顺利运行的基本条件

(1)美国保持国际收支顺差,美元对外价值稳定。由于布雷顿森林体系的核心是美元与黄金挂钩,保持美元的黄金价格的稳定就变得相当重要。如果美国出现长期的国际收支逆差,大量美元就会流向境外。这一方面会使外国政府用美元向美国兑换黄金数量会增加,美国的黄金储备会下降,另一方面美元会对外贬值,固定汇率制度就难以维持。同时还会引起其他国家抛售美元,美元的中心地位就会动摇,布雷顿森林体系就难以维持。

(2)美国的黄金储备充足,保持美元与黄金的可兑换性。布雷顿森林体系建立在美国承诺各国政府可以用美元向美国政府兑换黄金的基础上,如果美国黄金储备下降,不足以满足别国的兑换要求,美国的承诺不能兑现,布雷顿森林体系的运作基础就会动摇。

(3)黄金价格维持在官价水平上。美元与黄金挂钩及各国货币通过美元与黄金挂钩均是以黄金官价为基础。如果黄金官价出现较大波动,两个挂钩就很难维持,布雷顿森林体系也就难以维持。

从以上三个条件可见,美国保持良好的国际收支及经济金融状况是布雷顿森林体系正常运行的前提条件。二战后初期至20世纪50年代初期,美国基本上满足了这几个条件,布雷顿森林体系得以正常运作,国际货币秩序也基本稳定。

(二)维持布雷顿森林体系正常运作的措施

20世纪50年代中期开始,美元连续出现国际收支逆差,大量美元流向国外。而西欧一些国家开始用对美贸易顺差所得的美元向美国兑换黄金,引起美国黄金储备迅速下降。终于在1960年在世界范围内爆发了抛售美元、抢购黄金的美元危机。为了挽救美元危机,美国和国际货币基金组织采取了一系列措施(见表11-1),使之得到了缓和,布雷顿森林体系继续运作。但1968年3月再次爆发了大规模的美元危机,美国黄金储备大量流失,尽管美国政府和国际货币基金组织再次采取挽救措施,但黄金官价已无法维持,只好任其自发涨落,于是出现了黄金市场价格与黄金官价并存的所谓黄金双价制。此后,布雷顿森林体系勉强运行,至1971年5月第三次美元危机爆发时,美国已无力维持,不得不在1971年8月15日宣布,停止外国政府用美元向美国兑换黄金。在此情况下,各国政府也不再维持本国货币与美元汇率的稳定,任由市场外汇供求调节汇率。于是,布雷顿森林体系彻底崩溃。

表 11-1 挽救美元危机的措施

美元危机	拯救措施
第一次危机 (1960 年)	①签订"稳定黄金价格协定"
	②建立黄金总库
	③借款总安排
	④互惠信贷协议
第二次危机 (1968 年)	①实行黄金双价制
	②创设特别提款权
第三次危机 (1971 年)	①中止美元与黄金的兑换
	②签订"史密森氏协议"

(三)布雷顿森林体系的作用

1. 稳定了二战后的国际金融秩序,促进了战后世界经济的恢复与发展

布雷顿森林体系的建立,促进了多边贸易体系与多边支付体系的建立,促进了自由贸易的发展。消除了二战前各个货币集团间的相互对立、贸易壁垒、金融壁垒等现象,从而促进了国际贸易与国际投资的发展。雷顿森林体系时期,国际金融秩序相对稳定,世界经济发展迅速。

2. 促进了国际收支的平衡

布雷顿森林体系下,美元等同于黄金。美元作为黄金的代表物源源不断地流向世界各地,增加国际支付手段和国际储备资产,弥补了当时普遍存在的国际支付手段与国际清偿力的不足。此外,国际货币基金组织在成员国出现国际收支困难时所采取的融资措施,也缓和了成员国的国际收支不平衡状况。

3. 确立了美元的霸权地位,助长了美国的对外扩张

布雷顿森林体系下,美元的特殊地位使美国获取了一系列的利益:其一,美国可以用美元直接对外支付,相当于向其他国家征收铸币税,使其他国家财富源源不断地流入美国;其二,美国可以利用美元扩大对外贷款与投资,使其在获取高额利润的同时,在国际金融市场上的份额不断扩大;其三,黄金官价定得偏低,美元价格定得偏高,实际上使美国在国际市场上低价购买高价出售商品。其四,布雷顿森林体系建立并巩固了美元的国际货币地位,使之得以延续至今。

4. 加剧了通货膨胀的国际传播

布雷顿森林体系下,各国政府有义务维持本国货币与美元汇率的固定,这使各国丧失了货币政策的独立性。当美国出现国际收支逆差时,顺差国家货币对美元的汇率就面临着升值的压力,为了维持其对美元汇率的稳定,顺差国家只有用本币来收兑市场上过多的美元,从而引起顺差国家货币供应量的增加,由此引起或加剧其通货膨胀。当美国通货膨胀高于其他国家时,国际市场上也会出现抛售美元抢购低通胀国家硬通货的现象,为了维持汇率稳定,低通胀国家必须在市场上用本币收购美元,结果使其通货膨胀加剧。这在 20 世纪 60 年代末 70 年代初表现得尤其明显。

四、布雷顿森林体系崩溃的原因

(一) 布雷顿森林体系本身的缺陷——特里芬难题

在布雷顿森林体系下,美元具有美国本币和世界货币的双重身份,及具有保持美元与黄金可兑换性及满足国际清偿力的双重责任。而这双重身份及双重责任均是矛盾的,难以做到两全。美元作为本币必须受制于美国经济发展状况与美国货币政策,作为世界货币则要受制于世界经济和国际贸易发展状况。当美国经济发展与世界经济发展相偏离时,矛盾就不可避免。同样,美国要担负起按黄金官价兑换外国政府持有的美元的责任,就必须保持国际收支顺差和充足的黄金储备,美元对外供应不能太多。而美元作为国际支付手段和国际储备货币,又需要美国保持国际收支逆差,美元对外供应要充足。因此,布雷顿森林体系本身具有难以克服的缺陷,决定了其不可能长期维持下去,存在着崩溃的必然性。美国耶鲁大学教授特里芬在其 1960 年出版的《黄金与美元危机》一书中,首次指出了布雷顿森林体系的这一缺陷,故被称为"特里芬难题"。

(二)布雷顿森林体系发挥作用的条件逐渐丧失

如前所述,布雷顿森林体系正常运作,需要一定的前提条件。第二次世界大战结束时,美国的经济实力和黄金储备在世界上占有绝对优势地位,布雷顿森林体系得以建立。二战后初期,美国良好的经济增长与国际收支状况,使布雷顿森林体系得以正常运行。20 世纪 50 年代中期以后的经济形势发生了很大的变化,一是美国国际收支由顺差变为逆差,境外美元大量增加,黄金储备不断下降;二是各国经济发展不平衡性加强,前西德和日本的经济实力不断增强,其货币地位也迅速上升;三是西方各国通货膨胀程度悬殊,固定汇率难以维持。这些变化使布雷顿森林体系正常运行的基本条件逐渐丧失,雷顿森林体系的崩溃也就在所难免。

第三节　牙买加体系

布雷顿森林体系崩溃后,国际金融形势更加动荡不安,国际货币基金组织和各成员国竭力寻找国际货币体系改革方案。1974 年,国际货币基金组织成立了一个专门研究和实施国际货币改革的"临时委员会"。临时委员会于 1976 年 1 月在牙买加首都金斯敦达成了一个协议,称为"牙买加协议"。同年 4 月,成员国通过了国际货币基金协定的第二修正案,此后的国际货币体系称为牙买加体系。

一、牙买加体系的内容及其特点

牙买加体系并没有完全摒弃雷顿森林体系,而是在保留和加强雷顿森林体系的重要内容之一——国际货币基金组织的前提下,对布雷顿森林体系进行了改革。但是这种改革使国际货币制度发生了重要变化,表现出以下特点。

（一）黄金非货币化

牙买加协议废除了国际货币基金组织协议中原有的黄金条款,取消了黄金官价,取消了会员国之间及会员国与国际货币基金组织之间用黄金清算债权债务的义务。并规定各会员国的货币不得以黄金定值,会员国中央银行可以按市场价格自由买卖黄金。为了做出黄金非货币化的姿态,美国和国际货币基金组织还向市场抛售了其拥有的部分黄金。

（二）汇率制度多样化

牙买加体系放弃了对基金组织会员国实行固定汇率制的要求,允许会员国自由选择汇率制度类型,于是出现了汇率制度多样化的局面。但牙买加协议强调,会员国应受基金组织的监督,遇到有关问题时要与基金组织协商,以确保汇率制度的有序性。

（三）国际储备多元化

布雷顿森林体系下,美元是惟一的国际储备货币。牙买加体系强调了特别提款权的重要性,黄金的储备地位不断下降,特别提款权的地位有所加强。同时,随着日本、前西德等西欧国家经济的迅速发展,日元、德国马克和欧洲货币单位等也开始被越来越多的国家接受,成为重要的储备货币。于是国际储备中美元的垄断地位被打破,出现了多元化的国际储备货币体系。

（四）调节国际收支方式和手段的多样化

布雷顿森林体系下,国际收支不平衡的调节主要靠国际货币基金组织的融资。牙买加体系下,对国际收支不平衡采取了多样化的调节方式。

1. 汇率机制调节

牙买加体系下,主要的西方国家都采取了浮动汇率制,因此汇率机制便成为调节国际收支的主要方式。当一国国际收支出现逆差时,该国会出现外汇短缺,促使外汇汇率上升,刺激该国出口增加进口减少,从而改变国际收支逆差状况。否则,恰恰相反。

2. 利率调节机制

一般而言,资金总是从利率低的地方向利率高的地方流动。当一国实际利率高于其他国家时,会吸引国际资金的流入,当一国实际利率低于其他国家时,会引起资金的流出。因此,可以通过调整利率的方式来引导资金的流向,从而改变国际收支的状况。例如,20 世纪80 年代初,美国的经常项目出现了巨额逆差,当时的里根政府采取了紧缩性的货币政策,导致了美国的高利率,吸引了大量国际资金的流入,使美国资本项目出现了盈余,从而改善了美国国际收支逆差状况。

3. 国际金融市场调节

出现国际收支不平衡的国家可以通过国际金融市场的货币借贷、资本交易、外汇买卖等方式来调剂资金余缺,促使国际收支平衡。

4. 国际货币基金组织的调节

基金组织不仅通过向国际收支逆差国提供短期贷款,帮助其克服国际收支的困难,而且常常对成员国的国际收支调整进行监督和指导。

从牙买加体系的上述特点可见,牙买加体系实质上是以美元为中心的多元化国际储备和汇率制度的国际信用货币体系。

二、牙买加体系的作用

从牙买加协议签订以来,牙买加体系的运作已经历了 30 多年的历程。理论界和实务界对它的评价至今说法不一,颇有争议。但却都认为,它对世界经济和国际金融的影响利弊兼而有之,表现在以下几方面。

(一) 多种汇率制度能够较为灵活地适应多变的世界经济形势和各国经济发展的差异,但同时增大了汇率风险和国际金融市场的波动性

牙买加体系下,汇率的灵活性增大,适应经济形势变化的能力也随之增强。实行浮动汇率制的国家可以通过汇率的自发涨落来调节本国对外经济关系,而不必政府过多的干预,从而有利于提高政府宏观决策的独立性和有效性,不会因为维持汇率稳定而丧失国内经济目标,一国经济也可以较少受别国经济的牵制与影响。但是灵活多样的汇率制度也使得汇率波动频繁,汇率风险增大,一般而言不利于国际贸易与国际投资的发展,尤其是使发展中国家的经济金融不稳定性增强。

(二) 多元化的储备体系在一定程度上解决了"特里芬难题",但也使国际支付手段在总量和结构上的调控更加困难

多元化的储备体系是布雷顿森林体系内在矛盾发展的必然产物。它使充当国际储备货币的好处和风险由多种货币分担,从而克服了"特里芬难题"。当某个储备货币国家发生国际收支逆差,该储备货币在国际市场上数量增多、币值下降,发生信用危机时,其他信誉良好的储备货币地位就增强;当某个储备货币国家发生国际收支顺差,该储备货币在国际市场上数量减少,难以提供足够的国际清偿力时,其他储备货币便可弥补国际清偿力的不足。这样国际货币体系不会受个别储备货币国家经济波动的影响而出现波动或危机。但是多元化的储备体系也增大了各国管理国际储备的难度,增大了国际金融活动的复杂性,使国际清偿力总量和结构的调整更加困难。但是,在多元化的国际储备体系中,美元仍然占主导地位。美国的国际收支及经济发展状况,仍然在很大程度上左右着世界储备货币的增减及世界经济的稳定与否。

(三) 多种形式的国际收支调节机制促进了国际收支平衡,但也带来了国际债务危机等问题

牙买加体系下,国际收支的调节除利用汇率利率等市场机制外,还常利用国际商业性贷款补充国际清偿力,弥补国际收支逆差。这在一定程度上缓解了基金组织因资金不足而无力向逆差国家贷款的压力。与其他调节手段相比,利用国际商业贷款调节国际收支具有见效快,运用方便等优点。但商业性贷款是纯经营性贷款,其利率较之国际货币基金组织等国际金融机构贷款利率要高得多,从而增大了借款国的利息负担。如果发展中国家过多借入国际商业贷款,又缺乏可靠的还款来源,便会出现偿债困难。发展中国家债务危机已成为牙买加体系下的一个突出问题。

三、国际货币体系改革

布雷顿森林体系崩溃以来,关于国际货币体系改革的呼声与建议一直没有停止过。早在 1972 年 9 月国际货币基金组织就成立了"国际货币制度改革及有关问题委员会"(简称20 国委员会),负责国际货币制度改革问题的研究与协调。理论界也提出了诸多改革建议

与方案,归纳起来主要如下。

(一)恢复金本位制

1981年罗伯特.蒙代尔提出可以在美国恢复金本位制。同年7月美国政府成立了以当时财政部长为主席的"黄金委员会",专门研究美国恢复金本位制的可行性。理论界也提出了一些恢复金本位制的方案。但是,由于金本位制下货币数量受制于黄金量,而黄金量增加受到黄金储存量及劳动生产率等条件制约,恢复金本位制的方案并未被付诸实施。美国次贷危机后,美国政府实行了多次量化宽松的货币政策,使得财政赤字快速增长,引起了公众甚至一些地方政府的不满。2011年3月4日,美国犹他州通过法案,承认黄金白银为法定货币。另有12个州将要审议相似的议案。

(二)建立世界中央银行

美国经济学家特里芬主张彻底改造国际货币基金组织,使它成为世界中央银行,并发行可以在世界范围流通的国际货币。而世界各国要将自己的一部分国际储备存入世界中央银行。以克服以美元这样单一国家货币作为国际储备资产所带来的难题。该方案的反对者则认为,世界各国存在着难以调和的利益冲突,各国货币当局不会轻易放弃货币发行权。

(三)创立国际商品性储备货币本位制

英国学者卡尔多和丁伯根建议,建立一个世界性的中央银行,统一发行国际货币作为各国储备货币。这种国际货币的价值由一组在世界贸易中具有代表性的商品加权平均价值决定。这样,国际货币体系便由布雷顿森林体系下的黄金——美元汇兑本位制转变为商品——统一国际货币汇兑本位制。

(四)建立以固定汇率制为基础的货币合作制度

美国经济学家麦金农提出,在世界三个贸易集团——北美集团、欧盟集团和亚洲集团已经形成的基础上,通过美国、德国和日本三国的代币合作,实现三国之间的固定汇率,以保证汇率制度对贸易和金融活动的促进作用。

尽管布雷顿森林体系崩溃以来,关于国际货币体系改革的呼声很高、研究方案很多,但至今很少有付诸实施的,牙买加体系仍在延续之中。

第四节 区域货币合作与欧洲货币一体化

20世纪60年代开始,区域货币合作成为国际金融领域研究的热点。20世纪90年代以来,随着经济金融全球一体化趋势的增强,区域货币合作在理论和实践上都得到了突飞猛进的发展。货币一体化的理论,从服从于国家主权的"一个国家一种货币"的传统观念,向服务于市场的"一个市场一种货币"的全新理念迈进,为不同主权国家间的货币融合提供了理论基础。货币一体化的实践,由于欧元的推出取得了突破性的进展,并得到了全球许多地区的积极响应。

一、区域货币合作层次

根据区域内货币合作的程度,区域货币合作可以划分为三个层次:①区域货币合作协议,即有关国家通过协商、制定协议等方式对货币方面的某个或某几个问题达成共识,采取共同的行动。这种合作方式较为松散,在合作形式、内容和时间等方面均有较大的选择余地。②区域货币同盟,这是区域货币合作的深入发展形式,在合作内容与形式上都进入到较深程度。有关国家通过法律文件就货币金融方面的一系列重大问题达成共识,进行合作,而且共同组成专门性的组织机构,对货币合作的有关事宜进行指导、监督和协调。③区域货币一体化,这是区域货币合作的最高级层次,突出表现是有关国家取消原有的本国货币,统一使用由区域内共同中央银行发行的统一货币,并实行统一的货币政策和相关的经济政策。目前这三个层次的区域货币合作在世界不同区域存在,而欧盟是区域货币一体化的典范,已较好地达到了第三层次的区域货币合作。

二、区域货币一体化理论

20 世纪 60 年代初,蒙代尔(R. Mudell)提出"最佳通货区"理论,开创了区域货币一体化理论研究之先河;20 世纪 90 年代初,爱默生和格罗斯(M. Emerson & D. Gros)的"一个市场一种货币"思想,打破了"一个国家一种货币"的传统货币主权观,为不同主要国家间的货币融合扫清了思想障碍;20 世纪 90 年代中期,克鲁格曼(P. Krugman)的"GG-LL 模型"、贝育梅和爱切格利姆(Bayoumi & Eichengreen)的《最优货币区与汇率波动:理论与实证比较》等著作,为单个国家选择是否加入共同货币区提供了有益的分析方法和工具。

(一)蒙代尔的"最佳通货区"理论

1961 年蒙代尔教授在《美国经济评论》杂志上发表了题为"最佳通货区理论"一文,最先对区域货币一体化理论进行了系统阐述(这是蒙代尔教授 1999 年获诺贝尔经济学奖的重要贡献之一)。他所指的最佳通货区是:地理相近的两个以上主权国家,组成一个对内进行货币联盟、汇率固定,对外实行浮动汇率的经济区域。该区域内部以高度的经济融合和完整的市场结构,维持相互汇率稳定和内部经济均衡。同时以浮动汇率调节对外经济,达到对外经济均衡,从而达到区域经济的稳定与发展。蒙代尔在理论上阐述了满足什么条件、具有怎样特征的地理空间才是最佳货币区。他认为:生产要素(尤其是劳动力)高度流动的几个国家或地区是组成单一货币的最佳区域。单一货币区域的主要优点是可以减少交易成本,促进货币稳定;主要缺点是当需求变化或者"非对称冲击"需要降低某一地区的实际工资时,难以维持就业水平。

此后的 20 世纪 60、70 年代,许多西方学者参与了最佳通货区理论的研究,形成了最佳货币区理论研究的早期成果——建立最佳货币区所需具备的充分条件,主要包括:

(1)生产要素的高度流动。该条件由蒙代尔提出,英格拉姆加以完善。他们认为:货币一体化使货币区成员国丧失了利用汇率工具调节彼此国际收支不平衡的可能性,通过生产要素(资本和劳动力)自由流动,可以弥补这一不足。在生产要素自由流动条件下,当货币区成员国间出现国际收支不平衡时,资本和劳动力会自发地从盈余国向赤字国转移,促使各成员国经济结构及时调整,经济周期趋于同步,区域内经济协调发展。这样可以达到既实现区域经济均衡又不损害成员国内部经济均衡之目的。

(2)经济开放性与经济规模。与蒙代尔不同,麦金农把经济开放度作为最佳货币区的标准。他认为,经济越是开放的国家越有动机寻求汇率稳定、选择固定汇率制度。因为汇率频繁波动,有可能吞噬国际贸易与国际投资的收益。而经济规模越小,越倾向于实施开放性经济政策来达到规模经济效应,也越倾向于参加某种汇率合作制度的安排。麦金农把商品分为贸易商品和非贸易商品,以一国贸易商品占该国社会总商品的份额来衡量该国的经济开放度。他证明了,当处于充分就业状况的国家面临实际出口下降时,为保持对外均衡,必然出现资源从非贸易品生产部门向贸易品生产部门转移。非贸易品生产部门越小,为转移一定资源所需的汇率变动就越大,导致的内部价格变动也就越大。因此他认为,在给定稳定价格的目标下,一些经贸往来密切的开放经济国家,适合组成一个共同的货币区。而在一些大量进口消费品且价格需求弹性较低的国家,汇率变动必须非常大才足以弥补失衡,这种区域单独成为一个货币区是非理性的。

(3)经济多元化。凯恩认为,最优货币区应由经济高度多元化的国家组成。一国经济的多元化意味着商品生产的多样化,而商品多样化,特别是贸易品的多样化可以分散商品受外界市场冲击的风险,并可以商品为纽带,在区域内编织相互依赖的国际经贸网,结成经济共同体。这样,一方面更能承受实行固定汇率后对本国经济稳定性损害的压力,另一方面可与其他成员国一道积极追求实行"最佳通货区"后带来的货币效率。

(4)金融一体化。英格拉姆认为,芒德尔、麦金农和凯恩的研究都只考虑了经常项目的国际收支问题,忽略了货币和资本流动的作用。他提出,与长期资本自由流动相联系的金融一体化,才是衡量货币区是否最优的标准。在金融高度一体化的条件下,利率的任何微小波动都可导致充分的资本跨国流动,从而调节各国市场货币数量,避免货币供求失衡引起的汇率大幅波动,使货币区内部的固定汇率得以保持。

(5)通胀偏好相似性。弗莱明将最佳货币区研究的视角从微观转向了宏观,他认为,物价稳定是"最佳通货区"追求的主要目标之一,相似的通胀率是实行共同货币政策以保持物价稳定的前提条件。如果货币区内各成员国通胀率高低有别,则利益不一,高通胀国家要求实行紧缩的货币政策,低通胀国家则可能希望维持不变,而出现通货紧缩的国家会强烈要求采取扩张性的货币政策。货币政策的"众口难调",会使超国家的中央银行无所作为。因此,通胀率的相似性是构建"最佳通货区"的一个重要前提。

(6)政策一体化。基于对宏观层面条件趋同必要性的理解和对现实中宏观结构差异的认识,英格拉姆等人先后提出了达成最佳通货区的政策一体化条件。他们认为,为使货币区能够正常运行,各成员国必须对其货币、财政以及其他经济乃至社会政策进行协调,寻求一致。为此,各成员国必须对其主权实行部分让渡,核心是货币政策的协调和让渡。弗莱明还倡议建立一个超国家的中央银行来协调政策的一致。他认为,只有中央银行才能刺激短期利率的趋同,避免短期资金过度流动造成的汇率波动。凯恩则强调了财政一体化的重要性,他认为,财政高度一体化有利于提高货币区的财政转移支付能力,有利于平抑一体化引致的地区差异,使经济更接近于理想化的最佳货币区状态。

上述理论的重要贡献至少有四个方面:①对传统的"一个国家一种货币"的理论与思维定势提出了挑战,为不同主权国家间的货币融合奠定了理论基础。②揭示了汇率制度安排的多样性与多层次性特征。国际金本位制与布雷顿森林体系均是全球同一板块的货币制度与汇率制度安排,最优货币区理论提出了全球与各经济区域可以实行不同的货币与汇率制度。这使理论界关于固定汇率和浮动汇率孰优孰劣的争论有了折中方案,成为布雷顿森林体系崩溃后,全球出现的汇率制度多样化的理论先导。③通过条件分析的方式,将货币一体化社会福利影响可能涉及的诸多方面较完整地呈现出来,不仅为货币一体化实践提供了理论基础,而且提供了较具借鉴意义和可操作性的菜单。其中诸如生产要素流动性、通胀率相似性等条件对欧元的启动具有重要的指导意义。④这些研究成果为货币一体化理论的进一步研究和发展提供了思路与线索,具有开创性意义。但是这一理论也存在着明显缺陷。其讨论的组成最佳货币区的诸条件,就单个来说过于片面,就整体而言又较难实现,在宏观和微观效益上也难以两全,有的适宜条件即使在定性意义上也存在重大的缺陷。"最佳通货区理论的过分理想化和形成条件的难以定量化是其主要缺点"。

(二)爱默生的"一个市场一种货币"思想

20世纪80年代末至90年代初,区域货币一体化理论有了突破性进展。1992年,爱默生和格罗斯发表了《一个市场一种货币》一书,系统阐述了"一个市场一种货币"的新思想。他们认为,在经济全球化、一体化涉及货币层面的时候,市场驱动的货币竞争极大地改变了货币关系的空间组成,显著地侵蚀了国家的货币垄断权力。世界需要根据货币运行的功能性分析,按每个货币的有效使用和影响力辐射的完整范围而不是政治疆界,来重新构筑货币层面的市场——制度关系的新框架。一个国家或地区的货币选择根本上应由市场状况、尤其是市场需求来决定,具体的货币空间由实际的货币交易网络来划分,每个货币的空间就是其功能性权威的影响范围,即完整市场在货币层面的响应——"货币圈"。显然,这里强调的是空间的功能性意义而不是空间的物理意义。此时,货币作为一种交换工具和价值工具,开始真正服务于市场,无论这个市场有多大,涉及多少个国家,只要是一个统一的大市场,那么单一货币就是最佳选择。

爱默生、格罗斯等人的贡献在于,为主权国家间的货币融合扫清了思想上的障碍。以往,货币总是被贴上国家主权的标签,货币统一成为国家统一的关键性标志,因而主权国家都不愿意放弃对本国货币的控制权。爱默生等人"一个市场一种货币"思想,使人们认识到,货币从根本上是服务于市场的,国际经济交往的深化需要某种形式的货币融合。当一个国家无法更好地发挥货币职能与作用的时候,如果货币权的让渡有利于经济的发展和福利的提高,那么就应该将货币权上交给更高层次的超国家机构。

(三)克鲁格曼的"GG—LL模型"

20世纪90年代后,随着欧元和拉丁美洲"美元化"进程的加快,国际货币体系眼看着就要分成几个大的货币区,每个国家都面临着是否参与区域经济和区域货币一体化的现实选择,如丹麦、英国和瑞士就做出了暂时不加入欧元区的决定。于是关于一个区域内,各经济体如何选择是否参加货币区的理论便应运而生,主要代表是克鲁格曼的"GG—LL模型"。

克鲁格曼以欧盟和芬兰为例,分析了芬兰加入欧盟的成本—收益曲线,他认为:芬兰加入欧洲货币体系的收益大小,主要取决于芬兰与欧洲货币体系成员国贸易关系的一体化程度。

图11-1的横轴表示加入国与货币区的经济紧密程度,它可以用经济交往占GDP的百分比表示;纵轴表示加入国收益(即货币效率收益)与成本(当一个国家加入货币区后,由于放弃了运用汇率政策和货币政策调节就业和产出以保持经济稳定的权力,而引发的额外的经济不稳定性,即所谓的"经济稳定性损失"。)图中GG曲线为收益曲线,其斜率为正,说明一个国家与其所在货币区的经济一体化程度越高,跨国贸易和要素流动越广泛,加入单一货币区的收益就越大;LL曲线为成本曲线,其斜率为负,说明一个国家的经济与其所在货币区的经济联系程度越密切,加入货币区的经济稳定性损失就越小,反之亦然。总之,一个国

家与其所在货币区的经济一体化程度越高,加入货币区就越为有利。图中 GG 曲线和 LL₁ 曲线的交点为 E₁,它决定了一国是否加入货币区的经济一体化程度的临界点 θ_1,当一国与货币区的一体化程度大于 θ_1 时,加入货币区有净收益,否则执意加入只会带来净损失。

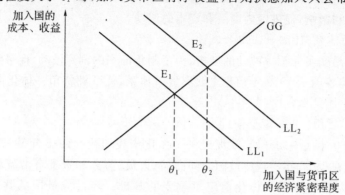

图 11-1 "GG—LL"模型

此外,通过 GG—LL 模型,还可判断一国经济环境的变化是如何影响其加入货币区的选择的。例如,当某国出口需求增加,在经济一体化程度的任何一个水平上,汇率工具的缺失使该国产出和就业的不稳定性增大,于是 LL₁ 曲线上移到 LL₂,结果使得加入货币区的临界点由 θ_1 变动到了 θ_2。因此,如果其他条件不变,产品市场的变动性增大,使一国加入货币区的意愿降低。这有助于解释为什么 1973 年石油危机后,许多国家都不愿意沿用固定汇率制度的布雷顿森林体系。

克鲁格曼用"GG—LL 模型"来说明最优货币区理论,指出:最优货币区就是通过商品贸易和服务贸易以及要素的流动,促使多国经济紧密相联的地区。如果各国之间的贸易和要素流动性较大,那么组建货币区对各成员国均有益处,反之则不适宜。这对货币一体化的实践具有重要的指导意义。另一方面,克鲁格曼的"GG—LL 模型"借用传统的成本——收益分析方法,从单个国家是否加入货币区为切入点,分析了加入货币区的成本、收益因素,有助于人们直观形象地分析单个国家加入货币区的利弊得失,从而成为确定一国是否加入货币区的一个重要分析工具。但克鲁格曼的 GG 曲线和 LL 曲线是一个相对抽象和简化的概念,在现实生活中,我们很难准确描绘某个国家加入货币区的成本曲线和收益曲线的位置,也就难以准确判断其是否加入货币区的临界点。

三、欧洲货币一体化

(一)欧洲货币一体化的沿革

根据欧洲货币一体化由低层次向高层次的演进过程可将其分为四个发展阶段。

1. 跛行货币区(1960—1971 年)

20 世纪 60 年代,欧洲存在英镑区、黄金集团和法郎区三个货币区,其中英镑区是较正式的货币区,区内各成员国储备资产主要是英镑,各国的货币也钉住英镑。但是由于英镑本身是钉住美元的,所以称之为跛行货币区。

2. 联合浮动(1972—1978 年)

1969 年欧洲经济共同体提出了建立欧洲货币联盟的建议,1970 年 10 月,欧共体负责此项工作的专门委员会向理事会提交了一份《关于在欧共体内分阶段实现经济和货币联盟的报告》,该报告 1971 年 2 月由欧共体部长会议通过。根据该报告欧共体成员国的货币汇率实行联合浮动,即各参与国货币相互之间保持相对稳定,对外则实行共同浮动。其目的是抵制汇率波动的不利影响,促进区内商品和资本的流动。

3. 欧洲货币体系(1979—1998 年)

联合浮动极易受美元汇率波动的冲击,为了制止汇率的剧烈波动,促进欧共体成员国经济的发展,欧共体各国于 1979 年初建立欧洲货币体系,使欧洲货币一体化向前迈进了极为重要的一步。

4. 欧洲单一货币(1999 年至今)

自 20 世纪 80 年代中期开始,欧洲经济一体化步伐加快。1985 年欧共体通过了《单一欧洲法案》,决定在 1992 年实现成员国之间商品、人员、劳务和资本自由流动的欧共体内部统一大市场,这为欧洲货币一体化奠定了重要的基础。经过成员国的共同努力,终于在 1999 年 1 月 1 日正式启动了欧洲单一货币——欧元。

(二)欧洲货币体系内容

1979 年成立的欧洲货币体系是欧元区的雏形,其主要包括以下三方面内容:

(1) 创立欧洲货币单位。欧洲货币单位是欧洲货币体系的核心,是欧盟统一货币的基础。欧洲货币单位的价值按欧盟成员国货币价值加权平均算出,每种货币所占权数按该国在欧盟内部贸易中所占的比重和国民生产总值来确定。其中德国马克所占比重最大,超过 30%。

(2) 建立稳定的汇率机制。欧洲货币体系成员国内部实行可调整汇率制,成员国之间货币汇率相对固定,只可在中心汇率±2.5%的范围内波动,对外采取同升同降的联合浮动汇率制。

(3) 建立欧洲货币基金。其最初的资金来源是各成员国按其黄金与外汇储备 20%比率缴纳的份额,以后每隔一段时间调整一次。欧洲货币基金主要用于向成员提供贷款和干预外汇市场。这些为欧元区的建立和欧元的推出与运行奠定了重要的货币基础。

(三)欧洲单一货币——欧元的启动与发展

1991 年底,欧洲理事会第 46 届年会在荷兰马斯特里赫特市举行,会议通过了著名的《欧洲联盟条约》(又称《马斯特里赫特条约》,简称《马约》)。这次会议成为推动欧洲货币一体化的重要里程碑。

《马约》详细规定了欧盟成员国加入单一货币区必须满足的经济趋同条件:①通胀率不能高于欧共体 3 个最低国家平均水平的 1.5%;②政府长期债券利率不能高于欧共体 3 个通胀率最低国家平均水平的 2%;③财政赤字不能超过 GDP 的 3%;④政府债务不能超过 GDP 的 60%;⑤货币汇率必须保持在欧洲货币体系规定的幅度内,并且至少有两年未发生过贬值。⑥其中央银行的法规法则必须同欧洲中央银行的法规法则相兼容。

《马约》还提出了实现欧洲货币联盟,建立欧洲单一货币的战略步骤与时间表:1990 年 7 月 1 日至 1993 年底,强化货币政策与财政政策的合作与协调;实现内部统一大市场,尤其是实现成员国间的资本自由流动;使欧共体所有成员国加入欧洲货币体系的汇率机制。1994 年 1 月至 1998 年底,是为统一货币做准备的过渡阶段。这一阶段的主要目标是,推动成员国的经济趋同与政策协调,为向第三阶段过渡创造基本前提条件。并为向第三阶段过渡建立起必要的法律、制度及组织基础。1999 年 1 月至 2002 年 6 月，启动单一货币——欧元，各成员国货币逐步退出流通。由欧洲中央银行实行共同的货币政策，各国官方储备交由欧洲中央银行体系统一管理。

《马约》签订以后，欧洲货币一体化进程明显加快。虽然在《马约》的实施过程中各国利益上的碰撞在所难免，并且出现过较大波折，如德国的统一带动了巨大的财政赤字，为了避免通货膨胀，德国采取了提高利率的紧缩性货币政策，欧洲货币体系其他成员国（如英国、意大利等国）为了维护体系内汇率的稳定，不得不大幅度提高本国利率，结果超出了市场承受能力，加之当时国际游资的乘机投机炒作，迫使英国、意大利在 1992 年 9 月退出了欧洲货币体系。但各国政府都能恪守对《马约》的承诺，积极按《马约》规定推动单一货币的产生，使《马约》得以步步落实。1994 年 1 月，欧洲中央行银行前身——欧洲货币局在法兰克福成立；1995 年在马德里举行的欧盟理事会就采取扩大就业措施、促进成员国经济趋同问题达成协议；1997 年 6 月，各国签署了《阿姆斯特丹条约》，对《马约》进行了修改；1998 年 5 月负责欧元发行与执行单一货币区内中央银行各项职能的欧洲中央银行正式成立，同时确立了欧元区首批 11 个成员国名单。

表 11-2　欧元实施时间表

时　间	内容
1998 年 5 月	决定参加国（11 个国家） 锁定参加国之间货币汇率 成立欧洲中央银行
1999 年 1 月 1 日	欧元正式启动
2002 年 1 月 1 日	欧元现金投入市场流通
2002 年 7 月 1 日	12 个成员国货币退出流通

1999 年 1 月 1 日，欧盟单一货币——欧元正式推出；2001 年 1 月 1 日，希腊正式成为欧元区第 12 个成员国；至 2002 年 6 月，所有欧元区成员国的货币退出流通，进入了完全实行单一货币的时代。2007 年以来，又陆续有斯洛文尼亚、塞浦路斯、马耳他、斯洛伐克、爱沙尼亚等国家加入欧元区，使欧元区成员国增加至 17 个国家。

表 11-3　欧元区成员国

加入日期	国家	人口（个）
1999.1.1	德国	82314906
1999.1.1	法国	63392140
1999.1.1	奥地利	8316487
1999.1.1	比利时	10584534
1999.1.1	芬兰	5289128
1999.1.1	爱尔兰	4239848
1999.1.1	意大利	59131287

加入日期	国家	人口(个)
1999.1.1	卢森堡	476200
1999.1.1	荷兰	16372715
1999.1.1	葡萄牙	10599095
1999.1.1	西班牙	45116894
2001.1.1	希腊	11125179
2007.1.1	斯洛文尼亚	2013597
2008.1.1	塞浦路斯	766400
2008.1.1	马耳他	404962
2009.1.1	斯洛伐克	5040000
2011.1.1	爱沙尼亚	1340000

(四)欧洲货币一体化的经济影响

1.对欧盟宏观经济的影响

欧元的推出从根本上消除了成员国的汇率风险和交易成本,提高了价格与市场透明度,从而促进欧洲统一大市场建设上了一个新台阶。同时,还促进了成员国经济政策的统一与协调,增强了欧洲央行与欧盟委员会经济政策的权威性及协调区内经济的能力,从而增强了成员国经济凝聚力与整体竞争力。因此,欧元推出后对欧盟宏观经济影响的强度与力度相比货币统一过程中的影响来说要大得多。在对外贸易方面,欧元启动后不仅区内贸易大大增加,而且由于欧元汇率相对疲软,促进了欧元区对区外贸易的增长。如1999年对区外出口和经常账户收入分别比上年增加2.4%和2.1%,2000年前比例则超过了10%;在经济增长方面,虽然欧元区较之处于"新经济"时期的美国要弱许多,但其经济增长质量——科技含量有了较大提高,电信、媒体、因特网、电子商务等行业出现了高增长。令世人瞩目的是,欧元区出现了以产业结构调整、资产重组为目的的大企业购并与重组。据统计,1999年欧洲的企业并购数占到全球企业并购总数5000余件中的3/4;在通胀率方面,欧元启动后,欧洲央行坚持以物价稳定为己任,成员国也都能遵守对《马约》的承诺,积极控制物价上涨率。因此欧元启动后的几年内,成员国物价虽有波动,但幅度不大,而且很快就调整至《马约》规定水平和欧洲央行控制的幅度内。

欧元启动后对区内宏观经济产生的负面影响,主要是为稳定物价而造成的失业率居高不下。据国际货币基金组织的有关统计,1998年即将成为首批欧元区成员的11个国家平均失业率高达10.9%。欧元启动后,欧元区国家采取了诸如以减税为中心的税制改革、以税收优惠和产业指导等措施扶持中小企业、加强职业培训以提高就业者素质等措施来诊治失业问题,但1999—2001年失业率仍然在10.2%、9.6%和9.2%的远高于同期美国和日本的高水平徘徊。

2.对欧洲国际金融市场的影响

欧洲是国际金融市场发展最早的地区,又是新型的离岸市场发源地。在欧元启动前,欧盟经济规模GDP与美国大致相当,各占世界GDP总额的1/4,而金融资产总额却超过美国。但欧洲金融市场在国际上的重要性远不如美国。其中一个重要的原因是欧洲金融资产与市场结构落后于美国。欧元推出前的1998年,欧洲金融资产中,银行资产占54%,债券市值占32%,股票市值占14%,其绝对值分别相当于美国的300%、80%和55%。即是说,欧洲证券市场远落后于美国。欧元启动对发展欧洲证券市场及提高其在国际上的重要性起了积极的作用。

欧元启动对债券市场的影响最为明显,主要表现在两个方面:一是扩大了欧元债券市场规模。1999年欧元启动后,成员国所有的未清偿政府债券自动转换成以欧元为面值的债券,新发行的政府债券也均以欧元计价。私人部门未清偿债券虽未规定要转换为欧元债券,但其中很大一部分实际上也进行了转换。非成员国的政府与私人部门也在欧洲市场发行欧元债券。在1999年末,欧洲政府债券市场规模达到2.2万亿欧元,超过日本成为仅次于美国的第二大政府债券市场。近年来,欧元债券发行额约占国际债券市场发行额的1/2至1/3。2002年欧元现钞投入流通后,欧元债券的数量以更快的速度增长;二是促使欧洲债券市场在广度、深度和流动性方面进行了一系列改革,与美国债券市场的差距正在逐步缩小。欧元启动前,由于欧盟各国在债券发行交易规则、法律基础、税收制度等方面存在差别,债券市场实际上处于分割状态。单一货币使债券价格透明度提高,流通范围扩大,而供求竞争加剧也促使各国债券市场走向一体化。

欧元启动对股票市场的影响主要是加速了欧洲股票市场一体化进程。欧元启动前的欧盟区域内存在制度、技术不一的大大小小30多家股票交易所,1998年底伦敦、法兰克福、巴黎、米兰、马德里、阿姆斯特丹、苏黎世和布鲁塞尔八大交易所在马德里签订协议,决定共同组建以统一的电子交易为目的的"欧洲证券交易所",这一计划至今仍在落实过程中,一旦实现,欧洲股票市场的竞争力会大大提高,具有直接与美国市场相抗衡的能力。当然就目前而言,欧洲股票市场还远落后于美国,其与美国的差距比债券市场与美国的差距要大。

欧元启动促使欧洲的货币市场更趋统一,从而提高了货币市场效率。国际货币市场主要包括银行同业拆借市场和中央银行回购市场。首先,通过统一区内银行同业拆借利率,提高了市场透明度与公平性。欧元启动前,欧盟区内的银行同业拆借利率主要以德国央行短期利率和伦敦银行同业拆借利率(LIBOR)为参照利率,但各国市场仍存在水平不同的利率。欧元的推出使利率变得高度透明,各国不同的利率失去了存在可能性,欧元拆借利率(EURIBOR)成为欧元区同业拆借市场的参照利率,该利率反映了欧元区50多家大银行经营货币批发业务的市场行情,使区内同业拆借市场真正成为一个统一的大市场;其次,欧洲央行通过制定统一基准利率和公开市场操作影响区内短期利率,加大银行资金流动性,使各国货币市场资源得到进一步的优化重组;最后,通过启动泛欧实时清算系统(TARGET),为银行短期资金的跨国流动提供了一个高效、便捷又安全的渠道。从技术上扫除了各国货币市场统一的障碍。

3.对国际货币体系的影响

20世纪70年代初布雷顿森林体系崩溃后,国际货币体系出现了国际货币多元化、国际收支调节手段多样化、固定汇率制度与浮动汇率制度并存的格局。欧元的产生正在影响并改变着这种格局,促使国际货币体系加快改革。

(1)欧元的国际货币地位迅速上升。欧元运行几年来,其国际货币地位正在不断增强,远非原来单一欧盟国家货币所能相比。至2002年6月,欧元已占到世界货币市场的24%、债券市场的31%、全球资产管理机构投资货币的28%、外汇市场的38%、储备资产的13%

(1997 年欧元区货币在各国储备资产中的比重为 19.6％,其下降的原因主要是欧元对区内成员国来说已是本币)。在特别提款权定值货币的篮子中,欧元在 2001 年 1 月已增至 29％。虽然欧元的国际货币地位仍然落后于美元,但其国际货币地位的不断增强已使美元的相对地位下降,更使包括日元、英镑等在内的非欧元货币地位下降。随着欧元运行走向成熟和欧元区的扩大(如英国加入欧元区只是时间问题,英镑在国际货币中的份额将被包括在欧元中),欧元不仅将继续排挤包括日元在内的非美元货币,而且会直接挑战美元的国际货币地位,形成美元和欧元的"两极"竞争局面(除非有另一种区域货币出现)。

(2) 国际货币基金组织的重要性受到挑战。国际货币基金组织作为权威性的国际金融机构,自 1945 年成立以来在国际货币体系中起着举足轻重的作用。然而,随着欧元推出和欧元区重要性的加强,其重要性相对削弱。第一,欧元启动为区域货币合作提供了成功范式,推动了全球范围内的区域货币合作浪潮。不仅经济大国竭力扩大其货币区域,如扩大"美元化"、加速"日元国际化"等,发展中国家也看到了通过区域合作来增强货币稳定性和国际地位的希望,如加强"东盟货币合作"、建立"亚元"甚至"非洲联盟"的讨论方兴未艾。区域货币合作与区域货币组织更受世人瞩目,国际货币基金组织相对受冷落。第二,欧元区与欧盟的凝聚力与吸引力不断增强。根据 2002 年底欧盟丹麦哥本哈根的峰会上达成的协议,2004 年 5 月波兰、匈牙利等 10 东欧国家已正式加入欧盟。有预期指出,欧盟在今后 10~15 年将成为一个拥有至少 27~28 个成员国、土地面积约 400 多万平方公里、人口 5 亿、GDP11 万亿美元的超大经济体。第三,欧元成员国在 IMF 等国际金融机构中以"一个声音"说话的结果必然是其在制定"国际游戏规则"中的重要性加强。因此,IMF 若不加快进行改革,其重要性完全有可能被区域货币组织所取代。

汇率制度的选择更加多样化。雷顿森林体系下,国际货币基金组织成员国均实行固定汇率制。雷顿森林体系崩溃后,各国在固定汇率与浮动汇率中间自行加以选择。欧元推出后,出现了诸多与欧元相关的汇率制度,欧元区外已有 50 多个国家货币不同形式地钉住了欧元,使汇率制度形式更加多样化。

本章小结

1. 国际货币体系是指国际货币制度、国际金融机构以及由习惯和历史沿革形成的约定俗成的国际货币秩序的总和。国际货币体系既包括有法律约束力的有关国际货币关系的法令条例、规章制度、组织形式等,也包括不具法律约束力的相关传统习惯和约定俗成。

2. 第二次世界大战后建立起来的国际货币体系(布雷顿森林体系),是通过美元与黄金挂钩、各国货币与美元挂钩而形成的以美元为中心的国际金汇兑本位和固定汇率制度。这一体系对稳定第二战次世界大战后的国际金融秩序,促进世界经济的恢复和发展起过积极作用,但其本身却存在着严重缺陷,即所谓"特里芬难题"。

3. 现行的国际货币体系是 1976 年"牙买加协议"后形成的所谓牙买加体系。牙买加体系并没有完全摒弃布雷顿森林体系,而是在保留和加强布雷顿森林体系的重要内容之一——国际货币基金组织的前提下,对布雷顿森林体系进行了改革。其特点是:黄金非货币化;汇率制度多样化;国际储备多元化;调节国际收支方式和手段的多样化。牙买加体系也存在着一些矛盾与问题,理论界提出了许多对之加以改革的方案,但至今尚没有实际性进展,牙买加体系仍在延续。

4. 20 世纪 60 年代初,蒙代尔提出了"最佳通货区"理论,讨论了区域货币一体化的条件;20 世纪 90 年代初,爱默生和格罗斯提出的"一个市场一种货币"思想,打破了"一个国家一种货币"的传统货币主权观,为不同主要国家间的货币融合扫清了思想障碍;20 世纪 90 年代中期,克鲁格曼的"GG-LL 模型",提供了单个国家加入共同货币区利弊的分析方法和工具。

5. 欧洲货币一体化经历了漫长的发展过程,终于在 1999 年 1 月 1 日启动了欧盟单一货币——欧元,至今欧元区已有 17 个成员国。欧元的推出对欧洲乃至世界经济产生了重大影响,但也带来了一系列有待解决的问题。

本章复习思考题

1. 掌握本章重要概念:

国际货币体系　布雷顿森林体系　特里芬难题　牙买加体系　黄金非货币化　区域合作　最佳通货区　GG—LL 模型　欧洲货币一体化　欧元

2. 简述布雷顿森林体系的内容、特点与作用。

3. 试析布雷顿森林体系崩溃的原因。

4. 试析牙买加体系的特点及其利弊。

5. 试述国际货币体系改革方案。

6. 试以蒙代尔"最佳通货区"理论为基础,分析区域货币一体化的条件。

7. 试析欧洲货币一体化的经济影响。

第十二章　金融危机理论与国际金融危机

【主要内容和学习要求】掌握金融危机相关的基本概念;了解金融危机理论和三代货币危机模型;理解并掌握金融危机的成因与防范策略。

20世纪70年代以来,金融危机不仅次数大大增加,破坏力也明显增强,促使人们越来越多地关注金融危机的理论及其防范政策问题。尤其是1997年的亚洲金融危机以及2008年美国金融危机的爆发,使传统的金融危机理论的解释力受到质疑,新的研究更是大量涌现。不同时期、不同流派、不同背景的专家对危机做出了不同的解释。本章主要对已有的金融货币危机理论及其防范策略进行简单的介绍。

第一节　金融危机概述

从经济的历史发展来看,金融危机所造成的危害是巨大的。金融危机严重破坏一个国家的银行信用体系、货币金融市场、对外贸易、国际收支乃至整个国民经济。为全面客观地了解金融危机,本节首先就金融危机的概念、20世纪90年代以来重大的金融危机等内容作一个简要概括性评介。

一、金融危机概念

关于金融危机,比较权威的定义是由戈德斯密斯(1982)给出的,是全部或大部分金融指标[短期利率、资产(包括证券、房地产、土地等)价格、商业破产数和金融机构倒闭数]的急剧、短暂和超周期的恶化。其特征是基于预期资产价格下降而大量抛出不动产或长期金融资产,换成货币。从这一定义可以看出:金融危机是一个较为综合、笼统的概念,按其性质和内容来划分,可以分成以下五类。而值得强调的是近年来的金融危机越来越呈现出某种混合形式的危机。

(一)金融机构危机

金融机构危机指某些银行或非银行金融机构由于内部或外部原因,或者累积出现大量不良债权或巨额亏损,或者面临巨额的债务需要在短期内清偿,导致支付困难或破产倒闭。个别金融机构的危机通过社会公众的信心传递,极易引发全社会对各类金融机构的信用危机,出现挤提、挤兑风潮,危及整个金融体系的稳定。

（二）资本市场危机

资本市场危机指某些国家的资本市场（主要是股票市场）由于国内外多种因素，出现价格短期内大幅度下降，衡量一国财富水平的有价证券量代表的对世界财富要求权相对比例的下降。资本市场危机和货币市场危机因为一国价格的传递而具有联动效应。

（三）货币市场危机

货币市场危机，又称为货币危机，有广义与狭义两种。前者指一国货币的汇率变动在短期内超过一定幅度（一般认为该幅度为 15％～20％）时，就可以称之为货币危机。后者指实行固定汇率制或带有固定汇率制色彩的盯住汇率安排的经济体，由于其汇率没有根据影响汇率变动因素（如宏观经济量）的变化而做出相应的调整，导致其货币内外价值脱节，通常反映为本币汇率的高估，由此引发投机冲击，外汇市场本币的抛压加大，结果是要么外汇市场上本币大幅度贬值，要么是该国金融当局为捍卫本币币值而动用大量国际储备或大幅度提高利率，从而造成国内外经济体持续动荡的事件。

（四）债务危机

债务危机指一国处于不能支付其外债利息、本金的情形，无论这些债权是属于外国政府还是非居民个人。债务危机的爆发往往引起本国及相关国家金融市场的动荡。

（五）综合性金融危机

这类危机往往表现为债务危机、货币市场危机、资本市场危机和金融机构危机之中几种危机的混合体，现实中常常是一种危机的爆发带动其他危机的爆发。相关的实证研究表明，金融机构危机通常先于货币危机，货币危机又会加重金融机构危机并迅速地传递到资本市场，形成恶性循环，使危机迅速波及有关国家的整个金融市场和金融体系，形成综合性金融危机。为了便于分析，下文所涉及的"货币危机"或"金融危机"指的是综合性金融危机。

二、金融危机的历史追溯

从历史上看，早期比较典型的金融危机有荷兰的"郁金香狂热"、英格兰的南海泡沫、法国的密西西比泡沫、美国 1929 年的大萧条以及 20 世纪 60 年代和 70 年代美元危机等等。为简洁起见，这里仅回顾 20 世纪 90 年代以来所发生的重大金融危机，力求从中找出导致金融危机发生的共同因素。

（一）1992－1993 年的欧洲货币危机

20 世纪 90 年代初，两德合并。为了发展东部地区经济，德国于 1992 年 6 月 16 日将其贴现率提高至 8.75％。结果马克汇率开始上升，从而引发欧洲汇率机制长达 1 年的动荡。金融风波接连爆发，英镑和意大利里拉被迫退出欧洲汇率机制。欧洲货币危机出现在欧洲经济货币一体化进程中。从表面上看，是由于德国单独提高贴现率所引起，但是其深层次原因是欧盟各成员国货币政策的不协调，从而从根本上违背了联合浮动汇率制的要求，而宏观经济政策的不协调又与欧盟内部各成员国经济发展的差异紧密相连。

（二）1994－1995 年的墨西哥金融危机

1994 年 12 月 20 日，墨西哥突然宣布比索对美元汇率的波动幅度将被扩大到 15％，由于经济中的长期积累矛盾，此举触发市场信心危机，结果人们纷纷抛售比索，1995 年初，比索贬值 30％。随后股市也应声下跌。比索大幅贬值又引起输入的通货膨胀，这样，为了稳定货币，墨西哥大幅提高利率，结果国内需求减少，企业大量倒闭，失业剧增。在国际援助和墨西哥政府的努力下,墨西哥的金融危机在 1995 年以后开始缓解。墨西哥金融危机的主要原因有三:第一、债务规模庞大,结构失调;第二、经常项目持续逆差,结果储备资产不足,清偿能力下降;第三、僵硬的汇率机制不能适应经济发展的需要。

(三)1997—1998 年的亚洲金融危机

亚洲金融危机是泰国货币急剧贬值在亚洲地区形成的多米诺骨牌效应。这次金融危机所波及的范围之广、持续时间之长、影响之大都为历史罕见,不仅造成了东南亚国家的汇市、股市动荡,大批金融机构倒闭,失业增加,经济衰退,而且还蔓延到世界其他地区,对全球经济都造成了严重的影响。亚洲金融危机涉及许多不同的国家,各国爆发危机的原因也有所区别。然而亚洲金融危机的发生绝不是偶然的,不同国家存在着许多共同的诱发金融危机产生的因素,如宏观经济失衡,金融体系脆弱,资本市场开放与监控不力,货币可兑换与金融市场发育不协调等问题。

(四)1998—1999 年的俄罗斯金融危机

受东南亚金融危机的波及,俄罗斯金融市场在 1997 年秋季大幅下挫之后一直处于不稳定状态,到 1998 年 5 月,终于爆发了一场前所未有的大震荡,股市陷入危机,卢布遭受严重的贬值压力。俄罗斯金融危机是俄罗斯政治、经济、社会危机的综合反映,被称为“俄罗斯综合症”。从外部因素上看,一方面是因为 1997 年亚洲金融危机的影响,另一方面则是由于世界石油价格下跌导致其国际收支恶化,财政税收减少。但究其根本,国内政局动荡,经济长期不景气,金融体系不健全,外债结构不合理则是深层次的原因。

(五)1999—2000 年的巴西金融危机

1999 年 1 月 7 日,巴西米纳斯吉拉斯州宣布该州因财源枯竭,90 天内无力偿还欠联邦政府的 154 亿美元的债务。这导致当日巴西股市重挫 6% 左右,巴西政府债券价格也暴跌 44%,雷亚尔持续走弱,央行行长在三周内两度易人。雷亚尔对美元的汇价接连下挫,股市接连下跌。“桑巴旋风”迅即向亚洲、欧洲及北美吹开,直接冲击了拉美国家,欧洲、亚洲等国家的资本市场。巴西金融危机的外部原因主要是受亚洲和俄罗斯金融危机影响导致国际贸易环境恶化,而其内部原因则是公共债务和公共赤字日益扩大,国际贸易长期逆差,宏观经济政策出现失误等多种因素作用的结果。

(六)2007 年美国次贷危机所引发的全球金融危机

此次金融危机由美国次贷危机引发,2007 年 8 月开始浮现,2008 年上半年正式爆发,并蔓延到其他国家,不仅使美国经济遭受严重创伤,还引起了世界经济的整体动荡。美国次贷危机是在美国因次级抵押贷款机构破产、投资基金被迫关闭、股市剧烈震荡引起的金融风暴,2007 年 8 月金融危机席卷美国、欧盟、北美日本等全球主要金融市场,使得投资者开始对按揭、证券的价值失去信心,引发流动性危机。即使多国中央银行多次向金融市场注入巨额资金,也无法阻止这场金融危机的爆发,至 2008 年,这场金融危机开始失控,并导致雷曼兄弟、美林证券、华盛顿互惠银行和密歇根州银行等多家大型的金融机构倒闭或被政府接管。美国次贷危机愈演愈烈,最终引发了一场席卷全球的金融危机,典型的有欧债危机、冰岛破产、爱尔兰的债务危机,严重地拖累了世界经济的发展。

三、20 世纪 90 年代以来金融危机特征

可以说,在全球范围内不同程度的金融危机几乎年年都有。事实上,2001 年至 2002 年

再度爆发阿根廷金融危机，由此可见金融危机的频繁性。与以往的金融危机相比，20 世纪 90 年代以来的金融危机具有以下六个突出特征：

（一）这些金融危机是在经济全球化大踏步前进过程中爆发

整个 20 世纪 80 年代是经济自由主义在各国获得全面胜利的年代。在以美国为首的西方国家鼓吹下，经济自由主义几乎成为一种全球性的意识形态。1989 年苏联解体和冷战结束更使得资本主义国家弹冠相庆。从较为严格的意义上说，全球化只能从冷战结束之后算起，因为在冷战时期全球经济格局仍然没有摆脱斯大林所说的资本主义和社会主义两个"平行市场"。东亚金融危机之后，全球化的步伐开始放慢，反对全球化的声音越来越响亮。同时，东亚金融危机也使得经济学家不得不反思原有的许多经济自由主义教条。比如，东亚金融危机之后，许多一流的经济学家都对原来的"华盛顿共识"提出了批评。

（二）除了个别例子之外，90 年代以来爆发金融危机的国家大多是新兴市场

所谓新兴市场是指那些已经实现了对外开放，与国际资本市场有密切联系的发展中国家。从 20 世纪 80 年代以来，由于发达国家的利率较低，导致大量资金转向海外寻找新的投资机会，新兴市场因为其收益高而备受追捧。然而，进入 90 年代之后新兴市场频繁爆发金融危机，不由得引起人们的思考。正如诺贝尔经济学奖得主托宾教授曾经指出的，只要世界仍然被分割为发达国家和发展中国家，金融自由化就不可能是通向繁荣和进步之路。值得关注的是：近年来金融危机也开始在发达国家出现，2007 年美国次贷危机、2011 年的欧债危机便是典型的例子。

（三）金融危机的国际传染效应明显且表现出频繁性

尽管历史上一度出现过大范围的货币竞争性贬值，但是，金融危机基本没有明显扩散，而 20 世纪 90 年代的金融危机则表现为很强的国际传染效应且爆发周期明显缩短。在 1992 年秋的欧洲货币体系危机期间，英镑与里拉大幅贬值，后被迫退出欧洲汇率机制；随后，仍留在欧洲汇率机制内的爱尔兰镑和法国法郎等遭受冲击，汇率发生急剧波动。在 1994 年的墨西哥金融危机期间，比索贬值引起了阿根廷、巴西等国家货币汇率的大幅度波动。在 1997 年亚洲金融危机期间，货币贬值首先从泰国开始，迅速蔓延到印度尼西亚、菲律宾、马来西亚，随即波及新加坡、中国台湾和香港，后又扩展到东北亚的韩国和日本。货币危机横扫除中国以外的所有东亚地区，俄罗斯和巴西也经历了金融危机的冲击。1999 年至 2000 年的巴西金融危机、2001 年至 2002 年的阿根廷金融危机、2007 年美国的次贷危机及由此引发的全球金融危机也均明显地表现出了此特征。

一些研究表明，20 世纪 90 年代货币危机的传染效应主要通过下面几个渠道：

（1）贸易渠道传染。一国货币对外贬值后，该国商品的对外价格竞争力增大，使其国际市场的竞争对手处于相对不利的地位。为改善自身处境，其竞争对手往往也会促使本国货币贬值，掀起竞争性贬值浪潮。

（2）金融衍生品渠道传染。从传统的债券、股票、外汇以及房地产、资源类商品市场派生出一大批复杂的新型金融产品，由此产生了极为复杂的"金融衍生工具"，其在引导资金从发达资本市场向发展中经济流动过程中具有建构性作用，同时在诱导金融危机的发生和加剧方面还具有助动性作用。金融衍生工具降低了经济运作的透明度、削弱了金融管理当局的监管、威胁到固定汇率体系的稳定性、提高了系统风险和感染风险、进而加速并深化了危机，在金融危机的传染中有着不可低估的催化作用。

(3)恐慌性传染。在市场信息不对称的情况下,管理共同基金、对冲基金、养老基金和保险公司等机构财产的基金经理人,一旦看到某国发生货币危机,马上会联想到宏观经济状况与其类似的其他国家具有相同的前景,便纷纷从这些国家撤出资金,导致资本恐慌性外逃。

(4)补偿性传染。一些机构投资者和金融公司在一国的货币危机中遭受损失后,为弥补这种损失或提高其受到影响的资产的流动性,会从其他国家的金融市场上抽出资金,抛售当地货币,以换取高流动性的国际货币,结果导致更多国家的货币市场出现动荡。

不难看出,后两个传染渠道与国际资本流动有着密不可分的联系:在金融动荡由一个国家向另一个国家甚至更多的国家传染、并且最终发展成为席卷全球的金融动荡过程中,市场恐慌心理始终处于主导地位,而这种心理恐慌的现实载体则是巨额资本的跨国流动。

(四)虚拟经济的规模扩张迅速,金融攻击呈现立体化特征

随着因美元脱离金本位而导致浮动汇率制的形成,金融创新的增强,信息技术的迅速进步,金融自由化程度的增大,以及经济全球化的发展,虚拟资本在金融市场中的流动速度越来越快,流量也越来越大,从而使得虚拟经济的规模不断增大。据有关资料显示,80年代以来,世界经济平均年增长率为3%左右,国际贸易平均年增长率为5%左右,但国际资本流动增加了25%,全球股票的总价增加了250%。1997年全世界虚拟经济的总量已达140万亿美元,约为世界各国国内生产总值总和(28.2万亿美元)的4倍。全世界虚拟资本每天的平均流动量已高达1.5万亿美元以上,约为世界日平均实际贸易额的50倍。

(五)金融危机的综合性明显且破坏程度非常深重

金融危机可以分为:货币危机、银行业危机和债务危机。20世纪90年代之前,金融危机通常只表现为某单一形式,如20世纪60年代英镑危机为单纯的货币危机,80年代美国储贷协会危机为典型的银行业危机。但是,在进入90年代以后,多数金融危机具有明显的综合性。较为典型的特征是,危机开始时是外汇市场的超常波动,此后引起货币危机,进而发展到短期货币市场和证券市场的动荡,并最终影响到实体经济的正常运行。在大多数情况下,危机还随着银行业危机和程度不同的债务危机。比如,在1994年的墨西哥金融危机和1997年的亚洲金融危机中,危机国家在货币大幅贬值并最终被迫放弃原有的固定汇率制度的同时,均出现了银行业危机的征兆,其银行坏账率非常严重,甚至出现了存款抽逃和银行挤提等现象。墨西哥、泰国、韩国和阿根廷等国家在危机期间还出现了外汇储备无法保证外债按期偿付的债务危机的迹象。可以说是从货币危机肇始,并次第演化为金融危机、经济危机甚至是政治危机。如果仅仅表现为货币危机,则其对实体经济的冲击是有限的,因为货币危机往往是由经常项目出现异常逆差而导致,但是货币贬值有助于提高本国产品的竞争力,有利于改善本国的国际收支。金融危机的范围比货币危机更广,金融危机包括发生在银行业的挤兑危机,发生在股票市场的崩盘危机等等。

(六)日新月异的信息和网络技术加速了金融虚拟化和恶性膨胀

信息和通信技术极大地改变了世界各国的经济活动、政治运作和文化交流,使当代资本主义发生了明显的变化。首先,信息和通信技术大规模地渗透到资本主义的生产方面,成为资本主义发展不可缺少的工具和动力。它推动生产数字化转变,从根本上反映了资本主义企业提高生产率、扩大生产规模和扩展业务的要求。其次,以新信息技术为基础的全球金融体系逐步形成并不断发展。90年代中期,在发达国家,计算机不仅改变了货币作为交换中介的物质形态,而且改变货币支付的交易和记账制度,这种改变对企业交易的性质和规模都

有直接的影响。如 1995 年,以计算机技术为核心的电子支票清算系统已经成为最大的国际清算系统,142 个美国国内和国外银行每天使用它清算的交易有 20 万宗,交易总额达 1. 3 万亿美元。这种规模的变化对政府的权威提出挑战,使政府无法或只得放松对金融市场的监管。国际范围推广的信用、税收等电子化运动极大地加强了跨国公司的权力,使财富和经济权力向垄断资本迅速集中,直接增加了市场的不稳定性和风险

第二节 金融危机理论

早期比较有影响的金融危机理论是由 Fisher(1933)提出的债务－通货紧缩理论。Fisher 认为,在经济扩张过程中,投资的增加主要是通过银行信贷来实现。这会引起货币增加,从而物价上涨;而物价上涨又有利于债务人,因此信贷会进一步扩大,直到"过度负债"状态,即流动资产不足以清偿到期的债务,结果引起连锁的债务－通货紧缩过程,而这个过程则往往是以广泛的破产而结束。在 Fisher 的理论基础上,Minsky(1963)提出"金融不稳定"理论,Tobin(1980)提出"银行体系关键"理论,Kindleberger(1978)提出"过度交易"理论,M. H. Wolfson(1996)年提出"资产价格下降"理论,各自从不同方面发展了 Fisher 的债务－通货紧缩理论。

20 世纪 70 年代以后的金融危机爆发得越来越频繁,而且常常以独立于实际经济危机的形式而产生。在此基础上,金融危机理论也逐渐趋于成熟化。从 70 年代到 90 年代大致分为三个阶段:以克鲁格曼(Krugman 1979)、弗拉德(Flood 1984)和戈博(Garber 1984)为代表的第一代理论;以奥布斯特菲尔德(Obstfeld 1994 1996)为代表的第二代理论;众说纷纭但以克鲁格曼(Krugman 1998)为主要代表的第三代理论。第一代理论起源于克鲁格曼的国际收支危机模型,后经弗拉德、戈博两人的补充,主要强调扩张型财政货币政策与固定汇率制之间的内在矛盾;第二代理论被称为是预期自致型模型,强调货币危机具有预期自我实现性质;第三代模型的观点还不统一,有的强调危机的传染性、有的强调金融市场的羊群效应、有的强调金融机构的流动性不足,其中最有影响力的要算克鲁格曼强调金融机构道德风险问题与资产泡沫之间关系的道德风险模型。本节旨在对 1979 年以来的货币危机理论做一个概括性的介绍和评价。

一、第一代货币危机模型

第一代货币危机模型被称为是国际收支危机模型,其主要结论是,与固定汇率制度相矛盾的宏观经济政策,主要是扩张性的财政政策,最终将不可避免地导致外汇储备的耗尽,从而导致固定汇率制度的崩溃。但是外汇储备的耗尽并不是一个平静的、渐进的过程,而是有一个临界点,在这个临界点上,投机者会突然将政府手中的所有外汇储备全部买光,从而使固定汇率制度提前崩溃。换而言之,固定汇率制会遭到突然的投机攻击(speculative attack)。

在国际收支危机模型中,克鲁格曼假定政府为解决赤字问题会不顾外汇储备,无限制的发行纸币,而同时中央银行为维持固定汇率制会无限制地抛出外汇直至外汇储备消耗殆尽。

由于政府试图用增发货币的方式为财政赤字融资,但是在固定汇率制下,政府所能够增发的货币受公众资产选择的制约,超出公众实际货币需求的那部分货币会转化为对政府外汇储备的购买。在这样的前提条件下,只要政府持续地为赤字融资,外汇储备迟早会告尽,并进而导致固定汇率制的崩溃。克鲁格曼还进一步指出,在外汇储备自然减少到零之前,固定汇率制度将会遭遇一个突然的投机攻击而提前崩溃。也就是说,由于投机者的冲击,政府被迫放弃固定汇率制度的时间将早于政府主动放弃的时间。如图 12-1 所示。

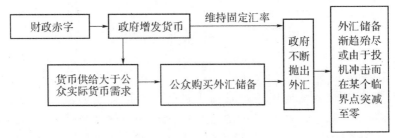

图 12-1　外汇储备流程图

下面我们用一个简化的数学模型来说明这一基本思想。模型如下:

$$m_t - p_t = a \cdot \bar{y} - b \cdot i_t \qquad a,b > 0 \tag{1}$$
$$m_t = r \cdot D_t + (1-r) \cdot R_t \qquad 0 < r < 1 \tag{2}$$
$$d(D_t)/dt = \mu \qquad \mu > 0 \tag{3}$$
$$p_t = s_t \tag{4}$$
$$i_t = i^* + E_t d(s_t)/d(t) \tag{5}$$

式中 d 为求导符号,t 为时间,其他小写字母内生变量均为自然对数值。m_t 表示名义货币,D_t 为国内信贷,R_t 为换算成本币后的外汇储备,s_t 为即期汇率,p_t 为价格水平,i_t 为国内利率,i^* 为国外利率(假定为常数),E_t 表示 t 时期可用信息的预期值。

(1)式来自于货币需求方程($M/P = KY^a I_t^{-b}$)的自然对数形式;(2)式是将货币量与储备和国内信贷相联系的一个等式;(3)式是一个特殊的行为方程,表示为弥补财政赤字,国内信贷以速度 μ 增长;(4)式是一个特殊的购买力平价方程,它假定外国的物价水平保持不变,从而将其标准化为 1;(5)式为利率平价方程。

在完美预期条件下,$E_t d(s_t)/d(t) = d(s_t)/d(t)$。设 $\bar{y} = i^* = 0$ 并结合方程(1)、(2)和(3)可得:

$$m_t = s_t - a^* d(s_t)/d(t) \tag{6}$$

当汇率固定时,设为 s,则 $d(s_t)/d(t) = 0$。联合(2)和(6)式得到:

$$R_t = (s - rD_t)/(1-r) \tag{7}$$

再结合(3)式可得

$$d(R_t)/d(t) = -\mu / \delta,其中 \delta = (1-r)/r \tag{8}$$

由于 $\mu > 0$,式(8)告诉我们,外汇储备将不断下降。只要外汇储备存在一个最低限,那么无论开始时的外汇储备有多大,固定汇率制度终归要崩溃。假定这个下限为 0,那么在没有投机攻击的条件下,固定汇率可以支撑的时间为 $\delta R(0)/\mu$,其中 $R(0)$ 代表初始的外汇储备量。过了这段时间之后,汇率和物价将自由浮动。

但是在存在投机者的情况下,固定汇率所维持的时间要小于 $\delta R(0)/\mu$,投机者会在此之前的某个时点上发动突然攻击,从而使政府提前放弃固定汇率制度。这是因为,假定没有投机攻击,那么从外汇储备降为零的那一刻开始,货币供应量就会随着国内信贷的上升而上升,从而带动物价和汇率上升。这种上升会反映到人们的预期通货膨胀率中来,从而使人们的实际货币需求下降。由于在任何时点上名义货币存量都是固定的,所以实际货币需求的突然下降意味着物价水平将发生一个突然的向上跳跃,根据购买力平价,汇率必将发生突然的贬值,从而意味着在此之前买下外汇储备是有利可图的。当大量的投机资金同时攻击外汇储备的条件下,固定汇率制只能提前结束。

　　为了研究攻击发生的具体时间,我们可以定义一个外汇的影子价格,也就是影子汇率。任一时点 t 上的影子汇率定义为:如果外汇储备在该点或该点之前被投机者全部买走,外汇市场上将出现的均衡浮动汇率。它代表了投机者买下外汇储备后将外汇在市场上转手出售可以获得的价格。下面我们做出固定汇率、影子汇率、货币量、国内信贷量以及外汇储备随时间变化的坐标图并加以分析。

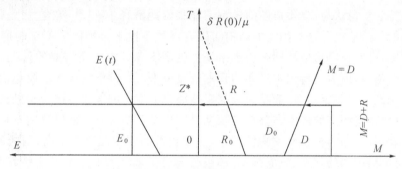

图 12-2　固定汇率与投机攻击

　　由左半图我们可以看出投机者不会在影子汇率上升到与固定汇率相等之前,即 $t<Z^*$ 时发动攻击,因为在 Z^* 之前,投机者以固定汇率 Z^* 买下所有外汇后,在市场上只能得到一个比固定汇率更低的汇率。但是投机攻击也不可能在 Z^* 之后发生,因为在此点之后,虽然投机意味着利润,但是每个投机者都相赶在其他投机者之前捷足先登。相应地,在右半图中,我们可以看到,在没有投机攻击的情况下,外汇储备本来可以维持到 $\delta R(0)/\mu$,但是由于投机攻击,它会在 Z^* 这一点上突然下降为 0。固定汇率制度也因而在此点崩溃,但由于在该时点上,名义货币量和外汇储备量一起发生等额减少,从而使得货币存量的一次性减少抵消了预期通货膨胀的一次性上升所带来得贬值压力,所以固定汇率制的崩溃不会伴随着汇率数值的向上跳跃。但是,自该点起,汇率数值将从 E^* 开始,随着国内信贷的增加而上升。

　　国际收支模型突出地强调了与固定汇率相抵触的赤字财政政策导致货币危机的必然性,以及表面上看起来足以应付正常的国际收支赤字的外汇储备在一夜间丧失殆尽的可能性。这点结论和大量的经验事实是相吻合的。Edwards(1995)从实证上研究了从 1954 年至 1975 年的 87 次货币金融危机。他发现这些危机的爆发正如国际收支危机模型所预示的那样,其共同特点是危机的发生都伴随着巨额的财政赤字,而且这些财政赤字往往都是通过中央银行对政府的扩张性信贷政策来加以弥补的。另外,1992 年英国政府 400 多亿的外汇储备以及 1997 年泰国政府 300 多亿的外汇储备在投机者攻击下的不堪一击也证实了在某个时点外汇储备突然减少的可能性。尽管如此,国际收支模型也只是对在个案分析的基础上得出的经验性解释,它无法解释所有的货币危机。例如 1982 年的智利、1994 年的墨西哥、1997 的泰国,它们的财政赤字并不突出,甚至略有盈余。这表明,货币危机还可能由某些国际收支模型未曾考虑到的原因而引发。

二、第二代货币危机模型

第二代货币危机模型提出了崭新的货币危机的"逻辑"。它认为,货币危机的发生不是由于经济基础的恶化,而是由于贬值预期的自我实现所导致的。这一点与强调经济基本面因素的国际收支危机模型截然不同。这类模型的基本结论是,与不同的预期相对应,经济中存在着不同的均衡结果,即使政府并没有执行与固定汇率制度相抵触的扩张性财政、货币政策,一种本来可以永远延续下去的固定汇率制度,也有可能因为大家都预期它将崩溃而崩溃。也就是说,货币危机预期具有自我实现的性质。因而,第二代货币危机模型被称为是预期自致型模型,其主要代表人物为奥布斯特菲尔德。

奥布斯特菲尔德(Obstfeld 1994)的模型是克鲁格曼(Krugman 1979)模型的进一步发展。奥布斯特菲尔德认为,克鲁格曼的模型不能很好地解释 1992 年英国、意大利、西班牙、芬兰和瑞典的货币危机。这些国家的政府可以有多种手段来维护固定汇率制度,而且他们都是发达国家,可以很容易地从国际资本市场上借到支撑其汇率所需要的外汇。这些国家之所以选择贬值,是因为坚持固定汇率的预期收益小于为其付出的成本。换句话说,政府并不会一味机械地坚持固定汇率,而是会根据坚持固定汇率的成本收益进行相机抉择。

通常,坚持固定利率的成本与公众的预期是密切相关的。公众贬值预期越强,维持固定汇率的成本就越高,因为根据利率平价理论,一国货币的预期贬值率越高,国内利率水平就越高,从而可能给国内的就业、政府预算、和银行部门带来巨大的压力。这些方面的压力达到一定的水平,就会迫使政府决定贬值。因此贬值预期具有自我实现的功能,而之所以这种贬值预期能够自我实现,名义利率机制发挥了关键性的作用。因为从理论上讲,政府总可以通过提高利率以抵消市场贬值预期,获得储备来维持平价;当政府被迫放弃平价时,原因一定是提高利率以维系平价的成本大大高于维持平价所能获得的利益。

政府提高利率以维持平价的成本包括:(1)高利率会因为巨额的债务存量而加大财政预算赤字;(2)高利率会加重借款人的道德风险,从而不利于金融稳定;(3)高利率会造成经济紧缩,影响经济增长和就业等问题。政府放弃平价的成本有:(1)汇率的自由浮动会给国际贸易与投资带来不确定性;(2)不能发挥固定汇率"名义锚"的作用,遏制通货膨胀;(3)政府将丧失政策一致性的名声(reputation),这在政府政策对象是具有理性预期的公众时是极为重要的。因此,政府在选择维持还是放弃的过程实际上就是一种动态的博弈过程。通过建立一次性信用博弈模型,我们可以得到三个均衡解,如图 12-3 所示。

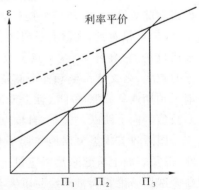

图 12-3 预期贬值的多重均衡

其中Π3 点表示的是浮动汇率下的平均贬值率,Π1、Π2 则表示通货膨胀预期次递上升;45度线为利率平价线,曲线为汇率预期的贬值线。由此我们可以看到,虽然均衡点Π1 对政府较为有利,但是政府没有能力使得通货膨胀保持在较低的水平上,甚至政府最终将放弃平价,汇率可能变为完全浮动,从而在Π3 点上实现均衡。其根本原因就在于预期的自我实现。由以上分析可知,第二代货币模型认为,货币危机发生的根源不在于经济基础,而是由于市场投机者的贬值预期。这一预期通过名义利率机制发挥作用,最终迫使政府放弃平价,使这一预期得到实现。同时,货币危机发生的隐含条件是宏观经济中存在多重均衡:当人们普遍预期货币将贬值时,政府会发现坚持固定汇率制的成本大于收益,从而会放弃固定汇率制;当人们预期固定汇率制将延续时,政府就会发现坚持固定汇率制的成本小于收益,因而也就不会实行贬值。奥布斯特菲尔德的这个模型很好地解释了1992年3个欧共体成员国和两个北欧国家的货币危机,尤其是英国、瑞典和芬兰。

在第二代货币危机模型中,还有一种颇具影响力的金融恐慌模型,其中以戴蒙德和戴维格的银行挤兑(Bank run)模型(Diamond and Dybvig,1983)最为著名。它的基本思想是,银行作为一种金融中介机构,其基本的功能是将不流动的资产转化为流动性的资产,但是正是这种功能本身使得银行容易遭受挤兑。他们认为,在现实生活中存在不同消费偏好的投资者,各类投资者会根据自己的消费偏好来选择不同期的投资项目。而银行也会根据各类投资者的比例将资产投资于不同期的投资项目以与投资者的消费偏好相适应,从而提高社会福利。但是,一旦出现金融恐慌,金融市场将会发生"羊群行为",从而所有的投资者均会提前在同一期提前兑现,导致银行挤兑,进而产生货币危机。

三、第三代货币危机模型

亚洲金融危机(1997—98)后出现了一大批新的金融危机文献,因为当前的理论不能预测这种危机甚至无法解释危机。这样第三代金融危机模型的发展就很有必要。

Chang-Velasco(1998b)认为新模型必须有以下几个特点:

(1)并不是政府的不当政策引起了危机。最近金融危机的一个显著事实是政府预算是盈余的。在 Velasco(1987)的智利案例、Sachs,Tornell 和 Velasco(1996a)的墨西哥案例和Radelet and Sachs(1998)的亚洲案例中都强调了这一点。这表明,以财政赤字减少外汇储备从而引发货币危机为特点的第一代模型已经不能解释当前的这些危机。

(2)必须一般化,以包含宏观经济环境的各种变量。基本宏观经济变量在引起危机方面没有单一的模式。有时经常项目会出现赤字但并不总是赤字,私人消费和投资是一样。在Franke and Rose(1996)在对一组货币危机中宏观经济行为的研究中发现,危机之年总会出现产出收缩。但正如他们自己指出的那样,因果关系影响是相互的。那么以政府贬值是对高失业和(或)其他外部不平衡的反应为特点的第二代模型也没用了。

(3)必须能够解释在某些宏观条件下为什么会发生或不发生。它必须回答为什么是现在发生而不是在以前。以经常项目为例(它经常被认为是货币贬值的原因),东亚国家在80年代和90年代早期经常项目就经常有大的赤字,但危机却直到现在才发生,为什么?它也必须回答1996年马来西亚、韩国、菲律宾和泰国有大的经济项目赤字(超过 GDP 的 4%),但巴西、智利、哥伦比亚和秘鲁也存在同样的情况,而危机却在亚洲发生而不是南美。

(4)必须能说明利率崩溃与银行危机之间的联系。20世纪80年代初的南美危机、90年代初的斯堪的纳维亚危机、1995年墨西哥危机和1997年亚洲危机中,货币与整个金融系统一起崩溃。正式的经济计量工作证实金融变量更能预见危机的发生。

(5)必须能够回答为什么小错误会带来大惩罚。危机造成的损失是巨大的。1982年,智利的 GDP 下降了14%,1995年墨西哥下降 7%。这些危机不全是由宏观经济薄弱引起的,或者并没有坏到会引起经济萧条的程度。当经常项目必须调整,例如赤字达到 GDP 的 3%,这要求收缩总需求,从而要求提高利率。但没有一个标准模型要求利率上升 50% 或更高,以达到削减消费和投资的目的。也没有一个标准的价格刚性模型会使产出产生这种反应来缓和需求。

（一）传染效应模型

Eichengreen,Rose 和 Wyplosa(1996)注意到投机性攻击在短时间时具有相关性;也就是,货币危机表现从一国传染到另一国。在他们的文章中,作者企图找出这种传染的渠道。第一个渠道是各个国家由于贸易恶化而导致利率变化竞争性效应。第二个渠道是投资者预期到在相同宏观经济形势下政府会采取相同的方法来对付货币变动。作者提出事实证据表明,通过贸易产生的传染效应比因宏观经济形势相似而引起的传染效应要强得多。

由于货币危机通过贸易联系传染而与宏观经济环境无关,1998 年世界银行将金融市场的传染定义为不是由经济环境市场一般变动引起的市场联合变动。这说明证券市场变得越来越一体化,它们的变动与经济环境的变动并不相关。Kaminsky and Schmukler(1998)作了下表来说明金融市场的一体化。

表 12-1　月证券市场收益平均回归值(1970s－1990 年)

Region	Among countries in the region			Among countries in other regions		
	1970s	1980s	1990s	1970s	1980s	1990s
Asia	0.11	0.11	0.41	0.08	0.25	0.41
Europe	0.14	0.33	0.38	0.07	0.24	0.37
G－7	0.15	0.3	0.29	0.11	0.17	0.22
Latin America	0.07	－0.01	0.26	－0.14	0.25	0.32

来源：Global Economic Prospects and the Developing Countries. World Bank 1998.

Gerlach and Smetz(1995)提出模型说明一国货币被迫贬值是如何影响他国的,是如何增加他国的投机压力和加速其发生危机的。模型证明传染效应强于实际或名义工资的下降效应、两国贸易结合度上升效应和两国都与共同第三国降低结合效应。所以这就解释了当一国的汇率被攻击,与这个国家经济结合度高的国家投机性压力为什么会上升。

（二）羊群效应模型

Krugman(1997)认为汇率市场是没有效率的,其中一个表现就是羊群效应。也就是一波货币卖出会产生逃跑性的货币抛售,仅仅是因为模仿,这很可能会产生货币危机。IFM(1998)提到了资本向新兴市场的流动,一些观察家认为资本流入流出的过程会因机构投资者的羊群行为而加速。羊群行为被看成是一种非理性的行为,Davenow and Welch(1996)提出羊群行为有三种效应:(1)清付的外部性。行为人放弃一种行为的清付与放弃同样行为的行为人的数量成正比。(2)委托代理条件。为了信息不充分的市场中保持或获得信誉,经理人会躲避羊群行为以避免贬值或发动羊群行为以提升信誉。(3)后行为者的信息显示。从先行为人的行动中获得信息,最优决定是忽视他们自己的信息。

（三）道德风险模型

Krugman(1998)认为由政府免费提供的保险可能是一些国家,特别是亚洲国家发生金融危机的原因。他认为在金融中介具有免费保险且又监管不严的情况下,金融中介机构具有很强的扩张倾向而很少考虑投资项目的贷款风险。在国内机构无法从国际资本市场融资的情况下,国内投资需求过度只会造成国内利率的上升,而不至于引发投资过度。但如果资本项目放开,国内的金融中介机构可以在世界资本市场上自由融资,那么由政府保险引发的道德风险就可能导致经济的过度投资。

G. Corsetti, P. Pesenti and N. Roubini 用模型来解释道德风险是亚洲金融危机的原因,他们认为在缺乏监管下,道德风险是过度投资、过度对外借贷和经常项目赤字的共同根源。在他们的模型中,私人行为人在政府对企业和金融投资的担保下行动,不利环境下的隐含担保使国内资产的收益得到确认。从这个意义上讲国外存款人愿意出借,而且无利润的项目和现金不足通过国外借贷得到再融资。这种过程形成了经常项目赤字不可持续的路径。

当国外存款人最终拒绝为持续损失再融资时,政府被迫介入,为巨额外债担保。为了清偿政府必须进行一定的财政改革,可能会通过发行货币来增加铸币税收入。由于预期到通货膨胀,外汇市场的投机使货币崩溃并引起金融危机。因为那些可以用来援助破产企业的外汇在投机性攻击下耗尽了。低储备、财政不足使不良贷款增加,金融和货币危机交织在一起。

（四）收支平衡模型

Krugman(1999)提出了一个模型,这个模型具有多重均衡特性,投资者信心的丧失导致转移困境。为了逆转经常项目的赤字,这个国家必须经历大的货币贬值。这使国内企业的资产负债恶化,这减小了它们的投资能力,同时投资者的信心丧失。另一个企业资产负债恶化导致的经济脆弱性模型由 Aghion-bacchetta-Banerjee(2001)提出。

Krugman(1999)的模型主要强调两个方面,决定企业投资能力的收支平衡状况和影响实际利率的资本流动。模型中,国内企业能从国外借到钱的数量是由他的财富决定的,即 $I_t^f=(1+\lambda)W_t$,其中 I_t^f 是可获得的投资、W_t 是财富;同时每一个企业的财富又依赖于这种借贷,即 $W_t=\alpha y-D-pF$,其中 αy 是企业家收入、D 是内债、F 是外债、p 是汇率。因为资本流入的数量会影响贸易条件和企业外债价值。从而就可以刻画出金融危机发生的机制:资本流入量的下降会影响国内企业的收支平衡,借贷能力下降,这样资本流入进一步减少。

模型进一步推导出 $\dfrac{\mathrm{d}I^f}{\mathrm{d}I}=\dfrac{(1-\lambda)(1-\mu)F}{X}$,则从图 12-3 中可以看到有三个均衡,$L$、$Q$ 和 H。由于 Q 是不稳定的,从长期来看存在的均衡只有 H 和 L。在均衡 H 上,国内投资回报率与国际投资回报率相等;在均衡 L 上,出借人认为企业无抵押品而拒绝放款,资本提供的失败意味着实际汇率的上升,本国货币的恶性贬值使企业破产清算。所谓的金融危机也就是从均衡 H 崩溃为均衡 L。

最后 Krugman 提出三点建议:

(1)预防危机的措施。Krugman 认为限制企业借入各种期限的外债可以预防金融危机的发生。借入外债会引起外部不经济的情况,因为借入外债会放大不良冲击对汇率的影响;货币的贬值会引起资本市场的非理性行为,从而使经济衰退。企业借入外债的决策使经济运行增加了额外的成本。

(2)应对危机的方法。一种方法是实行紧急信贷限额,对企业进行注资或对银行进行援

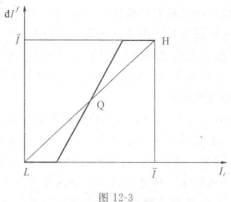

图 12-3

救。这可以弥补企业的信用损失,以使投资能够继续。所以这个信贷限额必须非常的高。Krugman 同时也指出,高的借贷限额会因对问题企业融资而造成漏出效应;而且它也很难被实施。因为如果有足够高的信贷限额危机一开始就不会发生。另一个方法禁止外资出逃。但 Krugman 指出,如果资本项目是自由兑换的,其他形式的资本外逃还是可能的。但为了投资的利益这一措施的实行还是很有必要的。

(3)危机后的重建策略。Krugman 认为是恢复增长,靠银行重组和资本结构调整是不够的,还必须对企业家进行援助或引入新的企业家,或两者同时实行。新的企业家也可以来自国外,从而引进国外直接投资。

(五)流动性不足模型

流动性不足模型认为遭受危机的亚洲国家受到金融脆弱性的困扰,在国际借贷者受到自我实现式信心丧失时,这种脆弱性使这些国家变得易受攻击。Chang-Velasco(1998a,b)在 Diamond-Dybvig(1983)银行运行模型基础上建立了一个新模型,金融中介会使投资者造成恐慌。由于害怕损失使存款者要求立即清偿,长期资产的清偿使恐惧加深。Chang-Velasco 认为在固定汇率的开放经济中,中央银行有限的储备会使它在这种恐慌下避免成为最后的出借者。

Chang-Velasco 的模型特别强调以下几点:

(1)由于资本项目的开发或一国可获国外贷款的增加,从而使国外资本大量流入,这会增大流动性不足的问题。特别地,当这国外贷款是短期债务时,银行的脆弱性就会大大增加。一次存款者恐慌,也就是存款者拒绝为短期债务再筹资,会导致银行资金的外逃。

(2)流动性不足的问题也会因为不恰当的金融自由化而恶化。主要是因为商业银行典型存在的资产收益期与债务偿还期的不一致问题。特别解释了降低储备和加剧银行竞争的金融自由化提高了银行的脆弱性。

(3)外部环境(比如,贸易条件、竞争力、世界利率)的微小变化会引起金融系统的强烈反应。由于存在高成本的清算,小的冲击就会引起金融危机,导致无必要的大规模存款外逃,资产价格和经济活力的下降。

(4)无弹性的资产(如土地、房地产等)价格会因国外资本的注入而急速上升,也会因为银行危机而急速下降。但最初的上升并不是因为资产泡沫,同样下跌也不表明价格回归真实水平。如果金融出逃导致资产价格下跌,说明价格下跌是没有必要的,因为真正的原因是无效率的资产清算。

(5)Krugman 所声称的和东亚国家所实行的不完善政策(政府存款担保、投资津贴)的主要危害是增加了银行的脆弱性。如果银行崩溃,相关的成本会大大超过传统的效率损失。

(6)如果银行危机到来,汇率将会崩溃;因为稳定银行与维持汇率成为一对不兼容的目标。中央银行为了阻止银行危机而抑制利率上升或提供援救基金。但行为人会用国内货币来购买外汇,最终迫使央行放弃固定汇率制。从这个意义上讲,有必要分析双危机:金融危机和收支平衡危机。

三代货币危机模型由于提出的时代背景不同,因而各自具有不同的特点。但它们共同的特点是都试图从某一方面切入来寻找危机发生的原因,所有的模型都是在个案分析的基础上得出的事后解释,缺乏理论预见性。引发金融危机的渠道有:宏观经济衰退,外汇储备不足,实际利率上升,国内信用的过度膨胀,金融机构流动性不足,经常项目赤字,贸易关联,与第三方的贸易竞争,短期债务过多,羊群行为等等。从方法论上讲,第一代模型强调线性政府行为与固定汇率制的矛盾;第二代、第三化模型强调多重均衡和危机的自我实现。从这个意义上讲第二代与第三代模型的区别并不是本质性的。相对而言,第一代模型与第二模型的区别在于政府行为的理性化。政策的不一致性是它们的共同点。第三代模型则更符合发展中国家的现实情况,尤其是其中的流动性不足模型(也可称金融脆弱性模型)和道德风险模型。因为传染效应模型和羊群效应模型是危机中的特点,如果危机不发生它们就不会出现;而且一旦危机发生在当今经济一体化、金融一体化趋势日益明显的情况下,无论发展中国家还是发达国家都会遇到这两种效应。而只要资本项目是开放的,收支平衡模型描述的情况也会出现。显然,现代货币危机理论仍属于一种发展中的理论,远未走上成熟。尽管如此,现代货币危机理论仍能够给予我们对防范货币金融危机的一些重要启示。

第三节　金融危机的成因与防范策略

金融危机的代价是高昂的。当金融危机发生时,从金融机构本身到财政、货币以致社会稳定、国家安全,都受到金融危机的强烈冲击。20 世纪 90 年代以来爆发的几次金融危机中,以 1997—1998 年亚洲金融危机、2007 年美国次贷危机及由此引发的金融危机的影响最为深远和严重。这两次危机不仅对各国政府敲起了警钟,也引起了学术界的深切关注,对金融危机形成的原因及其防范和治理的策略提出了众多的意见,给人们提供了重要的经验和教训。

一、20 世纪 90 年代中期亚洲金融危机的成因

自 20 世纪 80 年代初以来,经济金融全球化问题,比之 19 世纪末以后的任何时期,已成为世界经济和政治事务中的关键。与此同时,虚拟经济业已全面展开,在虚拟经济发展并全面铺开的过程中,对经济主体势必产生深远的影响,因此研究金融危机的成因及防范治理策略很有必要了解虚拟经济相关内容。

目前对"虚拟经济"概念的研究尚处于初级阶段。相比较而言,笔者认为经济专家成思危对虚拟经济的定义较为明确具体。虚拟经济是指与虚拟资本以金融系统为主要依托的循

环运动有关的经济活动,简单地说就是直接以钱生钱的活动。虚拟经济大体上有三层含义。一是指证券、期货、期权等虚拟资本的交易活动(Fictitious Economy);二是指以信息技术为工具所进行的的经济活动(Virtual Economy),也有人称之为数字经济或信息经济;三是指用计算机模拟的可视化经济活动(Visual Economy)。因此基于虚拟经济层面诠释金融危机便可简单地认为是虚拟经济系统的崩溃,即人们纷纷抛售其实际资产并变现其虚拟资本,导致利率、汇率、股价等金融指标全部或大部突然而急剧地恶化的现象。例如1982年爆发的拉美金融危机、1995年爆发的墨西哥金融危机,以及这次东亚金融危机等。尽管这些危机的诱因和规模各不相同,但都对有关国家造成了很大的危害。关于这次东亚金融危机的成因,基于虚拟经济相关理论,可以归结为以下几点。

（一）实体经济系统运行失常

实体经济系统运行失常主要表现是经济发展的速度、结构与效益之间的失调,通常的问题是着重追求高速发展而忽视效益,也没有注意结构的合理化。例如泰国1997年的金融危机源于房地产、钢铁制造等产业的盲目发展,导致大量的房屋、钢铁制品的相对过剩,由此引发信贷、债务和证券业的信用危机,促使国内经济的进一步恶化;1996年之前大量国外资金流入泰国,而它们大都流向了非贸易部门,在政府的政策导向下流向房地产业,尤其是高级商场、旅馆、办公楼、豪华居民住宅和高级医院等,1996年底泰国的外债总额930亿美元中,有730亿美元是私人外债,而其中约有1/3流向房地产业。而这种盲目的房地产投资很快就使房地产严重过剩。1996年底泰国的房屋空置率达22%,仅曼谷市内空置的房屋就达80万套。造成了金融机构的大量不良资产;泰国的商业银行也向房地产业大量贷款,又借款给财务证券公司,房地产业的衰退和财务证券公司的倒闭也给了它们沉重的打击。商业银行在房地产业的坏账有200亿美元,数家银行因此而陷入危机。如此恶化的经济结构,再加国际投机者的炒作,使危机一发而难以复苏。

（二）政府宏观管理失误

政府宏观管理的失误对实体经济运行的影响是人所共知的,对虚拟经济运行的严重影响却往往被忽视。例如东亚各国和地区在金融危机发生前多半实行主要钉住美元的固定汇率制,在美元升值时就会造成本币高估,再加上实行高利率(例如从1991到1996年,泰国货币市场利率与美国联邦基金市场的利率相差3.15%以上),鼓励银行向外借款等措施,使外资大量流入,刺激起盲目投资、开发房地产及购买证券的热潮。如1996年底泰国的外债总额930亿美元(占其国民生产总值50%以上)中,有730亿美元是私人外债,而其中约有1/3流向房地产业。

在政府鼓励及投资者盲目乐观情绪的支持下,必然会导致虚拟经济的不断膨胀,经济泡沫也随之增多。大量外资的流入不但掩盖了实体经济效益低下的问题,而且还为维持虚拟经济系统的耗散结构提供了能量。由于经济前景看好,对本币的需求旺盛,股市及房地产业生气蓬勃,靠借新债来还旧债似乎不成问题,使得银行敢于放胆借债及放贷,致使虚拟经济过度膨胀,加剧了其内在的不稳定性。

（三）金融系统稚嫩脆弱

许多东亚国家的金融系统建设未能与经济的高速发展保持同步,其金融系统既不成熟又不健全,在面临外来冲击和巨大风险时表现脆弱。由于资本市场的不发达,使有些东亚国家和地区以银行为主要的融资中介,用短期的借贷来支持长期的投资。由于缺乏其他融资手段,不断地借新债还旧债成为银行用以弥补投资收益低下和滞后的救命草,而一旦借不到新债就会引起严重问题。但是由于政府对银行的过度支持,使银行产生一种只顾逐利、不承担风险的所谓的道德危机(Moral Hazard),再加上银行与企业的关系过于密切,容易导致过度借贷行为。而金融机构的不健全,以及缺乏适当的监管机制又进一步助长了这种道德危机。

(四)投资者信心动摇

在每个国家的金融市场上都有成千上万个国内外投资者从事虚拟经济活动。可以认为,每一个投资者都遵循一种理性行为,即按照其对市场情势的判断来决定是继续投资还是撤资。由于东亚经济连续快速地增长,加上不少东亚国家及地区政府采取各种措施积极吸引外资,使得投资者对东亚经济的发展产生了盲目乐观情绪,都预期能得到较高的收益,在没有冷静地评估借款人的还款能力之前就迅速大量地投入资金。但一旦出现问题时,市场却会在由于投资者这种乐观情绪的破灭及信息的不对称而在总体上出现了一种过度的恐慌,匆忙地迅速撤走资金,导致了资本逆流。按理说,有偿还能力但缺乏流动性的借款人应当能在资本市场上借到现金以偿还债务,他们之所以借不到钱是因为每一个贷放者都假定其他的贷放者不会对这些借款人贷款。这时虚拟经济系统的耗散结构在没有新的资金注入时就难以维持稳定。

(五)投机资本兴风作浪

在金融创新与国际金融一体化的同时,也产生了以各种对冲基金为主的一批国际投机资本。199 年前后美国至少有 4200 家对冲基金,资本总额超过 3000 亿美元。其资金杠杆率高达 1∶300 之多。这些金融投机者无时不在窥测方向,制造风波,追逐高额利润。他们的嗅觉非常灵敏,一旦有套利的机会就会闻风而至,无利可图时就会迅速撤离。这次东亚金融危机就是以国际投机资本冲击泰国金融市场为导火线而产生的,但是这种外部的扰动只有通过虚拟经济系统内部的耗散结构才能发挥作用。

(六)IMF 援助方式僵化

亚洲金融危机爆发后,危机国家即向 IMF 求援。但是,IMF 似乎还没有对新型的危机做出相应的应变,相反还是用解决以经常账户危机的方法应付以资本账户危机为特征的金融危机。以资本账户危机为特征的金融危机最为明显的特征是市场上众多金融资产价格与实体经济的相关性较以前已大大地降低,有时甚至完全脱节。IMF 应付危机的传统做法是紧缩财政和货币政策,抑制需求。这对于经常账户危机当然是合适的,但是在资本账户危机中不仅不能起到应有的作用,反而可能使危机国经济状况进一步恶化。这是因为目前全球外汇交易已基本上脱离与贸易和直接投资相关的活动,各种短期资金的流动和金融衍生工具交易已成为外汇交易的主体。因此,汇率的波动经常与国内基本经济状况脱节,与贸易和经常项目变化相关性很小,故通过紧缩政策作为援助的条件已经脱离了金融全球化的现实。

二、始于 2007 年的美国金融危机的成因

2007 年以来的美国金融危机产生的原因除了实体经济与虚拟经济失衡的因素以外,还有很多其他因素,如美国失衡的房地产市场与不当的货币政策,美国混乱的资产证券化、金融衍生工具、信用评级以及缺失的金融监管,失衡的国际经济与国际货币体系,美国超前消费的经济模式以及新自由主义的资本主义等等。

(一)美国金融危机起于次贷危机

根据著名美籍经济学家雷蒙德·W·戈德史密斯的观点,金融危机是指全部或大部分金融指标包括短期利率、资产(资产、证券、房地产、土地)价格、商业破产数和金融机构倒闭数等的急剧、短暂和超周期的恶化。金融危机时期呈现出的特征是基于预期资产价格下降而大量抛出不动产或长期金融资产,换成货币。金融危机根据出现的原因一般可以分为货币危机、债务危机、银行危机、次贷危机。而 2007 年 8 月开始浮现、2008 年全面爆发的这场全球金融危机就是由次贷危机演化而来的。

美国次级抵押贷款快速扩张,使大量无法获得优质贷款的低收入群体或信用等级不高的购房者能够购买住房。强劲的购房需求刺激房价快速上升,房价上涨预期又反过来推动次级抵押贷款市场的发展。大量的次级贷款通过证券化过程,派生出次级抵押贷款支持证券(MBS)。在 MBS 的基础上,经过进一步的证券化,又衍生出大量资产支持证券(ABS),其中,包括大量个性化的担保债务凭证(CDO)、信贷违约掉期(CDS)等。在杠杠作用下,基于 1 万多亿美元的次级贷款,创造出美国金融危机的深层原因及启示了超过 2 万亿的次级债(MBS),并进一步衍生出超万亿美元的 CDO 和 60 多万亿美元的 CDS。巨量的 CDO、CDS 对房价处于极其敏感的临界点上,一旦房价发生波动,就必然产生一系列连锁和放大反应,从而给金融机构造成巨大亏损。2006 年以前,美国房地产行业形势好、房价不断上涨时,次级抵押贷款市场繁荣。即使次级抵押贷款人现金流并不足以偿还贷款,他们也可以通过房产增值获得再贷款来填补缺口。然而,2006 年后,房地产行业形势走低、房价下跌,再加上美国开始加息导致贷款人的还款压力迅速增大,次级抵押贷款违约率上升。由于美元在国际金融货币体系中的特殊地位,美国次债及其衍生品形成了全球性的市场,持有者遍及全世界,再加上美国大型金融机构也往往发展为跨国公司。因此,次贷危机所带来的金融动荡使各国股市、债市、汇市及各类相关衍生品市场等产生联动,金融风暴迅速席卷全球。2008 年 9 月,美国雷曼公司的轰然倒塌,标志着美国次贷危机上升为金融危机。

(二)美国不当的货币政策和失衡的房地产市场是金融危机爆发的导火线

格林斯潘担任美联储主席期间,尤其是从 2000 年到 2005 年之间实施的货币政策埋下了美国金融危机的种子。美国科技泡沫破裂后,美联储于 2001 年 1 月 3 日调整了货币政策,宣布降息,以下调联邦基金利率 50 个基点为起点开始从加息向减息的周期转变。到 2003 年 6 月降低利率之后,联邦基金利率已经降低到 1%,达到 45 年来的历史最低水平。美国政府为避免经济衰退,刺激经济发展,采取压低银行利率的措施鼓励投资和消费,使房价一路攀升,房地产市场日益繁荣。一方面,次级抵押贷款使得低收入者买到了住房。低利率和房产价格一路飙升,使投资住房成为巨大的诱惑,在这种情况下,房贷市场得到快速发展。截止 2006 年末,美国次贷涉及 500 万个美国家庭,目前已知的次贷规模达到 1.1 万亿至 1.2 万亿美元。另一方面,住房次级抵押贷款市场迅速发展也导致风险不断加剧。美国次贷消费者以房产作抵押,房产的价格决定了抵押品的价值。当房价一直攀升时,抵押品价格保持增值,不会影响到消费者的信誉和还贷能力。然而当房价下跌时,抵押品贬值,同一套房子能从银行贷出的钱就减少。倘若贷款利率被提高,住房次级抵押贷款使浮动利率也随着上升,贷款者还款就比较困难,直至迫不得已放弃房产权。住房贷款机构收不回贷款,只能收回贷款人不断贬值的房产,于是出现亏损,甚至资金流转不畅。由此可见,美国房价贬值和还贷利率上升是次级抵押贷款的杀手锏。自 2005 年至 2006 年,为防止市场消费过热,美联储先后加息 17 次,利率从 1％提高到 5.25％,市场利率进入上升周期,房地产泡沫开始破灭。美联储频繁的加息以及房地产快速的贬值,导致诸多住房次级抵押贷款者无法还贷,致使美国次贷危机最终浮出水面,并引发了金融危机。

(三)资产证券化与过度发展的衍生金融工具是金融危机传播的加速器

资产证券化,是以特定资产组合或特定现金流为支持,发行可交易证券的一种融资形式。传统的证券发行是以企业为基础,而资产证券化则是以特定的资产池为基础发行证券。资产证券化是一把双刃剑,在被商业银行作为一种积极、主动的进行信用风险控制的方法的同时,也带来了不可小视的风险。这种风险主要是破产风险,一般体现为特殊目的机构(SPV)破产对证券化的风险、资产转移时发起人破产对证券化的风险,以及资产转移后发起人破产对证券化的风险三种形式。美国金融危机一定意义上是由于资产证券化监管不到位而风险不断放大、扩散导致的。金融衍生产品一般具有跨期性、杠杆性、联动性和高风险性。这些金融衍生工具主要是一些场外产品,如 CDS、CDO。美国金融衍生品数量比较多,监管比较松,金融衍生工具对金融危机的深化起到了破坏性的作用。最近几年金融衍生工具开发过快,全球流动性 80％是衍生品造成的。

英格兰银行 2007 年 11 月发布的一份报告显示,全球次级抵押贷款债券规模为 7000 亿美元,占 190 万亿美元的全球金融资产不到 0.5％的份额,但全球金融衍生品市场的规模高达 415 万亿美元,衍生品市场规模已占全球 GDP 的 8 倍到 10 倍。尽管 7000 亿美元的住房次级抵押贷款只占全球金融市场金融资产的比例还不到 0.5％,然而由于美国近两年住房次级抵押贷款不能偿还的数量日益增加,导致整个资产支持证券亏损扩大,评级降低,投资者对整个资产支持证券失掉信心。由于巨大的杠杆作用,0.7 万亿的美元次级债券资产感染到了 10.7 万亿的资产支持证券(ABS)市场,而这 10.7 万亿的资产支持证券(ABS)市场实际上是大银行尤其是欧盟体系银行主要的流动支柱,这些风险重新流回到了银行的资产负债表,某些银行就出现了融资的困难,最终引发金融危机。

(四)信用评级对金融危机的爆发具有不可推卸的责任

信用评级的概念,主要包括三方面:首先,信用评级的根本目的在于揭示受评对象违约风险的大小,而不是其他类型的投资风险。其次,信用评级所评价的目标是经济主体按合同约定如期履行债务或其他义务的能力和意愿,而不是企业本身的价值或业绩。第三,信用评级是独立的第三方利用其自身的技术优势和专业经验,就各经济主体和金融工具的信用风险大小所发表的一种专家意见,不能代替资本市场投资者本身做出投资选择。从以上定义不难看出,信用评级的作用是有限的。一方面,对信用风险的评级往往被错误理解为对总体风险的评级。举例来说,一个在穆迪评级框架中被评为 AAA 的抵押贷款协议承担的风险是与同样被评为 AAA 的政府债券完全不同的,这是因为一般情况下政府债券的总体风险要比抵押贷款协议的低得多。然而大多数的放贷机构错误地把两者等同开来,显著低估了风险。另一方面,信用评级结果与客户信用风险的实际情况很容易发生偏差,主要是因为:第一,投资机构和评级机构之间是相互妥协的关系;第二,投资机构提供给评价机构的信息不足以进行精确的评级,评价机构以此为据,认为他们的评级只能达到所得信息的准确程度;第三,评价机构用来评估贷款池的统计模型是有缺陷的。评级机构由于缺乏自身的有效监管,不能及时提醒投资者结构性金融产品蕴涵的风险,对次贷风险反应迟钝,而次贷危机爆发后评级机构又都短时间内对大量次贷产品进行降级等等,信用评级机构在金融危机的产生和发展过程中负有不可推卸的责任。

(五)金融监管不力是金融危机的诱发因素之一

金融监管是维护金融市场稳定的有力保障,金融监管必须依据金融市场发展的状态和趋势不断进行调整和完善。然而,美国 1999 年《金融服务现代化法案》实施以来的美国金融监管体制已经明显不适应金融市场的发展形势,金融监管严重滞后。这主要体现在美国金融监管机构的监管不力以及金融监管体制的落后。

美联储为了控制通胀而连续加息,致使住房抵押贷款风险不断加剧,直接动摇了资产证券化市场的信用根基;美国证监会一直以来忽略了监管对冲基金等新兴金融机构,放松了监控金融控股集团的综合风险,导致商业银行已经转移的风险又通过金融衍生工具回归集团内部;金融监管机构缺乏有效控制金融风险迅速扩散的监管手段;专门用于应对传统银行危机的监管政策手段和中央银行流动性工具对源于银行体系以外的金融市场危机无能为力等。

美国金融危机爆发前,美国"双重多头"的金融监管体制明显滞后。双重是指联邦和各州均有金融监管的权力;多头是指有多个部门负有监管职责,如美联储(FRB)、财政部(OCC)、储蓄管理局(OTS)、存款保险公司(FDIC)、证券交易委员会(SEC)等近 10 个机构。这种监管体制曾经促进了美国金融业的发展繁荣。然而,随着金融的全球化发展和金融机构综合化经营的不断推进,这种监管体制暴露出不少问题。其一,监管标准不统一。一方面,美国监管体系机构太多,权限互有重叠;另一方面,监管盲点屡见不鲜,例如,像 CDO(债务担保证券)、CDS(信用违约掉期)这样的金融衍生产品成为金融监管的盲区。其二,监管效率低下。监管在提高准确性的同时却降低了效率,对市场变化的反应速度越来越慢。其三,监管独立性减弱。美国多头监管的存在,使得任何一个机构没有足够的法律授权来负责整个金融市场和金融体系的风险,监管时机往往容易错过。

(六)美国超前消费的经济发展模式是美国金融危机爆发的深层原因

长期以来,由于政策选择和消费习惯造成了美国的低储蓄、高逆差,美国成为一个消费主导型的国家。具体而言,导致美国高消费和巨额逆差的原因有两个方面,其一是美国自身扩张型的国内政策刺激了个人消费增长和公共开支扩大,导致居民个人和政府储蓄率不断降低;二是美国在大量进口消费品以满足本国市场需求的同时,却对出口设置各种障碍,阻止本国高新技术产品出口到发展中国家。两方面的综合作用导致美国储蓄率持续下降和贸易逆差大幅上升。

超前消费拉动经济快速增长,经济快速增长又不断满足居民更高层次的消费。美国人高消费、低储蓄的消费模式对美国宏观经济的影响特别大,消费成为拉动美国经济增长的重要力量,消费对美国经济增长的贡献率巨大,大约占到 70%。正因为超前消费对美国经济增长的贡献率巨大,因此,一旦经济萧条,美国政府总是采用各种经济措施刺激消费。但是,高消费、低储蓄的后果,就是美国家庭缺乏抵抗经济风险的能力。家庭收支状况恶化时,储蓄是一种风险缓冲机制,储蓄越多,抵抗风险的能力就越强;反之,没有储蓄,也就缺乏风险防范能力。美国由于过低的储蓄率降低了美国抵御金融风险的能力,所以,金融危机的产生和不断发展与美国超前消费的经济发展模式密切相关。

(七)新自由主义的资本主义也是导致美国金融危机的深层原因

二战以后一直到 20 世纪 70 年代,管制的资本主义在美国占支配地位,其特征主要体现在政府对经济和金融系统的严格管制,为保证低失业率而对宏观经济的主动调控,对国际贸易和资本流动的控制等。20 世纪 80 年代前,管制的资本主义被新自由主义的资本主义所替代。新自由主义的资本主义体现出来的主要特点是:政府放松对经济和金融的管制,允许自由市场的存在;政府不再对宏观经济进行积极调控,追求低通胀率而非低失业率;商品、服务和资本在不同国家之间相对自由的流动。新自由主义理论家们信奉,没有国家管制,金融市场会更有效率,金融资源配置最优。然而,金融市场具有自发性、盲目性和高风险性,在新自由主义的资本主义条件下,金融危机会变得更加频繁和严重。例如:1929 年,自由市场经济导致了美国金融体系的崩溃。20 世纪 90 年代,美国股票市场出现了一个吸引了全世界范围资金的巨型泡沫,这个泡沫在 2000 年破裂的时候也造成了数千亿美元的损失。21 世纪以来,美国房地产市场又出现了一个巨型泡沫,而这个泡沫目前也已经破裂。新自由主义的资本主义与金融危机的关联性体现在两个方面:其一,解除了对金融的管制。解除管制是新自由主义的资本主义的一个重要特征。没有国家严密监管的金融市场是非常不稳定的。其二,贫富分化日益严重。新自由主义造成了日益严重的贫富分化,GDP 增长的绝大部分都进入了少数富有阶层的口袋。2005 年,美国最富有的 1‰ 的人所拥有的财富都达到了1928 年以来的最高水平。最富有的 1‰ 的人口只有 30 万,他们的收入与最穷的 50% 的人口的总收入是相当的,而最穷的 50% 的人口有 1.5 亿。从 1980 年到 2005 年,最富有的 1‰的人口的收入占社会总收入的份额翻了番。在这种情况下,美国住房次级抵押贷款市场迅速发展。2006 年以来由于美联储不断加息再加上房地产不断贬值,住房次级抵押贷款人无法继续还款,引发金融危机。所以说这次金融危机一定意义上是 1980 年以来新自由主义在全世界不断发展的客观结果。

（八）国际经济和国际货币体系的双失衡从根本上引发了美国金融危机

美联储主席本·伯南克等人提出,这次金融危机"病因"不只是银行家贪婪和金融规范缺位,而与全球经济失衡相关。英国《经济学家》周刊也认为,全球经济失衡是造成金融危机的原因之一。国际经济失衡根源于实体经济失衡,实体经济失衡导致货币资本的国际流动,国际资本流动导致虚拟经济膨胀和萧条,进而造成流动性短缺,最终能够导致金融危机。金融危机的发展史证明,国际经济失衡是每次金融危机爆发的深层次原因。国际经济失衡会促使国际经济资源尤其是国际资本在一定范围内重新配置。随着经济全球化的发展,一个国家的开放程度会越来越高,国与国之间的经济往来也会日趋频繁。这种情况下,短期内,国际经济是相对平衡,全球资本总量和需求总量是一定的;但长期内,一旦一国尤其是世界舞台中的经济强国倘若经济结构发生较大变化,宏观经济政策随之变化,就会引起国际资本和国际需求在较大区域甚至世界范围发生相应的变化。经济大国经济趋强时,国际资本流入,别国资本流出,严重时直至发生流动性短缺,就会诱发金融危机。弱小国家经济趋强时,国际资本流入,数量较多时,实体经济吸收国际资本饱和后,国际资本会与该国的虚拟经济融合,出现泡沫经济;一旦弱小国家经济泡沫破裂,国际资本就会很快撤退,导致该国流动性短缺,最终导致金融危机爆发。

三、防范金融危机的策略

从上面的讨论我们可以看出,许多国家的金融危机的发生都经历了这样的一条路径:
经济高速发展、金融自由化、大量外资流入、国内货币升值、出口下降、相当部分的外资流向房地产和非贸易部门、资金严重脱离实体经济、妨碍技术进步和国际竞争力的提高、房地产市场和股市出现泡沫、金融投机过度、经济结构失去平衡、经常项目赤字、债台高筑、遭遇国际金融投机集团袭击、货币贬值、金融危机。针对金融危机爆发的原因,一国防范金融危机的原则和策略主要有以下几点。

(一)不要指望国际货币体系变革,主要依靠自身力量加强对涉外金融活动的监管

自 1997 年爆发亚洲金融危机至今,人们似乎已经就此问题达成共识:即现行的国际货币体系需要某种改革。各国出自不同的利益、学术和政治背景,提出各自不同的改革方案,众多方案意味着新的国际货币体系不可能在短时期内建立。这是因为,一项合适的国际货币制度是一种国际公共产品,所有成员国都可以因此受益。国内公共产品由本国政府出面提供,目前还没有一个被各国承认的国际性政府,那么提供国际公共产品的就只能是受益最多的国家。布雷顿森林体系由美国牵头成立,并负责执行,金本位制度中英国扮演了主角。既然国际社会多极化成为潮流,也就难以有一国家能够胜任建立全新的统一的国际货币体系的重任。因此,改变旧有的国际货币体系制度需要达到各方面的广泛认同,不仅需要就改变旧制度达成共识,而且需要有一种为众多成员接受的可供选择的新的国际货币制度。对于单个国家而言,特别是对于发展中国家而言,要充分认识到国际货币体制改革艰难的现实性,从而高度关注本国金融法制建设问题。

(二)对于国际救援不能过多抱有期望

外部贷款援助往往被认为是最有效的反危机措施之一。来自 IMF 等外部贷款救援有利于稳定币值,恢复危机发生国的经济增长,但是其组织结构决定了其职能的发挥需要以极少数国家的利益为前提。IMF 在墨西哥金融危机与亚洲金融危机中表现的差异就说明了这一点,而这其实又是两次危机缓解时间巨大差异的重要原因之一。此外,IMF 的贷款条件往往比较苛刻,甚至会以牺牲部分国家利益为代价,并且附带着漫长的讨价还价时间,这对处于危机中的国家是极为不利的。而这其实也就是马来西亚首相马哈蒂尔宁愿过贫困日子也不向 IMF 求援的原因。因此,对于在金融危机以后的国际救援不应给予太多指望。

(三)实施有弹性的汇率制度

对于一国经济而言,大致可以选择由市场决定的浮动汇率和由央行干预的固定汇率。比较而言,固定汇率在微观经济效率方面具有比较优势,但是央行明确承诺维持汇率稳定的义务却使得央行必须牺牲货币政策的自主权,而浮动汇率则可使货币政策能够对各种冲击做出反应,从而引致较优的宏观经济绩效。然而实施固定汇率制却并非意味着绝对地固定名义汇率,而应当动态调整以反映经济发展的趋势。事实证明,汇率变动的压力如果不能以主动的方式加以化解,则必然就以危机的方式释放。以墨西哥与泰国为例,僵硬的汇率制度越来越不能反映真实汇率变动的趋势,从而固定汇率的压力越来越大,结果在投机者的冲击下,外汇储备就会下降并引发市场信心危机。

(四)适当的外债规模和结构

双缺口模型证明了发展中国家即使在较高储蓄率时也必然要借助于外资和外债。事实上,外资流入为发展中国家的经济发展起到了极为重要的作用。但是外债的规模与结构应当控制在合理的范围内,尤其是对于巨额短期资金进出应当适度从严,以减少金融市场的动荡。在上述的几次金融危机中,短期资金几乎都起着推波助澜的作用。此外,借入的外债应用于投资用途,而不应用于偿还旧债,更不应当为特权阶层所挥霍。

（五）适当的金融创新和金融自由化

伴随市场经济不断发展，金融也需要不断创新，以支持整体经济发展。然而，金融创新不是目的而是手段，金融创新的最终目的是促进经济健康发展。金融创新具有风险性。金融的风险性要求我们必须处理好金融创新与金融风险防范的关系，推进金融创新的同时要警惕金融风险，要建立健全监管和防范机制。美国过度的金融创新带来的严重后果就是一个典型的反面教材，中国应该引以为戒，在金融创新方面应该注意把握两条原则：一是金融创新的程度要与实体经济发展情况相匹配，不能助长过度的财富效应，催生虚拟的泡沫经济；二是对于金融中介过程中的信息不对称必须加强监督与控制，尽可能降低风险。适当控制金融创新的节奏，不仅能为金融机构积极、主动地追求效益创造良好的外部环境，而且能促进中国金融稳定、可持续地发展。

此外，金融自由化也要有节奏。次贷危机从美国爆发并迅速演变为金融危机，一项重要的原因就是美国金融风险在混业经营商业模式下交叉传递速度较快。金融改革与发展有其自身的规律，金融自由化必须注意节奏。中国金融改革过程中要遵循这种规律，控制这种节奏。中国金融监管部门应该进一步增强风险意识，继续加强风险管理制度建设，从中国金融业发展的实际情况出发，有节奏地实施金融改革和金融自由化。

（六）经济开放与发展中高度关注宏观经济的均衡

总结这几次金融危机，可以看出宏观经济失衡往往是金融危机爆发的前提条件。尤其是美国金融危机转化为全球金融危机正为世人所瞩目之际，因此，其中缘由更值得深思，具体而言主要体现在以下三个方面。

（1）经济发展中产业结构调整与升级必须依靠民族企业。20世纪90年代前半期东亚成为世界经济的"亮点"，追随日本和"四小龙"成功的步伐，东盟四国急欲用更短的时间加入新兴工业化经济队伍。在技术匮乏、资金有限、劳动力素质不高、产业结构水平较低的情况下，东盟四国均把经济发展、结构升级的推动力转向跨国公司，用十年左右的时间实现了半导体、家用电器、汽车等机电产品从无到有、从少到多的迅速提升。然而，由于结构提升完全依赖于跨国公司的生产工序型分工，技术的研发、关键零部件的生产都在跨国公司母国进行，导致东盟本国企业基本被置于这种结构调整之外。技术的丧失，使东盟本国企业经济增长无法摆脱对劳动密集型生产的依赖，并由此加深对外资的进一步依赖。因此，一国经济发展中结构调整迫切需要加大对民族工业企业的扶持，协调外资政策与进口政策的关系，实施工业装备国产化和自主创新工程，鼓励用高科技改造传统产业，打通高技术产业化的各种体制障碍。

（2）经济发展过程中必须持续快速提升产业结构。金融危机使东亚特别是东盟经济发展受到了严重挫折，并暴露了"四小龙"和东盟产业在国际分工中处于中下层的不利地位。依靠粗加工工业、依靠外资的组装加工工业，在国际竞争激化时最易受到伤害。在经济全球化加速发展、知识经济日趋占主导的时代，产业结构的调整决非一劳永逸，且必须有超前意识。美国哈佛大学著名战略管理专家迈克尔·波特（Michael E. Porter，1990）教授认为，当国家把竞争优势建立在初级生产要素（主要指天然资源和非技术、半技术劳动力）上时，它通常是浮动不稳的，一旦新的国家踏上发展相同的阶梯，也就是该国竞争优势结束之时。

（3）一国经济发展过程中需要夯实实物经济基础、防止虚拟经济过度膨胀。东盟国家产业发展严重依赖于外资企业，只有少数本国当地企业能够为跨国公司提供协作配套生产，同时,由于跨国公司与当地企业的技术差距、管理差距悬殊,导致当地企业进入外资主导产业的壁垒极高。在外资挤出效应明显存在的情况下,本国当地资本便大量涌入房地产、证券市场,虚拟经济过度膨胀导致经济的泡沫化。现实中美国和德国发展模式便是一个很好的实例。美国模式是放任虚拟经济的自我膨胀,金融业可以通过制造"金融产品"来创造和赚取没有实际财富支撑的货币形态的"公允价值",结果带来了一场自 20 世纪 30 年代以来的美国和世界最大的经济和金融灾难。德国模式是以实体经济发展作为经济发展之本,确保高端制造业和相关服务业的比较优势,结果是在连续遭受了美国次贷危机和欧债危机的冲击之后,经济仍然保持了平稳增长,并成为拯救欧债危机的中流砥柱。

本章小结

1.金融危机较为权威的定义是由戈德斯密斯(1982)给出的,是指全部或大部分金融指标[短期利率、资产(包括证券、房地产、土地)价格、商业破产数和金融机构倒闭数]的急剧、短暂和超周期的恶化。其特征是基于预期资产价格下降而大量抛出不动产或长期金融资产,换成货币。从这一定义可以看出:金融危机是一个较为综合、笼统的概念,按其性质和内容来划分,可以分成为金融机构危机、资本市场危机、货币市场危机、债务危机、综合性金融危机五类。20 世纪 90 年代以来相继爆发了六次金融危机,其中以亚洲金融危机最为典型。

2.早期比较有影响的金融危机理论是由 Fisher(1933)提出的债务－通货紧缩理论。在 Fisher 的理论基础上,Minsky(1963)提出"金融不稳定"理论,Tobin(1980)提出"银行体系关键"理论,Kindleberger(1978)提出"过度交易"理论。上述理论各自从不同方面发展了 Fisher 的债务－通货紧缩理论。

20 世纪 70 年代以后的金融危机爆发得越来越频繁,而且常常以独立于实际经济危机的形式而产生。在此基础上,金融危机理论也逐渐趋于成熟化。从 70 年代到 90 年代大致分为三个阶段:以克鲁格曼(Krugman 1979)、弗拉德(Flood 1984)和戈博(Garber 1984)为代表的第一代理论;以奥布斯特菲尔德(Obstfeld 1994 1996)为代表的第二代理论;众说纷纭但以克鲁格曼(Krugman 1998)为主要代表的第三代理论。第一代理论起源于克鲁格曼的国际收支危机模型,后经弗拉德、戈博两人的补充,主要强调扩张型财政货币政策与固定汇率制之间的内在矛盾;第二代理论被称为是预期自致型模型,强调货币危机具有预期自我实现性质;第三代模型的观点还不统一,有的强调危机的传染性、有的强调金融市场的羊群效应、有的强调金融机构的流动性不足,其中最有影响力的要算克鲁格曼强调金融机构道德风险问题与资产泡沫之间关系的道德风险模型。

3.亚洲金融危机、尤其是美国次贷危机引发全球金融危机后,引起了各国学者、官员的极大重视,提出了众多的防范与解决金融危机方案。主要包括:不要指望国际货币体系变革,主要依靠自身力量加强对涉外金融活动的监管;对于国际救援宁可不抱有期望;实施有弹性的汇率制度;适当的外债规模和结构;经济开放与发展中必需高度关注宏观经济的均衡。衍生品创新发展与过度投机、资金脱离实体经济需引起高度关注。

本章复习思考题

1.本章重要概念：

金融机构危机 资本市场危机 货币市场危机 债务危机 金融危机 虚拟经济 贸易渠道传染 衍生品渠道传染 恐慌性传染 补偿性传染

2.20世纪90年代以来爆发的金融危机有哪些特点？

3.简述亚洲金融危机爆发的原因与防范治理对策。

4.简述美国金融危机爆发的原因与防范治理对策。

5.简述货币危机理论的发展历程。

6.分别描述第一代、第二代货币危机的基本观点、结论和缺陷，并将第一代、第二代危机理论进行比较。

7.查阅相关资料并列出第三代货币危机的主要观点（要求：一至两种课本中没有提到的危机理论）。

8.发展中的中国有哪些爆发金融危机的因素？中国应当如何防范金融危机？

主要参考书目

1. 黄燕君、何嗣江:《新编国际金融》(第二版).杭州:浙江大学出版社 2005 年版.

2. [美]保罗·R.克鲁格曼、茅瑞斯·奥伯斯法尔德:《国际经济学(下册)》(第八版中译本).北京:中国人民大学出版社 2011 年版.

3. [英]保罗·霍尔伍德、罗纳德·麦克唐纳:《国际货币与金融》(中译本).北京:北京师范大学出版社 1996 年版.

4. [美]James C. Baker:《国际金融》(英文影印版).北京:高等教育出版社 2002 年版.

5. 陈岱孙、厉以宁:《国际金融学说史》.北京:中国金融出版社 1991 年版.

6. 姜波克:《国际金融学》.北京:高等教育出版社 2000 年版.

7. 刘舒年:《国际金融》.北京:对外经济贸易大学出版社 2005 年版.

8. [美]J.奥林·戈莱比:《国际金融市场》(第三版中译本).北京:中国人民大学出版社 1998 年版.

9. [法]让·梯若尔:《金融危机、流动性与国际货币体制》(中译本).北京:中国人民大学出版社 2003 年版.

10. 戴维·里维里恩、克里斯·米尔纳:《国际货币经济学前沿问题》.北京:中国税务出版社 2000 年版.

11. 潘国陵:《国际金融理论与数量分析方法》.上海:上海三联书店、上海人民出版社 2000 年版.

12. 奚君羊、曾振宇:《汇率及其制度安排的微观分析》.北京:中国金融出版社 2006 年版.

13. [英]彼得·罗布森:《国际一体化经济学》.上海:上海译文出版社 2001 年版.

14. 曾康霖:《虚拟经济:经济活动新领域》.北京:中国金融出版社 2003 年版.

15. 鲁世巍:《美元霸权与国际货币格局》.北京:中国经济出版社 2006 年版.

16. Anne O. Krueger, Exchange-Rate Determination, Cambridge University Press, 1983.

17. Erich A. Helfert, Techniques of Financial Analysis, Irwin McGraw-Hill, 1997.

18. Gros D. & Thygesen, N., European Monetary Integration. , Longman, 1998.